文匯集

纳文汇 著

云南大学出版社
YUNNNAN UNIVERSITY PRESS

图书在版编目（CIP）数据

文汇集 / 纳文汇著. -- 昆明 ：云南大学出版社，2015

ISBN 978-7-5482-2343-6

Ⅰ. ①文… Ⅱ. ①纳… Ⅲ. ①社会科学—文集 Ⅳ. ①C53

中国版本图书馆CIP数据核字(2015)第129654号

责任编辑： 王　磊
封面设计： 安　宁
封面题字： 杨修品

文匯集

纳文汇 著

出版发行： 云南大学出版社
印　　装： 昆明研汇印刷有限责任公司
开　　本： 787mm×1092mm　1/16
印　　张： 25.50
字　　数： 456千
版　　次： 2015年7月第1版
印　　次： 2015年7月第1次印刷
书　　号： ISBN　978-7-5482-2343-6
定　　价： 58.00元

社　　址： 昆明市翠湖北路2号云南大学英华园内
邮　　编： 650091
电　　话：（0871）65031071　65033244
网　　址： http://www.ynup.com
E－mail： market@ynup.com

序

中国回族学会会长　高发元

云南地处边疆，民族众多，宗教形态完备多样，民族文化和宗教文化丰富而厚重。生活在云南的包括汉族在内的26个世居民族都有自己悠久的历史和灿烂的文化，以及自己的宗教信仰和宗教生活。佛教、道教、伊斯兰教、基督教、天主教等五大宗教在云南均有传播。此外，许多民族都有自己传统的原始宗教和民族民间宗教遗存，多种宗教形态和多元宗教文化并存。长期以来，宗教与各民族的社会生活密切相关，宗教问题和民族问题紧密相联，宗教对各民族的生产、生活和经济社会发展产生着重要影响。

在长期的社会历史发展和现实生活中，各民族人民和广大的信教群众在开发边疆、建设云南中，对云南的经济、文化和社会发展，以及边疆稳定、民族团结、社会和谐等方面都做出了积极的努力和卓越的贡献。云南的五大宗教和民族民间宗教对云南的经济社会发展都曾起过积极的作用。其中伊斯兰教和伊斯兰文化对云南的民族融合、民族团结和社会和谐构建起过积极而重要的作用，广大的回族人民在云南社会历史进程中用自己的行为践行和诠释了伊斯兰教义中的积极思想及和谐理念，为云南经济社会发展做出了自己的努力和贡献。

当前，全国各族人民正在积极投入全面建成小康社会和现代化建设中，包括伊斯兰教在内的各宗教在其中正发挥并将继续发挥其重要的作用。在此背景下，云南要建成民族团结进步示范区、生态文明建设排头兵和面向南亚东南亚辐射中心，实现跨越发展的中国梦的云南篇章。而民族和睦、宗教和顺、社会和谐是民族团结进步示范区建设的主要内容和必要保证，没有民族和睦、宗教和顺、社会和谐就不可能有民族的团结和进步，也就不可能建成民族团结进步示范区，更不开能实现云南的跨越发展，这是被历史和现实证明了的事实。

当然，我们也应清楚地认识到，任何一种宗教有其积极的因素，也有其消极的因素；有其正面的作用，也有其负面的作用，而这些消极的因素一旦失去控制就会膨胀，与主流文化相冲突，对社会产生负面作用，甚至形成巨大的破坏力。加之云南地处祖国西南边陲，由于其特殊的地理位置，境外敌对势力利用宗教向我渗透日趋严重，直接影响了我省的经济发展、社会稳定和各民族的团结，思想文化阵地的争夺十分激烈。随着民族团结示范区建设和面向南亚东南亚辐射中心建设的不断推进，云南作为“一带一路”建设重要支点的战略地位日益凸显。所以，云南既是民族文化的富集地区，也是文化建设的薄弱地区，更是维护国家文化安全的重点省区。再由于云南民族众多，民族地区的经济社会发展极不平衡，以及民族和宗教本身的原因，在经济社会发展和现实生活中还存在诸多问题，有的问题还相当严重，与社会主义和谐社会建设不相协调，影响和阻碍了云南小康社会建设和经济社会的全面发展。因此，在云南，处理好民族和宗教问题，做好民族和宗教工作，加强包括宗教文化在内的民族文化建设就尤为重要。正因为如此，省委、省政府才把民族文化强省建设作为云南的发展战略之一。

多年来，在云南省委、省政府的领导和有关部门的指导，以及全省各族人民和各宗教及广大信教群众的支持配合下，云南全省总体上保持着民族团结、宗教和顺的局面，为全省的社会和谐、经济社会发展提供了保障，也在全国做出了示范作用。同时，民族文化强省建设也取得了不菲的成绩，为云南经济社会发展提供了文化软实力。但是，随着改革开放的不断深入和国内、国际社会形势的急剧变化，在新的时期，民族和宗教问题越来越复杂，呈现出新的特点和新的情况，并由此引发出许多新的社会问题。怎样在新形势下认识和处理民族宗教问题，进一步做好民族宗教工作，加强对民族宗教理论、政策、问题和实践的调查研究，加强宗教文化和民族文化建设，积极引导宗教与社会主义相适应，发挥宗教界人士和信教群众在促进经济社会发展中的积极作用，这是新时期民族宗教工作的重要内容和根本任务。因此，在云南，做好对民族和宗教问题的调查研究就显得十分必要。

纳文汇编审自1983年大学毕业先后在出版社、报社和科研单位工作并担任领导职务，编过杂志、图书，办过报纸，做过管理，长期从事新闻出版和科研工作，在长期的学习和工作实践中，积累了较扎实、系统的理论知识和丰富的实际工作经验。在包括回族和伊斯兰教图书出版工作方面，以及回族研究上多有建树，是当代云南著名的回族编辑出版家和回族学研究专家。《文汇集》一书就是他在长期的理论学习、社会科学研究和具体的工作实践中，思考、创作、科研和调查研究积累的成果。它包括了他多年来创作发表的部分散文、书评、学术论文和专题调研报告，以及他所主持完成的包括院级、云南智库、省社科基金项目和国家社科基金项目等各级课题研究的成果简介。全书共40余万字，内容涉及编辑、出版、民族、宗教等方面，特别是对云南民族文化强省建设、“桥头堡”建设和“一带一路”建设语境下怎样加强民族文化和宗教文化建设，发挥民族文化和宗教文化的积极作用，从理论、政策、实践、政府、社会、宗教等层面和视角来进行思考，并提出了有针对性的对策和建议。同时，在回族文化和伊斯兰文化方面也有其较深的研究和独到见解。从中可以看出他多年来的辛勤工作和艰苦努力。要成功就必须努力，有耕耘就会有收获。这是他的经历，也是他的体会。

值此该书正式出版之际，特表示祝贺，并以此文为序！

2015年6月30日于昆明

目　录

二、学术论文

三、专题调研报告

四、项目（课题）研究

一、散文·评论

山寨外的世界

——中国民俗文化村里的云南少数民族

来到深圳中国民俗文化村，就仿佛走进了一个过去与现实交汇的梦境，那小城、古镇、石桥，向游人陈述着一段远去的历史，而那跌宕的瀑布、明净的湖泊，又向人们讲述着一个个优美动人的故事……这一切，都在今天——历史的焦点上，幻化为一幅幅崭新的图画。

中国民俗文化村坐落在风光绮丽的深圳湾畔，占地18万平方米。它是国内第一个荟萃各民族民居建筑、民间艺术、民族风情为一园的大型文化游览区。在这里你可以看到江南小镇、壮家山寨、布依石房、土家水上街市、傣家竹楼、蒙古包、哈萨克毡房、陕北窑洞、北京四合院、清真寺、喇嘛寺等21个民族的24个村寨和民居建筑。在这如诗如画的山水之间，你可以领略海南椰林、版纳古榕、沧源崖画、徽州牌坊群等自然景观、人文历史及56个民族多姿多彩的民俗风情。

在色彩斑斓的情趣中，云南少数民族的民居建筑、民间工艺、风情民俗，以其浓郁的边疆民族特色，独具魅力，吸引着中外游人。

云南有彝、白、哈尼、傣、纳西、佤、景颇等7个民族及摩梭人的民居（村寨）在这里落户，此外沧源崖画、独龙族藤桥、石林奇观等也搬到这里，彝族的大三弦，佤族的木鼓舞，景颇族的刀舞令游人情不自禁，更有那傣家的紫米竹筒饭、酸菜汤馋得游人不想离去。

当我们翻过小桥来到恬静的白族小院时，好客的白族“金花”和“阿鹏”热情招呼我们坐下。一声“老乡”，一口乡音，顿时倍感亲切。我们向他们询问在深圳的情况，他们向我们打听云南家乡的变化，你一言，我一句，把两颗心拉近，出门在外才真正体会到“家乡人”的含义。虽然我们不是同一民族，但同属于云南这方土地，这就够了。如若真遇上一个本州本县或本村的人，那高兴和亲切劲儿就别提了。白族姑娘李梅芳、李春凤告诉我们，虽然她们在深圳的收入比在家里高得多，但她们很想家，很想回来。临别，她们把我们送出门外，要我们回云南后代她们转达对家人的思念和问候。

从白族小院出来，我们来到了纳西族摩梭人的住地。登上摩梭人的木楞房，热情的摩梭小伙子普宁看到云南老乡高兴得要为我们烧水泡茶。他们一共有9人，都来自泸沽湖畔，也许是自幼喝高原湖水长大，养成了他们纯净的性格，在他们身上充分体现了云南各少数民族热情好客、真诚朴实的美好品德，这在商品经济高度发展、商业气氛浓厚的深圳是多么难得。

纳西族小院与摩梭木楼相距不远，院子里养着好几盆从丽江搬去的兰花，有的正含苞吐蕊，散发出淡淡的清香。正堂屋的过道上围着许多游人，我们凑过去一看，见一纳西族姑娘正挥笔为客人书写东巴文，那古老的象形文字展示出纳西民族悠久的历史和璀璨的文化。这纳西姑娘姓蓝，她腼腆含笑地指着同伴告诉我们，她们一共6人，是1991年5月来深圳的，都是地道的丽江纳西族，初来时不太习惯，现在好多了，每人每月平均可挣800~1 000元，另外还有80元的伙食补贴，除去吃穿零用，每年可净存6 000元左右，三年下来可望有20 000元积蓄。我问她们三年合同期满后是回家还是继续签约，她们笑笑说到时候再说。或许是各人的年龄、经历不一，有的想留下来闯荡一番，有的则说要回家，家乡虽然贫困艰苦，但那里有他们爬惯了的山，走惯了的路，熟悉的水，更有那爱他们和他们爱的亲人、伙伴。我在想，从边远的山区到现代城市，这一步确是跨得太大，这不仅是机遇，还要有足够的勇气啊。

在彝族寨子里，又别有一番情趣。我们到来的时候，正赶上他们在表演“阿细跳月”，和在家乡看到的一样，男女青年围成一圈，手拉着手，踏着大三弦的节奏，翩翩起舞，不同的是脚下多了一块地毯，许多游客被这充满浓郁民族特色的舞曲所吸引，动情地加入舞者的行列，跟着“阿诗玛”“阿黑”跳了起来。虽然伸出的脚不协调，哼出的曲子变了调，广味、京味、沪味、川味……但大家都不在意，陌生的游人在这民族团结的舞曲中融合、陶醉。

当我们赶到佤族寨的时候，太阳快要下山了。在寨门口和几个准备去吃饭的佤族男女青年碰上了。一听是云南老乡，就热情地和我们聊了起来。一个叫弄宰的佤族小伙子转动着一双又大又黑充满灵气的眼珠向我们介绍说，在这里的14人都来自西盟佤山，过去从未离开过山寨，第一次出门就到了深圳。他们在这里展演的佤族歌舞很受中外游客的欢迎，今年4月还要随民俗村“土风艺术团”到西德、美国等国家和地区演出，有关部门还准备将民族村搬到美国，到时他们也将到美国暂住。谁料走出家乡寨门的那一步竟会是如此的负重，这一步跨得实在太远太远。正当我们谈得起劲儿时，一佤族青年捎来了一叠家乡的来信，霎时，他们争先恐后地抢夺着、寻找着自己的名字，忘了身边的我们，这大概才是他们最高兴的时刻……

傍晚，在民俗村里的食品街上，我们又看到了弄宰，他独自一人坐在那里吃饭，桌上摆着刀叉、两串烤羊肉和一筒饮料，很显然他没有到食堂吃集体餐，是没有赶上，还是嫌伙食不好？或许是要改善改善生活，享受享受现代城市生活的滋味，那坐样，那派头，哪里像山里来的人，分明就是一个地道的城里人。

是啊，改革开放政策不但使深圳这样的小镇一跃成为现代城市，就连昔日温饱都得不到解决，火车、汽车不知为何物的边疆山区也走出了像弄宰这样一群从未出过寨门的地道的少数民族男女青年。他们不仅只身到了深圳，他们还将去闯荡世界，让世人瞧瞧咱云南边疆少数民族的威风。

（原文载《云南民族报》1992. 9. 13）

生命的绝笔

那天本该是一个愉快的日子，但却成了我终生难忘的一天。这天上午，我正在卫生间，妻子接到一个电话，电话是阿毛的妻子从玉溪打来的，说阿毛出事了。我一听，心里一阵紧张：该不会是车祸吧？因他自己经常驾车外出。急忙往玉溪挂了电话。电话中阿毛的妻子已泣不成声，哽咽着向我简单地说了事情的经过。我根本不敢相信自己的耳朵，更不敢相信这是真的——阿毛遇难了。此时的他正躺在太平间。

阿毛是我大学的同学。他姓毛名锐晶，因他天性活泼，不知从什么时候起，大家都叫他阿毛。他是我极要好的同学之一，也是毕业后往来最多的同学。就在他遇难的前一个星期，我们还在一起欢聚，感叹生命的意义。可此时他却躺在了太平间。

噩耗传开，当同学们从四面八方赶到他灵堂前向他告别的时候，那情景让人揪心地伤悲。36 岁的年华，魁梧健壮的身躯，多才多艺，精力充沛的他，就这样离开了我们！

是的，他走了，就这样无愧地走了。他是为抢救自己的亲人在水中遇难的。当幼小的儿子处在危难关头，他用生命竭尽了父亲的责任，献出了全部的父爱……

他走了，就这样英勇地走了。他生前对工作尽职尽责，对朋友热情诚恳，为人处世洒脱不羁。他总想用有限的生命来实现无限的追求，用多彩的线条编织美好的人生……

他走了，就这样从容地走了。在他 36 年生命的轨迹中，虽然没有惊人的壮举，但他却以朴实无华的言行，平凡而显著的业绩回报予社会，用生命的绝笔勾画出人生瑰丽的彩虹，潇洒从容地走完了生命的历程……

他走了，就这样默默地走了。没有留下任何一句话，留给我们的只是永远抹不去的记忆。

（原文载《春城晚报》2000. 5. 9）

曼峦"帕西傣"（傣回）见闻

2009年的春节，我同家人及朋友一行驾车到西双版纳旅游，其间专程到了勐海县"帕西傣"居住的曼峦寨。"帕西"是傣语不吃猪肉的意思，"帕西傣"就是不吃猪肉的傣族，也称为"傣回"。在许多资料和传说中，都把帕西傣说得很神秘。我曾于1974年在西双版纳生产建设兵团时到过曼峦寨，但记忆中的曼峦寨已经很模糊了，只记得那是一个坐落在半山坡的寨子，很干净，也很清静，寨子里有许多竹林。

在离勐海县城七八公里的老昆洛公路旁远远的就可看到曼峦清真寺的圆顶和隐隐约约的村寨。过了一座小桥，来到村头，就看到了清真寺。这是一座建盖不久的砖混结构的清真寺，主楼有两层，建有叫拜楼，礼拜堂设在二楼，有一院子，规模不大，但很清静。看完清真寺我们来到村子里，整个村里的房屋基本上都盖成了水泥砖混房。我们信步走进村内一农户家，这家的男主人叫马明光，43岁，父母已去世。他有二女一男。两个女儿已出嫁，儿子刚讨回媳妇，与全家人正忙着洗鸡洗鱼，一副过年的气象。院里坐着一位老妇人，看上去有80多岁，是马明光媳妇的奶奶，不会讲汉语。碰巧遇到马明光远嫁到北京的侄女（马秀梅，20多岁）带着大约三岁的女儿专程从北京回来过年到舅舅家。其丈夫是北京郊区人，曾在打洛口岸当过武警，他们是在西双版纳认识的，丈夫转业后她就跟随到北京。

在他家的院子里停放着一辆奇瑞牌越野车，是男主人的。在我的询问下，男主人向我们介绍说，曼峦村有七十多户人家，三四百人，都信仰伊斯兰教，不吃猪肉。过去穿傣装，讲傣语，现在许多年轻人开始穿汉装，说汉语。回族的三大节日他们都过，春节也过，但不过傣族的泼水节；年轻人一般在十六七岁就结婚；婚后一般生有2~3个子女，听说现在可以放开生了；死后实行土葬，形式与回族同，坟地就在离村子不远的后山上；宰牲由清真寺的阿訇宰，阿訇是外地请来的，由村里的人挂功德生活；礼拜的人很少，即使在主麻天（每周星期五的

“聚礼”）也只有3～5人礼拜。我问他村里有没有人到过麦加朝觐，他说听说过去有过，但不确实，现在没有人去过。我又问现在有没有人想去，他说没有。

全村以务农为主，主要栽种水稻、茶叶，不种甘蔗，兼做点生意，主要是搞运输；他家兼做点茶叶生意。说到这，他还指了指院内堆放着的用麻袋装着的数十袋茶叶说，那是去前年收购的，现在茶叶跌价卖不出去。前几年卖四五十元一斤的茶叶，现在只能卖四五元。我特地要了一点泡了一杯，味道还不错。我本想向他买一点，但又不好意思，只有作罢（后来想起来还有些后悔）。他们全家对我们很热情，又是倒茶传烟，又是吃糖、吃水果，临走还送了我们一些茶叶。

从马明光家出来，我们又在其侄女马秀梅的邀请下来到了她家（即马明光的姐姐家），马秀梅的父亲（岩光汉）正在做一种腌鱼肉剁成的傣味菜肴。马秀梅和她穿着时髦汉装的妹妹马安娜热情地接待了我们，并留我们吃饭，我们谢绝了他们，和他们聊起了家常。他们也送了我们茶叶。真是热情、好客的帕西傣人……

在离曼峦寨四五公里的曼赛寨，也是帕西傣居住的寨子，人口、规模比曼峦大一点，因时间关系我们就没有去了。看得出来，曼峦的帕西傣不论在经济、文化，还是生活习俗、宗教信仰上都正在渐渐地发生着变化……

2009. 2. 1

悼纳忠先生

今天，我们在这里参加纳忠先生归真四十天忌日追思会，心情很沉痛。这种沉痛于我是两个方面的。

一方面，纳忠先生在阿拉伯史、阿拉伯语、伊斯兰文化的研究和人才培养方面可谓一代宗师、大家、泰斗，他德高望重，成就辉煌（他的生平、成就、威望、为人等在有关书籍里都有记载，这里不再重复和赘述），他的逝世是史学界、语言学界、教育界以及云南回族人民的一大损失。我们为失去这样一位大师而深感悲痛！

另一方面，纳忠先生虽是云南人，家乡故里人，虽然我们神交已久，但一直未能与先生谋面，未能亲聆先生的教诲，这是我人生的最大憾事，至今仍感内疚和难过。

纳忠先生是我的长辈，他比我父亲大七岁（纳忠1910年生，我父亲1917年生），从小就听父亲说，我们家乡出了两位留学埃及的名人，一个是纳忠先生，一个是纳训先生。纳训和我父亲很熟，1951年，两人参加土改工作队到蒙自、沙甸、鸡街搞土改时就同在一个小组。“文革”期间，纳训先生从北京来昆明曾专门到我们家看望我父亲，还送过我父亲几十斤粮票。稍长，读《一千零一夜》及有关书籍，更加深了对纳训、纳忠先生的认识和了解。但因历史的原因（“文革”时我们家因父亲的“历史问题”四分五裂，我又过早的下乡、当工人，在外求学）和忙于工作，一直没有机会和纳忠先生见面。纳忠先生1992年夏来昆明开会时，我又出差在外，错过了见面的机会。以致“失之交臂，遗憾之至”（先生语）。

但值得欣慰的是，我与纳忠先生神交已久。1990年，因他的巨著《阿拉伯通史》出版的事，其侄家骅跟他谈起过我（我当时在云南民族出版社做编辑工作，曾先后任云南民族报常务副总编和云南民族出版社副社长）。1991年5月，他主动给我写信，在信中谈到了《阿拉伯通史》编写及出版的事。之后我们相互书信来往，成了忘年之交。在他给我的书信中，他对我所从事的民族文化及新闻出版工作表示赞赏并给予极大的鼓励，让我为云南家乡、云南回族文化多做贡献、做实事。对我给他寄送的我编辑的《清真指南译著》《天方典礼译著》《云南回族史》《杜文秀起义》等书籍给予了充分的肯定，并提出了希望和建议。对我们晚辈的关心和帮助，真可谓无微不至，真正体现了一个大师的学识，长者的风范。他在信中说："文汇：久闻您多年从事民族文化的编辑出版工作，对回族文化事业多有贡献，非常高兴。昨晚，令侄家骅从昆明打来电话，说您很关心拙著《阿拉伯通史》的出版事宜，我万分高兴，感激不已……" 接着在信中说了编写此书的经过及出版中遇到的问题。我给他回信说，只要先生不嫌弃，如北京出不了，我一定想办法在云南为他出版。

纳忠先生的记忆力特别好，在信中还回忆起和我祖父（纳成亮）、曾祖父（纳鹏尊）交往的情景，令人感动不已。他在1991年5月30日给我的来信中说：

> "文汇：来函收到，万分高兴。您的父亲我见过几次，没有交谈过，他的情况我知道一二。他比我小，我也过了八十一，他大概七十五六了吧，替我向他问好。听说我们同属纳家长房。我和你的祖父很熟悉，他热心回族公益，见义勇为。昆明永宁清真寺的对厅大楼，是他热心奔走，参加修建的，至今很少有人知道了。1953年，他陪马伯安先生去北郊马村为马太夫人上坟，出北门，曾到云大我的住处，找我一齐同往。他为人豪爽，昆明回族，特别是'河西帮'很喜欢他。大家称他为'七师兄'，背地亲昵地叫他'大七'。您应当收集您祖父和曾祖父（曾在永宁寺任教长）的事迹，也可发表。《云南回族史》很好，惜乎许多人和事没有记载。您还有一位八叔祖，叫纳成美，青年时在南城寺从沙德珍之父沙竹轩哈吉念经。当时我约七岁，住南城寺巷，常去寺里玩。他很喜欢我，常教我一些伊斯兰教常识。光阴似箭，七十多年未见了，不知他后来的情况，他在我心灵上留下了一段美好的往事。"

纳忠先生也有遗憾，他的遗憾是，作为家乡人，作为云南回族，他没有以云南回族的身份为云南写一本书，也没有在云南出过一本书。对此，他在信中说道："我浮生八十一年，开罗九年，重庆、南京（中央大学）五年，北京三十四年。在外四十七年，在故乡仅三十四年。上面不让我退休，'落叶'飘远了，很难‘归根’了。如今身在北国，心系南天，我确实希望有点什么在故乡出版。如果《通史》无缘，再说吧……”（见1991年5月30日书信）。在另外一封书信中他又说道：“我从内心深处希望在故乡，以一个云南‘回族人’的身份出一本书，即便是‘小书’，只是目前无暇顾及，不过，我一定要写，希望在一年以后，求安拉赐我健康……”（见1991年9月13日书信）。

纳忠先生虽在异乡，但却时刻关心着自己故乡的发展和晚辈的成长。在一封来信中他说道：“去夏，我在昆明住了四十天，接触各方，见回族人才辈出，经济飞腾，文化事业突进，十分高兴。文化之发展，与您（们）的努力是分不开的。今后，迫切希望您（们），以风华正茂之年，多为回族文化事业做出更多的贡献，为回族同胞多出书籍，则造福乡邦大矣。”（见1993年2月1日书信）。

纳忠先生在阿拉伯史、阿拉伯语、伊斯兰文化的研究和人才培养方面的成就是开创性的，对中阿文化交流的贡献是巨大的。他的学识、人品、威望是靠他的成就和为人树立起来的。他虚怀若谷，淡泊名利，为人谦逊，低调做人、做事，高风亮节。这些品质与现在有些不学无术、沽名钓誉的人相比，反差是何等之大。这些都是留给我们的宝贵的精神财富。他在学界的地位，在云南回族人民心中的形象是巨大的、长青的、不朽的。我会从心底深处永远记住他！云南回族人民会永远怀念他！

（原文载《云南回族通讯》2008.3.10）

历经坎坷，矢志不渝

——记我的父亲

我的父亲纳荣光于2013年11月28日归真（享年97岁），至今已一年。老父归真后我总想给他留下点文字，以作纪念。但因杂务缠身，一直未能如愿。乘国庆节放假在家的时间，写下以下文字，仓促成文，以示纪念！

我父亲1917年2月出身于通海县纳家营，按云字辈排名为云光，荣光是后来改的。幼年随其父（我的祖父）纳成亮（字伯明）到昆明入私立明德小学读书。后在亲戚的资助下到湖南长沙广雅中学读书。1934年高中毕业时投笔从戎考入南京中央军官学校（即黄埔军校），1937年军校毕业时正值“七七”卢沟桥事变抗日战争爆发，即随部队投入抗日战争，旋即参加了“八·一三”上海保卫战（即淞沪会战）。淞沪会战爆发于1937年8月13日，是中日双方在中国抗日战争中的第一场大型会战，也是整个中日战争中规模最大、战斗最为惨烈的一场战役。这场战役标志着中日两国全面战争的真正开始。当时国力高于中国的日本，动员全国全面投入战争。战役持续了三个月，中日双方共有约80万军队投入战斗。日军投入8个师团和2个旅团20万余人，死伤4万余人；中国军队投入48个师和24个旅60余万人，死伤30万人。据父亲回忆说，战斗打得很惨烈，也很艰苦，他所在的连队最后只存活下他和一个排长及通讯员三人，而且父亲腿部中弹负伤，后转移到武汉治疗养伤，伤势稍好后辗转回到云南，这一天是1937年的10月19日。所以后来父亲把这一天视作他的重生日，是真主给了他第二次生命，以至于把每年的10月19日作为他的生日来纪念。

回到云南后，父亲在陈诚负责的教导团任军事教官，负责训练到怒江和腾冲抗日的国军。后又在其舅爹马骢（即滇军将领，著名回绅马伯安先生。我奶奶与马伯安是亲姑表兄妹）的推荐下入滇军高射炮大队，驻守昆明巫家坝机场、圆通山和五华山抗击日机，防守昆明城。1945年中日战争结束后，因父亲是长子，故被我奶奶叫回家照看生意（当时我们家在景星街经营一家冷饮店，是昆明较早开的冷饮店），直至解放。

1951年，随着清匪反霸、减租退押运动的完成，党的七届三中全会以后，土地改革运动在全国各地轰轰烈烈地开展起来。云南在土地改革中实行了分类指导的原则，分类分批地进行。云南回族社会同汉族社会一样，在新中国成立以前大多早已进入封建地主制经济发展阶段，其土地改革的政策和步骤与经济发展水平较高的内地坝区同步；少数居住在边疆的回族则与当地民族相同。在回族地区的土改中，坚持工作队的组成以本民族干部为主，本族地主由本族农民说理斗争，汉族农民不分回族的房屋等政策。全省回族穆斯林拥护党和政府的号召，积极投入土地改革运动，特别是回族干部、知识分子、青年学生踊跃参加土改。省城昆明的回族穆斯林也积极参加土地改革，回族的社团组织昆明回族联合会（简称回联）还派人参加土改工作。

此时，我父亲也由昆明市回族联合会派往蒙自专区参加土改，和他一同前往的还有当时在云南民族学院工作的纳训先生（后成为我国著名的阿拉伯文翻译家、《一千零一夜》的翻译者）。下面是我父亲生前（90岁时）对土改工作的一段回忆：

“1951年，在省委、省土改委员会的领导下成立了省土改下乡工作大队，号召有关知识分子参加土改工作，当时我在昆明回族联合会工作，回联推荐我到土改工作队。回联分到了两个名额，后来只批准了我一个。我报到后被编到第五大队，大队长是马曜，副大队长是王旭，分队长是高国泰，我就在高国泰分队。成员有云南大学法律系的教师和四年级的学生，以及民革、民盟的成员，还有其他几个中学教师。云南民族学院的纳训（《一千零一夜》的翻译者）和我在一个分队。我们在青云街某教师宿舍学习。在胜利堂听了两次于一川、郑伯克关于土改政策的报告，在云大礼堂开过两次会议，并发给有关土改文件的材料，又去北郊苍竹乡参加现场的试点学习，在苍竹乡的斗争揭发中受到现实教育：一个六七十岁的地主婆对土改工作不满，把小刀拌在牛饲料中给牛吃，把牛弄死。10月份我们乘火车去蒙自，住在专署招待所。第一阶段的工作在蒙自展开，县委派了一位姓年的干部来指导我们工作，我们有一个组分在鸡街工作，我和纳训都在这个组，组长是区政府一个叫王平的。我们首先走访贫雇农，召开贫雇农会，组织他们学习，宣传党和国家的土改政策，启发鼓励贫雇农的积极性，让他们当家做主，成立农会，掌握政权，继续划分阶级成分，分土地。当时鸡街的大地主周励斋占有大量的土地，并办有一个大酒厂，在昆明还有很多产业（据说当时昆明万钟街资源委员会办公的房子就是他家的），另外好几个县都有他家开设的商号。最初群众揭发他的罪恶时他闭口不说话，拒不交代罪行。我们通过外围调查时，启发他的小老婆，从中得到很多线索，并利用这些线索激发他，同时反复对他讲政策，最后他不得不交代了他的罪行。由于其罪恶极大，不杀不足以平民愤，最后被镇压了。鸡街的工作完成后我们去了沙甸，沙甸有一个恶霸地主是原伪区长王世琦，他不仅占有大片的好土地，还贩卖大烟、枪弹，放高利贷等。在沙甸他说了算，并有命案，群众对他的仇恨很深，后来也被镇压了。以后我又被派去石岩寨，住在小学校里。有一次有人从房顶上用枪射击我们，可是没射中。继后我又去了马房乡、倘甸、大屯等乡工作。在蒙自六个多月，土改胜利完成后，于1952年随工作队返回昆明，各回原单位。我被推荐到省供销社工作。通过土改，我受到了很大的锻炼，提高了认识和政策水平。土改对刚建立不久的新中国来说是一件大事，是项政策性很强、意义很深远的工作，也是一场没有硝烟的战斗，地主恶霸、土匪和反动分子随时都会出来与你较量，土改工作队员随时都有生命危险。”

土改结束后，父亲被分到省供销社工作。1956年“大跃进”开始时又被抽调到昆明钢铁厂做高炉维修工作，直到1969年底。我有三个姐姐，一个妹妹，共五姊妹，那时我们还小，寒暑假和周末大多是在昆钢度过的，父亲在哪里上班，我们就在那里玩耍，炼铁厂、轧钢厂、耐火材料厂以及小塘花园都留下我们儿时顽皮的身影。父亲是高中毕业上的黄埔军校，在工厂里也算得上是知识分子，因此，每天学习时的读报任务都是由父亲负责的。在我的记忆里，父亲在家的时间不多，每月就回家一两次，平时都由母亲照顾我们的生活。每次回家对我们的管教都很严厉，也很严肃。但每次回来，都会给我们带来一些好吃的东西，家里的伙食也会得到改善。那一段时间，是我们人生中最愉快的日子，一家人和睦融洽，至今都难以忘记。

1966年，“文化大革命”开始，从此就改变了全家的命运。我父亲回家的次数越来越少，再后来就见不到他的身影了。记得有一次，母亲带着我们到昆钢看望父亲，有人带着我们来到一座似厂房又像仓库的门前，推开一道沉重的大铁门，里面空空荡荡的，只有父亲和五六个人挤在房间的角落里。见我们进去，父亲慢慢地向我们走来。只见平时很讲究的父亲满脸的胡须，清瘦的脸庞上一双凹陷的眼睛，一米八的个子此时显得矮小了许多，身上穿着，不，是套着一条剪了个口的麻袋，父亲的头就从那剪口处伸了出来。胸前和背后都用墨汁写着几个非常醒目、刺眼的大字："历史反革命分子 × × ×"，名字上面还画了红色的叉。看到母亲和我们，从不流泪的父亲眼眶里霎时盈满了泪水。当时我还小，不理解这"历史反革命分子"的真正含义。后来才知道，就是因为父亲上过黄埔军校，当过国民党的军官，而蒋介石就是黄埔军校的校长，就成了历史的罪人。但至今我都想不通，怎么跟侵略中国的日本鬼了打仗，而且还负了伤的父亲会是历史反革命分子呢？但历史就是这样残酷，这么不可思议。1969 年 12 月30 日，因历史上反对过"革命"的父亲在遭到多次严厉批斗后，被开除公职，下放回农村老家通海县纳家营务农，接受贫下中农的再教育。真是祸不单行，回去的第三天夜里，峨山、通海就发生了历史上少有的七级大地震，父亲在地震中被土墙和门板压伤腰椎，要不是被他的侄子我的堂哥及时背出来恐怕连命都没有了。

在昆明省第一人民医院治疗了一段时间后，父亲又回到了纳家营。这次回去是我陪他一同去的，坐班车到通海县城后就只能走路进去。地震后的纳家营一片狼藉，土坯建成的房子几乎全部倒塌了，各家各户就在坍塌的土坯上平整一下，用草席、门板和塑料布临时搭建了些篷篷，用于晚上过夜时遮风挡雨。在空地上临时垒砌土灶，支上大锅，烧水煮饭。那时国家和老百姓都很穷，条件很差，不像现在一方有难八方支援，所以遇到天灾人祸就只有无奈地默默承受。那次地震对纳家营的影响很大，以至于多年以后都没有恢复元气。

我父亲的祖父（回族叫巴巴），也就是我的曾祖父纳万清（字鹏尊）自幼随其父兄学习阿拉伯文，先后在沙甸、玉溪大营清真寺学习并穿衣，继而到陕西进一步钻研阿拉伯文和伊斯兰教经典，并第二次穿衣。回滇后于 1871 年至 1897 年被聘请在文山茂克清真寺任教长，并设帐讲学。之后于 1898 年又被云南回教俱进会马敏斋等回绅聘请为昆明永宁清真寺教长，1916 年归真于任上，是永宁清真寺有文字记载的第一任教长。其学生有王家鹏、田家培、马云祥、纳吉祥、纳福山、马万有等知名阿訇。纳万清育有八子，我祖父纳成亮（字伯明）是老七，上面有六个兄长，一个弟弟。纳忠教授曾在 1991 年 5 月30 日给我的信中说：

"我和你的祖父很熟悉，他热心回族公益，见义勇为。昆明永宁清真寺的对厅大楼，是他热心奔走，参加修建的，至今很少有人知道了。1953年，他陪马伯安先生去北郊马村为马太夫人上坟，出北门，曾到云大我的住处，找我一齐同往。他为人豪爽，昆明回族，特别是‘河西帮’很喜欢他。大家称他为‘七师兄’，背地亲昵地叫他‘大七’。您应当收集您祖父和曾祖父（曾在永宁寺任教长）的事迹，也可发表。《云南回族史》很好，惜乎许多人和事没有记载。您还有一位八叔祖，叫纳成美，青年时在南城寺从沙德珍之父沙竹轩哈吉念经。当时我约七岁，住南城寺巷，常去寺里玩。他很喜欢我，常教我一些伊斯兰教常识。光阴似箭，七十多年未见了，不知他后来的情况，他在我心灵上留下了一段美好的往事。”

这样我父亲的辈分在村子里就很大，虽然当时我父亲只有50多岁，但很多人都要叫他巴巴或是老祖。那时农村是集体经济，以生产队为单位，纳家营是隶属四街公社的一个大队，下面有七个生产队。出工挣工分，年底靠工分分红，一年下来一个劳动力平均就两三百元的收入。我父亲因辈分大经常得到队上的关心和照顾，尽量让他做一些轻松的活计。当时纳家营的清真寺因年代久远，面积不大，礼拜人多不够用，需要扩建，队上就请我父亲负责设计和施工。那段时间我正好在纳家营，看着父亲很早就出去，很晚才回来，有时是昼夜施工，每天回来都很疲惫。半个月后，清真寺就在父亲和乡亲们的努力下扩建完工了，父亲也因此更受到乡亲们的敬重。就这样，父亲在纳家营一待就是10年，直到1978年平反才回到昆明。

因为父亲的历史问题，我们一家在“文革”中都受到牵连，首先是我母亲在一小单位任经理被打成走资本主义道路的当权派而被派去参加围海造田，数月不能回家。两个姐姐时逢知识青年上山下乡而远走他乡，一个姐姐16岁小学毕业就到海口一家工厂工作，家中仅留下未满14岁的我和8岁的妹妹独自生活，一家人就这样各在一方。现在想来，那时的生活的确是很艰苦，母亲留下的每月不足10元的生活费要维持我们所有的开销，我和妹妹不得不经常喝两分钱一碗的稀饭充饥度日。那时候吃鸡、吃肉、吃饱饭对我们来说简直就是一种奢望，一年就那么一两次能开荤。我的少年时光就是在这样的境况中度过的，以至于我不得不在十五六岁初中毕业就到处做临时工，17岁就正式参加了工作。1977年恢复高考，1979年我参加高考还差点因父亲的问题不能报名。

父亲平反回到昆明后不久就被聘请到永宁清真寺任管委会副主任，从此，他把全部精力和身心投入伊斯兰教门中，慎守教规，勤于拜功，每天忙于清真寺的管理事务。我父亲是一个做事极认真的人，有时还很固执。大约是1984年，永宁清真寺大殿翻修，父亲负责此项工作，他要我把大殿的旧貌拍下来，说一是用来做纪念，二是用来对照翻修后的大殿是否与老殿一样。那时老殿的砖瓦已经拆得差不多了，我只有爬上顶梁，小心翼翼地站在上面拍照，当天就把照片冲洗出来给他，现在成了珍贵的历史资料。1987年，昆明金家山的回族公墓不够用，经政府批准，要开辟和新建后山做回族公墓，昆明市民委的马建忠处长就来找我父亲，请我父亲配合他完成此项工作，我父亲不顾年迈多病欣然答应，接着就全身心地投入进去，不分昼夜地画图纸、买材料、上山监督施工，夜以继日地干。当新坟山竣工时他却病倒住进了医院……老父亲在清真寺任管事近10年，从未要过任何报酬，不随便在清真寺吃饭，反而经常将自己的退休工资补贴在清真寺的烧水、买炭、搞卫生等杂务中。

父亲是1996年在79岁高龄时去沙特阿拉伯完成朝觐功课的，回来后每天就是诵经礼拜，一门心思抓教门，随着年纪增大，走路行动不是很方便，我们怕他路上不安全，就劝他不要到清真寺礼主麻了，但他坚持要去，为了不违背父亲的心愿，有一段时期我每周五中午就开车送老人去清真寺，礼完拜再将他送回家后再去上班。归真前的半年，老父亲身体越来越不好，整天都躺在床上，但每到礼拜时间，他都要挣扎起来完成拜功，直至归真的当天，在医院的病床上，他的意识已经模糊了，但他仍然在心里默念《古兰》，举意礼拜，直至咽气。

老父亲一生虽然命运坎坷，历经磨难，但却更坚定了他对伊斯兰教的信仰。而每当说起过去抗日的经历时他仍然感到很自豪，当说到或者在电视上看到日本鬼子侵略中国的历史和故事时，他都气愤填膺，激动不已。他经常和我们讲起这段历史，并以此教育我和家人，尤其是我儿子。从我父亲身上，我看到了一个虔诚的回族穆斯林老人对伊斯兰教信仰的坚守和对祖国的挚爱。同时，回族穆斯林爱教爱国的情结在这个老人身上得到了充分的体现。

值此老父归真一周年之际，特向父亲生前来看望和关心过他的所有亲朋好友表示衷心的感谢！愿安拉赐福予你们！

2014年10月6日于龙泉苑

（原文载《云南穆斯林》2014.3.）

往事拾零

——在民族出版社工作的日子

离开云南民族出版社已经五年了，每当想起它，心中都会有几分牵挂，几分感叹……

我是1983年大学毕业分到出版社工作的。那时出版社大约有30多人，办公室还设在一幢五层楼的职工楼内，与职工宿舍混杂。我所在的《民族文化》杂志编辑部设在一幢老式楼房的二楼，与职工楼咫尺相望。据说那幢老楼解放前是位要员的别墅，但到底是谁，各说不一。不管怎么说，那房子确实有特色，用今天的话说，全是实木装修。木楼板、木楼梯，西式窗子、西式门楼，颇具西洋风格。后来那幢楼改做民委老干活动室（现已拆迁）。

《民族文化》是一综合性刊物，由省民委主管，出版社主办，全国公开发行。主要刊载有关云南各民族历史、文化、人物、风情等方面的文章，在当时还是很有影响的。一些后来有点名气的作家、诗人、民俗学者，其处女作或前期作品就是在《民族文化》上发表的，以至1987年停刊后数年乃至十多年，还有不少的来稿、来函。

《民族文化》培养了不少作者，也培养了一批编辑，如刘允褆、李光云、李富春、李安泰等人都先后在《民族文化》工作过。那时出版社没有专门的汉文图书编辑室，汉文图书的编辑主要就是靠总编室或《民族文化》编辑部承担。

1987年，《民族文化》因经费等原因停办，我转向图书编辑。我编的第一本书是《赵祚传烈士》，那是一本反映赵祚传烈士为革命斗争而献身的党史方面的书。尽管这本书今天来看还有诸多不足，但那毕竟是我编的第一本书。看着刚刚印刷出来的还散发着油墨味的书和那封底上不起眼的“责任编辑：纳文汇”几个字，心里说不出的高兴，那可是自己工作和辛劳的结果啊！现在想来，这也许就是做编辑的一种成就感和荣誉感吧。

但是，做编辑是很辛苦的，特别是在今天市场经济条件下这样一个转型期，编辑所面对的问题和困难较之传统意义上的编辑更多，也更复杂。从市场调查到选题策划，从编辑加工到印刷出版，从成本核算到销售发行，每一个环节都凝聚着编辑的心血和劳动，正所谓为人做嫁衣，成就了他人，自己却默默无闻。这是一种黄牛精神，一种奉献精神，一种为民族出版事业做贡献的精神。

记得我们在编撰《中国少数民族地区摄影画集·云南》的时候，靠的就是这种精神。1985 年中旬，国家民委要组织编纂一套反映各少数民族地区的摄影画集，云南分册的编撰任务就由云南民族出版社承担完成。时任云南民族出版社社长兼总编的沈其荣同志亲自挂帅，其他社领导共同参与，组成了编撰班子，由我、欧燕生做具体工作。当时既无现成的图片资料，更无现成的文字资料，何况对大家来说，编撰画册都是第一次，没有现成的经验和模式可套用。在时间紧、工作量大的情况下，社里借调了李跃波、蒋力等同志来协助工作。接着我们就分头出去调查、组稿、收集资料、拍摄图片。那时到地州出差是很辛苦的，很多地方交通不便，不通客车。坐班车到了县城，下乡到村就得自己想办法，运气好可坐到拖拉机，运气不好就只能坐马车或走路。加之我是回族，出门在外生活很不方便，有的县城没有回族饭馆，乡下就更没有了。我经常自己带着咸菜出差，到时就着咸菜吃碗白饭、馒头什么的。现在想来很艰苦，当时却没感到什么。

有了图片、文字资料，我们就各负其责，加班加点，连夜苦干。欧燕生负责图片的整理编辑，我负责文字的撰写、编辑和协调工作。我记得仅 1986 年一年就跑了三趟北京审稿，并在文化部招待所住了两个多月。时值盛夏，北京气候炎热，招待所又无空调，酷暑难熬，晚上睡不着觉，白天头昏脑涨，不想吃东西。好在当时年纪轻，总算熬过去了，换了现在怕是坚持不住的。

在总编委的指导和社领导的全力支持下，在民族地区有关部门，尤其是各地民委的积极配合，编辑班子全体同志的辛勤工作和共同努力下，《中国少数民族地区摄影画集·云南》终于按时、按要求由北京民族出版社出版了。该画集是我国关于少数民族的第一套大型系列画集，云南分册是我省第一部反映少数民族地区和少数民族生产生活的大型画册，也是云南民族出版社参与编撰的第一本画册。它的编撰出版为云南民族出版社之后编辑出版同类图书提供了经验。

大约是在 1987 年，出版社要编一张介绍本社民族图书和民族出版工作的小报，四开四版，报名好像叫《民族书友》。当时这项工作由李珊老师负责，具体工作由我做。我编过杂志、编过图书，可就没编过报纸，怎么编，从哪里入手？两眼漆黑，一头雾水，不知如何是好。后在李珊等老师的帮助下，我从组稿开始，向有关同志约稿，像梅村、林川、张林等老师都给小报写了稿子。接着编稿、改稿、画版，又到印刷厂请张桐师傅拣排（用铅字排版），经过努力，《民族书友》顺利出版了。它虽然是一张小报，虽然很幼稚，虽然有很多缺憾，但它毕竟是云南民族出版社自己的第一张报纸，对我来说，这次编小报的经验，为我之后创办《云南民族报》打下了一定的基础。

1992年6月，在王连芳、刘树生、赵廷光等老领导的长期努力和支持下，国家新闻出版总署同意云南创办一份民族类的综合性报纸——《云南民族报》，省民委就把我抽调去参与创办，并任命我为常务副总编辑，全面主持报社工作。当时省民委主任马立三给我们的任务和条件是：年底出刊，15个编制，需要谁就调谁。任务明确后，我们马上到处物色人，跑有关部门申办各种手续，礼请云南日报民族版的老师来指导。在省民委的直接领导下，经过全体同志的共同努力，《云南民族报》在1992年11月30日正式创刊发行了，按要求还提前了一个月。不知是巧合还是缘分，这一天刚好是我的生日。

1994年初，因工作需要，我又被调回云南民族出版社任副社长。在《云南民族报》工作的一年半里，虽然工作很辛苦，工作条件也不好，但大家团结一致，同心协力，满怀希望地干着、累着，愉快地工作着。那一段时光是我难以忘记的。现在，《云南民族报》早已改名为《民族时报》，当时和我一起办报的15个同志大多已经离开了报社，成了各新闻媒体的领导或骨干，在各自的单位上正努力工作着。

我在云南民族出版社工作了20年，这20年是我一生中最宝贵的时光，从一个年轻人到中年人，见证了这一时期出版社从小到大、从幼稚到成熟的发展历程。在不同的时期，许多老领导、老同志、同事、朋友给予了我诸多的帮助和支持，使我受益匪浅。虽然不论在仕途还是在业务上我都没有多少长进，但我渐渐明白了做事和做人的道理：要做事先要做人，做人比做事更重要。这就是我在民族出版社20年来的最大收获，这也是我今后工作和生活的座右铭。

现在我虽然调离了民族出版社，但仍继续从事着编辑出版工作，值此云南民族出版社建社50周年之际，以此拙文表示纪念。

愿云南民族出版社的明天更加美好！

2007年6月于云南大学出版社

（原文载《云岭书华章》，云南民族出版社2007年版。）

生活是磨砺　生活是收获

有人说，生活是一首歌。

还有人说，生活是一杯酒。

我要说，生活是磨砺、生活是收获……

人的一生有很多意想不到的事情。2002年5月，在我45岁本应“安分知天命”的时候，却从云南民族出版社调到云南大学出版社。虽然都是出版社，从事的也仍是编辑出版工作，但社与社之间的区别是明显的。不论工作环境、办公条件，还是人文环境、单位氛围，都有所不同。我虽然搞了二十多年的新闻出版工作，在出版界也算得上是一个老兵，但大学出版社对我来说是既熟悉又陌生。说熟悉，是出版社有其共性的东西；说陌生，是我对云南大学出版社几乎一无所知。对大学出版社的图书结构、选题、作者、市场及领导、同事关系以及其具体的运作程序等，都有一个学习、了解、适应的过程。

但时不我待，这一切都需要我在较短的时间里克服。几乎没有喘息的机会，工作来了，任务来了——领导要我组织有关人员，在暑假以前完成三十多册《分步过关》《中考辅导》教辅的编写、编辑、出版和发行，时间只有一个月。推是推不掉的，每个人都有自己的工作和任务，谁都无暇帮你。真是剃头匠遇到络腮胡，一开张就摊上这么个难啃的骨头。

我这个人没有多少本事，但认真做事却是我与生俱来的特点（并不一定是优点）。所以，任何时候，面对工作我是不会含糊的。

做教辅于我是第一次，作者是陌生的，市场是陌生的。怎么办？于是，我求教于领导，求教于同事。拟计划、定期限，硬着头皮去组稿，与作者商订编写方案，催进度；再组织编辑，保质量、赶时间，协调落实有关事宜。好在有过去的工作经验和业务垫底，使我不至于临阵胆怯，不知所措。

在社领导的支持下，在编室全体同志的努力下，三十多种教辅按时按质编辑出版了。编辑任务完成了，接着就去跑市场，发行推销。记得我和周永坤副总编、发行部赵红梅主任扛着书，到滇南、滇西南地区一个县接一个县地跑。找熟人、拉关系、磨嘴皮，不耻下问，软硬兼施，该说的都说了，该做的也都做了。最后虽然成效不大，但我们是尽了力的。这是我到云大出版社做的第一件事。

很快，我便融入了云大出版社这个大家庭，与同志们一道工作和学习……

五年多来，社领导像亲人、朋友给我支持和鼓励；同事们像兄弟、姊妹给我关心和帮助，使我在较短的时间内适应了新的工作和新的环境，让我感受到云大出版社的温馨和厚重，在工作、生活中得到磨砺和收获。

所以，我要说，感谢生活，感谢朋友，感谢同志！是你们的宽容和理解，使我走出了我人生的低谷和坎坷；是你们在我最需要帮助的时候，伸出了真挚的双手，抚慰我心中的伤感和困惑，使我从容面对那冬季的寒冷，依然如故地做人、做事……与你们一道工作，是命运也是缘分，让我们彼此珍重吧，我会记住这段时光的！

2008. 2. 26

社科情缘

虽然人生有许多未知的事情，但实在想不到在天命之年我还会来到云南省社科院，改行专门从事宗教研究工作。从1983年大学毕业至来社科院之前，我一直长期从事编辑出版工作，其中编过期刊、办过报纸、做过图书编辑，也做过管理。同时业余时间做一点自己喜欢的回族文化和伊斯兰文化的研究，虽然也出过书，发过文章，但毕竟是“业余”，纯属爱好和兴趣，自娱自乐而已。不过虽然我今年3月才到社科院，是一个社科战线的新兵，但我对社科院并不陌生。记得大约在20世纪80年代中旬，我就与社科院的王亚南、郑海、王清华、李立纲、董建中等相识，并与他们合作出过书。后来又先后与史军超、龚友德、荆德新、刘达成、杜玉亭、杨学政、李荣昆等老师合作过，为他们编过书。再后来就有了更多的社科朋友，其中还有我中学和大学的同学，如牛鸿斌、杨士杰等。杜玉亭老师是基诺族研究的专家，他为基诺族经济、文化和社会发展做了许多实事，基诺族的识别和界定与他的努力和作用是分不开的。1995年我给杜老的《基诺族文学简史》作责任编辑，从中了解和学到了不少关于基诺族的知识，更学到了杜老的为人和品质。虽然当时杜老也是有名的学者和社科院的副院长，但却很平易近人，对我们晚辈提出的问题总是很平和地一一解答。记得当时我曾给他写过一封信，就稿子中存在的问题向他求教，他很快就回信给我，字里行间透出了十分的谦和及诚恳，以一个作者的身份平等地与我交换意见和看法，根本看不出有什么架子，还在该书的后记里对我表示感谢。历史所的荆德新老师也是一个很随和、谦虚和对工作认真的人。当时我给他编《杜文秀起义》一书，他经常往出版社跑，记得有一次是一个冬天的晚上，天气很冷，已经很晚了，他冒着寒冷敲开了我家的门，我以为他有什么重要的事，结果他说是想来看看书的封面，怕出错。多么认真的老同志啊！我当时真的被他的这种精神深深地感动了……我知道，社科院像杜玉亭老师和荆德新老师一样有威望、有造诣、平易近人、和蔼可亲、工作认真的学者还有许多，如蒋中礼、李瓒绪、杨学政等老师和纳麒院长等领导，虽然他们有的已经故去，有的已经退休或调离，但他们给我留下的印象是深刻而难忘的，他们的品质、为人和学风值得我一辈子学习和仿效，他们永远是我尊敬的师长。社科院正是有了这样一批人，有了这样一种精神，有了这样一种支撑，有了这样一种追求和信念才发展到现在，也才有今天这样的成就和辉煌。

多年来，我一直在为社科院编书，参与了“云南蓝皮书丛书”“云南宗教专史丛书”“云南民族志丛书”等丛书的策划和编辑，与有关作者合作得很愉快，并在工作和生活中建立了友谊。我想这也是一种缘分，在人生的历程中最后我选择了从事社科研究，来到社科院，成为一名社科人！这就是我的社科情缘。

转眼三十年过去，我们见证了社科院的发展，目睹了她的成就和辉煌；感谢生活，感恩时代，让我有幸与社科人相识，有幸成为社科人。为表达我的心情，学作拙诗一首，是为敬意：

卅载追求事未成，
世事沧桑梦已醒。
幸得有缘再相聚，
聊以自慰社科情。

2010. 12. 21

悲壮的画面　不朽的主题

——从小说到电影的《斯巴达克思》

影片《斯巴达克思》不是根据乔万尼奥里的小说改编，而是取材于美国作家霍华德·法斯特又一部同名小说改编摄制的。两部小说虽同名，写的都是历史上古罗马斯巴达克思领导奴隶起义的事，但两部小说的风格、角度、取材、结构、细节、叙事方法都很不相同。乔的小说有着曲折离奇的情节，跌宕多姿的变化，浪漫的爱情纠葛及浓厚的传奇色彩。按理说，无论是改编成剧本或是拍制成电影，乔的小说比起法斯特的小说成功的可能性更大，也较容易。但编导却一反常规，采用了后者而不是前者，走了一条更为艰难的创作之路。然而，它却成功了，并征服了广大观众。

我以为，影片的成功在于：

首先，编导正确地处理了历史的真实与艺术的真实的关系，既依据历史的逼真性，把发生在古罗马的这次奴隶大起义表现得淋漓尽致，爆发出强大的悲剧冲击力，但又大胆地摆脱了史实与小说的束缚，以艺术的真实，着意于斯巴达克思这奴隶英雄形象的塑造。如决战后的那几场戏，法斯特的原作基于历史的真实，把斯巴达克思描写成战死沙场。影片则大胆地改动了这一情节，让斯巴达克思在决战中活下来，成了克拉苏的战俘。这样，就有了当克拉苏来到横尸遍野的战场寻找斯巴达克思时，无数的奴隶站了起来，不顾被钉上十字架的酷刑，高喊“我是斯巴达克思”这样悲壮的场面；同时，也才有克拉苏逼迫斯巴达克思与年轻奴隶安托纳尼拼死格斗这场揪人心碎的戏。“赢的人将要钉死在十字架上!”为了赢，为了去争取这痛苦的死，两个情同手足的勇士拼命格斗起来。人类应有的善良和高尚的美好品德在这格斗的奴隶身上得到了充分的表现。最后，影片把小说中的开头搬到了结尾——六千名奴隶被钉在十字架上，瓦里尼娅怀抱婴儿，走到被钉在十字架上的斯巴达克思面前：“这是你的儿子，他自由了!”“我会告诉他父亲是谁，他父亲的理想是什么!”斯巴达克思艰难地抬起充满着希望的期待的眼神，目送着那伴随着泪水和亡灵消失在十字架尽头的马车上的亲人……他期待的是什么，是自由、平等，是解放的烈火焚灭世界上一切奴役人的十字架。这悲壮细腻的画面，使影片的主体得到了升华。

其次，影片在艺术处理上也独具匠心，它既保留了原小说的主体精神和斯巴达克思的个性特点，又在情节和任务关系上作了较大的改动。没有按照原小说较松散的结构来对历史作平铺直叙的描述，而是根据电影的特性来重新组织画面，形成了主线突出、矛盾尖锐、层次清楚、形象鲜明、可看性很强的电影结构。特别是人物形象的塑造符合其性格发展的逻辑。影片以斯巴达克思为争取自由而战的主线贯穿全剧，随着主人翁命运的沉浮，把剧情推向高潮。编导没有将斯巴达克思拔高，而是把他放到血与剑的斗争中逐步觉醒、成熟、发展的。开始时，他只学会在格斗中保护自己，他所想到的只是怎样生存下去。直到他经历了第一次拼死格斗，血的教训及残酷的现实才使他由本能的觉醒突变为人的尊严的觉醒；于是，产生了第二天杀死教练的暴动。但即使这样，斯巴达克思也不就是一个天才的英雄。在冲出了格斗学校沉重的铁门之后，他渴望得到的也只是永久的自由，只想离开这该诅咒的国家，并未打算推翻奴隶主贵族统治的罗马。为了这永久的“自由”，他不得不和罗马军队打仗。在战斗中他的智慧得到了发展，受到了锻炼，获得了一次又一次的胜利，终于成为英雄。至此，他的形象才得以完成。这样的性格发展是符合生活逻辑的，因而也是真实可信的。

当然，影片也有不可忽略的缺憾。斯巴达克思的形象在影片的前半部分刻画得比较丰满。到他起义后，奴隶起义就被推到后景，更多的是有层次、有情节地围绕着克拉苏和革拉古的斗争来表现，这就冲淡了主线的戏，以致观众“忘掉了”斯巴达克思的存在。另外，瓦里尼娅及其儿子的最后解放是靠着首席元老革拉古的恩赐获得的，这是否会削弱影片的主体精神，也值得商榷。但不管怎样，电影《斯巴达克思》确实成功了。它所塑造的一代英雄将鲜明地留在观众的心里。

（原文载《云南日报》1987 年 8 月 29 日第三版，并荣获云南电影协会组织的影评二等奖）

历史悠久、丰厚璀璨的滇文化

——读《云南文化史》

在中华民族源远流长、浩瀚灿烂的历史文化长河中，我国古代各民族人民在物质文化和精神文化的创造过程中形成的民族区域文化及其不同的发展形态和演变，揭开了中国民族文化同源异流的发展特征，反映了历史上我国各民族长期共处、互相影响、彼此渗透和交流的依赖、团结、互助关系。中华民族光辉灿烂的文化，既是我国几个民族文化积累的结晶，又是各民族人民长期共同努力的成果。

在以往的有关中国文化、文化史及相关的学科研究和出版中，往往注重和强调了作为中国文化主体的华夏文化的作用及影响，而对各少数民族文化和各区域文化对中华文化形成及发展的贡献和作用不够重视。马继孔、陆复初同志新著、云南民族出版社出版的《云南文化史》，既对华夏文化（或中原文化）对云南文化形成、发展的作用及影响作了客观的实事求是的阐述，又对云南各民族文化及地方区域文化的形成、发展、特征及其对中原文化的贡献、作用作了较全面、系统的评述，是我省第一部文化史专著。

《云南文化史》共分 6 编 42 章 258 节，外加引言、总论、后记，共 70 余万字。时限上至先秦下至解放前，内容涉及大文化（广义文化）范畴内的政治、军事、经济、文学艺术、科技、教育等各个领域。

第一编：云南文化的形成。作者从先秦华夏文化入手，就中原文化对滇文化的影响，系统地描述了云南主体文化的形成过程及结构形式，既从整体上阐述了包括滇文化在内的华夏文化的共同性，又对“滇王开疆”“爨氏治滇”，爨、蒙、段文化一体，南诏、大理时期文化发展的具体状况和个性特征作了详尽的评述。

第二编：云南明清实学的发展历程。“明清实学”是该书力致阐明的一个主要论点，作者用历史唯物主义观点，从明清的政治斗争，代表人物的哲学思想来立论肯定了“明清实学”作为一种学术理论和政治主张对中原文化和云南文化的影响、作用和意义。用作者的话说，就是为“明清实学”正名，还其历史的本来面目。所谓“明清实学”，是指明、清时期唯物论者的学术理论和哲学观点，即“修己治人之学”，也就是立德、立功、立言，其核心是“格物（改造客观世界）致知（改造主观世界），修身齐家，治国平天下”。

第三、第四、第五编：分别论述了云南文化的三次飞跃。

该书认为，从19世纪70年代云南各族人民反抗外来侵略斗争开始，标志着云南文化的第一次飞跃。这次飞跃是从自强变法而走向民主革命的历程；第二次飞跃是从辛亥革命组成部分的“重九起义”“护国起义”开始，以“五四”新文化运动为标志，以中共云南地下党的早期活动和云南各族人民的觉醒为主要特征，历经第一、二次国内革命战争，完成了云南文化的第二次飞跃；第三次飞跃则是从抗日战争开始，到解放战争结束至全国解放。其主要表现为：中国共产党早期优秀理论者以及许多具有民主主义革命思想的文化、教育、艺术、科技人士为云南培养了大批人才，为云南文化的发展做出了重大贡献。三次飞跃，实现了云南从旧民主主义革命到新民主主义革命的重大转折。这三编分别对辛亥革命前后云南各族人民的反帝、反封建斗争及文化成就进行了充分的论述和概括，特别是对中国共产党领导下的新民主主义革命对云南文化的发展、促进予以了高度的评述和肯定。

最后一编，作者在前五编充分阐述的基础上，对云南文化事业所取得的成就进行了综述，并就云南各少数民族文化的发展历程及其与云南主体文化的相互融合、渗透、影响作了多角度、多学科论述。

综观全书，作者能在掌握和调动大量材料的基础上，根据云南社会历史和生产实践，通过对云南各民族物质文化和精神文化源流、特征及发展轨迹的描述，给我们展示了一幅色彩斑斓、辉煌灿烂的云南历史文化的厚重画卷；使我们看到了作为一个多民族边疆省份的云南，其历史的深远悠久及其丰富多彩的民族区域文化在整个中国文化史上的地位和作用。

此外，该书无论在内容上还是在形式上，既反映了云南区域文化的发展状况，又实现和开拓了对云南民族文化及区域文化研究、探索的路子，是地方史及民族区域文化史研究的又一重大成果，对研究云南的社会发展状况具有极其重要的启示作用和借鉴意义。因为，一部文化史，即是人类社会发展的历史。文化本身就包含了人类在社会实践中所创造出来的一切成果，而这些成果又反过来成为人类生活不可缺少的组成部分。因此，文化既是人类出现以来的历史成果，又是人类继续发展的基础。对于像我们这样一个历史悠久、幅员辽阔、民族众多、文化结构复杂、发展很不平衡的国家来说，对文化形成的渊源、发展流向、机制、特点、关系等方面的认识研究就显得尤为重要和紧迫。

难能可贵的是，该书的两位作者：马继孔、陆复初同志，均是耄耋之年的老先生，他们在长期的革命工作和理论研究中，努力学习，注重调查研究，积累了大量的资料，吸收了许多古今文化研究成果，付出了相当的精力和心血，在省委领导及有关同志的支持协助下，才使这洋洋70余万字的巨著撰就出版。特别值得一提的是，马继孔是一个早年就参加革命的老同志，他曾先后担任过云南、甘肃、江西等省的主要领导，既有多年革命的经验，又有较高的马列主义理论水平。他治学严谨，实事求是。在该书编撰时，他已是中风在卧，行走极度困难。就是在这种情况下，他仍尽最大努力，提出了该书及另外三本书（《爨史》《云南陆军讲武堂史》《续资治通鉴评要》）的整体构思和编写思路，并亲自承担了部分文章的撰写，实现了多年的夙愿。该书出版后，他又将所得稿费全部捐给云南教育基金会，为云南文化教育事业再献一片爱心。作者的这种精神及本书的出版，无疑将给人们留下一笔宝贵而丰厚的精神文化财富。

（原文载《云南日报》1995年1月14日第8版）

探寻鼓文化的千古秘密

——评《中国南方鼓文化与地域社区生活》

于希谦副研究员的新著《中国南方鼓文化与地域社区生活》一书，近日由云南民族出版社出版。在中国南方少数民族地区，铜鼓及木鼓这类器物在民间的使用具有历史悠久、流传广泛、类型众多、礼俗繁复等特点。此书重点研究的范围，是中华人民共和国成立以前处于无文字时代的民族（或虽有本民族文字，但只有少数人会使用）的鼓文化。其中，对世居滇、黔、桂、川、湘、粤等省区的苗、瑶、佤、彝、哈尼、壮、侗、布依、水、基诺等民族使用铜鼓或木鼓举行的礼俗活动或民间庆典，进行了较为翔实的个案介绍。对各族同胞以特殊的鼓点、鼓乐、鼓舞及相关的仪式活动，来交流思想感情，表达其信仰、愿望、传统规范和行为准则的古老方法，进行了多方面的研究。对由此表达的古理、古规、古法在维持民间社区生活有序运转中发挥的作用，进行了探讨。此书还就中国民族学的学科理论建设及学术方法问题提出意见以供讨论。

两千多年来，各族先民以他们卓越的聪明才智，制造出一批又一批形制日趋精美、工艺日趋复杂的铜鼓，几千年的朝云暮雨，遮不住铜鼓文化的璀璨光辉，它为什么能够具有经久不衰的生命力?

布依族同胞称赞铜鼓为村寨的“团结灯”。侗族同胞称赞鼓楼为村寨的“心脏”，维持村寨秩序的“枢纽”。广西瑶族同胞有这样的风俗，每年大年初一，全村男女老少聚在一起打乐春鼓。人们都说，乐春鼓打得越热闹，庄稼就越有希望获得丰收。不同的民族使用不同的语言来称赞铜鼓或木鼓的用途，表达的意思为什么会如此相似？这类器物的使用同村寨的团结、生活秩序的维持、安全感的获得、庄稼丰收、共同目标的实现等等，这两者之间究竟有何联系？这就提出了如何科学理解鼓文化在民间社区生活中的真实作用与价值的问题。

而这本书的研究，正是围绕上述问题探求其答案而展开的。

在中国南方一些少数民族聚居的地区，当地居民长期保持着纯朴敦厚的社会风尚，朴素而浓郁的集体意识深入人心，村寨生活井然有序，等等。民族学的调查研究表明，这些令人赞叹的古朴风尚，并不是完全自然而然地沿袭下来的，而是通过民间教育的途径，自觉遵守本民族良好礼俗的结果。这其中既包括言传身教的方法，也包括行不言之教的方法。而在一些地区，行不言之教的方法尤其为人们喜闻乐见，易于接受。这本书所介绍的各民族鼓文化，就涉及多种行不言之教的古老方法。当人们敲响铜鼓或木鼓，举行隆重庆典或礼俗活动之际，各种赏心悦目的声、色、形、情，往往包含着十分丰富的文化内涵，本民族的古规古理常常隐寓其中，给人留下主动思索探求的余地。参加活动的人员在一系列容易触景生情的气氛中，往往能够自己去体会领悟其中包含的道理，而没有任何勉强的感觉。此书的研究还谈道，人们的社会生活必然产生相应的社会意识，其中有些思维对象具有抽象性，昔日生活在无文字时代的居民们难以使用语言词汇来确切表达。然而各族居民都各有一套借物寓意的古老方法，为思想感情的交流提供了十分有效的途径。这本书所介绍的鼓文化中，就包含着许多借物寓意的巧妙方法。例如“群心”是一种看不见、摸不着的精神活动状态，然而在过去年代，群体情感、群体意志、群体凝聚力的强弱，往往直接关系到社区成员们适应环境求生的能力。人们于是以铜鼓或某种木鼓作为“群心”的象征，在可见的事物与不可见的精神之间搭起相互契合的桥梁，因此有“鼓在人心在、鼓失人心散”的民间谚语。许多村寨或家族都有一对铜鼓或木鼓，听到鼓声，众人就采取统一行动，因此它被称为“寨中主”或“心脏”。人们通过鼓声来表达众人的决定，因此它被称为“法鼓”。鼓的作用，使社区成员增强了团结、提高了群体凝聚力，从而收到提高生产劳动效率，增强战胜各种灾害的能力，实现共同目标的实际效果。

以上所谈到的，仅只是此书关于鼓文化研究的几个例子。在作者看来，中国南方鼓文化是一个历史悠久、博大精深的体系。要发掘和整理这份文化遗产，需要众人的密切配合及长期努力，同时也需要就具体的学术研究方法提出来加以讨论，其中包括共时性研究与历时性研究相结合的方法、个案研究与共性探讨的问题、对文化整体观的理解，均结合研究的实际需要作了专题的讨论。正如王叔武教授在其序言中所说：“这就必将为中国民族学体系的建设，做出一份筚路蓝缕之功。”

（原文载《云南日报》1996.6.1）

一份我国少数民族人权状况的最好答卷

——读《马克思主义人权观与中国少数民族》

人权问题是当前国际社会比较关注且敏感的问题，也是当前国际政治斗争的一个焦点。一段时间以来，国外一些别有用心的人常以我国人权问题特别是少数民族的人权问题为借口，对我国进行大量污蔑和攻击，企图离间我国各民族人民之间，党群、政群之间的关系，从而达到分裂和颠覆社会主义中国的目的。正是在这一历史背景下，经过有关社科工作者多年的努力，终于完成了“马克思主义人权观与中国少数民族”这一重大调查研究课题，并由云南人民出版社正式出版。这是迄今为止我国关于我国少数民族人权问题及其状况的一部全面系统的调查研究和论著。它的出版问世，对学习理解马克思主义人权理论、人权观及我国党和政府关于少数民族人权问题的根本方针和一贯主张具有重要的指导意义；给国内国际社会全面了解和正确认识我国少数民族人权的历史和现实状况、澄清在人权问题上的是非，提供了比较系统的调查资料；同时，用无可辩驳的事实有力地回击了国际社会那些别有用心的人。

《马克思主义人权观与中国少数民族》一书，分上中下三编。上编两章主要论述了马克思主义人权观的基本理论及其对观察我国少数民族人权状况的意义，系统概述了我国党和政府关于少数民族人权问题的根本立场和一贯主张。它以马克思主义人权观为指针，以党和国家关于我国少数民族人权问题的一贯主张、方针、政策为理论依据和指导思想，从历史和现实纵横两方面对人权问题的实质、内容、产生和发展、基本特点及其内外各方面作了概括的考察和阐述，对我国少数民族人权状况作了实事求是的调查和分析。从中我们可以认识到：人权问题不是从来就有的，人权属于社会历史范畴，有其产生、发展和消亡的历史。人权问题是随着人类社会成员之间权利与义务的分化与差异的产生而产生的，并随着它们的发展变化而发展变化，也将随着人类社会成员之间权利与义务的分化与差异消亡而消亡。而人类社会成员之间权利与义务的分化与差异最初是随着阶级分化与阶级差异的出现而出现的。因此，不同阶级及其社会地位以及经济、政治、文化等方面权利与义务的差异，是人权问题产生的根本原因。不同时代、不同社会、不同国家、不同地区有不同的人权问题；不同阶级、不同社会集团对人权问题有不同的看法和不同的人权要求。因此，人权问题是具体的，而非抽象的，是发展的，而非永恒不变的。人权不应当只是表面的形式上的规定，而应当是真实的实际上的享有。

马克思主义的人权理论与人权主张不仅从实际出发，在形式上规定各种权利，而且更注重为权利的实现创造充分的条件，提供切实的保障。而资产阶级的人权理论和人权主张，只注重在形式上空言权利，而不是为全体社会成员来创造和保障实现权利。这就是马克思主义人权观与资产阶级人权观的一个根本区别。所以，唯一科学的具有完备性的人权观，只能是以历史唯物主义基本原理为指导的马克思主义人权观。这就是该书给我们阐明的关于人权问题的基本理论和指导思想。

那么，用马克思主义人权观来分析、观察我国少数民族的人权状况又是怎样呢?

该书中编在上编所阐述的基本理论和根本方针的指导下，在广泛深入调查的基础上，根据大量事实和资料，从历史和现实出发，分别对我国少数民族人权范畴的生存权、政治权、经济发展权、受教育权、医疗卫生与人口发展以及传统文化的继承与发展等方面的状况作了比较系统全面的论述，用无可辩驳的事实说明，自新中国成立以来，特别是党的十一届三中全会以来，我国少数民族人权状况的根本变化和巨大改善。

观察我国少数民族的人权状况，不能脱离其社会历史发展实际及我国的国情。我们知道，解放前，我国少数民族大都还处于生产力极其低下，经济极不发达的各种社会形态，有的地区还保持着奴隶制，有的甚至还处于原始公社制的末期。鸦片战争以后，我国少数民族的广大人民群众遭受帝国主义、封建主义、官僚资本主义以及本民族内部统治阶级的剥削和压迫，过着食不果腹、衣不蔽体、居无处所的悲惨生活，处于水深火热之中，广大少数民族人民的生命财产根本没有保障，生存权利丧失殆尽，其他人权就更无从谈起。只有在中国共产党的领导下，团结全国各族人民，推翻了三座大山，消灭了剥削制度，建立了新中国，我国各族人民才摆脱了剥削和压迫，各民族人民的人权才从根本上得到了保障。解放以来，党和政府努力发展我国的经济、社会和文化事业，对少数民族地区从政策、财力、物力、人力等方面都给予扶持帮助，少数民族在社会政治生活中当家做主，团结奋进，民族地区的经济、社会和文化发展水平大大提高，人权状况得到根本改善。特别是党的十一届三中全会以后确立的以经济建设为中心的改革开放政策，使我国的经济、社会、文化事业取得了巨大的成就，党和政府对少数民族地区采取一系列特殊的倾斜政策，加大投入的力度，使我国少数民族地区在经济、政治、文化等方面得到了空前的发展，少数民族的人权状况得到了显著的改善，享有和实现人权的范围越来越广泛，程度越来越充分，层次越来越高。这是举世有目共睹的事实，只要不是有意或别有用心，任何人都不会否认。当然，由于历史的社会的自然的原因，我国少数民族人民享有和实现更高层次的更充分的人权，这都有待于我们要进一步地加快发展少数民族地区的经济及各项事业，改善和提高全体社会长远的物质生活条件和精神生活条件。只有这样，少数民族的人权状况才能得到不断地改善和提高。

该书不仅注重人权问题理论的、政策的阐述，更注重实际而具体的调查分析，从宏观和微观两个方面来说明我国党和政府对人权问题的基本立场、态度及我国少数民族人权的实际状况。下编通过对 11 个民族地区的人权状况调查，使我们进一步具体了解了我国少数民族地区的人权状况，对马克思主义人权观有了更新更深的理解，丰富了马克思主义的人权理论。同时，用大量的，无可否认和无可置疑的事实和材料，证明了自新中国成立以来，特别是改革开放以来我国少数民族人权状况的根本变化和巨大改善，从而有力地驳斥了国际上一些别有用心的人以我国少数民族人权问题为借口对我党我国政府的攻击和污蔑，对维护我国党和政府在国际上的形象，促进我国各族人民的大团结，都将起到积极的作用。

因此，《马克思主义人权观与中国少数民族》一书的出版，具有重要的政治意义和现实意义，是一份关于我国少数民族人权状况的最好答卷。

（原文载《云南日报》1997 年 3 月 10 日第三版）

血脉的力量

——读白山的长篇小说《冷月》

近几年，我很少看小说，特别是长篇小说。偶有佳作问世，在媒体的炒作或朋友的推荐下，我才有目的地几乎是带有功利性地去，找来翻阅一下。这类作品的阅读往往是在睡觉前躺在床上的那一段时间。这并非是这些作品写得不好，而是忙于生计，实在没有闲暇。然而读白山的《冷月》（云南人民出版社 2001 年版），我却是用了整整几天的时间，极认真地读完的。阅读中，我一次次被作品气势恢宏的主题，意境开阔的构思，鲜明的人物个性，娴熟流畅的文笔，生动细腻的描写所激动。尤其是明家那一群像月亮一样美丽、纯洁、活泼而智慧的女孩们的命运结局更让我不能平静。她们是那样活生生、水灵灵，真真切切地出现在我的面前，我甚至想与她们交谈、对话。每当这时，我都不得不掩卷沉思，去想一些与书有关或无关的东西。书读完了，我却久久地不能回到现实。我在想是什么东西有如此的力量让我无法释怀？是为明家女性的遭遇，还是明家男性的壮举？

终于，我明白了，震撼我的是那回回民族血脉中不畏强暴，坚贞不屈，为真理或正义视死如归的民族精神。这种民族精神在他们的血脉中涌动着，是这个家族从他们的祖先那里传承下来，与生俱来的。正是这种潜在的，不可抗拒的民族精神铸就了这个民族，成为这个民族的灵魂。当侵略者的铁蹄践踏着祖国的河山时，这种民族精神就表现为一种强烈的爱国主义精神和高度的责任感再次在他们的血脉中涌动。他们就以他们的方式给侵略者以反击。

明末清初一队滞留在滇西的明朝回汉将士，在坚守、等候为国效力的漫漫岁月中，形成了一个有着回、汉两支血脉的大家族。为了表达他们对国家的忠诚，也为了纪念他们那一段建功立业、为国尽忠的日子，他们放弃了自己的姓氏，都改姓为明朝的“明”……

《冷月》主要描写的就是滇西一明氏回回大家庭在抗日战争这一背景下，为了反抗日寇，保家卫国，捍卫民族尊严所采取的无奈而悲壮的抗争以及明氏家族中一群如花似玉的女性们，为免遭日寇的欺辱和蹂躏，不惜牺牲自己，下嫁给山里赶马人的命运。

作品中的大哥明照东“是一个在逃遁中出生，在逃遁中有了第一次人生记忆的男人”。由于自幼受到杀戮的惊吓和他的人生经历，他的性格是病态的，是被扭曲的。他把自己成天关在黑房子里，不愿见人，不愿见阳光，漠然地守着自己的生命。但就是这样一个性格乖戾的明家掌门人，当曾是孙中山旧部、国民革命军某军军长的二弟明照南、三弟明照北在国难当头不上前线杀敌，却回到故乡，成天围坐在麻将桌前的时候而气愤、而鄙夷、而惧怕。他对他们发火：“他们是军人，军人是什么？军人能在战争打响的时候，跑回到家里来吗？军人应该战死在疆场，不是拖着几个大铁箱子，回到家乡来。”他不仅恨两个弟弟的退缩，也恨自己的无能，“他分明从自己身上看到了一种再也不能开口说别人的理由，他痛恨自己。恨弟弟，不如说是恨自己。”最后，当他意识到日本人想套住他，利用他和明家大院来诱使明照南为他们效力的预谋时，他的心像是被一把刀子割得鲜血淋淋。“他突然被自己的血脉，自己的父母，自己的弟弟遭到这样的污辱而感到万箭穿心！那种家族的努力，血脉的努力，就是为了这一个目的？”“他的眼睛像是出了血那样，闪着红色的血光”，“他不能忍受这样的污辱，哪怕他们仅仅是对照南有这样的期盼和巴望，也是对这个血脉的污辱，对他兄弟的污辱，对几兄弟的污辱！常言道：‘只有穷回回，没有怂回回’！他算是明白这句话的意思了，他不能忍受侵略者的污辱，他必须用一种决绝的方式，来拒绝这一种屈辱，以表明心志。”于是，他果敢地，毫不犹豫地举火烧毁了他亲手建盖的明家大房子。这大房子是他的心，是他的肉，是他苦心创作的艺术品，是他梦幻的寄托和归宿。每一间房，每一块砖，每一块瓦，都倾注了他的心血，他的汗水，但这一切都在顷刻之间化为灰烬。这似乎不可思议，但作者正是通过这具有象征意义的“大房子”的自我毁灭，来寓意某种东西的死亡或新生。这到底意味着什么呢？让人有一种对传统、对历史，对血脉、对民族，以至于对未来的沉甸甸的深层次的思考。

表面看，明照东是个怪异的人，他对一切都那么冷漠，他不关心任何人，任何事，但在关乎国家、民族、尊严、人格的关键时刻，一直渴望着飞翔，渴望着搏击蓝天，渴望着为祖国的利益牺牲自己的血脉，这血脉中潜在的、从祖先那里保存下来的，一个民族血脉的力量，使他超越了自我，做出了不同寻常的壮举。

明照东这个人物也因此而升华。

艾娘，这个明家的姑老太，是作品着力刻画的又一个重要人物。她虽然是一个女人，一个嫁出去的小脚女人，但在事关国家安危、民族存亡、大难将至的节骨眼上，这个“心里藏着许多事，却又是藏不得许多事”的明家“开天辟地大法典”就拿男人开刀了：“日本人在中原地方杀人了！这个家还有男人吗？这个家没有男人了！”艾娘之所以说这个家没有男人，是对两个在“七七事变”前赶回家乡的哥哥不满，她对两个哥哥在国家危难的关头逃回家来，不光彩地躲到远离战场的地方感到羞耻，感到气愤，感到伤心：“哪怕你妻妾成群，哪怕你把家里的人都负了，可你不能负国家。国家是谁，国家是一片生你养你的土地。男人就得在国家需要的时候为它牺牲。”在得知二哥明照南抽上了“阿芙蓉”（大烟）后，她更充满了恨，于是，她的骂声就像一把锋利钢刀那样，透透地割着这个世界：“明家没有男人了！”“男人都当了缩头乌龟，这个天只有女人顶着啦！好啊，女人！别看我是小脚婆，脚是裹了，心是没有裹的！给我一支枪、一门炮，我也要上前线，杀两个日本兵才痛快，总比缩在这个乌龟壳里强！”艾娘这种嫉恶如仇、爱憎分明的性格正是回回女人的传统美德，她们平时忍辱负重，相夫教子，温柔善良，宽容待人，但在大是大非、大原则、大问题上，她们是勇敢而无私的，更何况是在这国将不国，民族蒙难，家园不保的关键时刻，她们得挺身而出，她们要用平时承受家务、看似软弱的身躯去顶住男人的脊梁，给男人以信念和决心，担负起“国家有难、匹夫有责”的重担。

被明照东和艾娘看不起的曾是军人的两个弟弟——照南、照北其实早在抗日县政府组建之时，就参加了抗日县政府的筹建，成为县政府委员。就在远征军将强渡怒江，以武力收复滇西前夕，他兄弟俩毅然出山，投身收复滇西的战斗。再次用他们的行动来证实他们是这个家族、这个姓氏的希望。同时，出征前，他们做出了一个决定，把明家所有到了年龄的姑娘，全部嫁出去，不管她是什么民族，什么出身。

这个决定对明家这群美丽、活泼而智慧的姑娘来说无疑是残酷的。玉景、晴景、昭景、杭景、莲景、丽景、泉景、秀景、慧景这群明家大小姐从小接受的是新式学堂教育，能识文断字，知书达理。她们有自己的理想和追求，抗日战争爆发，滇西沦陷前，她们就上街游行演讲，动员民众，宣传抗战；为学友打官司，反抗封建婚姻。滇西沦陷后，她们在逃难中参加了县政府举办的抗日干部培训班，学习军事知识和接受军事训练，她们总是力所能及地做一些对国家对抗战有用的事情。但在非常时期，面对父辈的决定，她们却默默地接受了这一残酷的现实，为的是让长辈放心出征，杀敌报国；为的是民族、女人的尊严。就这样，她们在亲人的哭泣中出嫁了，嫁给了自己压根不想嫁的山里的赶马人，这是一群弱女子无奈而悲壮的选择。可想而知，她们今后的日子是怎样的。玉景不从，就在出嫁前夜，用剪刀结束了自己的生命。丽景比较幸运，嫁给了在省城的表兄。

命运对明家女性来说的确是不公的。如果说大小姐们嫁给赶马人是无奈的选择，那明家几个太太的死则是不可避免的。明家三个大太太在归家的路上撞上了进山清剿的日本人，当人们找到这三个女人的时候，她们已经被活埋了三天，她们是被日本人像种萝卜那样种在山地上，身子埋在土里，头却留在了地面上。就连明家丫头来喜也未能逃脱这注定了的灾难。她追求幸福，向往自由，天真活泼，但却被日本人野兽般的蹂躏后，赤裸裸地推出了城门。她拖着流着血的伤痕累累的身体爬到了江边，爬回了已变为灰烬的明家大院……

明家女性命运的形成，有其深刻的社会历史原因。在封建社会，女人往往指望婚姻来改变她们的命运，给她们第二次“托生”的机会，但这种指望大多成为泡影，在封建家庭的桎梏下，她们的婚姻仍旧是不幸的。尤其是在国家、民族劫难之时，家庭、个人的命运就不得不服从国家、民族的命运。在这种背景下，作为“一切冲动和苦难的最后承受者”女人来说，其命运就更加的惨烈。加之历史的积淀、民族和宗教的因素，形成了这个家族成员的立场、观点、个性，规定了他们的思考、抉择和行为。在现实的背景下，明家女孩就用她们的方式做出了以牺牲自己来支持父辈男儿出征、卫国杀敌，捍卫民族尊严和人格尊严的抉择和壮举。

是的，明家女性的命运是惨烈的，特别是在国家、民族遭受日寇蹂躏时，这种凄惨的命运就注定了。这是一场悲剧，让人心灵战栗欲哭无泪的悲剧，它通过明家这群女孩的毁灭，让人去思索，去感悟这悲剧的意义，从而体现出悲剧的价值。正如作者自己所说：“为了‘把最有价值的毁灭给人看’，我必须先作足‘最有价值’的文章，才能使滇西沦陷期间边地女孩的毁灭，释放出最凄美，最具震撼力的效果。”所以在作者的笔下，这群出生不同，性格迥异的边地女孩是那样的美丽、纯情而充满灵性。就是这样一群女孩却悲剧性地毁灭了，毁灭在她们充满希望的人生中，毁灭在她们青春年华的岁月里。在为这群女孩命运悲叹的同时，我们更为她们生活的这片土地所包含着的崇高、悲壮、抉择和牺牲所震撼。明家这群女人的命运，也是滇西这片土地的命运；明家家族的命运也是这个民族的命运。家族是这片土地、民族的精神。

是的，抗日战争时期，当整个中华民族面临生死存亡的时候，每一个民族，每一个有良知的中国人都会热血沸腾，担负起保家卫国，捍卫民族尊严的重任。生活在滇西这块土地的各族人民，他们对国家和民族的忠诚，对家乡的热爱，对侵略者的仇恨，对和平的向往，对理想的追求，对真善美的渴望，对责任和义务的坚守都是一致的。他们都要求自己的男人勇敢而坚定，都希望自己的女人美丽而纯洁。面对侵略者，他们团结奋战，勇于献身；为了祖国和民族的利益，他们选择了坚守和牺牲。

白山是一个回族女作家，明氏家族的后人，小说中丽景的原型就是她的母亲，小说中所讲的故事就是她家族的故事。只不过“小说毕竟是小说。它是在历史事实上绽放出来的花朵。花朵已经不是泥土和藤蔓本身，却是一道比泥土和藤蔓更为明丽的景致”。白山与故乡有一种割舍不断的联系。她对故乡的感受和对故乡那一段历史的认识是一种来自血脉的，发自心灵深处的思考，她理解的那一片土地是生命里的土地，所以在她的作品里就包含了这种血脉的力量。这也是令我震撼的民族的力量！

（原文载《民族时报》2002 年 7 月 3 日，后转载《回族文学》2004 年第 3 期）

厚重的历史　璀璨的文化

——《曲靖回族历史与文化》编后感

看到刚出版的还散发着油墨味的《曲靖回族历史与文化》的时候，我分外高兴和激动。说实话，我从事编辑工作近三十年了，从编期刊、办报纸，到出版图书，什么样的书我都编过，到底编了多少书我都记不清了，林林总总，大概有300多种吧。这其中有关回族和伊斯兰教的书就约有50种，但没有哪本书让我这么兴奋，感想颇多。

一本书从策划、组织、撰写、编辑到出版是一个艰苦而烦琐的过程。我们平常看到的是一本本印制好的书——漂亮的封面、精美的图片、丰富的内容、通畅而优雅的文字……却不知这书的后面有多少人的辛劳和付出。特别是像《曲靖回族历史与文化》这种政府有关部门组织编撰的地方民族史志类的书，它需要前期深入细致的田野调查研究和大量的第一手资料的积累，需要编写者的功力和辛勤的劳动，更需要各方面的支持与配合；最终它还既必须通过政府和有关部门的审查同意，又要得到全社会广大群众的认可。其中的甘苦，只有经历过的人才知道。所以我要说：珍爱书籍，感恩作者，尊重编辑。此外，还要感谢所有帮助、支持和关心过该书的人！

《曲靖回族历史与文化》是在曲靖市有关领导的支持关心下，由曲靖市民族宗教事务委员会组织编写的。该书的启动工作始于2006年年底，于2010年3月正式出版，历时三年多。从始至终，该书的编撰和出版都得到了曲靖市民宗委原主任、现曲靖市政协副主席马宝功和现曲靖市民宗委主任保明富以及其他领导的大力支持和关心。马宝功主席还兼任该书编委会的名誉主任，保明富主任兼任编委会主任。同时，省人大原副主任保永康同志、中国回族学会和云南回族研究会会长高发元教授也对该书的编撰出版给予了极大的支持和关注，高会长还亲自为该书作序。主编马明勤原是曲靖市民宗局的副局长，现任曲靖市伊斯兰协会的会长。马会长是一个对民族工作很有感情的人，也是一个对工作对同志十分热情和认真的人。几次在昆明开会碰在一起，他都要利用机会不厌其烦地向有关领导和有关人员介绍该书的编写情况，征求意见，以取得大家的认同和支持，足见他的诚意和执着。我就是在他的这种精神的感动下担任该书的责任编辑和学术编审的。我接到初稿（征求意见稿）的时间大约是2008年七八月份，初稿在不同的层面征求意见（包括由中国回族学会会长、云南回族研究会会长、博士生导师高发元教授，云南省社会科学院院长、博士生导师纳麒教授，云南民族大学马维良教授，原云南大学出版社编审、现云南省社会科学院宗教研究所所长纳文汇研究员，云南大学国际关系学院教授姚继德博士，云南财经大学李维耀教授，云南省民委政法处保定召处长，云南省伊斯兰教经学院教师、知名的回族学者纳国昌先生组成的专家审稿组的意见）。根据各方面的意见，编写组又作了多次的反复修改，几易其稿，不断完善、充实和提高书稿质量。这充分说明了曲靖市民宗委和有关部门对该书编撰出版的高度重视，同时也体现了参与编撰的作者和相关人员极度负责的精神和认真的工作态度。书稿最后于2009年年底定稿。书稿在云南大学出版社的编辑过程中，得到了出版社有关领导和编校人员的大力支持和积极配合，在保证质量的前提下，以最快的速度完成了书稿的编校和出版。在编辑印制出版过程中，马明勤主编率编写组有关成员多次到昆明，我们就书稿的问题反复交换意见、沟通观点、与作者和编者核实资料、查对原文，有时甚至辩论和争执，以求尽可能地减少错漏，提高书稿质量，其中付出的心血和汗水自不必说。2010年3月，在曲靖市民族宗教事务委员会领导的高度重视和支持下，在编写人员的辛勤劳动和有关专家学者共同努力下，该书终于付梓出版了，从此，曲靖8万回族穆斯林有了一本属于自己的书，填补了曲靖回族没有自己历史与文化专著的空白。这既是有关人员历尽三载艰辛劳动的成果，也是曲靖回族人民的一件大事，更是全省回族人民的一件喜事，值得庆贺！

《曲靖回族历史与文化》是在深入调查研究、广泛收集资料和前人研究成果的基础上写成的，它对曲靖地区回族的历史、文化、经济、教育、宗教、民俗、人物以及民族关系的历史和现状作了全面、系统的描述；特别是对党的十一届三中全会以来我国改革开放后曲靖回族地区和回族人民在中国共产党的领导下在经济、文化、教育、社会发展等方面所取得的巨大成就和变化，以及党的民族宗教政策在回族地区的贯彻落实和民族团结、民族关系等作了较为详尽、具体的记述；准确地反映了曲靖回族悠久的历史和丰富的文化；充分地展示了回族人民积极向上、开拓进取的精神风貌。读后让人深感曲靖回族地区和回族人民历史的厚重和文化内涵的丰富多彩，以及回族人民对曲靖地区经济、文化建设和社会发展，尤其是在社会主义建设和民族团结、和谐社会建设中所做的巨大成就和贡献。总体来说，该书体例完备、结构合理、层次清晰、章节得当、内容丰富、观点明确、资料翔实、重点突出、表述清楚、图文并茂、薄古详今。不失为一部具有思想性、学术性、权威性、资料性、可读性和现实意义的地方民族历史文化史著述。

《曲靖回族历史与文化》共设7章36节，另有大事记、参考文献和后记。按章节顺序，它们分别是：第一章：曲靖回族历史沿革；第二章：曲靖回族经济；第三章：曲靖回族教育；第四章：曲靖回族文化；第五章：曲靖回族的宗教与习俗；第六章：民族关系；第七章：曲靖回族人物。以上章节就构成了该书的主要内容。

——曲靖在历史上开发较早，素有“入滇锁钥”之称；它自然条件优越，物产丰富；在这块红土地上生活着包括汉族在内的46个民族，其中有8个世居民族，是我省典型的多民族散居地区。曲靖回族有其悠久的历史，据历史文献和家谱记载，回回先民最早进入曲靖是在元代，元末明初大批定居曲靖。经过元、明、清三代的发展，到清中后期，曲靖已成为云南回族较多的地区之一，人口接近20万。但在清咸丰年间，由于清统治阶级实行民族压迫和民族歧视政策，对勇于反抗的全省回族人民进行了残酷的镇压和屠杀，全省回族由80余万锐减至10万，曲靖回族也不例外，遭到了毁灭性的打击。新中国成立后，回族人民得到了新生，回族人口有了较快的发展，截至2008年，曲靖回族人口已接近8万人。700多年来，曲靖回族人民和各民族一道，为开发建设边疆、保卫祖国做出了巨大的贡献和艰苦的努力。

——曲靖回族的经济与全省回族地区一样，主要以农业经济为主，同时兼营手工业、矿冶业、商业贸易和马帮运输。由于受伊斯兰文化和中国传统文化的影响，曲靖回族一直是社会经济活动中最活跃最积极的力量，特别是党的十一届三中全会以后，改革开放的富民政策和社会环境使敢于开拓、善于经商的回族人民如鱼得水，在经济建设的大潮中大显身手，其民族性格和历史传统得到充分的展示。他们在保持和发展传统农业、畜牧业的基础上，因地制宜，经商办厂、开公司、搞运输、做餐饮，多种经营，在改善自身物质生活条件的同时，为曲靖地区的经济发展和社会进步做出了积极的贡献。

——曲靖回族始终秉承伊斯兰教重视学习和教育的优良传统，在坚守伊斯兰文化、传承经堂教育的基础上，主动接受以儒家思想为主的汉文化教育和国民教育，吸取汉族和相邻民族的养分，不断充实和提高自己。长期以来，培育和造就了许多著名的文人、名士和各种人才，有的在全省乃至全国都有影响。在云南回族文化史上占有重要的地位，在教育上形成了极具鲜明的地方特色和民族特色。

——曲靖回族在历史发展中不仅创造了丰富厚重的物质文化，同时也创造了光辉灿烂的精神文化。曲靖回族文化同样是以伊斯兰文化为内核和本质特征，吸收和融合了汉文化和相邻各少数民族文化为一体的复合型文化。它体现在曲靖回族穆斯林的语言文字、文学艺术、饮食文化、服饰、建筑、碑刻匾牌、典籍族谱等方面都有自己辉煌的成就和鲜明的特色。

——曲靖回族全民信仰伊斯兰教，其宗教生活与全省回族穆斯林大同小异，笃信“六信”，遵行“五功”；其生活习俗受伊斯兰教影响表现出明显的宗教特色，同时又受汉文化和相邻民族文化的影响具有地域特色。伊斯兰教是曲靖回族形成的前提和纽带，其生活习俗是宗教信仰和宗教文化在生活上的体现，最后演变为曲靖回族的民族习俗。清真寺是回族穆斯林进行宗教生活的重要场所，哪里有回族穆斯林，哪里就有清真寺，回族穆斯林围绕清真寺而居，清真寺成了回族穆斯林和回族文化的象征。曲靖现有清真寺120所，每所清真寺都有自己的历史和特点，回族穆斯林在清真寺里进行着正常的宗教活动。每到开斋节、古尔邦节，远近的回族穆斯林都要到清真寺礼拜、诵经、赞圣，欢庆节日。伊斯兰教在中国长期的发展中，形成了一套系统的宗教管理制度和道德礼仪，这种宗教管理制度和道德礼仪随着时代、社会、地域、环境的变化而有所变化，对广大穆斯林产生了很大的影响，曲靖回族也不例外，其宗教管理和道德礼仪既有伊斯兰教的根本制度和教义要求，也有时代、社会和地域特色，体现在宗教活动、宗教管理、道德礼仪、习俗、禁忌方面都有自己的特点。新中国成立以后，随着社会主义制度的建立，宗教制度也随着社会的变革和发展而变化。特别是十一届三中全会以后，党的民族宗教政策得到了进一步的贯彻落实，各级党委和政府十分重视民族宗教工作，职能部门依法加强对民族宗教工作的领导和管理，逐步建立健全了县、乡、村宗教事务管理网络，落实了各级政府和部门的工作职责，及时化解社会矛盾，引导宗教与社会主义相适应，发挥宗教界人士和广大信众在社会主义和谐社会建设中的积极作用；广大回族穆斯林依法进行宗教活动，积极投身经济建设和参与社会事务，其精神风貌大为改观，为曲靖地区的社会稳定、民族团结，宗教和谐做出了努力。

——如何处理人与人、个人与社会、民族与宗教、民族与民族、民族与法律、民族与国家等人际关系和社会关系是一个民族能否与社会和时代和谐发展的关键。曲靖是一个有着汉、彝、回、苗、壮、布依、水、瑶等 8 个世居民族的地区，在曲靖，如何处理好民族关系，是事关社会稳定、民族团结、经济发展的大事，历届领导对此都非常重视，因此，各级党委和政府把民族团结教育作为常态工作来抓；回族穆斯林也以《古兰经》、圣训为依据，十分注重民族内部和各民族之间的团结，积极构建民族和谐关系，以身作则，率先垂范，涌现出一批民族团结进步的先进单位和个人，受到国务院、云南省委和曲靖市委的表彰。

——曲靖地大物博、人杰地灵，有着深厚而优秀的文化传统和光荣的革命传统，在不同的历史时期和不同的领域，造就和产生过无数的回族著名或知名人物，其中有官员、文人、革命先烈、经师阿訇……他们为民族文化的传承和中华民族的解放做出了可歌可泣的成就，值得大书特书。如著名词作家桂涛声，由他作词、冼星海谱曲的《在太行山上》《歌八百壮士》等歌曲，在抗日战争时期唱响中国大地，鼓舞着广大抗日军民英勇杀敌、消灭日寇，成为男女老幼打击敌人的精神武器。这是曲靖回族在 700 多年的发展中创造和献给我们的又一精神财富。

以上就是《曲靖回族历史与文化》一书告诉我们的。它让我们全面了解了曲靖回族厚重的历史和璀璨的文化，正确认识自己民族的优长和不足，更好地进一步传承和弘扬回族优秀文化，为建设小康社会和构建回族地区的和谐社会而继续努力！这也是该书的价值和意义所在。

当然，正如现实中的曲靖回族地区经济发展和社会生活一样，《曲靖回族历史与文化》也同样存在着不足，不论是在体例、结构、内容和观点，还是在文字、标题、版式、注释、标点符号等方面都还有有待完善的地方，限于篇幅，具体问题和意见就不一一赘述了，若有机会再版，再作进一步完善和提高。

2010. 12. 30

（原文是在《曲靖回族历史与文化》首发式上的发言稿）

《滇回传奇故事》序

《滇回传奇故事》是马继祖先生历经两年撰写的又一著述。该书主要讲述了云南历史上回族著名人物世家的故事，并通过这些充满传奇色彩的人物故事，向人们展示了一幅幅色彩斑斓、内容丰富的云南回族人民开拓边疆、建设云南的历史画卷。

在云南，回族是信仰伊斯兰教的主体民族，也是伊斯兰文化的主要传承者，伊斯兰教是回族的唯一信仰，从某种意义说，伊斯兰教在云南发展的历史也是回族发展的历史，伊斯兰教文化就是由于有了信仰伊斯兰教的回族穆斯林的传承、丰富、实践和传播而不断地发展。广大回族穆斯林在历史和现实中，恪守伊斯兰教义，秉承伊斯兰文化，发扬爱国主义精神，为云南的经济、文化和社会发展，以及民族和睦、宗教和顺、社会和谐、边疆稳定做出了积极的努力和卓越的成就，用自己的行为践行和诠释了伊斯兰教思想。

云南回族人民在与各民族共同开发边疆、建设云南，构建云南和谐社会进程中，涌现出了不少杰出的政治家、文学家、艺术家、航海家、诗人和伊斯兰教著名经师。他们为中华文明的形成、积累和发展，以及云南的经济社会发展做出了重大的历史贡献，推动和促进了云南乃至中国社会历史发展的进程。正如本书所记述的，元代政治家赛典赤·赡思丁，肇基了云南回族历史；明代的航海家郑和，弘扬、传播了中华文化和伊斯兰文化；清代的农民革命家杜文秀，树立了云南回族革命斗争传统；著名伊斯兰学者马注、马复初，开创了“以汉译经”“以儒诠经”和“中阿并授”的经堂教育先河，并由此形成了伊斯兰文化的“云南学派”，凡此等等，他们堪称是云南历史上回族的典范。

各民族的神话、传奇、故事是民族文化的重要内容，也是一个民族保留在民间和流传在老百姓心中活的历史。回族文化是以伊斯兰文化为特质和内核，同时吸收和融合了以儒家思想为主的汉文化及其他民族文化而形成的复合型文化。而在云南回族文化中，有关回族人物的传奇故事则十分丰富，它们是云南回族人民在长期的历史发展和社会实践中创造的文化形态，是云南回族文化的重要组成部分。这些传奇和故事从不同的角度和不同的方面，反映了伊斯兰教在云南传播和发展的历程，以及伊斯兰文化和回族文化在云南形成、演变、融合，并逐步本土化和地域化的发展状况，同时也反映了云南回族人民在宗教信仰、思想意识、价值观念、伦理道德、风俗民情和生产、生活等方面的本质特点和地域特色。因此，从某种意义上说，作为云南回族文化重要内容和组成部分的传奇故事，是活在云南回族人民心中的口传历史，从中我们可以看到自己民族走过的道路、留下的足印和发展的轨迹。从而总结历史经验，吸取历史教训，以史为鉴，继承和发扬优秀的民族传统文化，学习和传承前辈先贤坚守信仰、爱教爱国、开拓进取、勇于拼搏的精神，在改革开放的新时期，与时俱进，创新发展，为云南的经济社会发展做出新的更大的贡献。这也正是《滇回传奇故事》编写和出版的价值及意义。同时，他的正式出版，还为云南回族人民积累和保留了一份珍贵的民族民间口头文学遗产，向世人介绍和传播了回族文化，为社会和广大的读者了解和认同回族人民和回族文化开启了一扇窗口，提供了一个平台。其意义和价值是显而易见的。

马继祖先生是一位勤奋而努力的回族学者，他长期工作在教育战线，同时利用业余时间潜心研究伊斯兰文化和回族文化。其学术观点鲜明，见解独到，语言犀利，成果丰硕，建树颇多。在《滇回传奇故事》出版之际，马老嘱我为该书写篇序，勉为其难，仓促成文，以为序。

2013. 12. 1

（《滇回传奇故事》于2014年9月由云南民族出版社版）

《基督教会史略》序

张本美牧师要我给他正式出版的专著《基督教会史略》写个序，因为之前《基督教会史略》内部出版时我就是该书的编审，对书稿比较了解。但我对基督教没有专门的研究，只是在学习宗教史和宗教学以及研究伊斯兰教时有所涉及。基督教和伊斯兰教有着历史、文化和地缘等渊源关系，都是在同一地域产生的宗教，基督教的经典《圣经》(《旧约》《新约》) 与伊斯兰教的经典《古兰经》有许多内容是相近或相似的，研究伊斯兰教不能不研究基督教，因此也就欣然答应了。

基督教与佛教、伊斯兰教并称世界三大宗教。基督教是在犹太教的基础上发展而来的宗教，有其悠久的历史。基督教最初起源于公元 1 世纪的巴勒斯坦，后逐渐流传于罗马帝国全境。基督宗教包含罗马公教、东正教及新教三大派别，但由于历史的原因，在中国基督教通常仅指三大派别之一的新教，而将罗马公教称为“天主教”。

基督教从 1807 年传入中国，历经了艰难、曲折的发展历程。新中国成立以后，基督教在中国得到一定程度的发展。特别是改革开放的 30 多年来，基督教在中国有了较大的发展。基督教于 19 世纪后期从缅甸和四川等地传入云南，最早在大理开办教会，后逐步传播到昆明、昭通、东川等地。

宗教不仅是一种特殊的社会意识形态和客观社会存在，也是一种特殊的社会文化现象。千百年来，宗教和宗教文化作为我国社会文化和传统文化的重要组成部分，不仅在信教群众的精神生活中发挥着作用，而且对社会的精神文化生活也产生了影响。就基督教的影响及特点而言，在中国内地或汉族地区，基督教在思想观念、文化传统、伦理道德等思想文化领域，是与中国传统的儒学相结合，借助儒学推广福音。但在西南地区，尤其在云南，基督教和基督教文化主要是与当地民族的文化和传统的生活习俗相结合，从而对其信仰民族的社会生活产生影响。

云南基督教派别虽然繁多，但影响最大、分布最广并最能体现云南基督教活动特点的，当属内地会、循道公会、浸礼会、五旬节会等教派。中国基督教会因为直接源出西方教会，因此在新中国成立前夕，云南基督教各宗派在外国差会的控制下四分五裂，彼此攻击。新中国成立后，中国基督教掀起了摆脱帝国主义控制的“三自”（自治、自养、自传）的爱国运动，彻底摆脱了外国势力的控制，奉行独立自主、自办教会的宗旨和“三自”方针，摒弃了门户之见和教派之争，完成了基督教在中国的划时代转变。在中国基督教“三自”爱国运动的推动和影响下，云南基督教会积极响应，在礼仪和信仰上大力提倡互相尊重、打破宗派界限，从而加强了各宗派间的联合，1958 年以后，原来的各宗派不复存在。

“文化大革命”时期，党的民族宗教政策受到破坏，基督教和其他宗教一样受到冲击，宗教活动被全面禁止，所有教堂均被关闭。十一届三中全会以后，随着党的民族宗教政策贯彻执行，基督教进入新的发展阶段，特别是近几年来有较大发展，在傈僳族、苗族和景颇族等民族中，初步完成了基督教与民族传统文化生活相融合的历史转变，并融入人们的世俗生活和文化传统，逐步改变了人们传统的生活习俗、宗教信仰和传统婚姻，对少数民族地区的社会生活产生了重大而深刻的影响。广大基督教信徒高举爱国爱教的旗帜，坚持独立自主自办教会的方针，积极参与中国特色的社会主义建设，为社会和谐、边疆安定以及经济社会发展做出了积极的贡献。

现云南全省有基督教信众 50 多万，85% 以上的信徒主要分布在昆明、思茅（今普洱）、怒江、临沧、昭通、德宏（今芒市）、迪庆、楚雄等州市，教徒多为傈僳族、苗族、拉祜族、景颇族、佤族、哈尼族、彝族等少数民族及部分汉族，少数民族占绝大部分，主要集中在较偏僻的少数民族地区，在云南民族地区具有较大的影响。目前，基督教的传播范围和影响不断扩大，局部地区出现了过热发展的现象。

张本美牧师在长期从事基督教会工作和基督教会历史教学工作的基础上编写了《基督教会史略》一书，该书以历史为经线，以事件和人物为纬线，对基督教的产生、发展和变化，以及重要活动、重要事件、重要人物作了较全面、系统地记述；对不同时代、不同历史时期、不同地域、不同教派和不同民族基督教信仰的特色，以及在中国的形成、发展和特点进行了客观地介绍和评述，读后使我们对基督教的历史和现状及基督教文化有一个基本的认识和了解；对我们正确对待基督教和基督教信众，对加强宗教文化建设，引导宗教与社会和谐，发挥基督教在促进经济社会发展中的积极作用有较强的现实意义。

尽管该书也存在一定的不足，甚至错漏，如有的内容重复和交叉，有关事件交代不清，有的标题与内容联系不够紧密，层次不尽规范。此外，作为公开出版的宗教历史读物，要尽可能地对基督教及其历史作客观、公正的记述和介绍，尽量避免主观的描述和评价；有关资料的准确性和严谨性也有待进一步修订和完善。但瑕不掩瑜，该书的学术价值、资料价值和现实意义却是值得充分肯定的。

2012年11月于龙泉苑

（《基督教会史略》于2012年12月由云南民族出版社出版）

二、学术论文

面向21世纪：云南回族地区的经济发展与文化教育

随着我国改革开放的不断深入及社会主义市场经济体制的逐步建立和完善，民族地区的政治、经济、文化、教育、科技等各个领域有了很大的发展，社会生活的各个方面有了明显的改观和变化，呈现出政治稳定、民族团结、事业兴旺的大好局面。各族人民正以党的基本路线为指针，高举邓小平伟大理论旗帜，全身心地投入经济建设的主战场，用自己勤劳的双手、聪明和智慧、才能和胆略，建设着自己美丽的家乡，迎接21世纪的到来。

回族是我国民族大家庭的一个成员，她与其他兄弟民族一样，有着自己悠久的历史和光辉灿烂的文化，在历史的长河中，共同为祖国的缔造和发展做出了艰苦的努力。云南的回族是中国回族的一部分，据1990年第四次全国人口普查，云南共有回族522 046人，是全国回族较多的省份之一，分布全省各地。

云南回族主要源于迁入我国的中亚各族人、波斯人及阿拉伯人，大量进入云南的第一批回族是在元宪宗三年（公元1253年）随忽必烈、兀良合台率蒙古军平大理时的西域回回。之后，赛典赤及其长子纳速剌丁等先后到云南任地方官员，其家属、随员及后裔相继入居云南。第二次大量入居云南的回族是明洪武十四年（公元1381年）随傅友德、蓝玉、沐英平云南时所率30万大军中的江南回回。

到了清初，又有一批中原回回移入云南。700多年来，云南回族人民与各族人民一起，辛勤耕耘，共同开发边疆，为边疆的巩固、祖国的统一，为云南经济文化发展做出了巨大的贡献。

云南回族从她一开始进入云南以来，就与汉、白、彝、藏、壮、蒙古、傣等各民族相互杂居，形成了“大分散、小聚居”的地域特点，生存繁衍于祖国西南边疆的多民族环境中与各兄弟民族在经济上互通有无，生活上互相关心帮助，加上通婚，不少汉族和其他少数民族融入回族之中，也有不少回族融入汉族和其他少数民族之中。在长期的历史发展过程中，形成了云南回族人民和各兄弟民族之间谁与离不开谁的亲密关系。同时，由于历史的、社会的、自然的种种因素，形成了云南回族既有与内地回族和其他兄弟民族的共同性，又有自己的特殊性。

在云南回族地区，由于回族人民具有善于经营工商业的历史传统，商品经济意识较强，加之历史上回族多在平川沃野上驻防和屯垦，地处交通要道和大小城镇，地理位置极为有利，所以除了具有农业经济的一般特征外，工商业较为发达，经济条件比其他民族好。对外与泰国、缅甸等东南亚国家有着密切的联系，有不少回族村寨是有名的侨乡。特别是党的十一届三中全会以后，党和政府在民族地区采取了一系列有利于民族地区发展的政策措施，极大地调动了广大民族干部及群众的积极性，云南回族人民积极拥护党的改革开放政策，投身经济建设大潮，发挥自身优势，努力开拓进取，在经济、文化方面取得了巨大的进步，物质生活和精神生活普遍提高。有的回族村寨已大改昔日旧貌，幢幢高层新式楼房拔地而起，乡办企业，户办、联户办等集体、私营企业如雨后春笋欣欣向荣，一家就是一个工厂甚至拥有几个厂，由过去单一的或主要以农业经济为主的传统经济发展成兼有农业、工业、商业、交通运输业等多种经济成分并举的新型农村。

一般来讲，云南回族聚居区较之其他区域或统一地区的其他民族，经济发展要快一些，生活水平要高一些。究其原因，除了上述党的富民政策这个“天时”及自然条件、地理环境这个“地利”客观因素外，与回族人民善于经商，因地制宜，开展多种经营和注重教育投入，发展民族文化是密不可分的。如通海县纳家营，位于杞麓湖畔，背靠狮山，省道干线横贯其间，距县城仅 13 公里，真所谓依山傍水，得天独厚。但同时，这里又人多地少，自然资源有限，历史上除主营农业外，还兼营手工业、马帮运输业等副业，他们手工制作的刀、矛、鞍、镫、铃、枪等产品，工艺精、质量好，远近闻名。现全村共有人口近 5 000 人，耕地面积仅有 1 750 余亩，人均耕地不足 0.4 亩。若在有限的土地上单靠农业发展经济是不行的。党的十一届三中全会以后，纳家营不等不靠不要，1981 年在通海率先实行家庭联产承包责任制，极大地调动了个人的积极性，促进了农、林、牧、副、渔、工、商各业的全面发展，特别是回族人民传统的手工业、商业、运输业得以充分发挥，在国家的鼓励和扶持下，纳家营回族人民如鱼得水，在商品经济和市场经济中大显身手，户办、联户办等各种私营集体企业纷纷涌现，几乎每户回族人家都或多或少从事或兼营着农业以外的其他经济活动，寻找着致富的路子。至 1996 年底，全村有各类企业 300 余个，从业人员 4 000 余人，生产和经营的产品有钢材、五金配件、塑料制品、化工、文化用品等200多种，行销省内外。运输业发展迅速，全村用于营运的各种车辆已达800多辆，从业人员1 000余人。1996年全村经济总收入达3.6亿元，人均总收入达7 137元，人均纯收入达3 788元。村中拥有百万元以上资产的已达30余户，现代化的家用电器已步入普通百姓家庭，汽车、摩托车遍及乡间田野，人民丰衣足食，一派小康景象。

历史上，纳家营教育文化发达，人才辈出。多年来，纳家营村在抓生产、发展经济的同时，也较注重教育的投入，把教育事业作为提高民族素质、科教兴村的战略来抓。1980年投资30万元，划出10亩土地兴建了一幢教学大楼及30套教师宿舍；1989年又投资18万元建盖了占地1 000平方米的乡办中学，并配置了电化教学设备。现有学前班3个，小学22个班，学生近千人，入学率99.8%；初中5个班，学生155人。全村于1993年实现了普及九年义务教育。“八五”期间，全乡用于改善中小学办学条件的专项资金共100多万元。与国民教育相比，纳家营的伊斯兰经堂教育历史就更为悠久，早在明清时期就比较发达。经堂教育以教授《古兰经》和圣训为主，兼学阿拉伯文。1987年清真寺集资50余万元，建盖了一幢3 400平方米的五层钢混结构教学大楼，生源除本地学生外，还有来自宁夏、内蒙古、甘肃、青海、四川等省区及省内各地（州）、市、县的学生。课程增设了农业科技、法律常识、电工、会计等基础知识内容。多年来，为各地培养了一批爱国爱教、遵纪守法、文明礼貌、品学兼优的实用型人才。自1979年已有九届学生毕业穿衣，共224名。其中有的考入中国伊斯兰经学院，有的到国外伊斯兰大学继续深造。

国民教育和经堂教育相辅相成，相得益彰，为纳家营经济文化的发展注入了活力和生机，对纳家营物质文明和精神文明建设起到了积极的促进作用。

如今的纳家营已是山改貌来人变样，村前稻花飘香，村后绿树成荫，处处高楼林立、工厂商店如云，正朝着现代化城镇迈进。

类似纳家营这样的回族村（镇），在云南还有许多，如个旧市的沙甸、开远市的大庄回族乡、昭通市的守望回族乡等。以至于一提到回族，人们无不赞赏地说，回族了不起，回族地区真富！

是的，云南回族地区较之其他少数民族地区或部分汉族地区来说，一般是较为富裕的，但这是就总体而言，就全省来看，回族地区的发展也不平衡，有的还很贫困，特别是与发达地区相比，仍有很大差距。就是起步较早，前几年发展较快、较富裕的回族村（镇），同样存在着许多的不足，面临着许多问题，有的甚至还较为严重，我们不能不看到这点。辩证唯物主义告诉我们，任何事物都在不断地变化和发展之中，都具有两重性或多重性，对任何一个具体事物的分析研究，都要历史地、客观地、全面地加以认识把握，只有用发展的观点看问题，才能看到问题之所在。而找出问题，解决问题，才能发展。如上所说，回族由于历史的、自然的、传统的诸多条件，又时逢改革开放这样一个大好时机，回族地区的经济、文化才得以发展，但我们绝不能因此而沉溺于这种优越感中，忽视了我们自身存在着的问题，甚至故步自封，狂妄自大。时至今日，有的回族地区发展趋于缓慢，有的甚至停滞不前。就是像纳家营这样一个虽然乡镇企业、私营经济起步较早，历时较长的乡镇，发展至今也仍没有形成一个真正的大型企业或企业集团，面对日趋激烈的市场竞争，暴露出自身的弱势，表现出发展中的后劲不足。这除了市场本身的残酷无情外，自身存在的问题也至关重要。其他回族地区亦然。据有关调查资料表明，现在云南回族地区在经济和文化教育上存在的主要问题是：

1. 经济方面

（1）从投入产出比或成本利润率看，经济效益较差。特别是以农业为主的地区，有些项目出现投入产出持平或亏损，甚至连续性亏损。

（2）耕地减少与人口增多的矛盾越来越尖锐。云南回族地区的10个主要乡镇，人均耕地不足一亩，随着乡镇企业、私营企业和第二三产业的发展，土地问题更为突出。

（3）产业结构不尽合理。有许多回族地区，乡镇企业及其他副业还极为薄弱，基本上还处于单一的农业生产状况。

（4）短期行为突出。基础投资少、长线产品少、生产积累不足，看不到长远利益，习惯于“见子打子”“吹糠见米”，搞短期行为。综合经营配套服务力量十分薄弱，治理和信息投资非常有限。消费观念落后，资金投向不合理。

（5）劳动力素质差。随着市场竞争的日趋激烈和科学技术特别是高新技术的发展，劳动力技能、素质与产业结构优化和现代化产业要求的矛盾日趋突出。机器技术设备得不到充分利用，劳动生产率降低。此外，曾是云南传统优势的交通、运输、通信、贸易、文教、卫生等基础设施和管理现已普遍落后，跟不上现代科学技术进步的步伐，从而阻碍了传统优势的继承和发挥。

（6）生产经营规模狭小，力量分散，各自为政。云南回族的生产经营大多局限在小规模上，有的还是作坊式的家庭旧式经营，机器设备陈旧，信息不灵，产供销不配套，重复性、盲目性很大，人、财、物力不集中，产品竞争力不强，市场不巩固，竞争方式或手段不尽规范。

2. 文化教育方面

与经济相比，云南回族地区的文化教育显得更为滞后，极不协调。当前云南回族在文化教育方面存在的主要问题是：普遍对文化教育的重要性认识不够。特别是对文化教育与经济发展的关系、作用及地位认识不清，重视不够。有的回族家庭认为，书可读可不读，不读书上学仍然可以办厂、经商、做生意，可以赚钱。有的只注重经堂教育，不注视汉文化及现代知识学习。学经、念经非去不行，但上学念书不感兴趣。这种现象不仅表现在普遍回族群众中，在一些地方的回族干部中也有所反映。由于对文化教育不能正确认识或认识不足，表现在对文化教育的投入及相关的智力和文化设施投入上就相对薄弱。在一些回族地区，修建一座清真寺可以投（集）资几十万甚至几百万，但说到修建学校就无人感兴趣，以致出现“最漂亮讲究的是清真寺，最破败的是学校”。

在现有的基础教育、成人教育及职业教育中，存在着教育结构及人才结构不合理的状况。调查表明，云南回族地区总体上有一半以上的小学毕业生不能升入初中。初中毕业生进入高一级中等学校的比例更小，升学率只在30%左右。由高中考入大专以上高等学校的就更是凤毛麟角，屈指可数。有的乡镇连续几年无人考上大学。

成人教育、职业教育落后。除少数地方办起夜校及职业中学外，多数地方还是空白，且由于受资金、师资、设备、场地等条件的制约，所办成人教育、职业教育效果较差，有的已濒于倒闭或名存实亡。回族地区急需的中高级知识人才极缺。

另一个不可忽视的问题是，云南回族地区的文盲、半文盲或复盲的人数比例不小，且近年来有所上升。仅寻甸回族彝族自治县柯渡镇为例，文盲就占总人口的50%左右。

此外，云南回族地区多数的文化设施十分薄弱，科技网店基本上没有建立，特别是高科技的投入、学习及运用几乎是空白，科技人才青黄不接。由于只重视经济不重视教育，人的综合素质低，由此又引发出一些社会问题。

综上所述，不难看出，云南回族地区在经济、文化及社会生活上仍存在着许多严重的问题，这些问题严重地影响和制约着云南回族地区经济文化的长足发展，需要引起我们高度的重视。只有正视问题，找出差距，才能提出解决问题的方案。

云南回族的经济、文化如何持续发展？如何赶上先进地区，跟上时代发展的步伐？如何面对21世纪的挑战？我认为，应该根据云南回族的实际情况、特点、现状及存在问题，结合历史和现实的经验教训，从发展战略、政策措施、方法途径等多方面做出系统的全面的规划。

首先，在回族地区必须继续坚持“一个中心，两个基本点”的基本路线，以邓小平中国特色社会主义理论为指导，在世纪之交的新形势下，抓住有利时机，进一步解放思想，加快改革开放步伐，发挥优势，积极开拓，大胆探索，不断创新。一方面，国家在政策上、财力上要继续给予优惠和倾斜；另一方面，回族地区要认真贯彻执行党和国家在民族地区的各项方针政策，用好、用活、用够政策，充分发挥回族人民的聪明才智及传统优势，走出一条既符合社会主义市场经济规律，又切合本民族、本地区实际的发展路子。

其次，要进一步从过去落后封闭型的小生产向社会主义现代开放型商品经济转化，加快乡镇企业、私营企业的发展，调整和优化产业结构、产品结构和企业的组织结构。在有条件的地方，要集中资金、技术，加速产业化和集团化的形成和发展，积极有效地开发资源和利用资源，在重视农业、加大农业投入的同时，要继续开发、开办第二产业和第三产业，注重生态环境的保护。吸引外资、科技及先进的管理，争取与国际市场接轨。

再就是要加快发展回族地区的文化、教育、科技。科技是第一生产力，教育是根本，这不仅仅是口号，而是经验和教训，是千真万确的道理。21世纪将是知识经济的时代，文化教育、科学技术、知识信息的进步对经济的发展起着决定性的作用。谁拥有知识，谁拥有高新技术，谁就是强者，就是赢家。21世纪云南回族经济发展的最大制约就是广大回民群众的文化素质较差，科技水平低，知识信息不足，而根本的原因之一就是教育跟不上。要改变目前的教育状况应从以下三个方面入手：①不断提高广大回族干部、群众对教育重要性的认识。稳定和加强基础教育，加大教育和科技投入。从经费、师资、校舍和教学质量等方面增加投入和加强领导。②发展职业技术教育及各种形式的成人教育。③发扬和继承伊斯兰文化的优秀传统，改革经堂教育，倡导“中阿并授”，使经堂教育真正成为既培养宗教人才，又培养适应社会发展多方面需求的适用人才。

我们今天已处于科学技术飞跃发展的高科技时代，掌握高新科技已成为我们民族生存与发展的重要条件，成为现代民族的重要标志之一。要深刻地认识到，落后的文化教育，不但制约和阻碍着民族经济的发展，也不可能实现民族的振兴，而没有文化的民族，是没有前途的民族。因此，发展民族文化教育，提高全体回族人民的素质，是当务之急的大事，是关系一个民族生存与发展的根本。

（原文载《史与志》1998.3）

市场经济下的民族出版工作

党的十四大确立的社会主义市场经济体制，是我国经济体制改革的重大突破。随着社会主义市场经济的不断发展，促进了我国出版事业的空前繁荣，呈现出欣欣向荣的喜人局面。在市场经济条件下，各出版单位为适应市场需要，逐步从生产型向生产经营型转变，从事业单位向企业过渡。同时，由于自身发展的需要，各出版单位不断深化改革，积极寻求自身发展的路子。作为社会主义出版事业的一个重要组成部分的民族出版工作，在改革的浪潮中，怎样在市场经济条件下更好地坚持民族出版的方针、政策，更好地为民族地区的“两个文明”建设服务，为各民族人民提供优秀的精神食粮，是一个值得思考和探索的现实问题。

一、市场经济下民族出版工作的地位及作用

众所周知，我国是一个统一的多民族国家，而云南又是民族种类最多的一个省。全省少数民族人口达 1 300 多万，占全省总人口的 1/3，民族地区占全省总面积的 60% 以上。26 个民族在长期的历史发展中，为云南的物质生产和精神生产做出了自己应有的贡献。改革开放以来，民族地区的经济、文化得到了迅速的发展。但由于历史的、自然条件等方面的原因，少数民族及少数民族地区的经济文化同全省、全国特别是先进地区相比仍有很大差距，发展还相对缓慢，有的地区还处于贫困线下，温饱没有得到彻底地解决。如不加快这些地区的发展速度，尽快地赶上全国的发展水平，势必会制约全省经济发展的步伐，影响在2 000年前实现翻两番的战略目标。

民族地区的贫困落后及经济发展的相对缓慢，除了历史的、自然条件等方面的原因外，主要的是科学文化水平较低，人的整体素质及综合素质较差。经济和文化，是互为条件、相互作用的。经济是基础，决定着作为上层建筑的政治、文化；文化反作用于经济，对经济具有积极与制约的作用，并在特定的环境和一定

的条件下成为重要的因素。因此，在发展少数民族经济的同时，切不可忽视科技、文化事业的建设，只有经济、文化一起抓，民族经济才能得到有效的长足发展。

民族出版工作是民族文化建设事业的一个重要组成部分，党和政府历来对少数民族出版事业极为重视，并给予了特别的关心和支持。就全国来看，新中国成立45年来，少数民族出版从无到有、从小到大，目前已形成和拥有自己的出版体系，成为我国出版战线的一支生力军。新中国的成立，结束了我国少数民族结绳记事、刻木度日的历史，而党的十一届三中全会以来的改革开放政策，又促使我国民族出版事业进入了飞速发展的黄金时期。目前，以出版少数民族图书为主和设有少数民族文字编辑部门的出版单位已有35家，出版的图书已从60年代不足千种，印数1 000多万册发展到现在每年用25种民族文字出书达3 500多种，印数4 000多万册。就我省来说，现已有两家民族出版社，从50年代开始，先后用西双版纳傣文、德宏傣文、景颇文、傈僳文、拉祜文、佤文、彝文、藏文、苗文、哈尼文、纳西文、白文等12种少数民族文字出版发行各类图书1 700多种。这些图书及时地向各族人民宣传了马列主义、毛泽东思想；宣传了党在各个历史时期的路线、方针和政策；传播了科学技术和文化知识；发掘和弘扬了民族优秀文化；发现、培养了一大批各民族的作者队伍。有效地配合各级党委和政府在民族地区开展的各项工作，对民族地区的政治经济稳定、民族团结、经济和文化发展起到了积极的促进作用。所以，民族出版工作不仅仅是一项文化事业，同时也是党的民族工作的一个重要组成部分，是政治的需要。正因为如此，国家每年才对民族出版单位给予一定的财政补贴，对民族出版事业进行必要的扶持。

但尽管如此，由于民族出版的特殊性，造成了当前民族出版的许多困难。这种特殊性首先是来自民族的特殊性。我省民族种类多，但人口相对甚少，除个别民族使用汉语外，基本是一个民族一种语言，许多民族不懂汉文、不通汉语，居住又分散偏远，加之民族地区的文化水平较低，经济发展落后，对图书的购买力低，且少数民族编辑队伍又相对较弱，印刷设备基础较差，决定了民族出版的特殊困难。主要是：文字种类多，印刷数量少，图书成本高，发行渠道少、面窄，出版亏损大，竞争力量弱……凡此种种，都给民族出版工作带来了极大的困难。特别是在今天，改革开放的浪潮已将民族出版社推到了市场经济的汪洋大海之中，面对市场经济，民族出版社何以为舟，以求生存和发展，确实是一个迫在眉睫的严峻问题。过去许多民族出版社实行的岗位责任制，目标管理制，部门承包制，效益提成及减亏提成等浅层次的改革尝试，虽在特定的时期都起到一定作用，但已不能适应市场经济的发展，为此，需要我们对市场经济与民族出版方针的关系、传统观念、出版体制、运行机制及内部管理等作重新思考。

二、进一步坚持民族出版方针，是市场经济下民族出版工作的根本方向

市场经济的发展，既为民族出版事业开辟了一条崭新的道路创造和提供了一次良好的机遇，但同时也给民族出版事业工作带来新的问题和矛盾。在市场经济条件下，民族出版社将由过去长期靠国家财政补贴的事业单位逐步过渡为自负盈亏、自我发展的文化企业，财政补贴逐年减少。图书作为一种特殊商品被推向市场，在激烈的市场竞争中体现其经济价值。在这种情况下，一些出版单位不是从深化改革、转换经营机制来适应市场，而是闭坐家门，远离市场，空发议论，结果路子越走越窄，陷入举步维艰，进退两难的困境。有的急功近利，片面地强调经济效益，为了多赚钱，挖空心思出一些所谓的“畅销书”，打“擦边球”。有的甚至无视国家的出版法规，忘记了社会主义的出版宗旨，出卖书号，甚至出一些宣传封建迷信、黄色淫秽、违反民族政策和宗教政策、有损民族感情的书刊，在社会上产生了极坏的影响，严重地败坏了出版社的声誉。对这种现象，出版界的同志认识也不尽相同。有的认为是对有关政策法规不够重视造成的，有的认为是图书出版的内在矛盾起作用。还有一部分同志认为，如果承认图书是商品，把出版推向市场，就必然会助长出版社“一切向钱看”的思想，无法保证出版方针的贯彻执行；同时，如果强调图书的宣传、教育、积累的意识形态作用，就会否定图书的商品性，否定图书走向市场。到底如何看待市场经济与出版工作的党性原则和政治属性的关系？如何把经济效益与社会效益完全一致起来？保证在市场经济条件下民族出版的繁荣发展，这是当前民族出版工作面临的又一严峻问题，需从理论和实践上加以澄清和解决。

我认为，图书是商品，具有商品的属性，必然要遵循图书市场的法则及规律。作为图书生产者来说，就必须按照商品及市场经济的规律，生产市场需要的产品（图书）。但图书又不是一般的商品，它是具有社会意识属性的特殊商品。特别是社会主义的民族出版物，它直接承担着对少数民族和民族地区宣传党的方针政策，传播科学文化知识，积累和弘扬民族文化，促进民族地区经济文化发展

和改革开放等任务，具有不同于其他商品的政治、文化属性。如果忽视和放弃这个任务，就等于改变民族出版的基本方向，违背了民族出版的根本宗旨。所以，作为民族图书生产部门的民族出版社来说，就不仅仅是一般企业，而是担负着历史使命和政治任务的特殊的生产精神产品的文化企业。因而在市场经济条件下，我们既要考虑图书的经济效益，更要注重图书的社会效益，并且始终要把社会效益放在首位。任何时候都不能以追逐利润为目的，出版不利于各民族，不利于社会主义的图书。如果违背了这个原则，民族出版就失去了生存和发展的基础。

所以，我们既不能强调图书的政治属性就否认和怀疑市场经济，也不能因发展市场经济而忽视甚至放弃党性原则和社会主义的出版方针、任务及目的。任何情况下都要站在市场之上，按照党的路线、方针、政策来正确反映和引导市场，把二者有机地结合起来，只有这样，民族出版事业才会真正的发展。

此外，要在市场经济条件下坚持党的民族出版方针，保证其宣传、教育、传播、积累等作用的发挥，除了出版社自身的改革和调整外，国家对民族出版在政策上的优惠倾斜和经济上的扶持投入也是必不可少的。这也是社会主义的民族出版事业的性质所决定的。任何政党、任何国家，为了本阶级和本民族的根本利益，都会对反映本阶级、本民族意志的出版事业给予必要的经济扶持和政策上的优惠。在大力发展市场经济的今天，更应加大这种投入和扶持。

三、进一步解放思想，转变观念，深化改革，是市场经济下民族出版工作的首要任务

民族出版要适应市场经济的需要，民族图书要走向市场，参与市场竞争，关键的是要进一步解放思想，更新观念，深化出版社的改革，提高全体出版工作者的整体素质。

第一是市场观念。图书作为一种商品，只有进入市场，参与市场竞争，其价值和使用价值才能体现出来。要通过市场供求关系的变化来策划构思选题，组织图书生产。长期以来，由于受“左”的思想和计划经济下产品观念的影响，对图书是不是商品，需不需要市场来调节认识不统一，往往强调了图书作为精神产品的特殊性而忽视了它的商品性（少数民族文字图书虽具有它的特殊性，但这一特殊性丝毫也改变不了它的商品属性），把坚持出版方向与市场经济对立起来。在实际工作中，只注重出版方向而忽视了市场需要，把社会效益和经济效益对立

起来。其实，图书虽然是一种特殊的精神文化产品，有其特殊的价值，但仍要通过市场传播，通过读者的购买、阅读、使用，其价值才得以体现，也只有通过市场的认可，其社会效益和经济效益才能产生。所以，从市场经济的观点看，市场是第一位的，要死死盯住市场不放。当然，要了解市场，就必须掌握信息。信息是出版的第一资源，也是图书的效益。因为图书本身就是对信息的搜集、整理和传递。图书生产者要在图书市场中及时发现读者需求的变化和各种学科的发展趋势，从而因势利导，掌握主动，超前组稿和超前出版。

第二是经营、竞争观念。图书要进入市场，首先是要强化图书生产者和管理者的经营观念和竞争观念。当前的图书市场竞争十分激烈，各种图书都要进入统一的图书市场，由读者自行挑选购买。市场对图书的选择是无情的，它不会因你是民族图书而“高抬贵手”或“情有独钟”，相反，民族图书因其特殊性而在市场上更显得十分脆弱。加之长期以来民族出版社都吃国家财政饭，亏损由国家包下来，在管理上不计成本，不讲利润，不管销路。出版社内部吃大锅饭，没有积极性，缺乏竞争机制和经营意识，致使民族出版社日趋陷入困境。因而，强化和提高民族图书编辑、经营管理者的经营、竞争意识就尤为重要。这要求出版者从选题开始，就要对该书的作者情况、书稿价值、读者对象、市场需求、发行渠道、推销方法、盈亏等进行充分的分析和预测，做到在出版前就能对图书的发行前景有所把握，并尽量在成本核算、出书周期、印刷质量等方面严格监督管理，以低成本、高质量的优秀图书去竞争、去取胜。

第三是质量观念。质量是图书的生命，是出版社及其产品（图书）赖以生存的基础，特别是在市场经济下，图书的质量显得特别重要。民族图书同其他图书和产品一样，越是走向市场，越要注重质量。不能设想一本内容平庸、格调低下、文字粗糙、装帧劣次的图书能赢得真正的读者。只有靠质量，才能在竞争中求生产、求发展。所以要全面树立质量观念、强化质量意识，从选题、编辑加工、装帧设计、校对、印制装订、成品检验等诸环节严格把关，靠优质高效的图书，取信读者，占领市场。

四、进一步理顺出版体制，切实转换经营机制，完善内部管理，是民族出版工作适应市场经济的重要条件

我国大多数民族出版单位，其体制是在国家扶持、“征订包销”的计划经济

下建立的，属于“事业单位，企业管理”，在市场经济的冲击下，这种体制的弊端越来越明显。作为企业，根据市场生产什么产品，实现多少经济效益，朝什么方向发展，应全部由企业自己决定。但作为特殊产品（图书）生产部门的出版社，特别是民族出版社，由于受出版宗旨、分工范围、语言文种、人口、发行地域等各种条件和因素的限制，不可能像其他企业那样拥有绝对的自主权。所以，在竞争激烈的图书市场上就力不从心，进退两难。对此，民族出版社要从过去单纯地依靠国家政策上的保护，逐步转到市场经济上来，从生产型向生产经营型转变。同时，国家对民族出版社除了继续实行政策性的财政补贴外，还要对其实行一个区别于其他出版社和真正企业的“企业化”管理体制。扩大民族出版单位作为独立法人和经济实体的生产自主权，即在选题、分工、定价、发行、人事、工资等方面给予倾斜，为民族出版社创造一个适应市场经济的新体制。在运行机制和内部管理方面，要进一步加快改革的力度和深度。要以图书市场为龙头，策划和调整出版社编、印、发的结构比例，精简行政管理部分，加强发行和经营部门。培养一批既精通编辑业务、又谙熟经营管理的市场型的实用人才，只有这样，才能制定出新颖独到，顺应图书市场需求现状和需求趋向的优秀选题，多出适销对路，“人无我有，人有我优”的双效图书，也才能在激烈的市场竞争中求得生存和发展。

（原文载《云南民族报》1995.1.2，后收入《云南出版工作论文集》，云南人民出版社1996版）

新形势下云南大学出版社发展之管见

云南大学出版社是云南省唯一一所高校出版社，从创社至今，走过了二十年的风雨历程，在曲折发展中取得了较大的成就，奠定了进一步发展的基础，在云南出版界有其重要的位置。今天，在社会主义市场经济条件下，在体制转换的过程中，在图书市场竞争日趋激烈的新形势下，大学出版社如何走？怎样才能发展自己？这是每一个大学出版人都必须思考的问题。下面，我从思想观念及经营管理的角度谈点粗浅的看法，管窥之见，敬请同仁指正。

在现有的体制和政策下，因受专业分工和选题的限制，大学出版社的出书范围是有限的，因此市场也是有限的，在这种情况下，大学出版社要发展，要适应新形势的需要，就要走向市场，积极参与市场竞争，拓展市场。我认为首要的任务是要进一步解放思想，更新观念，深化出版社的改革，理顺体制，创新机制，全面提高全体职工市场经济条件下的应对能力和综合素质。观念更新，包含以下几方面的内容。

第一是市场观念。图书作为一种商品，只有进入市场，参与市场竞争，其价值和使用价值才能体现出来。图书虽是一种特殊的精神文化产品，有其特殊的价值，但仍要通过市场传播，通过读者的购买、阅读、使用，其价值才得以体现，也只有通过市场的认可，其社会效益和经济效益才能产生。所以，出版社要根据读者的需求和市场供求关系的变化来策划构思选题，组织生产。从市场经济的观点看，市场是第一位的，要死死盯住市场不放。而要了解市场，就必须掌握信息（知识也是信息），信息是出版社的第一资源，也是图书的价值所在，因为图书本身就是对信息的搜集、整理和传递。图书生产者要在图书市场中及时发现读者需求的变化和各种学科发展的趋势，从而因势利导，掌握主动，超前策划和超前出版。

第二是经营、竞争观念。图书要进入市场，首先要强化图书生产者和管理者的经营观念和竞争观念。当前图书市场的竞争是十分激烈的，除少数图书外，各种图书都要进入统一的图书市场，由读者自行挑选购买，市场对图书的选择是无情的，它不会因为你是“大学图书”而“高抬贵手”或“情有独钟”，相反，大学出版社的图书因受选题和品牌的限制市场是有限的。加之长期以来，大学出版社由于吃国家财政饭，职工工资有保障，出书有津贴，风险不大，在管理上容易造成不计成本，不讲利润，不管销路，内部吃大锅饭，积极性和创造性不够，竞争机制和经营意识不强。因而，强化和提高图书编辑、经营管理者的经营竞争意识就尤为重要。这要求出版者从选题开始，就要对该书的写作情况、书稿价值、读者对象、市场需求、发行渠道、营销方法、盈亏等进行充分的分析和预测，做到在出版前就能对图书的发行前景有所把握，并尽量在成本核算、出书周期、印刷质量等方面严格监督管理，以低成本、高质量的图书去竞争、去取胜。

第三是质量观念。质量是图书的生命，是出版社及其产品（图书）赖以生存的基础，也是出版社效益的保证。特别是在竞争日益激烈的市场经济条件下，图书的质量更显得特别的重要。越是走向市场，越要注意质量，只有靠质量，才能在竞争中求生存、求发展。图书的质量包含图书的内容和形式，只有内容和形式的有机统一，才能体现图书的整体质量。所以要全面树立质量观念，强化质量意识，并从选题、编辑加工、装帧设计、校对、印制、装订、成品检验等诸环节严格把关，依靠优质高效的图书，取信读者，占领市场。

第四是品牌观念（或品牌意识）。品牌既是商品的符号，也是企业的形象。出版社的品牌既是图书的符号，也是出版社在读者心目中的形象。消费者对某种商品品牌和企业品牌的认可程度决定了其对该商品购买欲望的高低，也决定了该商品在市场中的份额，同时就决定了该企业的生存和发展。现在，图书市场竞争激烈，一方面是品种过剩，一方面又是需求不足。品种过剩和需求不足是一对矛盾。图书品种过剩指的是同一题材、同一内容的图书重复、雷同、过量、过滥，有的虽然形式有所变化，但也是换汤不换药，大同小异。而需求不足是说读者是多层次的，对图书的需求是多方位的，是不断发展的。不同的图书有不同的读者群，不同的读者对图书的需要不同。因此，不同的出版社应根据其优势和特点，在图书市场中找准自己的位置，找准自己的读者群，扬长避短，发挥优势，形成特色，塑造自己的品牌形象，有了自己的品牌才有自己的读者，也才有自己的市场。

任何事物都是两方面的，一方面云南大学出版社是我省唯一的一家大学出版社，依托学校，拥有较强的教学、研究人员，又地处多民族的西南边疆，毗邻南亚、东南亚，自然资源和人文资源十分丰富，这就为出版社提供了相对有利的条件。但另一方面，上述条件也有其不利的方面，诸如市场空间、信息渠道、人才储备、资金来源、读者素质、地理位置等，较之沿海、内地出版社和省内大出版社，云南大学出版社都有自身的弱势。怎样利用这些条件，变自然资源、人文资源为出版资源，变劣势为优势，是一个值得探究的问题。我们只有从云南的实际出发，从出版社的实际出发，从图书市场的实际出发，充分发挥和利用自己的优势和条件，出精品图书，创品牌效益，走特色之路；以特色争市场，以品牌创效益，树立自己的企业形象和品牌形象，这样才能在变幻莫测的市场竞争中，使自己有一席之地。

图书既然是一种商品，作为生产图书产品的出版社来说，就具有企业的属性，就得按企业的规律来运作。经营和管理对一个企业来说是至关重要的，没有经营或经营不善，再好的产品也进不了市场，变不成商品；没有市场，企业也就没有效益；没有效益，企业就谈不到发展。所以，出版社作为生产图书的企业来说，抓经营管理，提高经营管理的水平就至关重要。

要有好的经营就必须有好的管理，所以，进一步深化改革，理顺体制，创新机制，规范管理，科学决策，是出版社适应市场经济，进一步发展的重要条件。当前，出版社的改革已进入了体制的整体改革和机制创新阶段。过去许多出版社都实行过的岗位责任制、目标管理制、部门承包制、效益提成及减亏提成等浅层次的改革尝试虽然在特定的时期起到一定的作用，但已不能适应新形势的发展。为此，需要我们对市场经济与大学出版社出版宗旨的关系，以及传统观念、出版体制、运行机制及内部管理等问题作重新思考。在管理上，必须紧紧围绕市场，强化管理的服务职能作用，一切从有利于出版社的发展出发，一切从生产和销售出发，减少不必要的环节，向管理要效益。

具体来说，出版社可分成两大块：一块是生产，一块是营销。生产是指策划、编辑、印制等过程；营销就是把书推介出去，让读者知道你的书，买你的书。委托出书或政府买单只是营销的一种补充形式，从长远发展来看，会逐渐萎缩乃至消失，市场才是真正的买家和最大的客户。出版社可在现有市场部的基础上，进一步强化管理，面向社会高薪公开招聘营销人才。创新机制，包括引进股份制，大胆改革分配制度，扩大其自主权，让营销人员真正成为主人，以主人翁的自觉意识和积极性来搞活营销，引导市场。

总之，在新形势下，只有进一步解放思想，更新观念，规范管理，科学决策，出版社才能在激烈的市场竞争中生存、发展、进步。

2008 年 4 月修订

汉文化语境中的回族文化

回族文化是回族人民在其长期的历史发展过程中创造的精神文明和物质文明的总和，是中华民族文化不可分割的重要组成部分。那么，回族文化是在什么样的社会历史背景下形成和发展的，它在不同的历史时期具有什么样的特征和表现形式？它与中华民族的主流文化是一种什么样的关系？这就是本文所要探讨的问题。当然，这一问题的提出并不新颖，也不时髦，在此之前就有不少学者、专家的著述涉及此问题，并有许多独到的见解。我之所以再次提出，一是因为我觉得之前有关这方面的问题和观点不尽系统，有此无彼，有彼无此，或缺乏链接；二是时代发展到今天，经济的全球化必然带来文化的全球化，在全球化的背景下，本土文化、地域文化、民族文化将以一种什么样的形态存在、发展或消亡？它们与主流文化是一种什么样的关系？或者说它的全球意义是什么？它将何去何从？这些问题都需要我们认真地思考，做出回答。

一

我们知道，作为回族文化的创造主体和载体——回族，是中华民族大家庭中的一个重要成员。在其形成和发展的历史过程中，它创造了极其丰富和绚丽多姿的物质文明和精神文明，为中华民族的文化宝库增添了炫目的光彩。

回族的形成离不开伊斯兰教的传入。中国回族最早的先民是唐宋时期进入中国的信仰伊斯兰教的商人、贡使，时称“蕃客”或“胡商”。他们进入中国后并客居下来，同时也带来了伊斯兰教。因此，在中国，伊斯兰教的传播首先是从这些信仰伊斯兰教的外国侨民“蕃客”和“胡商”中开始的。这些信仰伊斯兰教的“蕃客”和“胡商”因与通商、通使有关，所以他们大都居住在沿海的通商口岸或都市，如广州、扬州、泉州和长安，同族聚居。由于穆斯林聚居地的形成和人口的逐渐增多，于是出现了“蕃坊”这一称谓。朱彧的《萍州可谈》这样记载："广州蕃客，海外诸国之所居信。置蕃长一人，管理蕃坊公事，专切招邀蕃商入贡，用蕃官为之，巾袍覆笏如华人。蕃人有罪，诣广州鞫实，送蕃坊行谴……徒以上罪则广州决断。"从中可以知道"蕃坊"这一词既是穆斯林聚居区的称谓，又是一种政教合一组织的机构设置和职权等情况。在蕃坊内一般都建有清真寺，蕃坊内的穆斯林按照伊斯兰教的教义和阿拉伯社会的传统习俗在蕃坊内进行着宗教生活和日常生活。因此伊斯兰教在唐宋时期是客居中国穆斯林的信仰，它的存在范围仅限于蕃坊内的蕃客、胡商等回族先民中，没有也不可能融入中国主流文化体系，当时的中国社会对伊斯兰教并无清晰的认识和了解。伊斯兰文化作为一种外来文化直接传承和保存了阿拉伯社会的形态在蕃坊内存在和传播，其功能是直接为蕃坊内穆斯林的宗教生活和市井生活的需要服务。由于蕃坊内穆斯林的社会生活及其所传承的文化的封闭性，因而一方面伊斯兰教对中国社会及其主流文化并未产生大的冲击和影响，另一方面，中国的主流文化对伊斯兰教的渗入和影响也微不足道。①

元代，随着蒙古族的西征，大批西亚、中亚回回的军士、工匠、商人进入中国，他们与原居住在中国的穆斯林结合，势力逐渐壮大。由于元统治者政治和征战的需要，这些东来的穆斯林军士、工匠被派遣到全国各地，驻守在沿路交通要道、河川平坝，落籍屯垦，"上马则备战，下马则屯聚牧养"②，过着"屯垦"的生活。他们的身份既是士兵，又是农民，战时他们参加战斗，平时他们屯垦守边，制造兵器，自产自食。在长期的历史发展中，他们与当地的汉民族和其他民族互通往来，"娶汉女而居"，结婚生子，繁衍后代，同时把伊斯兰教和伊斯兰文化传入当地，伊斯兰文化得以传播和发展。随着穆斯林民族与当地民族进一步融合，以伊斯兰教为其信仰，以伊斯兰文化为其核心的民族共同体——回族形成了。所以说，回族不是在中国原有的土著民族或原始氏族的基础上逐渐发展演化而形成的，而是外来的信仰伊斯兰教的穆斯林与当地民族融合而成的一个新型民族。随着大批回回军不断落籍屯垦，遍布全国的回族穆斯林逐步形成了"大分散，小聚居"的分布格局。

但是，中国的伊斯兰教和伊斯兰文化，并没有伴随回族的形成发展而得到同步发展。作为一种外来宗教或外来文化，它的发展和繁荣必然要受到中国社会政

① 纳麒：《从回族角度谈伊斯兰教的中国化》。
② 《元兵·兵志》。

治的、文化的多种因素的制约，同时也受到自身的局限。元明时期，由于回族穆斯林在为元王朝统一中国和巩固政权中立下汗马功劳，起了重要的作用，因此，从全国来看，回回人有着较高的政治地位和社会地位，许多回回人在军队中任高官，这在客观上为伊斯兰教的进一步传播提供了条件。另外，元朝廷对伊斯兰教持较宽容的态度，使得伊斯兰教得到了前所未有的兴旺和发展。当时，凡有回族人聚居的地方都建有清真寺，清真寺逐渐成为回族穆斯林进行宗教活动乃至政治生活的中心。明初，回族穆斯林的政治活动与明王朝的建立、巩固和发展分不开，回族穆斯林在为明统治阶级政治和战略目标服务的同时，自身及其信仰的宗教也得到了进一步的传播和发展。

在经历了元代和明代前期，进入明中期后，中国的伊斯兰教逐渐步入低谷。这一方面是因为进入明代后，在政治上回回人的地位远不及元代。明统治阶级大力推行汉化政策，明令禁止“胡衣，胡语，胡姓”，以及“蒙古色目人氏，即居中国，许与中国人为婚，不许与本类自相嫁娶，违者杖八十，男女入宫为奴”①。这在客观上加速了各民族汉化的速度，回族穆斯林知识分子中许多人都接受了儒家的纲常伦理思想和社会道德规范。另一方面，回回民族一经形成，就具有了“大分散，小聚居”的地域特征，这种特点决定了回族人民长期处于汉民族为主体的文化氛围中，受汉文化长期的无孔不入的渗透和熏陶，回族穆斯林已经普遍使用汉语汉文，其母语阿拉伯语、波斯语仅仅只用于宗教活动或在日常生活中保留少量词汇。回族穆斯林的姓氏也逐渐改成了汉姓。语言和文字是一个民族文化的重要因素，也是一个民族形成的条件和重要的特征之一。回族穆斯林之所以在日常生活中放弃了自己的语言文字，普遍使用汉语汉文，是因为汉民族是中国的主体民族，回族之于汉族，犹如汪洋大海中的孤舟，回族先民要生产生活，要生存和发展，必然要与汉族进行经济和文化交流，只有学习汉文，使用汉语，才能适应这种需要，才能在新的环境中生存发展。再加上回汉通婚，加速了回族先民使用汉语汉文的速度。可见回族使用汉语汉文是历史发展的必然趋势，在当时的历史条件下，想保持一种共同的回回语或创造一种新的语言文字是不可能的。②随着回族母语、服饰、姓氏等的日趋汉化，伊斯兰教的宗教意识亦日益淡化。

此外，伊斯兰教的传教方式不同于其他宗教，从一开始进入中国，它并不是

① 《明律》卷六《蒙古色目人婚姻条》。

② 纳文汇、马兴东：《回族文化史》。

一种有目的、有计划的社会行为或有意识的公开的传教，而是一种个体行为，通过家庭式的、父传子承式的小规模的在内部进行，即从最基本的群众和最普通的生活方式开始，和平地、缓慢地渐渐开展。① 在明代之前。伊斯兰教在中国的传播（表现形态）还停留在“礼俗”方面，更多地表现在宗教生活和日常行为上，缺乏深层次的教义、教理的传播，从思想观念上去征服更多的人。这种不张扬、不扩张的传教方式，一方面使得伊斯兰教没有构成对统治阶级和主流文化的威胁而得以生存，另一方面则因为缺乏教义、教理的传播，未能造就和产生一批精通伊斯兰教义、教理的伊斯兰学者来弘扬和阐释伊斯兰教的真谛，致使伊斯兰教在明中期后出现了“经学匮乏，学人寥落”的局面。一般回族穆斯林只知其然，不知其所以然，正所谓“倘有教门之家，尚存三分回回气氛。如无教门子弟，纯变为汉教矣”。

有清一代，与元明两朝不同，在清王朝开国的功臣中几乎没有回回人，清统治者对回回民族及其伊斯兰教接触了解甚少。回族人民一开始就处于政治上被歧视、受压迫的困境，他们同其他民族一样，英勇地投入抗清斗争中。到了清中后期，清王朝为了维护和巩固其统治地位，对不同的民族采取了不同的政策，对勇于反抗的回族穆斯林采取了限制、歧视的政策。到了清后期，这种限制和歧视发展为更加严厉的打击、迫害，甚至屠杀。对回族穆斯林的宗教信仰、生活习俗、服饰礼仪、节日庆典都横加指责，诽谤诋毁。

特别值得一提的是，这一时期，回族文化的一个显著特征就是用汉文阐述伊斯兰教经籍和伊斯兰文化的“以儒诠经”或“以汉译经”学术活动在全国的蓬勃开展。

明末清初，一批伊斯兰教的有识之士认识到，要振兴伊斯兰教，就要把伊斯兰教从“礼俗”层面提升到学术化层面，要根据中国的实际情况，主动地吸纳中国传统文化的养分，向主流文化靠拢，正视和趋向汉文化，实行文化改造，从而来提升自己的文化，达到保存自己的目的。于是经堂教育在陕西咸阳渭城人胡登洲的首创下先后在全国蓬勃兴起。经堂教育以清真寺为中心，免费招收学员，讲授阿拉伯文、波斯文和伊斯兰教经典，用汉语、阿拉伯语、波斯语混合而成的表达形式来讲解和阐释伊斯兰教的教义、教理，并在教学结构、授课形式、考核、毕业方式等方面形成了一套完整的制度。经过一代代伊斯兰文化人和经师的

① 参见伊斯梅尔《回儒思想初探》。

完善和努力，经堂教育得到进一步的发展和完善。到了清代，经堂教育遍布全国各地，只要有回族穆斯林聚居和清真寺的地方就有经堂教育，并逐步形成了陕西学派和山东学派。在云南，伊斯兰经学大师马复初吸收陕西、山东学派的优长，改良经堂教育，提倡阿、汉经书并授，创立了独树一帜的云南学派。

随着经堂教育的发展，“学人寥落，经文匮乏”的状况得到改善，大批的既懂经书（阿文）又懂汉文的阿訇、经师和伊斯兰教学者等宗教人才脱颖而出，成为振兴和弘扬伊斯兰文化的中坚力量。

同时，正是经堂教育的兴起和发展，以吸收中国传统文化为主的汉文译注活动及学术研究活动蓬勃兴起。这一时期回族穆斯林文化的一个显著特征就是用汉文阐释伊斯兰文化和译注伊斯兰经典的“以儒诠经”或“以汉译经”活动在全国的开展。这为伊斯兰文化的进一步发展奠定了理论基础，丰富了其文化内容，造就了良好的文化环境，涌现出了大批致力于伊斯兰文化研究和传播的有识之士，从而使伊斯兰文化更加充实和完善。其代表人物是王岱舆、刘智、马注、马复初等。

经堂教育的演变发展和云南学派的形成以及汉文译注经典的开展及学术活动的繁荣，构成了这一时期回族穆斯林文化的主要内容。“以儒诠经”，数十位学者的近百种著作的相继问世，构建了中国伊斯兰教的理论基础和理论体系，结束了长期以来中国回族穆斯林依赖于“习俗之渲染，口头之授受，血统之遗传，阿拉伯文之讲解”的传习方式。从此中国人可以直接通过汉文译著学习和了解伊斯兰教，这有利于伊斯兰教的传播和发展，为中国伊斯兰教学术文化活动的发展创造了条件，开拓了道路，也为中国和阿拉伯世界的学术文化交流做出了贡献。

伊斯兰教的汉文译著标志着中国伊斯兰教从礼俗层面到哲理性的学说化的形成。“以儒诠经”或“以汉译经”不只是简单地把伊斯兰教经籍译为汉文让国人看懂，更重要的是它是一种理念的转换，是为了在中国的社会条件下更好地保持和发展伊斯兰教，把伊斯兰文化和汉文化有机地融合在一起，以汉文化的表现形式来反映伊斯兰文化的内核，既吸收中国传统主流文化（主要是儒家文化）和宋明理学的思想，也融合儒家的学说和运用儒家的概念、术语、范畴及表达方式来阐释伊斯兰教的原理、教义、教律等内容，并回答伊斯兰教在中国传播过程中的理论问题和实践问题。这是回族穆斯林先人们的明智之举。正如纳麒教授所说：“经学大师们大胆地、积极地引入了中国传统文化，在译经、释经中以中国传统思想阐明伊斯兰学理，以当时中国占主导地位的宋明理学的架构来创建伊斯兰教义学的体系，使其基本的价值取向与中国大环境的整体文化相适应，使伊斯兰具有了明显的中国作风、中国气派，从而也使得伊斯兰教在中国的存在与发展获得了理论的根基，从低谷走上勃兴之道。”①

清末，随着清王朝逐渐走向衰落，社会矛盾和民族矛盾日趋尖锐，全国各地各民族对清统治阶级的反抗起义此起彼伏。清王朝为了巩固其封建地位，转移国内人民的斗争视线，对外妥协投降，对内加紧实行民族分化，排斥异己，挑拨民族关系，对回族人民及伊斯兰教采取了更加严厉的禁止政策。在西北、云南等省区，随着回族人民起义的失败，清统治者对回族人民进行了疯狂的报复和惨无人道的大屠杀，数以百万的回族穆斯林惨遭杀戮，清真寺几乎无一幸存，处在发展中的回族穆斯林的经堂教育也被清政府摧毁殆尽。到了清末民国初，随着回族穆斯林返回家园和各地清真寺的重建，经堂教育才得到了恢复和发展。这一时期，伊斯兰教和回族文化由于在清统治阶级的专制迫害下不可能有更广泛的传播和长远发展，但随着回族人民在动乱中的转移和迁徙，客观上却使伊斯兰教得以保存和传播。

辛亥革命以后，随着清王朝的灭亡和中华民国的建立，在新文化运动和民主主义革命的推动下，回族文化得以复兴，并走上了新的发展历程。回族穆斯林中的知识分子，致力于民族解放，民主革命，走向社会，改良宗教和普及新文化运动，造就了回族文化的新气象和新的发展形式。在这一时期，回族穆斯林中的知识分子和有识之士认识到，要振兴民族，弘扬回族伊斯兰文化，就必须唤醒民众，兴办教育。于是在他们的积极倡导下，一些回族的宗教团体会社相继成立，积极创办发行中文报刊，兴办新式学校教育以及向海外派遣留学生，极大地推动和促进了伊斯兰文化和回族文化教育事业的发展。

新中国成立后，废除了民族压迫和阶级剥削制度，回族人民和其他民族一样获得了新生，成为祖国民族大家庭中的一员，充分享受了民族平等、当家做主的权利。回族穆斯林的文化教育事业受到党和政府的重视、帮助和扶持，回族文化教育事业得到了全面发展。其间虽经十年“文化大革命”的破坏，有过曲折，走过弯路，但各民族之间的团结、交流、融合、发展、进步始终是主流。特别是党的十一届三中全会以后，随着党的民族宗教政策的贯彻落实和改革开放的富民政策的制定执行，在社会主义物质文明和精神文明建设中，各国之间、各民族之

① 纳麒：《从回族角度谈伊斯兰教的中国化》。

间的交往、交流更加频繁，各民族文化之间的交流和碰撞日益增多。不论是伊斯兰文化还是回族文化都得到了长足的发展，并在社会主义文化事业建设中发挥着积极的作用。

所以，在伊斯兰文化的基础上，吸收了汉文化的养分融合而成的回族文化，经历了元、明、清、民国到新中国的历史演变和发展，已成为中华民族文化的重要组成部分。

二

综上所述，回族文化的形成和发展是与中国社会的政治、经济、文化的状况密不可分的。

伊斯兰教自唐宋传入中国，即带来了伊斯兰文化。大量的回族穆斯林自元代进入中国并形成回回民族这一共同体。由于征战和屯垦的需要，分散居住在全国各地，形成了大分散，小聚居，且主要是与汉民族交错而居的分布特征。为了自身的生存和发展，他们一方面以伊斯兰教为纽带，团结、凝聚在伊斯兰教的旗帜之下，其文化始终保持了伊斯兰文化的特色；另一方面，他们又生活在中华民族的土地上，中国传统文化（主要是儒家文化）对回族穆斯林的政治、经济、文化、思想、心理及社会生活等方面都产生了深刻的影响。

就回族文化来说，首先是伊斯兰文化的内涵特征。伊斯兰教和伊斯兰文化在回族的形成过程中有着至关重要的作用，甚至可以这样说，没有伊斯兰教的传入，就没有回回民族；没有伊斯兰文化，回族将失去作为一个独立民族而存在的根据。从这个意义上说，作为一种外来的宗教文化，伊斯兰文化在中国的传播和发展，促成了回族的产生并成为回族文化的核心和主体，伊斯兰教不仅是回回民族的宗教信仰，也是回回民族的行为准则、价值取向和生活方式。这是中国回族及回族文化的一个显著特征。

同时，为了适应生存环境，以求得进一步的发展，面对历史悠久、博大精深的汉文化，回族穆斯林以开放的胸襟自觉地趋向和接受汉文化。回族穆斯林在与汉民族和其他民族的交往中不断地受到汉文化的影响，汉文化从各个方面渗入回族的社会生活，甚至渗入伊斯兰教义、教法之中。汉文化中的生产方式、思维方式、伦理道德、哲学思想、价值取向、语言文字、文学艺术；甚至衣食住行等生活方式、风俗习惯都以不同的形式、不同的渠道并在不同程度上影响着回族穆斯林群体和个体。伴随着回回民族的形成，回族文化也随之形成。所以说回族文化是一种伊斯兰文化与汉文化的紧密结合体，即所谓的“合金型”文化，这是回族文化的最大特色，也是回族人民在长期的历史进程中赖以生存和发展的基础。

从文化学或文化史的角度考察，任何一种外来文化，如要在本土文化中扎下根来生存，要么是自我封闭，防止本土文化的侵入和渗透，最大程度地减少本土文化对其的冲击和影响，但这种文化最多只能存活而难以发展，而且在客观上是难以为继的，特别是经济文化全球化的今天，随着不同国家、不同民族、不同地域之间文化的交流和融合，要在一个封闭的地域内保持一种单元文化或地域文化的纯真性和正统性是很难的。再就是正视和趋向本土文化，从本土的主流文化中汲取养分，主动地改造自己，将自己的文化价值取向同本土的传统文化有机地融合起来，提升自己的文化，以得到主流文化的认同，从而得到生存和发展。当然，我们所说的趋向、改造和提升，并不是说一种文化要附和或迎合一种文化，外来文化要向主流文化投降，如果这样，这种文化最多也只能是一时的苟活，最后也只会落得消亡的命运。回族历史上形成的“大分散，小聚居”的特点，决定了中国回族的伊斯兰文化不可能在汉文化的汪洋大海中自我封闭而独立存在，自我发展，而只能是勇敢地正视和面对汉文化潮水般势不可挡的冲击，主动趋向汉文化，从中汲取养分，为我所用，再造和提升适宜自身发展的，与主流文化相融的新的回族伊斯兰文化，这才是摆脱危机，实现民族振兴的明智之举和最佳选择，也只能这样，才不会被以儒家思想为主流的汉文化的潮涌所吞没。

我们说回族文化是伊斯兰文化和汉文化的结合体，并不是说回族文化是伊斯兰文化和汉文化的简单相加和重叠，而是长期以来回族人民为了生存和发展而不得不选择“适我所需，为我所用”的结果，是对伊斯兰文化的坚守和对汉文化接受的一种创造性的文化，其中具有主动的因素，也有被动的成分。所以回族文化既有在汉文化的影响下形成的思维方式和心理素质，也有对汉文化接受与排斥的双重趋向，以及以汉文化的形式出现却包容着伊斯兰文化内核的基因。① 以伊斯兰文化为核心内容，吸收了汉文化的合理要素，以中国主流文化为其理论构建和表现形式的复合型回族文化，是一种经过改造、提升后的创新文化，是伊斯兰文化的中国化（回族化）和中国化（回族化）的伊斯兰文化，这也是回族文化的重要特色。

---

① 高发元：《回族文化史》序言。

回回民族形成于中国的封建时代，其社会经济的发展与组织结构的演变与中国封建社会同步，带有浓厚的封建社会的烙印。没有经历过原始社会和奴隶社会，这是回回民族有别于其他民族的显著特征。因此，回族文化一经产生和形成，就以其顽强的生命力出现在中华文化这一肥沃的土壤之上。再由于大分散，小聚居的分布特点，各地回族所处的自然条件和社会环境的差异，构成了回族文化的不同区域（地域）特色。

三

回族人民在长期开发建设祖国的历史进程中，与周边民族建立了深厚的友谊，形成了休戚与共、生死相依的血肉关系，并升华为中华民族的凝聚力和向心力。在与各民族共同创造中华文明的过程中，涌现出了不少的回族杰出的政治家、文学家、艺术家、航海家、诗人和伊斯兰教著名经师。他们都为回族文化和中华民族文化的发展做出了贡献。

七百多年来，回族穆斯林尽管处在汉文化或其他民族文化的包围中，但始终坚持着伊斯兰文化的特性，没有被同化，这就是伊斯兰教的作用。伊斯兰教的内核决定了回族文化有别于非穆斯林民族文化的显著特征，而中华文化又使回族文化与其他民族文化有诸多共性特征，表现在大文化上的哲学思想、语言文字、文学艺术、医药科技及风俗习惯等方面的共性与特色。

孔子儒家思想及其理论学说为主的中国传统文化构成了汉文化的主要内容，它是一套广涉哲学、伦理学、文化学等内容的系统学说。它不仅是一种哲学体系，其伦理道德观有着极强的实践性，而且始终注重现实，面向现实，与人们的现实生活息息相关，这是儒家思想历久不衰的根本原因。每一个中国人，不论他身处何处，也不论他富贵贫贱，其思想深处无不有儒家的痕迹。回回民族的文化产生于这样一种社会背景和土壤之中，这是它不可回避的现实，要在这样的环境中生存和发展，就要对其采取主动趋向、吸纳、提升和改造的态度，最终达到融合、协调发展，反之则会被动，最终丧失自己的文化。所以，回族文化在经历了元、明、清、民国直至新中国这样一个长期的发展过程，与中国主流文化（汉文化）形成了一种互为影响、互为融合、互为包容、互为支撑、协调发展、共同进步的关系，成为了中华民族多元文化宝库中不可分割的组成部分。

时至今日，各民族之间的交往日趋频繁，各民族文化之间的交流日益增多，各国之间的文化碰撞势在必然。随着经济全球化的到来，文化全球化也不可避免，在这样的背景下，回族文化在汉文化的语境中既要与文化全球化的步伐同步，又要保持自己的特色。这就要以历史为鉴，既坚守原则，坚定信念，保持自己的信仰和文化特色，又要采取更加宽容的态度，以宽广的胸怀去面对和接纳一切来自不同国家、不同民族、不同地域、不同意识形态、不同宗教的优秀文化，兼收并蓄，不断改革自己，提升自己，丰富和完善自己，加强民族内部以及各民族的团结，与时俱进，因时因地，不断创新。这样，回族文化才能在汉文化这个多元文化的系统中和文化全球化的背景下求得更大的发展。

（原文载《云南穆斯林》2008.2－3）

赛典赤·赡思丁主滇时的民族政策及其实践

赛典赤·赡思丁任云南行省平章政事，治滇六年（1274—1279），为云南政治、经济、文化、教育和社会的全面发展做出了卓越的贡献，至今，他的英名和辉煌的业绩仍为云南各族人民所缅怀。在其众多而不朽的成就中，他对云南民族关系、民族问题和边疆稳定的政治态度、策略以及具体的措施，可谓前无古人，独树一帜，体现出一个大政治家、军事家的高瞻远瞩和广阔胸襟，时至今日仍有积极的现实意义。本文试就这一问题作一浅析。

一

南宋末期，宋、金对立，整个中国陷于分裂状态之中，而此时云南正处于大理国统治时期，大理国的白族封建统治阶级与被统治的其他民族的贵族之间也纷争不已，民族矛盾和阶级矛盾十分激烈。

南宋宁宗开禧二年（1206 年），成吉思汗统一了蒙古草原的各部落，随即展开了向蒙古草原以外其他地区的征服活动。

1253 年（南宋理宗宝祐六年）9 月，忽必烈率蒙古军渡过大渡河迅速攻占了大理。1254 年春，忽必烈班师回北方，留下大将兀良合台统兵继续征服大理国境内的其他地区。

1254 年秋，兀良合台率兵自西部的大理地区向东部的鄯阐府地区进攻，直逼押赤城（昆明），沿途不断遭到白族、彝族人民的奋力抗击。蒙古军最初攻城略地之时，所到之处，对当地各族人民采取屠杀的政策。虽然在蒙古军强大的威力威慑下白、彝、纳西等族的贵族们纷纷投入了蒙古贵族的怀抱，为蒙古帝国征服和统治云南效力，但云南各族人民却不曾停止过反抗民族征服压迫的斗争。这种斗争自蒙古军队进入云南以来，此起彼伏，先后延续了十余年。①

1264 年，在镇压了白族和彝族人民大规模的反抗斗争之后，蒙古贵族更进一步收买拉拢地方民族上层来进行统治，把云南靠内地区以白族、彝族为主的地方社会秩序安定下来后，才进一步发动对边疆以傣族为主的地方招降活动，最终统一了全省。

云南统一后，蒙古贵族吸取了历史的经验教训，对云南这个多民族的边疆省区逐渐采取了一系列适宜云南发展的政策措施，使蒙古帝国在云南的统治得以稳定下来。

在统一了全国后，1271 年，元朝建立。为了进一步加强全国政治上的统一，元统治阶级逐步在全国范围内建立行中书省。元朝的中书省是总揽全国政务的机构，在地方设行省，即行使中书省的权力，故称行中书省。这种从中央到地方的完整的政权组织系统，保证了元统治阶级政令的畅通和政治上的统一。云南行中书省的建立就成了大势所趋。

西域回回人赛典赤·赡思丁正是在这样一种历史背景下受命来云南建立行省。

1274 年（至元十一年），元世祖忽必烈对赛典赤说："云南朕尝亲临，比因委任失宜，使远人不安，欲选谨厚者抚治之，无若卿者。"② 赛典赤遂被任为云南平章政事。这年他已经 63 岁了。

赛典赤·赡思丁是一个出色的政治家，在来云南之前，他就出任过陕西和四川行省的平章政事，并且都有显著的成绩。在陕西三年，民户增加了 9 500 多户，军户增加了 1 200 多户，税收增加了钞 6 200 多锭，粮食增加了 9 700 多石，因此得到了朝廷的嘉奖。③

赛典赤初到云南时，云南刚摆脱战乱，到处是战争的创伤。地方政府机构还没有明确的建制。云南的最高行政长官是都元帅，其下设有万户、千户、百户等职，一切民政事务皆由武官管理。同时又有亲王、大理等处行六部。亲王、军人和行政部门之间，职权不分，矛盾尖锐。而云南各民族人民又刚从蒙古军队的铁骑下解脱出来，加之各少数民族地区土司、头人长期的割据统治，社会动荡，经济萧条，文化教育十分落后，人民生活困苦不堪，民族矛盾和阶级矛盾十分尖

① 尤中：《云南民族史》，云南大学出版社 2003 年版，第 266 页。

② 《元史》卷十二，《赛典赤·赡思丁传》，中华书局。

③ 白寿彝主编：《回族人物志》（元代）第 15 页，中华书局。

锐，各族人民的反抗此起彼伏。

二

面对这种情况，赛典赤高瞻远瞩，以他政治家的胆略和智慧，采取了一系列符合云南实际，适宜云南各民族发展的策略和措施，表现了他非凡的政治才能和领导水平。

首先在政治方面。赛典赤认为，必须进行政治体制和行政体制的改革；军政不分，军事管制的局面必须改变；要加强行政机关的权力，做到以行政统领军事，使政令得到统一。于是他向朝廷陈奏："云南诸夷未附者尚多，今拟宣慰司兼行元帅府事，并听行省节制。"经世祖允许后，就开始着手改变云南军、政不分的状况。他把宣慰司和元帅府纳入行中书省的管辖，使武官不再管民政，改变了军事管制的格局。

明确了统治机构的职权后，赛典赤便接着进行行政区划的建制。他把原来的万户、千户、百户等军事管制性质的组织，改设为路、府、州、县等行政机构。路设总管，府设知户，州设知州，县设县令或县尹。规定了王府和行省之间的权限，王府只是对省府进行监督的机构。云南行省的治所从大理迁到了鄯阐府（昆明）。至此，云南的行政体制得到了更新，开始成为我国的一个直属省级行政区划。这是中国及云南历史上没有先例的重大政治事件，也是赛典赤在云南政治史上的重大贡献。

然而，像云南这样一个多民族的边疆省来说，长期游离于中央集权之外，少数民族地区的土官、头人、酋长分割统治，各民族的政治、经济、文化与风俗习惯、宗教信仰各不相同。加之历史的原因，各民族人民与统治者之间，各民族之间，各民族内部之间，都存在着程度不同的隔阂或矛盾。如果仅仅只是政治体制和行政机构有所改变，没有全省各民族的团结支持，没有民族地区经济、文化、教育的发展，就不可能有云南社会的长期稳定，也就不可能有全国政治的统一。

对此，赛典赤从政治、经济、文化、教育以及宗教信仰、风俗习惯等方面全面推行一条民族平等政策。

在改设路、府、州、县的过程中，他充分认识到民族上层的作用，委任土著民族中的上层分子充当各路、州、府、县的土官。如："丽江等府一十二员，加封爵位；余府、州、县、司、甸九十六区，俱赐世职，共制滇南。”① 在《元史·选举志》和《元史·百官志》中都有重用少数民族土官的记载。如《元史·百官志》载：“诸蛮夷长官司，西南诸溪洞各置长官司，秩如下州，达鲁花赤、长官、副长官，参用土人为之。除袭替土官外，急阙久住者，依例以相应人举用。”当时不仅长官司如此，宣慰司、宣抚司、安抚司及府、州、县都委用了不少的少数民族中的上层来担任土官。除中庆路（昆明）设流官外，其余各地大多用的是本民族的土官。如唐兀人（既党项羌）爱鲁先后被任命为宣抚使、宣慰使、副都元帅等职，汉族张立道任为中庆路总官，白族段实任为大理路总管，纳西族阿烈任为丽江路总管，彝族阿牟任为乌蒙路总管，哈尼族阿禾为元江万户等。不分民族重用少数民族干部，是赛典赤在云南推行的民族平等政策的具体体现。用少数民族中的上层分子任地方的行政长官，可以保留各民族中原有的政治经济结构不变。因为当时云南各民族生产力的水平还不可能突破原有的生产方式，再加上民族的关系，如不依靠本民族的贵族来进行统治，要实现民族地区经济、文化的发展和社会的长治久安是很困难的。

赛典赤对云南的土著民族，采取的是有理、有节、有利和平等、宽容、礼让的态度。赛典赤初到云南时，镇守云南的宗王脱忽鲁认为是来夺他的权，于是征兵备战，严密防戒，企图阻止赛典赤的到来。赛典赤就派他的长子纳速剌丁去对脱忽鲁说：“天子以云南守者非人，致诸国背叛，故命臣来安集之，且戒以至境即加抚循，今未敢专，愿王谴一吏来共议。”② 宗王派了两名亲信去见赛典赤，赛典赤热情地接见他们，并和他们交谈得很投机，还授给了他们官衔。宗王听后消除了敌意，心悦诚服地欢迎赛典赤来滇主持政务，“由是政令一听赛典赤所为”③。

在建立云南行省时，有几个土吏没有得到重用，于是怀恨在心，跑到大都（今北京）去向元世祖控告赛典赤专权。元世祖不相信他们的话，对侍臣说：“赛典赤忧国爱民，朕洞知之，此辈何敢诬告！”④ 于是命把他们枷械起来押回云南，交由赛典赤惩处。赛典赤不但没有因此而报复他们，反而把他们的刑具脱了，对他们说：“若曹不知上以便宜命我，故诉我专僭，我今不汝罪，且命汝以

① 《咸阳王（赛典赤）抚滇绩》。

② 《元史》卷十二《赛典赤传》。

③ 同上。

④ 同上。

官，能竭忠自赎吗？”[1] 这些上告的土吏喜出望外，叩头拜谢道：“某有死罪，平章既生之而又官之，誓以死报。”[2] 这充分体现了赛典赤政治家的气度。

在对待少数民族上层、民族关系和民族问题上，赛典赤已不是一般意义上的平等、宽容，而是从关乎民族团结、边疆稳定的政治高度来认识和处理。赛典赤在任时，元江一带的一些民族上层不接受路、府、州、县的设置而叛乱，赛典赤率师前往征讨，但不是去镇压，而是以招降为主进行安抚。一次，萝磐甸（今红河元江）的土司抗命叛乱，他欲带兵出征，又面带愁容。随从人员问他为什么？他说：“我并不怕打仗，只是担心你们在战斗中死去。再就是担心你们欺负老百姓，使他们得不到安宁，一旦他们被逼得造反，你们又以此去征服他们。”可见赛典赤心里关心的是广大人民群众的安危。军队到了萝磐甸城，围了三天，萝磐甸主还没有降顺的意思，部将请求攻城，赛典赤不同意，派人去劝说，萝磐甸主表示同意，但三天过去了仍然不降。部下诸将纷纷请战，赛典赤还是不答应。后来将士中有人擅自攻城，赛典赤大怒，命鸣金收兵，斥责带头的说：“天子是命我来安抚云南的，不是来杀人的，没有主帅的命令擅自出兵，军法当诛！”他当即下令严惩违令的军官。萝磐甸主听到这件事后，十分感动，说：“平章宽仁如此，吾拒命不祥。”[3] 于是出城请降。这次出征平叛，没有杀一人而降服了萝磐甸主，取得了胜利。赛典赤这种对少数民族宽容大度、以仁义为本的政治风范，在云南各少数民族中传颂开来，各地首领纷纷前来，表示愿意归顺，服从中央和行省的领导。这些首领来晋见赛典赤，按惯例都有所献纳，赛典赤把这些礼品都分赐给随从或平民，自己一点都没有留下，并设宴慰劳这些首领，送衣服鞋袜给他们。赛典赤采取的是“心战为上”的策略，他对民族地区的土司、头人等上层和广大的少数民族人民，是恩威并施，礼接贤士，安抚重用，重在感化。在对待民族关系和民族问题上，与历史上有的当权者那样横征暴敛，动辄就动用武力形成巨大的反差。

三

在经济、文化、教育方面。大力推行屯田垦荒（军民屯田），发展农业生

① 《元史》卷十二《赛典赤传》。
② 同上。
③ 同上。

产；轻赋薄税，与民休息；兴修水利；修路置驿，繁荣商旅；建文庙、办学校、兴教育，培养各民族干部人才。积极帮助少数民族地区和少数民族人民发展经济和文化教育事业。

元代以前，云南虽也有过一定规模的屯田，如汉武开边，孔明平定南中等时期的屯田，但大多规模较小，随兴随废，对生产的促进作用带有明显的时代局限性。在云南实行较大规模的屯田，设立专门机构管理屯田的政务，是从元代开始的。① 而元代云南的屯田，又始于赛典赤。赛典赤在云南白族和彝族等少数民族地区推行军民屯田垦荒，把大量的荒田交由当地老百姓耕种，并提供给他们耕牛和种子。而这些民屯户向行省交纳的租赋，与原来交给封建领主的租赋相比，还不到原来租赋的三分之一。这种轻赋薄税、让利于民的生产关系方面的变革，极大地提高了民屯户的生产积极性，促进了生产力的发展。

再者，就是在全省范围兴修水利，提高农业生产技术水平。其中最具代表性的是治理滇池及修建周围的水利工程。

元之前，滇池周围及昆明城区多水患。滇池唯一的出水口——海口与螳螂川河道经常淤塞，一遇到雨季或洪灾，滇池水系上涨就泛滥成灾殃及昆明西郊，淹没大片庄稼良田。东郊却因缺水而遭干旱，邻近山区的彝族还不懂得深耕。

赛典赤通过实地调查，认为当务之急是拓宽海口，疏通螳螂川河道，及时排泄滇池水，使出、入滇池的水量保持平衡，才能解决水患问题。于是，他组织昆明地区的各族群众，凿开海口石龙坝，疏浚了螳螂川，使滇池水由海口泄出，经螳螂川流入金沙江。同时修筑松华坝，开挖金汁河、银汁河等河渠。引盘龙江水灌田，造坝闸、涵洞以轮序放水，提高对水田的经营管理技术，进行深耕。滇池水位下降后，既解除了西郊的水患，露出了大片良田，又解除了东郊的干旱威胁。农业生产较之过去有了很大的发展。

当农业生产得到进一步发展的同时，手工业生产技术也得到了改进。赛典赤任命张立道为劝农官，把内地汉族的养蚕技术传播到中庆路一带（昆明地区）的白族中，使茧的产量成倍地增长②，纺织工业也随之得到提高。

从当时云南屯田的分布情况来看，主要是在白族地区进行，但随着军屯、民屯地区农业的发展和手工业生产技术的提高，其影响便扩大到周围附近的少数民

① 《云南简史》第五章第四节《元代云南的屯田》。

② 《元史·张立道传》。

族地区。许多闭塞的山区少数民族村寨，尤其是彝族村寨，在云南行省建立前，乃至行省建立后的初期，都还设有接受行省官吏的统治，而此时都争相前来投降，即“罗罗（彝族）诸山人慕之，相率来降，收其地悉为郡县”①。由此可见，赛典赤在以白族地区为主的屯田，其政治影响也是非常深远的。

在文化教育方面。云南建立行省之前，各土著少数民族的文化教育是比较落后的。即所谓：“云南俗无礼义，男女往往自相配偶，亲死则火之，不为丧祭。无杭稻桑麻，子弟不知读书。”② 赛典赤主滇之后，“教之跪拜之礼，婚姻行媒，死者为之棺椁奠祭，教民播种，为陂池以备水旱，创建孔子庙，明伦堂、购经书、授学田，由是文化稍兴”③。可见，赛典赤到云南后，充分认识到在云南这样一个经济落后、民族众多的省区发展文化教育的重要性，便在建立行省的同时，“以兴学育才为先”④ 进行一系列发展文化教育事业的建设。于是他创建了云南历史上的第一座孔庙（文庙），在民族地区兴儒办学，发展教育，传播文化，培养各民族的官员和人才。在他的倡导和影响下，大理、永昌、丽江、鹤庆、临安、邓川、乌蒙等各路、府、州、县均建立了孔庙，置学舍，兴儒办学，各类庙学如雨后春笋般相继建立。各地庙学使用的教材和教授的内容基本统一，大多是以儒家经典为主，传播儒家思想和中国传统文化。这种以儒家思想和中国传统文化为主要内容的教学，对云南这样一个才从南昭、大理政权分封统治下脱胎出来，“分庭”“游离”多年的边疆多民族行省来说，其作用和意义不仅仅只局限在文化教育本身，且具有丰富的政治内涵。“在当时形势下，缺乏文治，具体来说就是缺乏具有传统凝聚力的中国儒家思想文化，而赛典赤建孔庙，兴儒办学，就主要是以这一精神物质作为黏合剂，紧紧地‘粘接’好边疆与内地、行省与中央、民族与民族之间因蒙元铁骑践踏后遗留的裂纹，使破碎的金瓯重归完整，使原割据地区最终成为当时乃至今日中国版图上一个密不可分的省份。”⑤ 儒家思想在云南民族地区的传播，巩固了中国的统一。

赛典赤通过建孔庙、置学田、办学校，培养了一大批各民族的官员。这样，这些民族首领接受了儒家思想文化，受到中原文明的熏陶，提高了素质，成为朝

① 《元史·张立道传》。
② 《元史·赛典赤·赡思丁传》。
③ 同上。
④ 《康熙云南府·咸阳王庙铭》。
⑤ 李清升：《赛典赤·赡思丁评传》，云南民族出版社 1998 年版。

廷命官，逐步改变了一些落后的习俗，既有利于各民族文化的相互交流融合，又有利于民族地区的发展和稳定。

四

在对待各民族的宗教信仰和风俗习惯方面，赛典赤充分尊重各民族的宗教信仰自由和不同的风俗习惯，主张各民族及宗教一律平等，互不干预、歧视。

众所周知，赛典赤是一个回族穆斯林，在当时，回族属色目人，其社会地位是很高的，仅次于蒙古族。但赛典赤并不因为自己是贵族就排斥其他民族和宗教。相反，不论是在政治、经济、文化或是风俗习惯、宗教信仰上他都推行一律平等的政策，互不干预和歧视。如前所叙，在选用人才为官上，他不分民族和宗教信仰，“凡有功于王事者，遣使闻奏朝庭”①。只要是人才且做出成绩，对国家有贡献，他都能公平任用。

在赛典赤任云南平章政事期间，由于历史和主客观方面的原因，云南的伊斯兰教和回族文化得到了较大的发展，据说仅昆明一地就建盖了12所清真寺，伊斯兰教得以迅速传播。但赛典赤并不排斥或歧视其他民族或宗教，在竭力地倡导儒教，兴儒办学，传播儒家思想文化的同时，他充分尊重民族地区各民族的历史传统文化和宗教信仰，保留和维护各民族的风俗习惯、心理特点和民族差别，允许多种宗教并存。各地除有清真寺外，也有佛寺、缅寺、喇嘛寺和基督教堂。所以，马可·波罗看到当时的鄯阐（昆明）城内“有回教徒、偶像教徒，及若干聂思脱利派之基督教徒”②。再如《元史》据载：“云南许多地方在经济交往中以贝代替钱，元政府推行钞法后，各族群众不习惯，为了尊重他们的习惯和意愿，赛典赤专门上奏朝廷，请求保留旧俗，朝廷同意后一直沿用。”

这种各民族平等相处，多种宗教并存，多元文化融合的局面，为多民族的云南经济、文化的全面发展，社会的稳定，边疆的巩固创造了条件。

总观上述，赛典赤主滇六年，除了其在政治、经济、文化、教育等方面为云南的发展做出了功在当代、利在千秋的成就外，他在处理民族关系、民族问题以及各民族的宗教信仰、风俗习惯等关乎云南稳定发展的诸多重大问题上所采取的

---

① 赵子元：《赛平章德政》。

② 《马可·波罗游记》（卷二）上海商务印书馆。

态度、策略和措施，即他的民族观和他所推行的民族政策，至今仍有其积极的现实意义，值得我们学习借鉴。

赛典赤·赡思丁那充满智慧的思想和为各民族人民谋利益的言行，赢得了云南各族人民的信任和爱戴，在各族人民中建立了崇高的威信和深厚的情谊，时至今日，他的英名和丰功伟绩仍为云南各族人民所传颂。

[原文系“首届赛典赤研究国际会议”参会论文，原载《民族时报》(2004.4.14)，后收入《首届赛典赤研究国际会议论文集》，云南大学出版社2004年版；2008年获首届中国回族学术论文二等奖]

“城中村”改造中社区基层的民主和文化建设

一、“城中村”形成的原因

“城中村”的形成既有历史的原因，也有现实的原因。历史的原因主要是城乡二元管理体制和二元经济结构存在形成的。现实的原因主要是经过三十年的改革和发展，随着城乡经济社会发展水平日益提高，城市规模快速扩大，在城市化推进过程中，主城规划区大量征用农村土地，同时，城市郊区的土地亦被征用，建成了城区，村民原来的居住地被城区包裹，但失去土地的农民仍保留农村建制，因而形成了大量的“城中村”。而城市化主要是指人口、非农产业向城市集聚，以及城市文明、城市地域向乡村推进的过程。城市化的推进，农民的减少，是社会进步、经济发展的必然结果。

“城中村”是生活在其中的村民在无地从事农业生产，但其户籍、土地权属、经济组织形式和管理特征等仍保留原有农村形态而形成的，土地制度的二元性是“城中村”形成的核心因素。我国法律规定农村土地属集体所有，归村合作社等集体经济组织或村民委员会经营管理，由于“集体经济组织”概念过于模糊，造成土地所有权主体不够明确，既产生所有权主体多元化，又导致真正的所有者主体缺位，形成城市内部土地的二元结构。在这种二元结构下，以前的城市发展往往选择了绕开村落这样一种规划思路，没有把村落列入城市的规划中，结果使“城中村”逐渐成形。在这种种因素作用下，都市里的村庄，便成为城市用地包围下的孤岛，“城中村”的问题因此被积累下来。

二、“城中村”的现状和问题

根据调查，昆明市主城区范围内共有村庄 288 个，涉及村民约 21.9 万人、

7.75 万户，在这 288 个村庄中，约有 50% 为“城中村”，50% 为“城边村”。其中在二环路以内共有“城中村”66 个，总人口约 34 500 人，14 200 户，总用地面积 4.25km^2。

“城中村”一般具有以下几个特点：一是多数村地处城区繁荣中心地段，是名副其实的“都市村庄”；二是土地在城市建设中被征用，村民不再从事农业生产，转而经营第三产业；三是户籍管理多元化；四是集体拥有资产，土地收益，第二、三产业等集体经济以及厂房、房屋出租，成了“城中村”财政和村民收入的主要来源；五是人员构成复杂，大量的外来务工人员长期租住村民的房屋，客观上带来了管理的难度和复杂程度。

“城中村”的大量存在，与整个城市发展极不协调，对我国社会主义现代化建设极为不利，甚至会严重阻碍城市经济社会、文化教育的全面发展。从城市建设、基层民主建设以及和谐社会的构建来看，也带来了不容回避的问题。首先，“城中村”村民居住分散，导致村委会对村民的管理变难，力不从心。其次，由于城乡二元管理体制的存在，“城中村”的管理实际上是“谁都管，谁都不管”。加之长期以来政府管理缺位或不到位，由此带来的一系列社会问题一方面影响到城市综合治理的效果，另一方面使“城中村”成为脏乱差和黄赌毒的隐藏地和城市贫困人群及外来务工人员的集散地，严重阻碍了城市精神文明建设的普及和发展。再次，“城中村”脱离于城市统一规划、建设和管理体制，其建设和发展具有很大的自发性、盲目性和利益驱动性，在生产生活方式、景观建筑建设等方面仍保留了浓厚的农民特征，影响了城市基础设施布局，乃至城市整体规划的实施。同时，失地农民问题常常酿成突发性群体事件，已成为新的社会不稳定因素。因此，切实解决“城中村”问题，平稳推进“村改居”，成为当前城市化进程、基层民主政治建设以及我省全面推进小康社会、和谐社会构建亟须解决的重大问题之一。

三、切实推进“村改居”，促进和加强社区基层民主和文化建设

当前进行的“城中村”重建改造是一项复杂的系统工程，不是简单的拆房、建房、安置人员，而是整个城市化建设和发展的重要组成部分，因此，要将其纳入整个城市化建设和发展的总体规划统筹考虑。在“城中村”改造中，应建立和完善相应的就业及社会保障体系，如建立最低收入保障、劳动就业保障、社会

养老保险等保障制度，彻底改革户籍制度，“村改居”“农转非”村民享受与城镇居民同等待遇。“村改居”后，集体土地转为国有，村民没有多余的房屋可以出租，失去了生活的经济来源，因此必须为村民解决就业问题，提供就业培训和就业机会，以解决他们的生计出路和后顾之忧。

在“城中村”改造的诸多复杂的现实社会问题中，社区的基层民主建设和文化建设无疑具有重要的意义。在“村改居”后的社区或以“村改居”为主的地域，应设置或成立专门的社区基层组织，以加强该社区的基层民主建设和文化建设。

传统农村社区具有血缘和地缘关系，小农平均占用土地这种基本制度的作用主要在于维持社会基本稳定上，这是它最大的制度利益。城市化进程打破了这种平衡，带来了村民巨大的危机感，在这种情况下，如何构建一个新型的社区，顺利完成“村委会”向“居委会”的角色转变，使其发挥协调冲突，提供基本公共服务与产品，有效组织村民参与市场竞争和社区发展是迫切需要解决的问题。

从城市化的实质来说，就是要让越来越多的农民离开土地，融入城市，把传统农民吸纳到现代化的体系中，从根本上改变农民的生存状况和社会地位，使他们在城市化的进程中普遍受益。因此：

第一，要维护村民的合法权益，有效提升村民的生活质量，其中最重要就是要从法律上确保村民的土地财产权不受损害，建立完善的土地补偿制度。

第二，要因地制宜，不能一刀切，要根据不同情况采取不同的改制措施，对那些已经形成地缘性地域、认同感和归宿感强的“城中村”，可以将原来的村委会直接改制为社区居委会；对较分散的“城中村”居民，可以按照属地原则整合到相应的社区居委会。

第三，在改制过程中，政府要为村民提供完善的社会保障，将“村改居”社区纳入城市社区建设视野并作为社区建设的重点，创新管理体制实现管理体制的根本变革，在发展规划、户籍管理、社会保障等方面，全面推行城市社区管理体制和运行机制，让村民真正享受市民待遇，在城市建设中促进“城中村”与社区在经济、社会、文化等方面的逐步接轨，最终融入城市经济和城市社区中。

第四，要加大对“村改居”社区或居委会建设的财政投入，解决好“村改居”新建社区办公用房、居民公益性服务设施建设问题。有关政策要向“村改居”新建社区倾斜，促进社区平衡发展。

第五，要完善有关村民委员会组织法和城市居民委员会组织法等法律、法规，明确“村改居”新建社区和居民委员会的职能定位任职程序，逐步建立一套功能完善、科学的基层社会自治法规体系，协调村民向居民过渡中所出现的各种矛盾关系和冲突，以保障村民自治向居民自治的有序衔接，从整体上维护基层社会自治的稳定发展，推动基层社会自治可持续发展。

最后，“村改居”后要尽快制定社区发展规划，加强社区组织建设，提高社区工作者队伍的综合素质。按照“公开、平等、竞争、择优”的原则拓宽选人、用人渠道，引入竞争机制，面向全社会公开招聘社区工作人员。

对“村改居”后的居民来说，不是改变了属地，住进了新房转变了身份就能成为真正的城市居民，更为重要的是思想观念、价值取向、文化认同、行为方式等要符合和适应城市现代文明的规范和要求。由于历史的、经济的和社会的诸多原因，居住在“城中村”的居民大多是失去土地的农民和外来务工者，他们大多数受教育程度不高，整体文化素质偏低，小农意识较强。在相当的时间内，这种状况是不会轻易地随其身份的改变而改变的，因为观念、意识的转变比物质、身份、形式的转变更难，这需要长期的教育和日积月累的文化熏陶。因此，在“城中村”改造中，要将“村改居”后的社区纳入整个城市化的建设和发展来统筹考虑，要赋予其城市的文化内涵，其中，文化、教育事业建设尤显重要。对此，特提出如下建议：

首先，要对“村改居”后的社区按城市发展的要求统一规划，各级政府和有关部门要特别加大对社区文化和教育的投入，从政策、体制、资金上为社区文化、教育的发展提供基本保证。

其次，在文化教育方面，对“村改居”后的社区居民要予以同等的市民待遇，在学校、师资、设备等资源配置上，要充分考虑其特殊性，给以必要的倾斜，切实解决社区居民子女入学难的问题，确保适龄儿童100%入学接受教育。

再次，要在“村改居”后的社区加强社会主义精神文明建设和文化建设，要建立相应的公益性的文化馆（室）、图书馆（室）及文体活动室，组织和开展丰富多彩、群众喜闻乐见的文化生活，引导和满足广大社区居民，尤其是青少年儿童积极、健康的审美情趣和审美需要。

总之，“城中村”的重建改造是一个系统工程，需要全社会的关心和支持。其中，政府是主体，不可缺位或不到位；各级政府和有关部门要对此高度重视，加大投入，加强管理，分类指导，重点发展，多渠道、多方式地为其发展创造条件，提供方便，使之尽快地跟上整个城市发展的步伐，从经济、文化到人口素质、精神风貌全面融入现代城市社会生活。只有这样，才能构建包括“城中村”在内的整个城市社会的和谐发展。

2008. 7. 9

（原文为《五华论坛》参会论文）

城市和谐社区建设中的民族团结与宗教和谐

在构建社会主义和谐社区中，民族团结、宗教和谐无疑是极其重要的内容。我们知道，云南是一个多民族、多宗教的省区，除汉族外，有25个世居少数民族，是全国民族成分最多的省区；每个民族都有自己悠久的历史和丰富的文化。同时，云南也是我国宗教种类最多、宗教形态最完备、宗教文化最多样的省区，每个民族都有自己的宗教信仰和宗教生活，有的民族几乎是全民信教。佛教、道教、伊斯兰教、基督教、天主教等五大宗教在云南均有传播，此外还有各民族民间宗教、原始宗教等传统宗教，多种宗教形态和多元宗教文化并存。在长期的社会发展中，宗教与各民族的社会生活密切相关，宗教问题和民族问题紧密联系。

历史和现实表明，民族和睦、宗教和顺、社会和谐是一个国家、一个地区或一个民族经济社会发展的重要保证。在长期的社会历史发展和现实生活中，各民族人民和信仰各种宗教的广大群众在开发边疆、建设云南中，对云南的经济、文化和社会发展，以及边疆社会稳定、国防建设、民族团结等方面都做出了积极的努力和卓越的贡献，用自己的行为践行和诠释了其宗教教义中的积极思想。云南的五大宗教和民族民间宗教对云南的经济社会发展起过积极的作用，在社会主义和谐社会构建和现代化建设中正在发挥并将继续发挥其重要的作用。

当然，我们也应清楚地认识到，任何一种宗教有其积极的因素，也有其消极的因素，而这些因素一旦失控膨胀，就会形成巨大的破坏力，与主流文化相冲突，对社会产生负面作用。加之云南地处祖国西南边陲，由于其特殊的地理位置，境外敌对势力利用宗教向我渗透日趋严重，直接影响了我省的经济发展、社会稳定和各民族的生产生活，思想文化阵地的争夺十分激烈。随着云南桥头堡建设战略的实施和连接东南亚、南亚大通道的不断推进，云南作为面向西南开放的桥头堡战略地位日益凸显。所以，云南既是民族文化的富集地区，也是文化建设的薄弱地区，更是维护国家文化安全的重点省区。再由于云南民族众多，民族地区的经济社会发展极不平衡，加之民族和宗教本身的原因，在经济社会发展和现实生活中还存在诸多问题，有的问题还相当严重，与社会主义和谐社会建设不相协调，影响和阻碍了云南经济社会的全面发展。这些问题不仅边疆民族地区有，内地汉族和其他民族地区以及城镇也不同程度地存在，有的问题在城市特别在省会城市尤显突出，表现出其特殊性，因此，城市民族宗教工作有其自身的特点和规律。

城市是一个国家和一个地区的窗口和眼睛。作为历史文化名城的昆明，不仅是云南的省会，也是全省政治、经济、文化的中心，具有其带动功能和辐射作用，全省的共性或重大问题在昆明都会得到不同程度的反映，对全省的经济社会发展具有极大的影响和示范作用。而作为昆明主城四区的五华区、盘龙区、官渡区、西山区，由于其特殊的区位优势、核心位置和历史文化传统，在全市经济发展、社会和谐稳定、民族团结、宗教和顺中有着举足轻重的作用。以五华区为例，全区总人口89.09万人，其中有白、彝、回、苗族等22个少数民族共14.31万人，占全区总人口数的16.07%；有一个民族乡（沙朗白族乡）、9个少数民族村委会、35个少数民族村民小组。辖区内有佛教、伊斯兰教、基督教三大宗教和民间宗教，信教群众约7万人。经批准开发的区属管理的宗教场所有17个，其中佛教8所，伊斯兰教4所，基督教5所。此外，辖区内还有小寺小庙67处，基督教私设聚会点10处。全区民族宗教工作形成了城区、民族乡、山区农村民族工作格局，民族宗教工作在全区工作中占有十分重要的地位，是民族宗教工作的重点县区。所以，做好城市民族宗教工作，推进城市和谐社区建设，对全市和全省具有重要意义。

多年来，昆明市的民族宗教工作在市委、市政府的领导重视下，在民族宗教等相关职能部门的具体努力下，做了许多卓有成效的工作，全市的民族宗教领域总体上保持着民族团结、宗教和顺的局面，为全市的社会稳定和谐、经济社会发展提供了保障。但是，随着社会的深刻变化和不断发展，在新的形势下，当前昆明的民族宗教方面也出现了以下一些新问题、新情况：

（1）随着经济发展和城市化建设及城中村改造的不断推进，原有的城市格局和居民分布状况发生了较大的变化，人口流动和人员相互交叉居住呈明显趋势，传统的相对聚居的民族社区已经基本解体，原居住民已被打散或打乱，分散到新的不同的小区，形成了以汉民族为主体的各民族杂居的状况。这些新的社区的居民来自不同的地方，有的甚至来自各地州或省外，各种民族成分的人都有，其中有的人对我国的民族宗教政策和少数民族的风俗习惯不甚了解，加之各自的文化背景、教育程度、宗教信仰、生活习俗、地域文化、方言差异等因素，在相处中各民族之间难免发生摩擦和矛盾，而这些摩擦和矛盾如不及时疏导、解决或解决得不好，则可能酿成更大的矛盾，甚至造成社会问题，影响社会稳定和谐。由于历史和社会的原因，昆明城区的少数民族聚居区主要是回族。传统上回族一般是以清真寺为中心分布聚居，形成大分散、小聚居的居住特点。但随着城市化建设的发展，这些回族聚居区大多被拆迁，原住回族居民被迫分散到不同的小区，与汉民族为主体的其他民族杂居，由于自身的宗教信仰和生活习惯的特殊性，加之没有清真寺，没有清真食品供应点，日常生活和宗教生活极为不便，在日常生活中难免与周边居民和邻居发生摩擦和矛盾，由此引发了许多社会问题。

（2）现有的宗教活动场所和宗教教职人员不能满足信教群众的需要。一是部分宗教活动场所由于年久失修和各种原因已成危房，不能继续进行正常的宗教活动，严重影响了该社区信教群众的宗教生活；二是有的宗教场所存在土地证、房产证未解决，产权归属不明确的问题，影响了该宗教场所的改造、维修和保护；三是一些宗教教职人员，特别是佛教教职人员相对缺乏，给一些非法的外来和尚提供了活动空间；四是现有的宗教开放场所分布不均，宗教资源得不到充分利用，甚至形成浪费。如基督教堂，由于历史的原因，大多集中在中心城区，随着城市的不断扩大和外来人口的增加，已适应不了周边社区和城郊结合部信教群众尤其是中老年信教群众进行宗教活动的需要，如在五华区红云社区、黑林铺、普吉一带，基督教没有一个合法的活动点，该社区基督教信众的宗教生活得不到满足，因此自发的家庭宗教聚会就应运而生，由此带来了许多社会问题。

（3）全市辖区内的小寺小庙管理水平普遍不高、不规范，管理制度不健全；部分宗教场所管理人员年龄偏大、文化素质偏低、宗教知识缺乏，不能对信教群众以正确的引导，给封建迷信和境外宗教渗透予可乘之机，容易引发社会问题；另外，小寺小庙私搭乱建的现象非常突出，既存在安全隐患，又影响了城市的整体规划和美容美观。

针对上述问题，特提出以下建议和对策：

（1）从政府层面看，要全面贯彻落实科学发展观，转变发展观念，以人为本，统筹兼顾，全面发展。要坚决贯彻执行党的民族宗教工作的方针、政策，对民族、宗教的长期性、复杂性、民族性、群众性、国际性要有足够的认识。要在思想深处真正树立“民族宗教工作无小事”的意识和观念，对民族宗教工作不能有丝毫的麻痹，更不能掉以轻心；要正确对待宗教、宗教活动和宗教信徒；对民族和宗教问题要及时和妥善处理；要更加关注民生，体察民情，以史为鉴，防微杜渐，把各项工作落到实处，将不稳定因素消灭在萌芽状态。在发展经济的同时，要加强文化教育事业的投入和建设，加强法制宣传教育，继承和发扬各民族传统的优秀文化，进一步加强民族团结，调动和发挥各宗教中的积极因素，摒弃其消极因素，引导宗教与社会主义相适应，充分发挥各民族群众、各宗教和广大的信教群众在促进经济社会发展和构建社会主义和谐社会中的积极作用。要加强对相关职能部门的领导和机构队伍建设，在有条件的社区可配置一名专职干部，负责社区有关民族宗教事务方面的工作，由宗教职能部门定期监督检查，建立长效机制和联络员负责制度；开通社区主要领导与社区居民关于社区和谐稳定问题的对话渠道，让居民知道有事找谁，找到人能办事，让一般问题得到及时解决处理，以防患于未然。

（2）在城市化建设和城中村改造中，我们一方面要在全社会（全区），特别是在新的小区和社区干部、群众及外来人口中，进一步开展和加强党和国家有关民族宗教方针、政策、法律、法规及知识的宣传教育，让民族宗教政策和知识普及到每家每户，做到家喻户晓，从而使社区成员形成一种共识，自觉遵守和尊重各民族各宗教的风俗习惯和宗教生活，使全社会逐步形成一个各民族、各宗教相互尊重、相互了解、相互信任的社会环境。另一方面要重视少数民族居民特别是信教群众的安置工作和宗教活动场所的改造、合理布点和建设问题，要把少数民族聚居区和宗教场所的拆迁和安置工作纳入整体规划统筹考虑；对那些单一民族相对集中的聚居区，最好能整体搬迁和整体安置，能回迁的尽量回迁，让他们相对集中居住，逐步形成新的民族聚居区和生活点，以便于他们的生活和民族文化的传承。

（3）对具体的宗教场所危房改造的问题，政府和职能部门应出面组织和协调有关部门采取现场办公、领导监督、职能部门和有关人员到位并问责的措施，尽快给予解决，不能再久拖不决，失去民心；对宗教场所证照不全、产权不明、分布不均、教职人员相对缺乏和不能满足信教群众需要的问题，政府和职能部门应组织和协调有关部门和宗教团体，针对不同情况，采取集中、合并、调配、合理布点、明确产权主体、登记发证和新建的方式，整合并合理利用资源，充分满足各信教群众的需要；对宗教教职人员和管理人员文化偏低、素质不高等问题，政府和职能部门要对有关人员进行培训、学习，尽快提高其文化水平和综合素质，并进行考核，逐步做到持证上岗；加强宗教教职人员的队伍建设，在政治上、思想上帮助他们进步；在工作上、生活上为他们解决实际困难，真正做到信仰上互相尊重、政治上团结合作，工作上互相支持；培养和造就一支政治上靠得住、学识上有造诣、品德上能服众、关键时能起作用的宗教教职人员。

（4）要进一步依法管理宗教，严禁擅自扩建、滥建庙宇、教堂，对封建迷信违法活动和邪教活动要坚决予以取缔，不能任其泛滥；对少数别有用心的人利用所谓的民族或宗教问题或冒用民族宗教名誉违法乱纪、滋事闹事的行为要依法打击和治理，不能姑息养奸、纵容包庇；对利用宗教向我渗透的敌对势力要坚决抵制和打击，不能坐视不管；要坚持独立自主、自传、自办的“三自”原则，发扬爱国爱教的优良传统，唱响爱国爱教的主旋律。

（5）从民族和宗教层面说，如何处理人与人、个人与社会、民族与国家、宗教与法律等人际关系和社会关系，是一个民族和宗教能否与社会和谐发展的关键。尤其是当个人与社会、民族与民族、民族与国家、宗教与法律的利益发生矛盾或冲突时，怎么认识和对待？有许多问题值得反思。我们要善于总结历史经验，吸取历史教训，以史为鉴，自觉维护和珍惜今天来之不易的社会环境。国内外历史和现实的经验告诉我们，没有社会的稳定、民族的团结和国家的繁荣富强，任何一个宗教都是难以生存和发展的。社会主义社会为各宗教的和谐发展提供了政策、法律、制度保证和广阔的空间。现在我国党和政府实行的民族宗教政策是有史以来最宽容、最人性化，也是最好的，这是各民族各宗教能够参与经济社会发展和社会和谐建设的根本保障。因此，各民族，各宗教团体、宗教人士以及广大的信众要继续发扬爱国爱教的优良传统，以国家和中华民族的整体利益为重，强化国家认同和民族认同意识，依法进行宗教活动；更加积极、主动地与社会和时代相适应，不断创新管理，与时俱进，和谐发展；进一步继承和弘扬各宗教教义中的本质内涵和积极因素，以身作则，尊崇教义，恪守教规，教化族人，规劝弟子，自觉地抵制来自社会和西方文化中的不良影响，进一步营造良好的社会氛围，为追求两世幸福而努力。对汉族和不信教的群众来说，要注意尊重少数民族和信教群众以及他们的风俗习惯和宗教生活；对少数民族和信教群众来说，同样要尊重汉族和不信教的群众。要通过长期的宣传教育，在全社会树立汉族离不开少数民族、少数民族离不开汉族、汉族和少数民族谁也离不开的思想和观念，进一步加强民族内部、宗教内部及与各民族、各宗教的团结。

通过上述措施的逐步落实，历史留存和现实社会生活中的民族宗教问题才会得到逐步解决，这样，少数民族和信教群众在日常生活和宗教生活及心理情感上便有一种认同感和归属感，从而体会到党和政府的关爱和温暖，积极投身社会主义建设之中，增加社会稳定和谐系数。只有这样，社会才能稳定、民族才能团结、宗教才能和顺；也唯有这样，城市社区的社会经济才能全面持续发展，和谐社区建设才有保证，才能最终实现包括城市社区在内的全省社会主义和谐社会的局面。

2012 年 3 月 12 日修订

（原文载《云南穆斯林》2012. 1）

以城市文化旅游促进昆明经济发展

现代城市既是现代经济社会发展的主要载体和主导力量，也是现代政治、经济、社会和文化发展的中心，因此把旅游发展与城市建设相结合，大力发展城市旅游，不仅是丰富旅游活动内容、促进旅游业发展的重要内容，也是加快转变城市经济发展方式、优化产业结构、带动农村经济发展、推进城市化进程、增强现代化城市的吸引力和竞争力、促进城市经济社会发展的重要途径。而现代旅游业是一个经济与文化高度融合、相互渗透的经济产业，文化与旅游的结合是旅游业的发展趋势，对推动和促进社会经济发展有着积极而重要的作用。

云南是一个多民族的边疆省份，各民族的历史悠久、文化丰厚，多元文化包容并存，加之其特殊的地理位置、自然条件和人文资源，其文化旅游资源极其丰富。作为历史文化名城的昆明，不仅是云南的省会，也是全省政治、经济、文化的中心，在全省经济社会发展中有着举足轻重的作用。早在数万年前就有人类在滇池地区生活繁衍，自公元前277年楚国大将庄蹻开滇；公元109年汉武帝封常羌为滇王，设益州郡；公元225年诸葛亮南征滇池，改建宁郡；公元1253年元军攻占云南、1276年赛典赤主滇时正式建立云南行中书省，昆明正式成为云南省会至今，历史的长河和岁月的风雨孕育了她丰富多彩、底蕴深厚的历史文化和传统文化。昆明既是古滇国文化的发源地，又是中原文化与滇文化交融最早的地区之一，在这片土地上，各民族人民长期友好相处，共同创造和开发了这片热土，形成了昆明开放性、包容性、创造性较强的多民族文化特征，以及在中原文化影响下以汉文化为主体，兼容各民族文化，内容博大精深、形态多样、多元文化并存的特点。今天的昆明是民族文化资源最富集的城市，为昆明文化旅游和城市经济的发展提供了无穷的潜力。因此，昆明发展城市文化旅游有着得天独厚的条件。

随着现代城市建设和现代城市旅游的迅速发展，文化在城市旅游中的作用和地位越来越重要。因此，进一步认识和客观分析文化与旅游的关系、文化旅游与社会经济发展的关系，以及目前昆明发展文化旅游存在的问题，并针对这些问题提出有效的对策、建议，采取相应的措施，积极推动昆明文化与旅游产业的协同发展，促进昆明文化旅游建设，创造昆明具有地域特色的旅游文化，对昆明旅游经济强市和经济社会发展乃至云南民族文化强省建设都具有重要的作用和意义。

一、文化与旅游的关系

文化与旅游是相互渗透、相互作用、相互促进、相互融合的。文化是旅游的灵魂和内核，旅游是文化的载体和传播渠道，文化和旅游相结合赋予了旅游文化内涵，丰富了旅游活动的内容，提升了旅游的品质，形成旅游的魅力。

（一）文化是旅游的灵魂和内核

从旅游的角度看，文化作为人类在社会历史发展过程中所创造的物质财富和精神财富的总和，既是旅游活动开展的前提条件和重要基础，也是旅游活动的重要内容之一，因此旅游的本质就是文化消遣、文化消费和文化享受，正是文化的多样性和一体化发展构成了现代旅游活动的前提和条件。一方面，由于物质生产活动的地域性和社会经济发展的差异性，形成了不同地域的个性文化，进而发展为不同的民族文化和地域文化，这些不同的民族文化和地域文化的差异及内涵就形成了不同的民族风情和地方特色，成为激发人们旅游动机和旅游活动的前提。另一方面，随着科学技术的进步和社会生产力的发展，促进了各民族各地区之间的相互开放和交流，使文化旅游逐渐成为现代旅游的重要内容，进而推动各民族各地域的文化一体化发展，这不仅促进了各民族文化和地域文化的进一步交流和融合，而且提高了现代旅游的文化内涵，丰富了旅游活动的内容，促进了旅游文化的产生和发展，并为推动旅游活动的广泛开展提供了重要基础和条件。

（二）旅游是文化的载体和传播渠道

从文化的角度看，旅游活动实质上是一种跨文化的交流活动，是人们对文化的审美和体验，是人们的一种文化娱乐和消遣，因此旅游是一种流动的社会文化活动；旅游需求和动机是一定文化背景下的产物，是人们对文化追求、文化交流和文化消费的内在需要，尤其是在有钱、有时间、有精力的前提下，人们的旅游需求和动机就转化为旅游行为。

旅游是文化的载体，旅游需求是不同文化的需求，旅游消费的核心是文化消费，旅游活动的内容是文化交流，旅游体验注重的是文化体验，旅游的特色是由文化差异所形成的，因而任何旅游活动从开始到结束都包含着文化的内涵。同时，旅游又是文化的传播渠道。这一是旅游活动的开展和旅游产业的发展促使各民族各地区优秀的传统文化得到发掘和保护，并使其成为激发人们旅游动机的重要因素，吸引着广大的旅游者；二是旅游产业的迅速发展，从经济和文化等方面促使各民族各地区的文化个性更加突出，各民族文化和地域文化的精华进一步得到提升、弘扬和发展；三是随着旅游活动的国际化，推动了世界各民族各地域文化的交流与发展，加快了各民族各地域经济的对外开放，并进一步促进了整个人类物质文明和精神文明的建设。

（三）文化和旅游相结合形成旅游的魅力

文化与旅游相结合，一方面是各种物质文化的广泛交流，使各民族各地域的文化精华得到保护、弘扬及发展，落后的东西逐步扬弃和淘汰，从而使各民族各地域的文化个性更加鲜明突出，增强了民族文化和地域文化特色对旅游者的吸引力；另一方面，随着旅游的发展，使许多趋于衰退和消失的优秀传统文化重新复活，尤其是对自然景光赋予文化的品位，提升了自然景观的美学价值，丰富了旅游的文化内涵，促进了人们精神的享受和社会文明的进步，极大地增强了旅游目的地的魅力和吸引力。

二、发展文化旅游的意义和作用

（一）文化旅游是支撑旅游业可持续发展的有效手段和城市经济发展的助推器

文化旅游就是充分挖掘旅游地各民族丰富而悠久的历史文化和地域文化，借助文化发展特色旅游，以文化旅游作为城市发展旅游业的依托，寻求新的经济增长点。文化旅游的发展不仅为城市带来经济效益，解决劳动力就业问题，同时也有助于提升旅游目的地的品牌和居民的生活水平。据有关资料统计，自 2004 年以来，昆明市的文化产业一直保持迅猛发展的势头，文化及相关产业增加值从 2004 年的 46.36 亿元上升到 2008 年的 130.61 亿元，年平均增速为 27.9%，高于同期 GDP 增幅；占 GDP 的比重从 2004 年的 6.7% 上升到 2008 年的 8.14%；2008 年年末，文化及相关产业从业人员达到 1.51 万人。其中包括文化旅游业在内的文化休闲娱乐业实现增加值 33.72 亿元，占全部文化产业增加值的 0.3%，年末从业人员 38 365 人。① 但又据有关资料数据显示：近几年昆明市旅游经济总量在全省的比重有所下降，昆明旅游业在全省的地位出现了持续性的下滑。正是在这一背景下，昆明市提出，“十一五”时期是重振昆明旅游业、实现旅游二次创业的关键时期……要以发展文化旅游为切入点，着力打造“春天之城”“阳光之城”和“和谐之城”的城市品牌（现在又提出要打造“文化昆明”“品质春城”，笔者注）。到 2010 年，全市要实现接待海外旅游者突破 100 万人次大关，旅游外汇收入 3 亿美元；接待国内旅游者达 2 600 万人次，国内旅游收入达 240 亿元；争取实现旅游总收入达 270 亿元，旅游业占全市 GDP 的比重达 15% 以上，并把昆明建设成为一个旅游经济强市。②

昆明旅游业之所以出现下滑，这其中的原因固然很多，但以文化为主要内容的软实力未能与旅游业同步发展，以及旅游业没有文化的支撑则至关重要，因此，发展文化旅游是旅游业可持续发展的关键因素。

从全国来看，文化旅游搞得较好的地方其经济也相应发展。如四川成都的“道教文化节”，山东曲阜的“孔子文化节”，河南的“炎黄文化节”，重庆的“火锅文化节”等均不同程度地带动和促进了当地城市经济的发展，文化旅游已逐渐成为当地的经济支柱。再从世界各地的旅游发展来看，各个地区、各个国家无不利用本地或本国的历史文化资源来吸引世人和招揽游客。如美国的好莱坞、迪斯尼文化，日本的动画、茶道文化，韩国的电视剧、演艺业等娱乐文化，欧洲的古建筑、博物馆、绘画、雕塑、教堂和基督教文化，埃及的金字塔、尼罗河文化，非洲的歌舞、风情、民俗等土著民文化，等等。文化旅游对当地经济的发展发挥了重要的作用，文化产业在其国民经济中的比重越来越高，有的甚至超过了一、二产业。因此，文化旅游是支撑旅游业可持续发展的有效手段和城市经济发展的助推器。

---

① 见昆明市课题组《昆明市 2008 年文化及相关产业发展状况》，载《2009 ~ 2010 云南文化发展蓝皮书》，云南大学出版社 2010 年版。

② http：//www.sina.net 2006 年 02 月 28 日 10：22 昆明市政府公众信息网。

（二）文化旅游是提升城市旅游竞争力的核心内容

旅游作为一种普遍的社会现象，具有重大的经济意义和文化意义，如今已成为大众生活中不可缺少的组成部分。文化旅游作为旅游的一种重要形式，正呈现出迅猛发展的势头。文化旅游是借助旅游资源的文化特性发展的一种旅游形式，它将旅游文化作为消费产品，旅游者凭借自己的文化素养和审美情趣，在旅游活动中通过艺术的审美、历史回顾和文化体验，获得全方位的精神享受与文化享受。它包括利用地方文化遗产、人文景观、非物质文化遗产等资源发展旅游，以多样的形式、深刻的内涵而表现出强大的魅力和旺盛的生命力，逐渐取代自然观光旅游而成为世界旅游业发展的新潮流。因此，发展城市文化旅游可以促使这些丰富多彩、独具特色的文化资源转换为产品优势、产业优势，从而进一步提升城市的知名度和旅游竞争力。因此，发展文化旅游是提升城市旅游竞争力的核心内容。

（三）文化旅游是弘扬和传播城市传统文化的重要途径

就一个城市的传统文化来说，只有在保护的基础上进一步弘扬和传播，让更多的人认识、了解并享受这种文化，这种文化才是活文化和有价值的文化；也只有在传播的过程中传承和弘扬其精华，摒弃其糟粕，保持发扬其优秀的品质和特色，这种文化才能与时俱进，才能得到提升和发展，否则就会在岁月的掩埋中失去它的价值和意义，最后被历史所淘汰。而文化旅游就是弘扬和传播城市传统文化最有效的手段和重要途径。通过文化旅游，让旅游者把这个城市的优秀文化带出去，传播给更多的人，让世人真正理解和认可这个城市的文化，提高其城市文化的认可度和知名度。

昆明是国务院第一批公布的历史文化名城。千年的历史沉淀了昆明源远流长、深邃厚重的历史文化，众多的自然景观和人文景观无不蕴含着昆明璀璨夺目、独具特色的传统文化，如石林、轿子雪山、梁王山、滇池、安宁温泉、西山、金殿、大观楼长联、讲武堂、郑和故里、聂耳故居、世博园、云南民族村……以及众多的博物馆、名人故居、民族风情、宗教文化、饮食习俗、园林艺术……这些自然景点、历史遗迹和人文景观是昆明区别于其他城市的宝贵旅游文化资源，进一步挖掘和开发这些资源，发展昆明的城市文化旅游，可以让旅游者在游览昆明的同时，更多地了解昆明的历史文化和优秀传统文化，使昆明的城市文化得以广泛传播，对昆明城市文化的知名度和昆明品牌的提升以及城市的整体凝聚力的增强都大有裨益。因此，发展文化旅游是弘扬和传播城市传统文化的重要途径。

三、昆明城市文化旅游发展中存在的问题及对策

（一）城市品牌定位要明晰

城市大多具有丰富的文化资源，城市文化是城市长期的历史积淀和人文文化凝结的结果，文化是城市的灵魂。然而，在现今文化旅游热的发展趋势下，有的城市在发展文化旅游、塑造城市文化品牌时没有充分考虑自身的地域特点和城市的文化特色，或者不知道哪种文化是该城市发展文化旅游的主打文化？哪种文化是该城市在发展文化旅游过程中要凸显的文化？甚或人云亦云，亦步亦趋，跟着别人跑。以至于该城市文化发展思路不明确，品牌定位不明晰，城市文化旅游缺乏自己的特色，在发展文化旅游中找不准自身的位置，导致城市旅游业发展缓慢，社会经济发展滞后。如前所说，昆明前几年提出打造“春天之城”“阳光之城”和“和谐之城”的城市品牌，现在又提出要打造“文化昆明”“品质春城”，这就是城市定位不明确的表现，说明政府和有关部门一直没有找准昆明品牌的位置。

一个城市可以有多种文化，但在这众多的文化中一定有一种文化可以代表它的特点，一定要有它的主打特色文化，这样才能在激烈的市场竞争中占住自己的位置，在发展文化旅游时明确自己的目标市场，并采取相应的营销策略。如昆明市可以利用省会中心区位优势进一步开发、提升和发展商旅文结合的文化相关产业，以文化为依托，促进文化、旅游、商业的融合发展，进一步推进商业特色街区建设，完善购物、观光、休闲综合服务功能，全面提升产业品质及文化内涵，完善商旅文融合发展的产业模式：以休闲购物为特色的都市商旅文化（如青年路、南屏街现代城市商业景观街区，金马碧鸡广场—正义路休闲步行街，正义坊、王府井休闲购物中心等）；以文化消费为特色，购物、休闲、娱乐为主的体验都市时尚和昆明都市夜生活的都市时尚文化（如以昆都为中心的辐射西昌路、新闻路、人民西路、国防路的时尚文化区）；以休闲、餐饮消费为特色的饮食文化（如顺城S社区回民饮食街区、祥云街饮食一条街、月牙潭园林休闲餐饮游乐区和农家乐等）；以观光体验民间民俗为特色的民族文化（如石林撒尼人、禄劝

彝族、海埂民族村、五华区沙朗白族、厂口苗族的民族歌舞表演以及少数民族生活习俗、生产工艺的展示和体验）；以及以纪念和凭吊历史伟人、名人，宣传和弘扬地方历史文化为特色的历史名人文化（如郑和、聂耳、朱德和讲武堂、重九起义、“一二·一”运动等）；大学文化（如西南联大旧址、呈贡大学城）；宗教文化（如佛教的寺庙、道教的道观、伊斯兰教的清真寺、基督教的教堂等有形的物质文化和无形的非物质文化）和老昆明市井文化（如文明街、景星街、文庙直街、光华街、甬道街、钱局街、文林街、青云街、文化巷等老昆明街区）。进一步开发和打造世博园、云南民族村、金殿、大观楼、西山、华亭寺、官渡古镇、斗南花市、安宁温泉、东川红土地、石林、轿子雪山风景区、寻甸万亩草场，以及主城区的环翠湖文化旅游休闲娱乐带、盘龙江旅游休闲一条街、金碧动感广场、昆都夜市、城市观光塔和一批标志性文化建筑等旅游项目；加大对如省图书馆、民族博物馆、云南文苑等各级各类公益文化设施的投入和建设；加快呈贡新城区建设。将昆明丰富的自然资源、人文资源和民族文化资源优势转换为文化旅游资源优势，进一步增强和提高昆明市区的软实力来吸引国内外游客，发展昆明文化，提升昆明的品牌。因此，昆明要发展城市文化旅游，品牌定位一定要准确明晰。

（二）城市发展和文化旅游规划要系统

现代城市发展和文化旅游一定要有整体、系统、超前的策划和规划，整体性就是要把文化旅游和城市发展中方方面面的问题作为一个大盘子来统筹考虑；系统性就是要把文化旅游和城市发展作为一个大系统来综合考虑；超前就是在做策划和规划时要有前瞻性和预见性。如果缺乏整体、系统、超前的策划和规划，而是急功近利、见子打子、零敲碎打、顾此失彼，就会在发展旅游业的过程中出现重复建设、重复开发的现象，在开发过程中一方面投资过大，一方面又产出过低，造成人、财力等大量资源的浪费，收不到预期的效果。如昆明有的旅游景区、景点雷同或无特色，配套设施缺乏或质量差，开发建成后游客甚少，有的甚至被闲置荒弃。发展文化旅游要有鲜明的主题和特色以及具体的目标和方向；要了解自己的目标市场和潜在市场，开展多种营销，提高和改善文化旅游的营销手段和营销方法，提高综合竞争力；文化旅游产品的内容与营销策划要配套实施。在进行城市的文化旅游开发之前，对整体的旅游资源及城市建设要进行系统、超前的策划和规划。策划可以准确地进行市场分析、市场定位、市场细分，而规划则可以将硬件资源和软件资源进行科学性地布局。系统化的策划规划可以有效地避免重复建设。营销策划是旅游总体策划的关键。只有积极地营销，才能使文化旅游的效益得以实现。因此，昆明要发展城市文化旅游，策划和规划一定要系统化。

（三）城市文化旅游要有差异

由于文化旅游热的兴起，以及受文化旅游所带来的经济利益驱使，许多缺少文化内涵的城市也模仿别人的文化形式，效仿其他城市开展文化旅游。为了文化旅游利益，一些城市为争抢历史名人及历史文化而争战不休。如甘肃临洮与河南鹿邑为了举办“老子文化节”而将遗产之争追到战国时代；辽宁辽阳和铁岭也为了曹雪芹各自请出红学大家，分别兴建了曹雪芹纪念馆；云南和四川也曾为了争夺“香格里拉”的品牌而各说不一……各地对历史名人的争夺愈演愈烈。挖掘历史文化名人资源本无可厚非，但不能附庸风雅，让历史文化遗产成为千城一面的敲门砖。各地旅游文化如果非常相似，也就没有特色而言了。因此，文化旅游必须要有差异化。

文化旅游差异化是为了使城市在文化旅游竞争中与其他城市有明显的区别，形成与众不同的特点，将城市的核心文化和特色文化资源进行营销。差异化营销手段可以有多种：如利用节庆活动、展览等开发节庆文化旅游，还可以利用影视进行宣传营销。如当年的电影《阿诗玛》《五朵金花》就在全国产生了很大的影响，许多人就是通过这两部电影认识云南并对云南产生感情的。此外，近几年的民族歌舞《云南映象》《天地之间》《美丽的大脚》，大型演艺节目《丽水金沙》，花灯歌舞剧《小河淌水》，音乐剧《郑和与海》，京剧《凤氏彝兰》，话剧《打工棚》，电影《婼玛的十七岁》《花腰新娘》，方言电视剧《东寺街西寺巷》，电视剧《商贾将军》《心中的香格里拉》等都以不同的艺术形式和题材表现了云南民族的历史和文化，获得了国家的有关奖项，对云南和昆明都是一个极好的宣传。

（四）城市文化旅游资源要整合

城市的某些文化旅游资源既有丰富性、多样性的优势，也有文化旅游资源市场面较窄的劣势。为了能更好地发展文化旅游产品，将城市文化旅游资源优劣势互补，进行文化资源整合，是提高旅游产品质量的有效途径。城市文化旅游的发展必须从过去单一依靠文物转变到依靠文化，进而依托整个文化资源发展的路子。也就是说，文化旅游要改变以往仅仅局限于文物景点观光的观念，从历史文化的丰富内涵、历史文化资源的宝库中寻找适应现代文化旅游和吸引旅游者的要素，寻找旅游发展的契机，走文化旅游和城市旅游、乡村旅游相结合的道路，将多种文化旅游资源进行整合，通过合理调整和优化配置文化旅游资源，逐步构建点、线、面有机结合，静态展示与动态活动相互融合，适应不同旅游消费需求的良性循环的文化旅游发展格局。

（五）要在保护和发展的基础上进一步挖掘和利用民族文化旅游资源

民族文化是当今文化旅游中最具特色和吸引力的资源，在云南，这种资源尤显突出。云南是一个多民族边疆省，全国有56个民族，云南5 000人以上的世居民族就有26个，其中有15个独有民族，有16个民族跨境而居，是民族种类最多的省份，这在世界上也是少有的。每个民族都有自己悠久的历史和灿烂的文化，民族文化旅游资源极其丰富。我们要在传承、保护和发展民族文化的前提下，充分挖掘、利用各民族的文化资源来发展城市文化旅游，发挥民族文化在文化旅游和城市经济发展中的重要作用。为此，叫响民族牌和民族文化是省会昆明的一大优势。在丰富多彩的民族文化大系统中，风俗文化和宗教文化是其重要的内容之一，而民俗节庆是一个民族风俗文化在其生活方式、生活行为和生活准则的具体体现，它最能反映该民族与所生存和发展的地理环境、自然条件、宗教意识和共同心理素质间的关系。因此，我们要充分利用民俗节庆这一资源，着力打造各民族有代表性的重大节日，如彝族的火把节、傣族的泼水节、白族的三月街、苗族的花山节、傈僳族的刀杆节、景颇族的目瑙节、纳西族的三朵节等，办好民俗节庆活动，用各民族丰富多彩的传统文化吸引更多的游客。宗教或宗教文化是一种特殊的社会意识形态和客观社会存在，也是一种社会文化现象，它对一个国家、一个民族和一个地区的经济社会发展、民族关系、社会稳定以及人们的物质生活和精神生活有着深刻的影响。云南各民族都有自己的宗教信仰和宗教生活，有的民族几乎是全民信仰宗教（如藏族、傣族和回族）。在云南，佛教（包括汉传佛教、藏传佛教和南传上座部佛教）、道教、伊斯兰教、基督教、天主教，以及民族民间宗教、原始宗教等多种宗教形态和宗教文化并存，宗教形态多样而各异，宗教文化多元而丰富，对国内外旅游者有着特殊的吸引力。因此，在城市文化旅游建设和城市经济发展中要加强包括宗教文化在内的民族文化建设，要充分利用宗教寺观、庙宇、教堂大多分布在风光秀丽、青山绿水、自然条件较好的地方，以及其历史悠久、宗教文化内涵厚重、人文资源丰富的优势，挖掘和开发宗教文化旅游资源及相关资源，探索一条保护与发展、社会效益与经济效益并重，宗教文化与旅游文化相结合的可持续发展之路，进一步拓展文化旅游市场，以此来带动和促进昆明文化产业的发展，发挥文化产业在昆明经济建设中的重要作用。

当然，上述分析只是针对昆明文化旅游发展中存在问题的一些对策和建议，就宏观和微观方面来说，要发展昆明城市文化旅游，还须有长远的战略规划、政策保证和具体措施，以及思想认识、观念转变、组织领导、资金投入、开发机制、人才培养、宣传营销等方面的问题。因限于时间和篇幅，这里就不展开赘述了。

总之，不管是从理论还是实践来看，城市文化旅游对现代城市经济发展的作用日益凸显，越来越受到各地政府的关注和重视，发展城市文化旅游，促进城市经济发展已成为当今国内外普遍的共识。当前，正值云南桥头堡建设战略实施和民族文化强省建设的有利时机，昆明一定要抓住这难得的历史机遇，以科学发展观为指导，转变经济发展方式，在经济建设和现代城市化建设中，更加重视和加强文化尤其是民族文化建设，充分发挥民族文化在现代旅游和城市经济发展中的重要作用，以文化旅游促进昆明经济的全面协调可持续发展。

2010.11.30

（原文载《2010～2011云南文化发展蓝皮书》，云南大学出版社2011年版）

城镇化进程中宗教文化旅游资源的开发与保护

——以昆明市为重点

一、民族文化建设是城镇化建设的重要内容和必要保证

在社会主义现代化建设中，工业化、城镇化建设是其重要的内容和必要步骤。在党的十八大报告中，再次明确地提出了加强城镇化建设是全面建成小康社会的重要任务之一。并且把城镇化与工业化、信息化、农业现代化同视为社会主义现代化建设中的“新四化”。中国是一个传统的农业大国，要实现现代化，就必须从以自然经济为主的农业国家逐步转为以商品经济为特征的现代工业化国家或以商业、服务业、金融业和旅游业等第三产业为特征的现代化国家。而城镇化建设是由农业国家逐步过渡到现代工业化国家或现代化国家的重要内容和必经之路。但同时，城镇化建设是一个庞大的系统工程，是城镇化进程中政治、经济、文化、社会等方面的综合性、立体性、全方位建设，它包含社会管理、经济形态、户籍制度、身份认同、城市改造、文化变迁、思想观念等方方面面的内容，是以物质建设为特征的经济建设和以精神建设为核心的文化建设等在内的有机统一体。其中，物质基础建设是文化建设的载体和基础，而文化建设是物质基础建设的灵魂和保障。

当前，在城镇化进程中，我们更多的是注重经济领域的建设，如道路、交通、通信、绿化、公共设施和“城中村”改造等方面的硬件建设，而对文化、教育等方面的软件建设往往重视不够，轻视和忽视文化建设的重要性，甚至对损毁文化设施、破坏文物古迹的事件也屡禁不止，以致出现经济社会发展中的“短板现象”，经济社会发展缺乏精神、智力等文化软实力的支撑，致使经济社会发展后劲不足，不能保持长期、稳定、全面的持续发展；不少人面对物欲横流的世界不知所措，精神生活空虚，信仰缺失，在社会生活中出现了许多问题，这都在

一定程度上影响了社会的和谐稳定和城镇化进程的步伐。

如当前全国各个城市正在进行的“城中村”改造，既是城市现代化发展的需要，也是现代城市建设的重要组成部分。但是“城中村”改造是一项非常复杂的系统工程，它不是简单的拆房、建房和人员安置，而是整个城市化建设和发展的重要组成部分。而在“城中村”存在的诸多复杂的社会问题中，除了历史的、社会的和经济的原因，长期以来，其文化教育基础设施薄弱、传统文化教育缺位、村民整体文化素质偏低等也是一个重要因素。对“村改居”后的居民来说，不是改变了属地，住进了新房，更改了户口，转变了身份，在户口簿上由村民改为居民就能成为真正意义上的城市居民，更为重要的是其思想观念、价值取向、文化认同、行为方式等要符合和适应城市现代文明的规范和要求。由于历史的、经济的和社会的诸多原因，居住在“城中村”的居民大多是失去土地的农民和外来务工者，他们大多数受教育程度不高，小农意识和流民意识较强，法制意识、道德意识淡漠。在相当的时间，这种状况是不会轻易地随其身份的改变而改变的。因为人们的思想、观念、意识的转变，比物质、身份、形式的转变要慢，且更难，这需要长期的教育和日积月累的文化熏陶，赋予其城市的文化内涵，其中，文化教育事业建设尤显重要。

因此，在城镇化建设中，我们既要注重经济层面的物质基础性建设，也要注重文化层面的保障性建设；既要注重物质的硬件建设，也要注重文化的软件建设。要把经济建设和文化建设有机地结合起来，以经济建设带动文化建设，以文化建设促进经济建设，充分发挥文化在推动经济建设和社会发展中的软实力作用。而民族文化建设是城镇化进程中的重要内容和必要保证。

众所周知，云南是一个多民族的边疆省份。除汉族外，云南有 55 个少数民族成分，少数民族人口 1 415. 9 万人，占全省人口的 33. 43%；人口在 5 000 以上的世居少数民族有 25 个，其中有 16 个少数民族跨境而居，有 15 个特有少数民族，是全国特有少数民族最多的省份。① 每个民族在长期的历史发展和社会发展中创造了自己的物质文化和精神文化，这些文化共同构成了云南丰富灿烂、绚丽多姿的民族文化，使云南成为我国民族文化资源最富集的地区之一。

云南省委、省政府正是从云南的实际出发，根据云南民族文化资源丰富多样

---

① 据 2000 年第五次人口普查统计和云南省民族事务委员会、云南省统计局联发《关于规范使用少数民族称谓和云南省少数民族数据的意见》，云族联发〔2003〕8 号。

的特点，确立和实施了民族文化大省向民族文化强省建设的发展战略。经过多年的实施和努力，云南民族文化强省建设空前发展，全省各文化领域均取得了显著成效，特别是文化产业发展迅速，取得了前所未有的成果。实践证明，民族文化资源是支撑云南发展的重要资源，民族文化产业是云南经济社会发展的支柱产业，民族文化强省建设完全符合云南的实际。当前，在云南民族文化强省建设中，我们又迎来了中国面向西南开放桥头堡建设战略实施的有利时机。云南桥头堡建设战略是中央从国家层面和国家高度对促进和推动云南经济文化社会全面发展做出的重大战略决策，它使云南从我国对外开放的后方变成了对外开放的前沿，使云南在全国的战略地位得到空前提升，为云南的经济社会发展提供了前所未有的广阔空间和重大的历史机遇，其意义深远而重大。

党的十七大六中全会审议通过的《中共中央关于深化文化体制改革、推动社会主义文化大发展大繁荣若干重大问题的决定》，明确提出到2020年要把我国建设成为文化强国。十八大报告第六部分“扎实推进社会主义文化强国建设”又对文化强国建设作了专门论述。这再次说明云南民族文化强省建设与中央的整体布局和国家发展战略是一致的，同时也更进一步为云南民族文化强省建设提供了强大的思想动力、政策保证和理论支撑。

二、宗教文化是民族文化的重要组成部分

我们知道，在社会文化大系统中，宗教和宗教文化是子系统。宗教和宗教文化不仅是一种特殊的社会意识形态和客观的社会存在，也是人类社会发展进程中特殊的社会文化现象，是人类传统文化的重要组成部分。在云南丰富灿烂的民族文化中，宗教和宗教文化极其重要并独具特色，是云南民族文化的重要组成部分。云南包括汉族在内的26个世居民族都有自己的宗教信仰和宗教生活，佛教（包括汉传佛教、藏传佛教和南传上座部佛教）、道教、伊斯兰教、基督教和天主教以及民族民间宗教等多种宗教形态和宗教文化并存，宗教形态多样而各异，宗教文化多元而丰富。全省有信教群众450多万，占全省总人口的十分之一左右；有的民族几乎全民信教（如回族、藏族和傣族）；有宗教意识和宗教情结的人就更多。宗教在长期的发展过程中，与各民族的社会生活密不可分，特别在边疆民族地区，对少数民族的生产及物质生活和精神生活有着重要的影响；对边疆地区的社会稳定、国防建设、民族团结、经济发展有着密切的联系并产生直接或

间接的作用。加之云南地处祖国西南边陲，有25个边境县（市）与缅甸、老挝、越南三国接壤，边境线总长为4 060公里；与泰国、柬埔寨、孟加拉、印度等国地缘相邻，文化相通，自古就是中国连接东南亚、南亚各国的陆路通道和文化传播的重要渠道。有16个民族与境外相同民族跨境而居，这些民族同源同宗，有其共同的宗教信仰；有的宗教与东南亚、南亚有着渊源关系，历史上宗教文化交流就很密切，对维系边疆社会稳定，发展与邻国友好关系发挥着重要作用。随着桥头堡建设战略的实施和对外开放的不断深入，云南作为中国面向西南开放的桥头堡战略地位日益凸显，云南民族文化与境外文化的交流更加频繁，其中宗教和宗教文化与境外宗教和宗教文化的接触交融更为直接，宗教界的对外联系和友好往来也会日渐增多。在对外拓展文化交流的渠道上，作为相对特殊的文化体系的宗教文化具有重要作用。中国传统宗教和世界性宗教在东南亚、南亚和“三胞”中都有较多的信众，宗教文化是联系海内外炎黄子孙的主要精神纽带。在促进祖国统一，实现“一国两制”的战略构想，在促进带动地方经济和民俗文化发展，在宗教文化旅游资源开发、促进旅游等文化产业发展，在招商引资、投资、捐资等方面，宗教和宗教文化能发挥其特殊的正面文化效应，起到其特殊的作用。

所以，宗教文化是云南民族文化的重要组成部分，加强宗教文化建设是民族文化强省和城镇化建设的重要内容及组成部分。因此，在城镇化建设中要加强包括宗教文化在内的民族文化建设，重视和加强宗教文化在城镇化建设中的作用和影响，充分发挥宗教文化在云南民族文化强省和城镇化进程中的积极作用，结合云南多民族、多宗教、地处边疆，以及民族文化和宗教文化丰富多样的实际和特点，对宗教文化建设，特别是对宗教文化旅游资源的开发和保护的研究就显得非常重要和必要。

三、宗教文化旅游是现代旅游文化的重要资源

宗教与旅游的关系最为密切，人类最初的旅游就始于宗教。宗教文化旅游是人类历史上出现较早的旅游活动之一，其中宗教朝圣可以说是古代主要的、具有旅游性质的人类活动。历史上，僧侣、道士、传教士、信徒的云游和朝圣旅行成为古代旅游的主要形式之一。到了现代，国内外宗教文化遗产和著名的宗教活动场所普遍成为重要的旅游目的地。“欧美看教堂，东方看寺庙”已成为国内外游客的共同印象。现代旅游中，宗教文化旅游也一直作为重要的旅游形式在旅游活

动中占重要的地位。特别是改革开放以来，随着我国民族宗教政策的逐步落实和国内旅游业的兴起，宗教文化旅游得到迅速发展。宗教文化的实体性景观和活动性景观以及人文历史在现代旅游活动中对旅游者越来越具有吸引力，大批游客以高度的热情参与到形式多样的宗教文化旅游活动中，旅游界、宗教界和政府相关部门也以前所未有的热情关注和投入宗教文化旅游资源的开发和利用中来。

现代旅游已成为一种大规模的文化交流活动，它所产生的社会影响和对宗教文化所起的作用随着旅游业的发展越来越受到有关方面的关注。开发宗教文化资源，对旅游业的发展具有重要的意义；而旅游业的发展，也有利于宗教文化的继承、传播、交流和研究。宗教文化与旅游业的关系是相辅相成、互为支撑、共同发展的。著名宗教圣地，积淀了厚重的旅游文化资源。随着旅游业的不断发展，旅游资源的开发利用和新的旅游市场的开拓，吸引了更多的人前来游览、朝圣和学术考察交流，这些都有利于宗教文化的传播、交流和发展，对宗教文物古迹也起着保护、修缮的作用。旅游业的发展对于宗教文化的继承、传播、交流和研究都起到促进的作用。到宗教名胜古迹旅游的人一般具有较高的文化素养，他们当中不仅有一般游客，更有朝圣者、宗教信徒和专家学者。因此旅游活动的发展也是人们传播了解、探讨和研究宗教文化的一个重要途径。

宗教文化旅游资源包括有形的物质文化和无形的非物质文化，如宗教神学思想、宗教文学艺术（包括音乐、舞蹈、雕刻、绘画等）、宗教建筑（如佛教的寺庙、道教的道观、伊斯兰教的清真寺、基督教的教堂等寺观庙宇）、文物古迹、宗教礼仪、宗教习俗文化等，其中，民俗节庆是一个民族风俗文化和宗教文化在其生活方式、生活行为和生活准则的具体体现，它最能反映该民族与所生存和发展的地理环境、自然条件、宗教意识和共同心理素质间的关系。

在我国31处世界自然与文化遗产中，完全是宗教文化内容的有5处，部分是宗教文化内容的有7处。在国务院先后公布的500处国家级文物保护单位中，完全是宗教文化内容的157处，部分是宗教文化内容的也有多处，二者合计将近200处。国家公布的3批119处重点风景名胜区中，宗教文化景观有57处，占总数的47.9%。最近，国家旅游局公布了首批国家5A级景区66处，其中以宗教文化内容为主的景区超过20处，占到总数的1/3。所以，包括宗教文化在内的民族文化已成为当今文化旅游中最具特色和吸引力的资源。而在云南，这种资源尤显突出。云南所具有的独特的历史文化优势和多民族民间信仰特色，是其他省区的宗教文化旅游所无法替代的。在云南，有著名的道教宫观群巍宝山、云峰山、太和宫，佛教圣地鸡足山、水目山等；伊斯兰教的清真寺，基督教、天主教的教堂在云南也广为分布；另外，还有彰显民族文化特质的纳西族东巴教、彝族毕摩教等民族民间宗教。这些丰富的旅游资源同各地秀美的风光、独特的少数民族文化有机地融合在一起，使云南宗教文化旅游资源的开发具有广阔的发展前景。因此，在城镇化建设和城市文化旅游发展中要充分利用宗教寺观、庙宇、教堂大多分布在风光秀丽、青山绿水、自然条件较好的地方，以及其历史悠久、宗教文化内涵厚重、人文资源丰富的优势，挖掘和开发宗教文化旅游资源及相关资源，探索一条保护与发展、社会效益与经济效益并重，宗教文化与旅游文化相结合的可持续发展之路，进一步拓展文化旅游市场，以此来带动和促进云南文化产业的发展，发挥文化产业在城镇化建设和云南经济建设中的重要作用。

四、城镇化建设中宗教文化旅游资源开发的现状与存在的主要问题

云南丰富的宗教文化资源是云南开发宗教旅游的有利条件，但是，宗教文化旅游要长期、全面、可持续发展，还需加强宗教文化自身建设，如没有宗教文化的支撑，宗教文化旅游就没有后劲，反过来也会制约和影响宗教文化建设。目前，正值城镇化建设的推进阶段和桥头堡战略的历史机遇，各地相关部门都在深入开发宗教文化旅游资源，希望以宗教文化促进旅游文化产业的发展。然而，在开发宗教文化旅游的同时，也伴生了一些问题，其中有些问题还比较严重，不仅没有促进旅游文化的发展，反而损坏和破坏了宗教文化，影响了旅游文化产业的发展。

当前云南宗教文化旅游资源开发的现状与存在的主要问题有以下几方面：

（一）宗教文化旅游资源开发缺乏深度

云南宗教文化旅游资源的开发在横向和纵向两个方面都较缺乏深度。首先，宗教文化旅游资源的横向开发，主要是拓展宗教文化旅游场所。云南有着丰富的宗教文化资源，有很多宗教场所都适合开发为宗教旅游文化场所，但就目前来看，这一方面的开发存在很多的不足。据省宗教局提供的资料显示：2009 年全省五大宗教正式登记的宗教活动场所有 6 658 处，而作为旅游资源开发的却很有限。其次，宗教文化旅游资源的纵向开发，主要是对宗教文化资源的价值深层次开发与研究。宗教文化不仅体现在建筑、雕塑、绘画、音乐等物质方面，更有其人文价值、理念等精神的层面。就云南现有已开发的宗教文化旅游场所来看，许

多地区缺乏对宗教文化旅游资源价值的深层次开发，绝大多数的宗教旅游活动都仅仅停留在对寺观教堂的观光旅游层面，而对宗教旅游资源中蕴含的深层精神文化内涵开发不够，甚至过多地重视经济价值的开发而忽视宗教文化资源的保护，导致旅游者对宗教文化内涵的理解和领悟缺乏深度，甚至歪曲误解，这既不利于宗教文化旅游资源价值的最大化，也不利于宗教旅游的可持续发展。因为如果简单地将宗教文化旅游资源按照市场化的方式向观光旅游产品方向转化，必然造成以旅游价值评价取代宗教文化价值评价的后果，以致破坏宗教文化旅游资源保护和良性开发，剥夺人们对宗教文化资源传承和持续享用的权利，也违背了旅游可持续发展的基本要求。个别地区还利用宗教文化中的神秘色彩，乃至糟粕、迷信的东西吸引游客。因此，若不能充分挖掘宗教文化中的深层文化价值，那么宗教文化旅游便不能持续发展。

（二）宗教旅游文化资源重开发轻保护

宗教文化的神圣性决定了宗教旅游文化开发的特殊性，并且在旅游开发的过程中很容易受到市场化、世俗化等的冲击而遭受破坏。在云南宗教旅游文化开发中也逐渐暴露出开发资源与维护宗教神圣性之间的矛盾。一些宗教旅游景点作为其他主要景点的附带点而强迫旅客游览，并且游览的主要内容不是宗教文化、寺庙景观、文物建筑等，而是利用人们对宗教的神圣敬畏心理，迫使游客烧高香、购买高价纪念品等，由此宗教在人们心目中神圣地位受到动摇，宗教景区内原有的清净庄严的氛围也被打破。这种不健康的开发模式，必然损害宗教文化的真正价值，从而使宗教文化资源旅游成为一种短期的，无持续性的破坏性的开发。宗教文化资源是宝贵的历史文化资源，它们大多在特定的历史条件下产生、发展、成熟，与其周围的历史、民族、文化氛围深深地整合在一起，离开这个环境，其价值就会消失，这就是宗教文化资源独一无二不可再生的特点。然而，一些宗教景点在游客日益增多的情况下，盲目扩建、翻修、新建，由于规划缺乏合理性，使空间变得凌乱、拥挤，景区内宗教文物的安全也因游客的增多而受到威胁。另外，宗教旅游胜地的生态环境的承载力也有限，一味地开发和扩大规模，使得周边生态环境资源受到挤压，生态资源和生态环境脆弱的问题也逐渐凸显。

（三）宗教文化旅游市场管理不规范

在宗教文化旅游资源开发管理进程中，由于宗教文化旅游场所的特殊性，园林建筑归园林部门管理，神职人员归宗教部门管理，景点开发归旅游部门管理，有的当地政府也要参与管理。这种分割式管理使得权力、责任的交叉及空白时有发生，造成有利益时各部门争相邀功，出现问题时互相推脱责任的混乱局面，严重阻碍了宗教文化旅游资源的合理性、科学性及可持续的开发。

在宗教文化旅游管理中还存在由于管理松散，一味追求经济利益而产生了较差的社会影响。例如：有的寺院聘请学过武功的青少年剃光头发搞所谓的少林武功表演；有的地方随意修庙建塔，拼造宗教文化旅游景点；有的在宗教场所修建娱乐城，严重影响景区氛围；有的置宗教传统于不顾，任意向游客乞讨“功德钱”；有的不择手段招徕游客，建造“鬼府冥殿”，大搞封建迷信活动，这些活动既危害了宗教自身利益，也不利于旅游业的发展。①

以上是云南全省的情况，就昆明来说，不仅是云南的省会，也是全省政治、经济、文化的中心，在全省经济社会发展中有着举足轻重的作用。早在数万年前就有人类在滇池地区生活繁衍，自公元前277年楚国大将庄蹻开滇；到公元109年汉武帝封常羌为滇王，设益州郡；公元225年诸葛亮南征滇池，改建宁郡；公元1253年元军攻占云南，1276年赛典赤主滇时正式建立云南行中书省，昆明正式成为云南省会至今，历史的长河和岁月的风雨孕育了她丰富多彩、底蕴深厚的历史传统文化和民族文化。昆明既是古滇国文化的发源地，又是中原文化与滇文化交融最早的地区之一，在这片土地上，各民族人民长期友好相处，共同创造和开发了这片热土，形成了昆明开放性、包容性、创造性较强的多民族多宗教文化特征，以及在中原文化影响下以汉文化为主体，兼容各民族文化和各宗教文化，内容博大精深、形态多样、多元文化并存的特点。

昆明还是国务院第一批公布的历史文化名城。千年的历史沉淀了昆明源远流长、深邃厚重的历史文化，众多的自然景观和人文景观无不蕴含着昆明璀璨夺目、独具特色的传统文化，加之丰富多彩的民族风情、宗教文化、饮食习俗、园林艺术、博物馆、名人故居……这些自然景点、历史遗迹和人文景观是昆明区别于其他城市的宝贵旅游文化资源。进一步挖掘和开发这些资源，发展昆明的城市文化旅游，可以让旅游者在游览昆明的同时，更多地了解昆明的历史文化和优秀传统文化，使昆明的城市文化得以广泛传播，对昆明城市文化的知名度和昆明品

---

① 参见张桥贵《云南宗教旅游开发的思路、原则和措施》，《云南民族大学学报》（哲学社会科学版）2011年第1期。

牌的提升以及城市的整体凝聚力的增强都大有裨益。今天的昆明是民族文化和宗教文化资源最富集的城市，民族文化和宗教文化为昆明文化旅游和城市经济的发展提供了无穷的潜力。昆明发展城市民族文化，特别是宗教文化旅游有着得天独厚的条件。

随着昆明现代城市建设和现代城市旅游的迅速发展，包括宗教文化在内的民族文化在城市旅游中的作用和地位越来越重要。在面向西南开放的桥头堡战略中，昆明要建设成为面向西南开放的国际化中心城市。因此，进一步认识和客观分析民族文化与旅游的关系、民族文化旅游与社会经济发展的关系，以及目前昆明发展民族文化旅游存在的问题，并针对这些问题提出有效的对策、建议，采取相应的措施，积极推动昆明民族文化与旅游产业的协同发展，促进昆明民族文化旅游建设，创造昆明具有地域特色的旅游文化，对昆明的城镇化建设和经济社会发展都具有重要的作用和意义。

近几年来，宗教文化旅游一方面带动和促进了昆明经济的发展，另一方面，随着城镇化建设和“城中村”改造的不断推进，在民族和宗教方面出现了一些新情况、新问题，主要表现在以下几方面：

（1）随着城市化建设和城中村改造的不断推进，原有的城市格局和居民分布状况发生了较大的变化，人口流动和人员相互交叉居住呈明显趋势，传统的相对聚居的民族社区已经基本解体，原居住民已被打散或打乱，分散到新的不同的小区，形成了以汉民族为主体的各民族杂居的状况。这些新的社区的居民来自不同的地方，有的甚至来自各地州或省外，各种民族成分的人都有，其中有的人对我国的民族宗教政策和少数民族的风俗习惯不甚了解，加之各自的文化背景、教育程度、宗教信仰、生活习俗、地域文化、方言差异等因素，在相处中各民族之间难免发生摩擦和矛盾，而这些摩擦和矛盾如不及时疏导、解决或解决得不好，则可能酿成更大的矛盾，甚至造成社会问题，影响社会和谐稳定和旅游业的发展。

（2）现有的宗教活动场所和宗教教职人员不能满足信教群众的需要。一是部分宗教活动场所由于年久失修和各种原因已成危房，不能继续进行正常的宗教活动，严重影响了该社区信教群众的宗教生活。二是有的宗教场所存在土地证、房产证未解决的问题。三是一些宗教教职人员，特别是佛教教职人员相对缺乏。四是现有的宗教开放场所分布不均，宗教资源得不到充分利用，甚至形成浪费。特别是基督教堂，大多集中在中心城区，适应不了周边社区和城郊结合部信教群众尤其是中老年信教群众进行宗教活动的需要，因此自发的家庭宗教聚会就应运而生，由此带来了许多问题。

（3）对小寺小庙管理水平普遍不高、不规范，管理制度不健全；部分宗教场所管理人员年龄偏大、文化素质偏低、宗教知识缺乏，不能对信教群众予正确的引导，给封建迷信和境外宗教渗透予可乘之机，由此引发社会问题；私搭乱建寺庙现象非常突出，既存在安全隐患，又影响了城市的整体规划和景观。

（4）目前在昆明的宗教文化旅游资源开发中，有的缺乏整体、系统、超前的策划和规划，而是急功近利、零敲碎打、顾此失彼，重复建设、重复开发的现象屡见不鲜；有的在旅游景区景点的开发中投资过大，产出过低，造成人、财、力等大量资源的浪费，收不到预期的效果。如昆明有的旅游景区、景点雷同或无特色，配套设施缺乏或质量差，开发建成后游客甚少，有的甚至被闲置荒弃；有的景区景点为了片面地追求经济效益，对宗教圣地、宗教建筑、宗教文物等宗教文化过度地开发，甚至人为地损毁、破坏和模仿伪造宗教遗迹、宗教文物；有的为了猎奇，迎合和招揽游客，瞎编乱造历史人物故事、神话传说，以致造成了宗教文化资源的流失和破坏，出现了所谓的宗教和宗教文化的异化。

上述情况和问题如果得不到应有的重视甚至是忽视的话，就必然导致昆明宗教文化资源的萎缩和枯竭，最终影响全省经济社会的可持续发展。据有关资料统计，自2009年以来，昆明市旅游经济总量在全省的比重有所下降，昆明旅游业在全省的地位出现了持续性的下滑。昆明旅游业之所以出现下滑，这其中的原因固然很多，但以文化为主要内容的软实力未能与旅游业同步发展，以及旅游业没有文化的支撑则至关重要，因此，发展民族文化旅游是旅游业可持续发展的关键因素。

五、建议及对策

在城镇化进程中，怎样加强宗教文化建设，开发和保护宗教文化旅游资源，开创宗教文化旅游新局面，从总体上说，应注意以下几方面的问题：

第一，首先，宗教文化旅游资源的开发应以宗教事业本身为主体，而不能只考虑经济利益和市场需要而任意开发。其次，要严格执行宗教政策法规，积极协调各部门之间的关系和利益，实现社会和谐、经济发展、生态平衡三方共赢的局面。再者，合理开发，积极保护。宗教文化旅游，是在保护宗教文化的前提下发展旅游，而不应该在保护旅游的基础上发展宗教。① 在宗教文化旅游资源开发的过程中，对于宗教与旅游的关系、保护与开发的关系必须有清醒的认识。此外，宗教文化旅游的开发介于宗教神圣性的因素，不能仅以市场为导向，一味地追求经济利益。如果将宗教文化中所有神圣的内核都推向旅游市场，那么宗教文化在面临世俗化、商业化的同时，宗教文化旅游也必将失去可持续发展的基础。因此，在宗教文化旅游资源开发的同时，还要遵循合理保护宗教神圣性的原则，才能保持宗教本身的独特魅力而更具吸引力。

第二，从全社会尤其是宗教界来说，要自觉维护和发展包括各民族各宗教文化在内的中华民族文化；坚定和纯洁信仰，保护、传承和弘扬各宗教的优秀文化；重视和加强宗教文化建设，充分挖掘和发挥宗教景观、宗教文学艺术、宗教建筑等有形的物质文化和无形的非物质文化其历史悠久、宗教文化内涵厚重、人文资源丰富的资源优势和特点，进一步开发宗教文化旅游资源及相关资源，探索一条开发与保护、保护与发展、社会效益与经济效益并重、宗教文化与旅游文化相结合的可持续发展之路，进一步拓展云南文化旅游市场，以此来推动和促进云南文化产业的发展；各宗教不仅要从云南经济社会发展的需要，也要从自身发展的需要来认识宗教文化建设和宗教文化资源开发与保护的重要意义，发挥和利用各宗教的优势和特长，调动教内一切积极因素，积极参与到宗教文化建设和宗教文化资源开发与保护之中。

第三，在保护和开发宗教文化旅游资源的同时，还要注意保护和发展宗教文化生态平衡。云南是一个宗教形态多样并存、宗教文化多元共生的地区。除了各民族传统的民族民间宗教和原始宗教外，道教、佛教、伊斯兰教、基督教和天主教等五大宗教在云南都有传播和发展。长期以来，云南的宗教文化保持了一种平衡的生态生存环境。历史上，云南各宗教之间虽然有过摩擦，有过矛盾，但却从未发生宗教战争或由宗教引起的战争，各宗教和宗教文化的相互理解、相互包容和相互支撑始终是宗教文化发展的主流。各宗教及广大的信众在长期的生产和社会生活中互不干涉、相互尊重、各行其是，各宗教文化在各自的体系中运行，这些都为各宗教和宗教文化的共生、共荣和共同发展提供较好的生存环境，形成了云南宗教文化生态环境的平衡。这也是宗教文化旅游资源得以生存和可持续发展

---

① 参见张桥贵《云南宗教旅游开发的思路、原则和措施》，《云南民族大学学报》（哲学社会科学版）2011 年第 1 期。

的重要因素之一，因此，在宗教文化旅游资源的开发中，一定要注重和保护宗教文化生态的平衡。

第四，在经济全球化的背景下和西方强势文化为主流文化的语境中，我们一方面既坚守原则，坚定信念，保持自己的信仰和文化特色，增强和发扬文化自觉、文化自醒、文化自信、文化自强和不卑不亢的意识和精神，注意防范和坚决抵制境外敌对势力利用宗教对我国的渗透和各种异端学邪说，维护国家安全和文化安全，又要处理好与邻国宗教和信教群众的关系，开展正常的宗教文化交流，为云南桥头堡建设营造一个和平、正常、有序的对外交往环境。另一方面要有危机感和紧迫感，面对西方强势文化潮流的冲击和各种文化思潮的迅速崛起或泛滥，要想保持自己的文化，就必须有自己独到的文化内涵和鲜明的文化特色，做大做强自己的文化，走文化特色之路；在文化政策和文化价值取向上要采取更加宽容的态度，以宽广的胸怀去面对和接纳一切来自不同国家、不同民族、不同地域、不同宗教，乃至不同政治制度、不同意识形态的优秀文化，不断改良、提升、丰富和完善自己，夯实云南的文化基础，提高云南的文化竞争力，为城镇化建设以及经济社会发展提供文化软实力和智力支持。

就昆明市来说，针对存在的问题，特别是近几年在城镇化建设中民族宗教方面出现的新情况、新问题，并结合宗教文化建设和宗教文化旅游资源的特点及开发现状，特提出以下几个方面的意见和建议：

（1）各级党委和政府一是要坚决贯彻执行党的民族宗教政策，对民族和宗教的重要性和宗教的“三性”（长期性、群众性、复杂性）要有足够的认识，对宗教和宗教信徒不能存有偏见，正确对待宗教、宗教活动和宗教信徒，对民族和宗教问题要及时和妥善处理。二是要进一步贯彻落实科学发展观，以人为本，统筹兼顾；在发展经济的同时，要加强文化教育事业的投入和建设，加强法制宣传教育，弘扬优秀的传统文化，更加关注民生，体察民情。三是要调动、发挥和传承各宗教中的积极因素，摒弃宗教消极不利的因素，引导宗教与社会主义相适应，充分发挥宗教和广大的信教群众在社会主义建设中的重要作用。

（2）在城市化建设和城中村改造中，我们一方面要开展和加强对社区干部、群众，尤其是外来人口有关民族宗教政策、法律、法规和尊重各少数民族风俗习惯的宣传教育，让全社会逐步形成一个各民族、各宗教相互尊重、相互了解、相互信任的社会环境。另一方面要重视少数民族居民特别是信教群众的安置工作和宗教活动场所的改造、合理布点和建设问题，要把少数民族聚居区的拆迁和安置工作纳入整体规划统筹考虑；协调有关部门，对那些单一民族相对集中的聚居区，最好能整体搬迁和整体安置，能回迁的尽量回迁，让他们相对集中居住，逐步形成新的民族聚居区和生活点。这既有利于少数民族居民的工作和生活，也有利于民族文化和宗教文化的保护、传承与发展。

（3）对具体的宗教场所危房改造的问题，政府和职能部门应组织和协调有关部门采取现场办公、领导监督、职能部门和有关人员到位并问责的措施，尽快给予解决，不能再久拖不决，失去民心；对宗教场所证照不全、分布不均、教职人员相对缺乏和不能满足信教群众需要的问题，政府和职能部门应组织和协调有关部门和宗教团体，针对不同的情况，采取集中、合并、调配、合理布点、明确产权主体、登记发证和新建的方式，整合并合理利用资源，以最小的投入实行资源效益和社会效益的最大化，充分满足各信教群众的需要；对宗教教职人员和管理人员文化偏低、素质不高等问题，政府和职能部门要对其进行培训、学习，尽快提高其文化水平和综合素质，并进行考核，逐步做到持证上岗。

（4）一方面要进一步依法管理宗教，严禁擅自扩建、滥建庙宇、教堂；对封建迷信违法活动和邪教活动要坚决予以取缔；对利用宗教向我渗透的敌对势力要坚决抵制和打击。坚持自主、自养、自办的办教原则，发扬爱国爱教的优良传统，唱响爱国爱教的主旋律。另一方面，在城市化进程和城镇化建设中，要注意保护和开发宗教文物、宗教场所和宗教景观等宗教文化载体，合理设置和建设寺观庙宇。特别是在城市的社区建设中，可以考虑恢复和新建一定数量的宗教文化场所，以发挥宗教文化在社区中的积极作用。

（5）加强“城中村”改造中社区文化教育的建设和投入。在宏观政策方面，要对“村改居”后的社区按城市化发展的要求统一规划；各级政府和有关部门要特别加大对社区文化和教育的投入，从政策、体制、资金、人力上为社区文化教育的发展提供必需的基本保证。在文化建设方面，要在“村改居”后的社区建设与之配套的文化公共基础设施，建立相应的公益性文化馆（室）、图书馆（室）及文体活动场所，并配以一定的专职辅导人员，经常性地组织开展丰富多彩、群众喜闻乐见的文体活动，以适应和满足社区广大居民不断增长的精神生活的需要；不断加强社会主义精神文明和优秀传统文化及道德教育，积极引导社区居民，尤其是青少年儿童树立正确的人生观、价值观以及积极、健康的审美情趣和审美取向；在社区建设营造一种现代城市文化的氛围，让居民身在其中，耳濡目染，潜移默化，逐渐地从内到外转换身份，全方位融入城市社会生活，真正成为现代城市的文明公民。

（6）就昆明的传统民族文化来说，只有在保护的基础上进一步弘扬和传播，让更多的人认识、了解并享受这种文化，这种文化才是活文化和有价值的文化；也只有在传播的过程中传承和弘扬其精华，摒弃其糟粕，保持发扬其优秀的品质和特色，这种文化才能与时俱进，才能得到提升和发展，否则就会在岁月的掩埋中失去它的价值和意义，最后被历史所淘汰。而文化旅游就是弘扬和传播城市传统文化最有效的手段和重要途径。通过文化旅游，让旅游者把昆明的优秀的传统文化带出去，传播给更多的人，让世人真正理解和认可昆明这个城市的文化，提高昆明城市文化的认可度和知名度。

此外，在昆明宗教文化旅游资源开发中要注意和解决的一些具体问题，因笔者之前在另一文《以城市文化旅游促进昆明经济发展》（载《2010~2011 年云南文化发展蓝皮书》）已有论述，故在此就不再赘述，只提及要点如下：

一是城市品牌定位要准确明晰。二是城市发展和文化旅游规划要系统化。三是城市文化旅游要有差异。文化旅游差异化是为了使城市在文化旅游竞争中与其他城市有明显的区别，形成与众不同的特点。昆明城市文化旅游的亮点和特色，就是丰富而厚重的民族文化、多样而多元的宗教文化和丰富多彩的边疆地域文化。为此，打响民族、宗教、边疆牌是省会昆明的一大优势。四是城市文化旅游资源要整合。五是要在保护和发展的基础上进一步挖掘和利用民族文化旅游资源。六是要充分发挥宗教和宗教界人士在开发和保护宗教文化旅游资源中的积极作用。

综上所述，城市化和城镇化建设是现代化建设的重要内容和必要步骤，民族文化建设是城镇化建设的重要内容和必要保证，民族文化旅游对现代城市经济发展和城镇化建设的作用日益凸显；宗教文化是民族文化的重要内容和组成部分，宗教文化旅游是现代旅游文化的重要资源，发展城市宗教文化旅游，促进城市经济发展已成为当今国内外普遍的共识。当前，正值民族文化强省建设和桥头堡战略实施的有利时机，我们一定要抓住这难得的历史机遇，以科学发展观为指导，转变经济发展方式，在经济建设和城镇化建设中，重视和加强包括宗教文化在内的民族文化建设，正确认识宗教文化旅游资源开发和保护中存在的问题，充分发挥宗教文化在现代旅游文化和城市经济发展中的重要作用，以宗教文化旅游促进昆明旅游文化和经济社会的全面发展，进一步推进昆明城镇化进程的步伐。

参考文献：

［1］齐晓飞：《关于和谐社会构建中发挥宗教积极作用的思考》，载《世界宗教文化》2011 年第 1 期。

［2］王作安：《加强管理，促进宗教和谐》，载《中国宗教》2011 年第 3 期。

［3］卓新平：《宗教文化与精神文明建设》，载中国社会科学 1994 年第 3 期。

［4］马曜：《云南简史》，云南人民出版社 1989 年版。

［5］王承才：《抓住桥头堡建设机遇繁荣发展民族文化》，载《民族时报》2010 年 8 月 10 日。

［6］张桥贵：《云南宗教旅游开发的思路、原则和措施》，载《云南民族大学学报》（哲学社会科学版），2011 年第 1 期。

［7］纳文汇：《以城市文化旅游促进昆明经济发展》，载《2010～2011 云南文化发展蓝皮书》，云南大学出版社 2011 年版。

［8］纳文汇：《中国面向西南开放桥头堡建设中的宗教文化建设》，载《东南亚南亚研究》2011 年第 3 期。

［9］纳文汇：《云南民族文化建设中的宗教文化建设》，载《今日民族》2011 年第 4 期。

［10］纳文汇：《云南民族文化强省和桥头堡战略实施中的宗教文化建设》，载《2011～2012 年云南文化发展蓝皮书》，云南大学出版社 2012 年版。

2012. 12. 20

（原文载《2012～2013 云南文化发展蓝皮书》，云南大学出版社 2013 年版）

云南回族社团、报刊及新式教育的创办与发展

辛亥革命以后，中国革命从资产阶级旧民主革命向新民主主义革命转变，在新文化运动和新民主主义革命的推动下，回族中具有民主主义革命思想的知识分子、宗教人士、爱国军人及开明绅商明确地意识到，要振兴民族、弘扬民族文化、拯救祖国，就必须团结起来，大力兴办文化教育事业，培养后继人才，传播民主革命思想。在这种历史背景下，一些回族的宗教团体会社相继成立，积极创办发行中文报刊，兴办新式学校教育以及向海内外派遣留学生等活动日渐兴起并不断发展，推动和促进了回族文化教育事业和伊斯兰文化在云南的发展，回族文化和伊斯兰文化得以复兴。

一、宗教团体会社的创立及发展

（一）云南回教俱进会与振学社的建立和发展

1. 云南回教俱进会

民国初年（1911 年），在辛亥革命的影响以及孙中山先生“五族共和”思想的启示下，在伊斯兰教学者王宽和王友三等人的倡导下，“中国回教俱进会”在北京成立，并通电全国，号召各省成立支部，县乡成立分部。云南回族人民积极响应，于同年 10 月，在昆明南城清真寺成立了“中国回教俱进会滇支部”（又称“云南回教俱进会”），拟定章程 28 条，推选马启祥（字心泉，玉溪人）为支部长，有会员 100 余人。有关“中国回教俱进会”及“云南回教俱进会”的成立时间、历届负责人等事项在不同的书刊中有不同的记载，此处参考的是《云南回族史》（修订本）的说法。据《中国伊斯兰百科全书》（四川辞书出版社 1996 年版）载，中国回教俱进会成立的时间是 1912 年 7 月。在沙非亚编著的《云南回族研究》一书中，“云南回教俱进会”的成立时间是民国二年 5 月（1912 年 5

月)；第一届会长是马殿选，马聪、何廷栋为副会长，并且将“马聪”写为“马骢”。在马伯良所撰《云南回族的渊源及会务史略》（载《云南回族社会历史调查》之四）一文中，又有“滇支部先是马敏斋负责”之说。

之后，全省有回族聚居的县乡相继成立了分部或联合分部，它们是：呈贡、宜良、晋宁、昆阳、玉溪、河西（今通海）、峨山、开远、蒙自、文山、丘北、寻甸、曲靖、宣威、昭通、楚雄、凤仪、大理、洱源、蒙化（今巍山）、漾濞、保山、腾冲、普洱、富民、嵩明等县及田兴、大庄、茂克、沙甸、回龙、馆驿、桃园等回族乡寨。

1915 年 1 月滇支部改组，推选王廷治为会长，赛复初、孙国玺为副会长，各部职员 83 人。

袁世凯复辟帝制称帝，举国震惊，全国掀起了讨袁运动，云南首发护国运动，群情激奋，各族各界各社会团体踊跃响应。为在政治上与护国运动保持一致，中国回教俱进会滇支部宣布独立，更名为“云南回教俱进会”，积极拥护并投入“护国运动”，组织全省回民参加示威游行，声援护国军。赵钟奇、孙永安、马伯安等回族穆斯林知名爱国人士担任了护国军的将领。

1917 年改选马殿选（字俊卿）为第三届会长，何廷栋、马鑫培（后为马聪）为副会长。

各地俱进会在滇支部的指导下，以昆明为中心开展工作。省、县分会之间经常联系往来，形成合力，大力倡办文化教育事业，发展经堂教育，协调管理清真寺产业，处理有关宗教事务及纠纷。在“云南回教俱进会”及有关人士的大力支持和配合下，云南回族穆斯林的有关事务得到了及时妥当地处理和解决，昆明及各地清真寺修缮一新，回族产业得到清理和赔退，宗教活动健康发展，经堂教育盛极一时，回族穆斯林的精神面貌大为改观。

民国十七年（1928 年）4 月马殿选去世，5 月推举马聪（字伯安）为会长，何廷栋、赵钟奇为副会长，各部职员 42 人。俱进会的章程经几次修改，最后修订为 8 章 50 条。

民国二十五年（1936 年）北京“中国回教俱进会”因故停止活动，云南滇支部也随之受到影响。抗日战争爆发后，“云南回教俱进会”改组为“中国回教救国协会云南省分会”，会长仍由马聪担任。

2. 振学社

“振学社”是云南回教俱进会领导下的一个负责伊斯兰教教务及文化教育的

机构，于民国初年（1911 年）由沙平安、马熙堂、白耀明发起并成立。初成立时由沙平安任社长，后推马观政（字敏斋）为社长，马生凤为副会长。在 1928 年修订的《中国回教俱进会滇支部章程》中明确规定了“振学社”的宗旨为：“振学社司学校之设置管理及推广教育，研究教义，翻译经典，发行经书等事，因事务较繁，得分教育、教务、翻译、出版四股办理之。”[《云南回族史》（修订本），第 264 页]。其经费由“滇垣清真公会”（系俱进会成立前负责清真寺产业管理的机构，后改称为“昆明清真寺产董事会”，先后由马观政、陆锦先、金荣生、朱静亭等负责）提供。其成立以来，积极开展回族文化教育事业，出版经书，发行报刊，刊刻、校印木刻版《古兰经》，征集有关回民起义的历史资料，改革经堂教育，兴办中阿文并授学校，发展普通中、小学校教育，培养回族人才，弘扬回族文化，为回族文化教育事业的发展做出了积极的贡献。

1926 年，在云南回教俱进会和振学社的倡议下，报经政府批准，将原设在昆明各清真寺的阿文小学和设在回民聚居区的国民学校，合并成立新学制普通小学，改名为“明德小学”，校址设在各清真寺内，中、高年级在永宁清真寺办班，低年级在顺城、金牛两清真寺办班。

1929 年，穆斯林的一批青年知识分子，如杨士敏、李敏生、马镇国、沙儒诚等，深感云南回族传统的经堂教育和中阿并授、以培养宗教人才为主的教育方式、机构已不能适应新时代的要求，大有改革的必要，在俱进会和振学社的支持下，做出决定：发展回民普通教育，培养较高级人才，同时发展阿文专科教育，培养经书两通的高级宗教人才。于是包括普通小学、中学和阿文专修三个部组成的，体现中阿兼顾的新型学校——云南私立明德学校便应运而生了。此后，俱进会和振学社在“明德中学”的创建，留埃学生的培养选送上都起过重要的作用。

此外，俱进会和振学社在宣传伊斯兰文化等方面也做了大量的工作，整理出版了马注、马德新、马联元等人的著作数十种；大量印刷了木刻版《古兰经》；率先出版发行了国内第一个伊斯兰定期刊物《清真月报》以及《清真铎报》等 18 种中文报刊。为昆明伊斯兰文化的发展做出过重要的贡献。

1938 年，振学社改为伊斯兰教教务委员会，由马健之和沙竹轩分别任教务长和主任委员。

（二）中国回教救国协会云南省分会

抗日战争爆发后，在中国共产党统一战线思想的影响下，全国各族人民同仇敌忾，积极投身抗日活动。南京国民政府在全国人民抗日高潮的推动下，被迫宣布对日抵抗。自此，一个全民族联合抗战的局面在全国开始了。

中国共产党历来重视少数民族工作，在抗战初期，就把动员和团结各民族抗日作为民族工作的重点和首要任务来抓。1937 年 7 月，成立少数民族工作委员会，下设回民工作部和蒙古工作部。8 月，又在《抗日救国十大纲要》中提出："动员蒙民、回民及其他少数民族，在民族自决和自治的原则下，共同抗日。"

在中国共产党正确的民族政策和抗日方针的影响下，随着以国共两党合作为基础的民族统一战线的形成，各民族的抗日积极性空前高涨。云南回族人民同全国人民一样，积极投入民族救亡的洪流之中。1938 年 8 月，"中国回教救国协会"在武汉成立，白崇禧为理事长，时子周、唐柯三为副理事长，达浦生、马步芳、马鸿逵等 8 人为监事。协会提出建立全国回民抗日统一战线，云南回族积极响应，经与唐柯三联系，于 1939 年 1 月全省 50 余县回族代表齐集昆明，宣布成立"中国回教救国协会云南省分会"民间抗日组织，选出干事 15 人，常务干事 5 人，由马聪任会长［马伯良：《云南回族的渊源及会务史略》，载《云南回族社会历史调查》（四），第 137 页］。协会的宗旨是：促进回族同胞认识当前抗战之意义，发挥回族同胞固有的爱国主义优良民族传统，加强民族抗战力量，严厉打击敌人。其历史使命是："策动起来，拥护政府既定的国策，一致抗战到底，争取民族的解放与国家的独立生存……"（《清真铎报》1939 年第 1 号）协会成立后即发表了宣言，提出："……我中国回族同胞自国难发生以来，坚决拥护团结抗日的主张，站在全中国革命战争的立场上，做了许多救亡工作。无论敌人对回胞怎样地利诱威胁，怎样侮辱残杀，而回民总是纯洁无私，效忠祖国，毫无二致，尤其是从军杀敌之回教将士，其忠勇牺牲，证之于前线各战役之表现，已屡见不鲜，在民族抗战史上，实光荣而不能磨灭的一页。"宣言最后号召全省回族穆斯林，"在这救亡图存保卫国家的光荣战争中，我们要遵循经典圣训中之指示，来尽我们应尽的使命，那才算是忠实的一个穆民……"（《清真铎报》1939 年第 1 号）

云南回教救国协会宣言的发表，是云南回族抗日战争史上的一件大事，它极大鼓舞了全省回族人民的抗日斗志，表明了云南回族人民拥护中国共产党的抗日主张，体现了云南回族人民热爱祖国，保卫祖国的优良传统和决心，同时，对鼓舞全民族坚持抗战，起到了积极的宣传作用。

抗日战争爆发后，许多回族穆斯林热血青年，纷纷投笔从戎，报考各地军校，毕业后报效国家。1939 年，云南回教协会号召全省高中二年级以上的回族学生报考军校，这一号召得到广泛的响应，大批回族青年学生踊跃报考，其中有 150 余名学生被中央军官学校南宁分校录取，旋即与全国其他地区被录取的回族学生编为一个回族大队，定为第 15 期学员。这批学生提前毕业后，奔赴抗日疆场。1942 年，云南回教救国会又继续组织动员全省各地高中二年级以上学生报考军校，当年又有 120 多名学生被中央军官学校桂林分校录取，被单独编为一队，定为第 19 期学员。这批学员在学习受训期间即被编入部队参加了湖南永明、桃川和广西龙关等战役，为捍卫国家和民族尊严做出了贡献。

1940 年 5 月，回教救国协会在昆明召开全省代表大会，会议期间再次发表宣言指出："吾回民素性忠勇，尤其不畏强暴，抗战三载将满，我全国教胞一致坚决地站在促进团结的全国革命的立场上，做了许多救亡工作，牺牲了不少抗战将士。姑勿论敌人如何威胁利诱，怎样侮辱残杀，而我回胞总是本着信宗教的精神，坚定不移，这种精神，过去如此，望俞期策勉，始终不渝，以遵教义，以报国家。"（《清真铎报》1940 年第 3 期）在救国协会爱国爱教宣言精神的鼓舞和感召下，云南的广大回族穆斯林视国家利益为己任，始终将自己的命运同民族的前途命运结合起来，与各民族的优秀儿女共同抵御日寇的侵略。全省各地回教救国会积极贯彻省回教救国协会的抗日宣言和代表大会精神，开展了多种形式的抗日宣传，组织动员回族有志青年参军参战，捐款捐物，支持抗战。如寻甸县回教救国协会号召清真寺向回族群众募捐，支援国家购买武器进行抗日，曾得到当时中央军委的嘉奖（《寻甸县志通讯》1988 年第 1 期）。

在整个抗日战争期间，云南回教救国协会在马聪会长的主持下，在全省回族人民的支持协助下，配合形势的需要，做了大量的组织、动员、宣传、募捐等抗日工作，为反法西斯的侵略战争，夺取抗日战争的全面胜利做出了不可磨灭的贡献。

1944 年，云南回教救国协会举行第二次全省代表大会，选举马伯安为理事长，陆志清、纳季卿、木逢春、杨月樵、马逢春为常务理事。健全和强化了组织机构，恢复设立了和解处，重设教务委员会，改组昆明清真寺产董事会，并加强了对新式国民教育的管理。

抗日战争结束后，"中国回教救国协会"改名为"中国回教协会"，会址迁至南京，云南回教救国协会也随之更名为"中国回救协会云南分会"，又称"云南回教协会"，仍推举马伯安为理事长。

1949年，在国民党“九九整肃”镇压民主运动的事件中，马伯安被捕入狱，大批民主人士横遭迫害，回协云南分会被迫停止活动（《云南宗教史·伊斯兰教》云南人民出版社1999年版，第154页）。

新中国成立后，回教协会改组成立为“回族联合会”（简称“回联”），选举马继武为总干事（沙非亚：《云南回族研究》及马伯良《云南回族的渊源及会务史略》，载《云南回族社会历史调查》四，第137页），主要任务是向回族穆斯林宣传中国共产党的各项方针政策，团结、组织回族穆斯林参加社会主义建设。两年后又成立回教协会，由赵钟奇任主任（沙非亚：《云南回族研究》及马伯良《云南回族的渊源及会务史略》，载《云南回族社会历史调查》四，第137页）。

二、中文报刊的创办发行

随着回族宗教团体会社的成立，经云南回教俱进会和云南回协积极倡导和不懈的努力，回族穆斯林从爱教爱国，维护祖国统一和民族团结的立场出发，创办和发行一些维护祖国和民族利益，抵抗侵略，伸张正义，宣传伊斯兰教的报刊、杂志，这些报纸杂志在不同的历史时期产生了积极的效果和良好的社会影响。

清光绪末年，云南旅日穆斯林保廷梁、王廷治、赵钟奇及湖北穆斯林黄镇磐等留日学生在东京创办了中国伊斯兰教最早的中文刊物《醒回篇》。该刊物1908年由东京秀光出版社出版，蓝色封面，32开竖排本。其宗旨是：“改良宗教，普及教育”，目的是唤醒回回民族，以图发展。正如刊物指出的：“助长国家精神之道有种种，兴教育其先务也；集成国家活动之道亦有种种，兴教育其功也。”该刊第一期刊载了19篇文章，主要有《宗教与教育之关系》《宗教改良论》《劝同人复兴教育之责任说》《回教之文明》《中国回教之来历》《回教振兴策》《东南清真教育总会之状况》《留东清真教育会纪事、章程、会员录》等。这些文章分别阐述了当时回族穆斯林爱国青年对民族关系、宗教改良和普及教育的看法和见解。文章号召穆斯林在国家处于列强瓜分、危急存亡之时，担负起救国救亡的责任，奋起图强，学习先进思想和科学文化，改良宗教，以教育振兴国家和民族。《醒回篇》虽然只出版发行了一期便停刊了，但它首次较为系统地提出了教育普及和宗教改良的必要性和迫切性，号召回族同胞各尽所能，大力倡办新式学校，向少年儿童传授当代科学文化知识，培养时代所需要的各种人才，振兴民族，促进伊斯兰文化的发展，体现了近代回回民族的觉醒和努力，反映了清末回族穆斯林青年知识分子“科学救国”“教育救国”的进步思想和良好愿望。正如白寿彝所说：“《醒回篇》讨论回教教务之改进及实施回教教育之方案，字里行间时时暗示民族革命的意思，这是清末回教的一种新气象。”（白寿彝：《中国伊斯兰史存稿》，宁夏人民出版社 1983 年版，第 40 ~ 41 页）。它吹响了近代回民思想的文化号角。

辛亥革命后，云南回教俱进会于 1915 年 2 月在昆明创办了穆斯林刊物《清真月报》。由马德贵任编辑长、沙平安任副编辑长。该报以宣传五族共和，民族团结，富民强国为宗旨，内容包括会务、经著学说、史略概说、教育、清真寺管理、宗教改良等，发行量达 1 000 余份，在国内外产生了很大影响。该刊共出了 5 期，后因经费困难而停刊。

1919 年，继《清真月报》之后，《清真汇报》又在昆明问世。1922 年，马聘三、沙平安、马镇邦等人在昆明编印了四开小报《清真旬报》，共出刊 50 期，刊行两年停刊［《云南回族史》（修订本）第 278 页。另在沙德珍、纳钟明撰写的《解放前云南回族文化教育简介》，载《云南社会历史调查》（三）中，刊行时间为一年］。

1929 年，云南回教俱进会成立了宣传处，由白耀明（字亮诚，云南沙甸人）等人集云南伊斯兰教界之精华，发起并创办了在中国具有很大影响的《清真铎报》。由马适卿、马慕青任主编，纳忠负责常务编辑。刊行了 16 期，因主办人离滇，纳忠等实际负责人赴埃及留学而暂时停刊。关于《清真铎报》第一次停刊的原因及时间有几种说法，此处是根据沙德珍、纳钟明所撰《清真铎报简介》的说法（见《云南回族社会历史调查》一，第 203 页）。又据《云南回族史》（修订本）载：“纳忠赴埃及留学，由纳训等先后接办。到 1934 年共刊行 30 期后停刊。”

抗日战争爆发后，原《清真铎报》的同仁，渐渐从海外和外地返滇，加之各大专院校回族师生的支持，《清真铎报》于 1940 年复刊，是为新的《清真铎报》。

《清真铎报》复刊后，先后由马坚、纳忠、白寿彝、沙德珍、纳钟明、纳训等担任过主编。

自 1948 年 9 月起，《清真铎报》除刊行过 4 期副刊外，又由沙德珍、纳钟明、林松主编《伊斯兰通讯周刊》，每逢星期五在昆明《民意日报》上刊出。自 1949 年 2 月，又移至昆明《观察报》上出版，先后共出了 38 期。1949 年 9 月，国民党云南省府进行“九九整肃”时，《观察报》被查封，《伊斯兰通讯周刊》

因此被停刊。不久，《清真铎报》亦被逼停刊。

抗日战争至解放前夕，昆明回族穆斯林的广大知识分子、学生纷纷投入抗日救国和反内战的宣传活动中，他们撰写了大量文章，在《清真铎报》上发表，揭露和谴责日本侵略者的残暴及国民党反动政府的无能，表达了广大回族人民的正义呼声。

这一时期，在昆明创办发行的还有《云南伊斯兰画刊》；西南联大回族学生汪浩、汪沛兄弟创办了《穆民》刊物；明德中学学生马家禄曾与杨光洁合办“春雨社”，出版《春雨》周刊；此外大理下关回教救国协会创办的《催醒壁报》共出刊了120多期；1947年，林松等人在沙甸创办了伊斯兰青年刊物《弟妹们》。这些刊物宣传抗日报国，对黑暗势力进行了无情的抨击，起到了鼓舞斗志，增强爱国主义精神的作用。

在上述报刊中，《清真铎报》是一份影响最大，发行时间最长，发行量最多，同时也最具战斗力的报刊。时至今日，它的影响还依然存在。

关于《清真铎报》的刊名，马聘三在《清真铎报解》一文中写道：“吾教清真，肇自阿丹，以认主、拜主、济人、济世为目的。历圣相承，渊源不绝。适自至圣穆罕默德出，集群圣之大成，为生民而立极。授受天经三十部册，阐幽明之奥理，立天人之法规，振聋觉聩，导善止恶，俨然天下古今之一木铎也。然经本阿文，与中国文教学理同而字殊，以致习经者墨守成篇，罔思振作；习儒者囿于中俗，不识来源，天道之不明于天下，匪伊朝夕矣。……苟非急起直追，登高一呼，其将何以醒迷梦，而正人心……清真铎报之出，之所以名也。”

《清真铎报》的办刊宗旨如复刊词中所说：“我们希望各位教胞更进一步精诚团结起来，以爱宗教之热诚爱国家，一致奋起，各尽其最大的努力，以争取国家民族的独立、自由、平等；同时使教外的同胞，认识回教的真相与特色，而排除回汉原有隔膜与误会，使回汉同胞真正地团结起来，共赴国难。”可见，“团结、爱国、抗战”是复刊后《清真铎报》的主题词。

《清真铎报》复刊于抗战期间，至解放前夕停刊，经历了抗日战争和解放战争阶段，它紧扣时代脉搏，结合形势需要，刊载发表了许多坚持抗战、团结爱国、反对投降分裂的社论、时评及诗文。如《保卫国家是伊斯兰的信德》《日本投降前后》《政治协商会议辑要》等；大量地报道了反映抗战形势的新闻、通讯和消息；刊发了大量阐述伊斯兰教教义、真相、伦理、历史等理论著述和文章，如黄明之的《古兰经由来》，马健之的《回教教义摘要》，马瑞徵的《伊斯兰是什么》，马坚的《回教与女奴》《伊斯兰的教育》，马次伯的《回教精神与儒家思想》，杨志玖的《释阿訇》，纳忠的《西方学者与回族文化》等；宣传介绍各地穆斯林的情况，如马泽先的《西北纪行》，中川的《他们在江湾》，马仁山的《在暹罗的中国回胞》等；同时，刊载了有关中阿友好关系、支援阿拉伯各国人民反帝斗争的文章和报道，如海维琼的《中国与阿拉伯之关系》，克定的《巴勒斯坦》，杨涤新的《土耳其回教的今昔观》等；此外，还刊载了先圣、先贤事略、传记，著名穆斯林访问记和一些重要的伊斯兰历史资料。在许多文章中，伊斯兰精神与抗日爱国思想融为一体，为广大回族同胞所接受，并受到各民族爱国人士的关注和支持。如纳忠先生的《保卫国家是伊斯兰的信德》一文，结合伊斯兰的教义，号召全体穆斯林发挥爱国爱教的优良传统，“无论在什么地方遇着敌人，就应该奋起击杀！把敌人驱逐出去！恢复被他们占领的地方。与其活着受辱，不如奋起抗战”。充分表达了广大回族人民热爱祖国、誓死保卫祖国的决心。

《清真铎报》自1929年创刊，至1949年停刊，先后历时20年之久，特别是1940年复刊以后，由于办刊宗旨明确，理论性、针对性强，既服务于宗教，又服务于社会，具有积极而强烈的现实意义。加之编者的努力，深受广大回族穆斯林及各族人民的欢迎和支持，发行量达2 000多份，在当时的形势下发挥了很大的作用，成为新中国成立前中国穆斯林刊物的代表，在中国伊斯兰文化史上占有光荣而重要的一页。

云南回族穆斯林中文报刊的创办发行活动，历时30多年，虽然几经反复、步履艰难、历经波折，但回族穆斯林仍不屈不挠，一往直前，展示了伊斯兰文化发展的前所未有的新的文化气息，构成了这一时期昆明伊斯兰文化发展的一大特色。对提倡教育普及、增进民族团结、推动和扩大回族文化和伊斯兰文化的传播与发展起到了积极的作用。

三、新式教育的兴起及发展

辛亥革命以后，随着五四新文化运动的兴起，广大的回族穆斯林逐渐认识到传统的伊斯兰经堂教育已不适应历史发展的需要，在昆明回族穆斯林各界人士的积极努力、倡导下，在“云南回教俱进会”和“振学社”的领导支持下，作为经堂教育的尝试和创新，新式教育及新式回民学校应运而生，蓬勃兴起。与伊斯兰宗教团体会社的建立和穆斯林中文报刊的创办发行并行不悖，互为推动了回族文化教育的发展，促进了近代伊斯兰教的复兴。

（一）新式教育的兴起及新式学校的出现

云南回族俱进会成立伊始，就把发展回族文化教育事业、提高穆斯林的文化水平作为首要的任务。在全省范围内有组织有计划地兴办各类新式回民学校，积极推行新式国民教育，在全省回族各界人士的努力倡导、组织和支持下，20世纪二三十年代，新式国民回族学校在回族聚居地区蓬勃兴起，遍及全省。

作为省会的昆明，在新式教育的推行和新式回民学校的创办上仍走在全省的前列。先后创办了“高等中阿并授学校”“私立明德学校”和“昆明明德中学”等一批新式回民学校，为民族和国家培养了人才，为穆斯林文化的提高和伊斯兰文化的进一步发展做出了突出的贡献。

1. 高等中阿并授学校

“高等中阿并授学校”是云南的第一所回民新式学校，于1923年在昆明南城清真寺创办。由何廷栋任校长，教师有杨文波、马聘三、白亮诚、李敏生、田家培、沙平安、纳明安等。学制为5年。课程分为两大类：一类是阿文类课程，一类是汉语类课程。先后共招了三个班的学生。1928年学校改组归并为私立明德学校阿文专修部。

“高等中阿并授学校”的创办，实现了云南穆斯林先达们改良经堂教育的遗愿，培养了不少经书两通的人才，对伊斯兰新式教育的发展起到了开创性的推动作用。但严格来讲，早期的中阿并授学校仍未脱离宗教教育的窠臼。虽然在教师的任用、教材的选择以及教学的方法上与传统的经堂教育有所不同，甚至有较大的差别，但从根本上看，中阿并授学校仍然只是传统经堂教育的延续和发展，并没有突破培养宗教人才的办学目的。这种情况，到了明德学校这种更为新式的学校出现以后，才有了根本的转变。

2. 私立明德学校

辛亥革命以后，在新文化运动的影响下，与普通教育同步的新式回民小学在云南回族聚居区逐渐兴办并发展起来。各地的新式回民小学都冠以“明德”二字，称为“××县明德小学”。昆明的明德小学最初是在昆明各清真寺阿文学校的基础上建立起来的。1926年，在云南回教俱进会和振学社的倡议下，经政府批准，将原设在昆明各清真寺的阿文学校和设在回民聚居区的国民学校，如顺城街“佛基庵”的“昆明县立第四国民学校”、永宁寺的“城立第五国民学校”等，合并成立新学制普通小学，改名为“明德小学”，校址仍在各清真寺。最初学校学生只有200余人，中、高年级在永宁清真寺开课，低年级在顺城、金牛两清真寺办班。学校经费由振学社筹措。

明德小学属国民学校性质，课程设置全部按国家普通小学教学计划执行，另外加设阿拉伯文和教义学两门课程，每周共四节课，由阿訇讲授。此外，回族学生晚上还要到清真寺做礼拜。学生毕业后，既可报考普通中学，又具有了阿文、教义基础知识。至抗战前夕，有近千名学生从“明德小学”毕业，许多学生后来成了社会各界的骨干，个别学生经过深造或到国外留学，成了知名人士或华侨世商［《云南回族史》（修订本），第266页］。

1929年1月，昆明回族穆斯林中的知识分子和有识之士深感传统的经堂教育和中阿并授、以培养宗教人才为主的初级小学教育已不能适应社会和时代的需要，大力提倡改革，发展回民普通教育，培养较高级人才。同时发展阿文专科教育，培养经书两通的高级宗教人才。在“俱进会”和“振学社”的支持下，创办了包括普通小学、中学和阿文专修三个部分组成的“云南私立明德学校”。推举马伯安为校董会董事长，聘请杨文波为首任校长，李敏生为中学部主任。小学部和中学部实行普通教育，按国家教育体制设置课程，进行教学，培养适应社会需求的人才；阿文专修部主要培养经书两通的高级宗教人才。

3. 昆明明德中学

昆明明德中学是在云南私立明德学校中学部的基础上发展起来的，最早属于明德学校的一部分，后逐渐分化出来。昆明明德中学的课程设置初始以普通中学计划课程为主，辅以阿文、教义两科，并规定学生必须按伊斯兰教规礼拜、斋戒，后由于招生逐年扩大，除了有来自全省回族聚居区选送的回族学生外，汉族和其他民族的学生逐年增多，便逐步取消了宗教方面的课程，发展为一所完全的普通中学。

抗日战争时期，明德中学曾停办了7年，1939年恢复招生，在十分艰难的条件下坚持办学。1946年，明德中学迁往昆明沿河路新建校舍，增设高中。新中国成立初期，在校学生最多时达9个班500余人，其中回族学生约占60%～70%。新中国成立后，党和政府十分重视回族教育的发展，于1952年将明德中学改为公立昆明第十三中学，由国家出资办学，正式纳入国家教育的轨道。1988年，根据广大回族穆斯林的意愿，经市教育局批准，又恢复“明德中学”原名。

明德学校是在特定的社会历史条件下创办和发展起来的，在数十年的办学过程中，它为回族教育事业的发展，为回族穆斯林人才的教育和培养做出了很大的成就和贡献。其中，向埃及派遣穆斯林留学生就是最具代表性的举措之一。

（二）开创中国回族穆斯林赴埃及留学的先河

为了沟通中国与伊斯兰国家的文化交流，造就和培养阿拉伯语高级人才，1931 年，由明德中学选送的第一批回族穆斯林学生纳忠、林仲明、张有成及上海伊斯兰师范学校选送的云南籍回族穆斯林学生马坚四人，在教师沙国珍带领下，赴埃及艾资哈尔大学深造，首开了中国回族穆斯林学生由学校正式派到伊斯兰国家留学之先河，在中国伊斯兰教界乃至整个教育界产生了极大的反响。1934 年，明德中学又选送纳训、林兴华、马俊武三名穆斯林学生到埃及留学。这些穆斯林留学生到了埃及，受到埃及政府的欢迎和重视。沙国珍被艾资哈尔大学聘为中国留学生部的部长，并允许每年保留中国留学生名额 10 名。中国留学生在埃学习期间，刻苦勤奋，学有所成，其间，便有大量的译作和成果发表。抗战时期，当时在埃及开罗留学的沙甸回族学生马坚、张有为、林仲明、林兴华、林兴智 5 人，与其他留学生一道，为争取埃及人民和阿拉伯世界对中国抗日的理解、同情和支持，孤立日本侵略者，利用各种机会，采用多种形式，向来自世界各地的留学生和埃及人民介绍中国人民的英勇抗战事迹，揭露侵略者的罪行，在埃及和阿拉伯国家产生了重大的影响。首批留埃学生毕业归国后，他们把全部精力和知识贡献给祖国，为国家培养了大批阿拉伯语人才，为我国阿拉伯语的教学、翻译、对外交流，以及阿拉伯和伊斯兰历史文化学术研究及人才培养上，皆做出了开创性的突出贡献，创造了辉煌而丰硕的成果。如马坚翻译的《古兰经》（汉文译本）；纳忠译著出版的《阿拉伯通史》；纳训翻译的阿拉伯文学名著《一千零一夜》等，为伊斯兰教和阿拉伯文化在中国的传播起到了积极的推动促进作用。

（原文为第十九次全国回族学研讨会参会论文）

云南伊斯兰教经堂教育的现状与问题及其对策和建议

摘　要：经堂教育是伊斯兰教传统的教育形式，它是在清真寺内由阿訇招收学生，教授和传习伊斯兰教功课及知识，以培养宗教人才和教育广大穆斯林为目的的民间自发教育。经堂教育在回族传统文化的传承中发挥着无可替代的社会功能。云南伊斯兰教的经堂教育发端较早，几乎与穆斯林进入云南的历史同步。十一届三中全会以后，随着党的民族宗教政策的落实，云南全省的经堂教育重新得到恢复和发展，但在发展的过程中也存在诸多问题，有些问题甚至很严重，这些问题如不能得到及时有效的解决，不仅会影响经堂教育的办学水平和质量，也将影响回族地区的经济文化发展、社会稳定和民族团结。所以，办好经堂教育，传承和发扬经堂教育的优势及作用，不仅是云南广大回族穆斯林生存与发展的需要和愿望，也是回族地区经济社会发展的需要。

关键词：经堂教育　现状　问题

在回族入滇700余年的漫长历史中，云南全省回族聚居区凡具备一定条件的清真寺几乎都开办过经堂教育，明清时期曾形成颇具特色的中国伊斯兰教云南学派，云南由此成为中国回族伊斯兰文化教育的四大中心之一。[①] 清中后期，统治阶级对勇于反抗的回族人民进行了残酷的镇压和杀戮，回族地区的清真寺大部分被摧毁，伊斯兰教的经堂教育也遭到毁灭性的破坏。到了近现代时期，云南回族文化宗教界的先贤们与时俱进，将儒家文化和国民教育的内容在全国率先整合到经堂教育之中，独创了“中阿并授”的新式教育体制，为国家和民族培养了大批优秀人才，经堂教育才得以逐步恢复。新中国成立后，中国共产党实行民族平等和宗教信仰自由政策，伊斯兰教的经堂教育得到进一步恢复和发展。在“文

---

① 其他三大文化教育中心分别是山东、南京、陕西。

革”十年浩劫中，以“沙甸事件”为标志，党的民族宗教政策遭到破坏，清真寺被强行关闭，阿訇被打成“牛鬼蛇神”，全省回族地区的经堂教育一律停办。十一届三中全会以后，随着党的民族宗教政策的落实，各地清真寺经堂教育重新得到恢复和发展，而且还在国家宗教局支持下创办了面向西南五省区市招生的伊斯兰最高学府昆明伊斯兰教经学院。

一、云南伊斯兰教经堂教育的现状及特点

由于历史传统的原因，云南回族地区凡有条件的清真寺几乎都开办有传统的伊斯兰教经堂教育，但由于受经济条件、社会环境、宗教氛围和师资水平等因素的制约，各地经堂教育的发展很不平衡，其办学规模、生源、教学质量等也参差不齐。在办学的层次上，云南伊斯兰教传统的经堂教育分为初级、中级和高级三个层次，云南的穆斯林群众习惯上又相应称之为小学、中学和大学。总体来看，目前我省回族地区开办的经堂教育经过30年的发展，基本形成了三种类型：

（1）传统的经堂初级启蒙教育。这种教育大多分为幼儿班和老年班两种。据不完全统计，目前在全省开放的800余座清真寺里基本都开办有幼儿和老年阿文班，基本满足了广大回族穆斯林群众学习宗教知识和传承民族文化的需要。

（2）以培养农村回族社会所需阿訇为目标的中级经堂学校（中级班）。这类学校广泛分布在滇西、滇南、滇中、滇东各大区域的经济和文化基础较好的回族聚居区，数量约在300所左右，基本采取“中阿并授”的教学模式。

（3）具备专科性质的新式阿语学校（高级班）。这类学校基本上都分布在省内回族经济文化较发达的滇南、滇中和滇西地区，办学条件、师资水平、课程设置、学籍管理、办学理念等都充分体现了与时俱进的鲜明特点。课程设置主要有：阿拉伯语、《古兰经》《圣训》、认主学、古兰学、圣训学、教法、伊斯兰教史、阿拉伯语法、辞法等，另外还有法律、科技知识、计算机等，以现代阿拉伯语为主。

此外，云南回族地区清真寺自清代开始还出现了专门的“女学”，招收女哈里发（学生），聘请有一定伊斯兰教学识的“师母”担任女学教师，负责清真寺女学教学工作。因此，云南伊斯兰教经堂女学教育传统十分悠久，并且一直延续到了今天。这是云南回族伊斯兰经堂教育的又一个特点。

在我们调研的14个县近20所清真寺中，几乎所有的清真寺都办有初级层次

的阿文班或者幼儿班和老年班。办有中级阿文班的有：玉溪大营清真寺，峨山大白邑清真寺，建水城区清真寺，巍山县回辉登清真寺、小围埂清真寺，砚山县田心清真寺、松毛坡清真寺、茂隆清真寺。同时办有中级和高级阿文班的有：个旧市沙甸特格瓦阿文职业中学、鸡街老清真寺希达教育学院，开远市城区清真寺阿拉伯语中等专业学校，通海纳家营伊斯兰文化学院，大理穆斯林文化专科学校等。

昆明伊斯兰教经学院是国家宗教局批准开办的全国10所伊斯兰教经学院之一。它于1987年10月在昆明市顺城街清真寺内正式成立，并于1987年秋季开始招收大专和阿訇培训班。截至2007年，学院已经招收三年制大专班5届、四年制本科班4届、宗教中专班1届，共培养学生296人；在职阿訇高级研讨班5届共266人，青年阿訇培训班1届，共为西南各省区培养了具有扎实的伊斯兰知识和现代科学知识的各类学员约600人。据统计，在这批毕业生中，先后共有48人分别前往叙利亚、巴基斯坦、沙特阿拉伯和埃及等国留学。① 有的已经学成归来，充实到昆明伊斯兰教经学院的师资队伍中，或在昆明市的主要清真寺担任了伊玛目，或在省、州、市两级伊斯兰教协会担任了一定的领导职务。

滇中地区玉溪市的大营村，通海县的纳古镇，峨山县的大白邑、文明村；滇南地区个旧市的沙甸、鸡街，开远市的大庄乡，砚山县的田心三村，以及滇西地区的大理、巍山，滇东、滇东北地区的寻甸、曲靖、会泽、昭通、鲁甸等地的许多回族村庄都是省内著名的经堂教育之乡。十一届三中全会后，这些地区的回族群众在清真寺里率先恢复了经堂教育，学生少则十余人，多则数十人。有条件的清真寺普遍实行“中阿并授”，其中涌现了一些有影响的新式的经堂教育专科学校。

玉溪市的46所清真寺都办有经堂教育，其中有26所办有全日制的经文学校或经学班，在校学生984人；而正式挂了牌、登记认可的经文学校有14所；登记为经文班的有10所，有20所不具备办学条件；有两所清真寺因招收省外学生超过50%而暂不予登记。

通海县纳家营（现为纳古镇）历来都办有经堂教育，现在纳家营和古城清真寺仍办有老年班、妇女班和幼儿班，共有学生1 000多人，本地人700多，外地人300多。另外，1994年初挂牌成立的纳家营伊斯兰文化学院至今仍存在，仍

---

① 根据云南省伊斯兰教协会办公室提供的统计数据。

继续招生。设有全日制的初级班和高级班，学生多的时候有 400～500 人，少的时候 100～200 人。毕业时仍举行传统的“穿衣”仪式。新清真寺建成后原来的老清真寺改为女寺，供女穆斯林礼拜使用。

红河州建水县约有 16 500 名回族穆斯林，分别在 8 个乡镇，其中城区有 3 000多人，回龙有回族6 000 多人，馆译（属曲江镇）有 3 000 多人，全县认可的清真寺有 27 所。其中回龙有一个大寺，三个小寺；曲江、馆译有 10 所清真寺。几乎每个清真寺都有经堂教育

建水县回龙清真寺历史上就办有经堂教育，据说伊斯兰经学大师马复初设帐讲学第一堂课就在回龙清真寺。现在仍办有经堂学校（称为经文学校），并成立了教育基金会。全日制班共有 100 多人（其中外地学生有 70 人），学制三年；半脱产老年班分男女班，共有 300～400 人。全日制班的老师有 5 个，老年班的老师有 7 个。老师基本是传统的阿文学校毕业的，基本能满足教学的需要。生源主要是初中毕业生，也有小学毕业的，毕业率在 70% 左右。毕业时举行传统的穿衣仪式，毕业后大多数回家务农，少数留校或到其他清真寺任教。学生一律免费，并提供食宿。办学经费由群众捐资，学校的设施和老师的工资均由管委会提供。

开远的经堂教育早就有之，其中开远市城区清真寺经堂教育经文班成立于 1980 年，1998 年经有关部门批准更名为“开远阿拉伯语中等专业学校”，到现在已有 30 年，是在经堂教育的基础上发展起来办得较为成功的阿文学校之一，在云南乃至全国都有一定的影响。学校现办有从初级到高级各种层次的阿文班。

在个旧市的沙甸区和鸡街镇，有两所经堂学校值得特别关注：一所是沙甸的“特格瓦阿拉伯语学校”，另一所是鸡街镇的“希达教育学院”。因为两所学校的主要负责人都持所谓的“新观点”（在当地亦称“三抬”），在学校也传播和推行新观点，且办学规模较大，所以在全省有一定的影响。

大理州是滇西地区经堂教育较发达的地区之一，经堂教育十分普及，几乎遍布州内各县的主要回族村寨和城镇回族聚居社区。巍山县的永建乡是大理州经堂教育的重镇，具有悠久的历史传统。初级和中级经堂学校遍及 20 个回族村寨。1990 年起，在旅居海外的巍山籍侨商马绍周先生的努力下，成立了“惠光教育基金会”，经大理州教育局批准，在其家乡马米厂村开办了惠光试验小学，让村里的孩子在课堂里系统地学习标准的阿拉伯语。此外小围埂清真寺、大围埂清真寺和回辉登清真寺开办的经堂教育也很兴旺。

大理五里桥乡的“大理穆斯林文化专科学校”是我省办得较为成熟的阿文学校之一，它于1991年3月经有关部门批准成立。该校立足大理，面向全国回族聚居区招生。学校的宗旨是：坚持《古兰经》、圣训，坚持教育的三个面向，促进伊斯兰教与社会主义社会相适应，提高回族文化素质，培养具有较高宗教学识、信仰虔诚、热爱祖国，具有阿拉伯语听、说、读、写能力和大专文化程度的爱国爱教的伊斯兰教新型教职人员。经过近20年的探索和发展，现学校已粗具规模。大理穆斯林专科学校的办学质量、教学成果和学术成果得到了各级领导的好评和社会各界的认可。

寻甸的经堂教育历史悠久，早在1925年就创办了怀圣中阿学校，是当时全省唯一的一所伊斯兰经堂教育大学。1995年，寻甸县政府正式批准恢复怀圣中阿学校，几年来毕业学生200余人。会泽县新街回族乡的经堂教育比较活跃，其中大梁子清真寺1980—2007年开办阿文班五届，共毕业学生180多人。曲靖城区西门清真寺自2006年来开办有经堂教育中级班，2008年已有学生毕业。①

昭通市的经堂教育自改革开放以后得到了较大的发展，1989年鲁甸开放了清真寺56座，昭通开放了清真寺60座，有学生600余人。但近几年来，昭通市的经堂教育的数量和质量呈下降趋势，2004年全市开办有经堂教育的清真寺或办学场所共有79所，2006年为59所，至2010年递减为35所，比2004年减少了55%；经堂教育在读学生也大幅减少，2002年全市在读学生约4 000人，2004年减少到1 113人，至2010年只有778人；学生的整体素质也有所下降。②

自2007年开始，根据云南省委宗教工作领导小组下发的《关于贯彻落实中央五部委〈关于进一步加强对阿语学校和伊斯兰经文学校（班）管理工作的意见〉的实施意见》的要求，全省各地在民族宗教职能部门和伊协等有关组织及广大回族穆斯林的指导关心下，大多数经堂学校都改为经文学校或经文班，并设立了相应的诸如董事会、校长办公室、教务处等管理机构和督学机构，产生了校长、副校长、教务主任等行政、教学管理人员，实行校长负责制；有的学校还成立了基金会，这就为经文学校科学、规范、有序管理和教学质量的提高，以及可持续发展提供了制度性的保证。

---

① 参见曲靖市民族宗教事务委员会编《曲靖回族历史与文化》，云南大学出版社2010年版。

② 参见李正清著《昭通回族文化史》，云南大学出版社2009年版；马俊：《云南伊斯兰教活动管理中的问题及对策建议》（调查资料）。

二、当前云南伊斯兰教经堂教育存在的主要问题

在调研中我们也注意到，当前我省经堂教育还存在诸多问题，有些问题甚至很严重，这些问题如不能得到及时有效的解决，不仅会影响经堂教育的办学水平和质量，也将影响回族地区的经济、文化发展和社会稳定。当前，回族地区伊斯兰教经堂教育存在的问题主要有以下几个方面：

（一）普遍办学，学校规模小，管理不规范和教学质量较差

长期以来，云南回族地区凡有清真寺的地方都有经堂教育，大多数经堂学校特别是初级班采取的是清真寺教长或阿訇自主招生、自己教学的“私塾”模式办学，教长、阿訇既是校长，也是老师，甚至是一师一校、一师一班，即兴讲课、随口教学，没有教材或自己编教材，没有任何规章制度，没有建立相应的现代规范的教学体制和督学体制，办学和教学资源分散，形成到处办学，遍地开花的结局。在我们调研的近20所清真寺中，全部都办有经文学校，但除了少数几所学校规模较大、较规范外，大多数经文学校规模都较小，或多或少存在着管理不尽规范、不到位，教学质量不高的情况。

（二）教师的学历、知识、文化水平参差不齐，综合素质有待提高

目前在经文学校任职的教师来源主要是：一是经学院毕业的（占20%～30%）；二是传统经堂学校毕业（包括教长、伊玛目、阿訇兼任教师和本校毕业留校的，占30%～50%）的学生；三是从国外各类伊斯兰学校留学、进修回国的（占20%～30%）；四是国内国民教育学校毕业的（包括退休、返聘的教师，占20%～30%）。教师来源不一，学历普遍偏低，知识水平、素质参差不齐，特别是汉语水平和现代科学技术知识普遍不高，这都在一定程度上限制和制约了学校的发展和教学质量的提高。

（三）教师的待遇普遍较低，影响了教师教学的积极性

从我们调查采访的情况看，目前经文学校教师的工资一般是每月800～1 200元之间，高的是1 500～3 000元，如沙甸特格瓦阿拉伯语学校最高每月1 800元，鸡街老清真寺希达教育学院最高每月2 000元，开远阿拉伯语中等专业学校最高

每月3 000元；最低的是每月500～800元，如建水县回龙清真寺经文学校最低每月500元，甚至200元（代课老师）。此外大多数学校没有为教师办国家规定的“三险一金”，即医疗保险、养老保险、失业保险和住房公积金。就是像昆明伊斯兰教经学院这样的最高学府也存在类似的问题：现有编制15人，但在编的只有7人，在一线工作的都是合同制用工；教师的工资、住房、福利待遇也较差，工资在800～1 500元之间，退休后的生活没有保障，此外还不能评定职称。再有就是为数不少的教师本身就是由各清真寺的教长、伊玛目、阿訇兼任，由于其社会地位得不到应有的承认，待遇太低，没有工资保障，所以他们不得不每天忙着去了乜贴、念经，忙于生计，这样就不可能去主动学习。长期如此，既影响了教师的积极性，也影响了教学的质量，对学校的发展极为不利。

（四）教材不统一，影响了教学质量的提高

现在经文学校普遍使用的教材，除了部分学校阿拉伯语课统一使用北京外国语大学编写的教材外，其他课程使用的教材都不尽统一，各行其是，各取所需。有的是任课老师自己编写的。特别是必修课的教材不统一，如针对中老年人开办的经文班或补习班，有的还在使用解放前的教材，学阿拉伯文还在按照传统的老办法拼读（俗称“割字”），老师教什么学生学什么，只知其然不知其所以然。极大地影响了教学质量的提高。

（五）学生来源不一，就业门路窄，影响了学生学习的积极性

目前各地经文学校招收的全日制中级班和高级班的学生大都是初中毕业的学生，少部分是没有考取大学的高中生，他们大多是本地人，一部分来自省内各州县，少部分来自省外的四川、贵州、甘肃、宁夏、广西等地。这些学生在国民教育学校时大多不爱学习、成绩不好，考不上高中或辍学才不得已来接受经堂教育，因此，调皮、厌学、逆反往往是他们的性格特点。很多人往往坚持不了，中途退出。要对这样的学生进行有效教学和管理困难是很大的。这一方面在一定程度上影响了教学的质量和学校的声誉，另一方面是学生学成毕业后除少数到国外或经学院继续深造，一部分到广州、义乌、上海、福建等沿海地区当翻译、打工或到其他回族地区清真寺任教外，大多数都回家务农和打工，就业难，没有多少出路。学生看不到自己的前途，直接影响了在校学习的积极性。很多年轻人都不愿到清真寺学习，生源严重不足。

（六）办学经费普遍不足，限制和影响了学校的发展

从我们调查的情况看，云南回族地区的经堂教育从过去到现在，其办学经费主要是靠回族穆斯林捐资，这其中有回族群众的捐资，也有回族穆斯林挂的功德，还有回族企业家的资助，第一种情况和第二种情况比较普遍，云南大多数回族地区都是如此，如玉溪的大营，峨山的大白邑、文明村，建水的回龙；第三种情况如沙甸特格瓦阿拉伯语学校，其经费主要由沙甸企业家提供。但三种情况不是截然分开，也不绝对，而是彼此交叉，大多数是三种情况并存，只是程度不同而已。由于回族地区的经济社会发展不平衡，经济发展同教育密切相关，一般是同经济发展成正比，经济越发展的地区，捐资办学、建盖清真寺的人和钱就越多；经济发展较慢、较落后的地区，经费来源有限，靠群众捐资办学就很困难，经堂教育发展就慢，存在的问题也较多。而且，作为一种民间自发行为，群众办学的自觉性、可持续性都不是一成不变的，它缺乏必要的制度保证、法律保证和社会保证，因此，办学经费的不稳定和相对不足也是制约和影响经堂教育稳定和可持续发展的重要因素之一。

三、进一步办好经堂教育的对策和建议

云南伊斯兰教经堂教育对伊斯兰教的传播和回族的发展，以及伊斯兰文化和回族文化的传承起到了积极的甚至是至关重要的作用，伊斯兰文化和回族文化在很大程度上就是靠这种民间的自我教育的形式一代代传承延续下来，回族穆斯林也是靠这种教育一代代生存和发展起来，如果没有这种遍布全省回族地区的伊斯兰教经堂教育，云南回族穆斯林不可能生存发展到今天，伊斯兰文化和回族文化也不可能保存发展到今天，更不可能有今天的成就和辉煌。同时，经堂教育还是回族地区国民教育的一种有效补充，它招收的对象主要是考不上高中或考不上大学的年轻人，它让许多游散在社会的年轻人有了自己的归宿，有了接受传统文化教育的机会，为党和政府解决了许多社会问题。所以，办好经堂教育，传承和发扬经堂教育的优势及作用，不仅是云南广大回族穆斯林生存与发展的需要和愿望，也是回族地区经济文化发展、社会稳定、民族团结的需要。

针对上述问题，结合我省回族地区伊斯兰教经堂教育的实际情况，为进一步办好经堂教育，特提出如下对策和建议。

（一）整合教学资源，集中力量规范办学，规范管理，不断提高经堂教育的教学质量

针对我省回族地区普遍开办伊斯兰教经堂教育且学校规模小、管理不规范和教学质量较差的问题，我们认为，应由省委统战部、省民委、省宗教局出面，指导和协调各级有关职能部门和各级伊协，在全省范围内，整合经堂教育的教学资源，集中力量办学；学习和引进国民教育的现代管理体制，逐步建立和完善经堂教育科学、规范、民主的管理体制和教学体制。

（二）切实解决教师待遇，加强考核和培训，进一步提高教师的教学水平

教师的学历、文化知识、综合素质和教学水平是办好经堂教育和提高教学质量的关键，而一定的工作生活条件、经济基础和物质利益是必要的保证。因此有关部门和组织要切实帮助解决经堂教育教师工资偏低、福利和生活待遇较差的问题，要按国家的有关规定，帮助他们解决医疗保险、养老保险和住房公积金问题，解决他们的后顾之忧。这样，才能保证他们把时间和精力用在教学上。在此基础上要加强对教师的聘用、管理、考核和培训，可以引进和推行竞争机制，进一步提高教师的教学水平和综合素质。在经文学校还要特别注意招聘和培养汉语水平和汉文化程度较高的教师，注重现代科学技术知识的学习，以适应教学和经堂教育发展的需要。

（三）统一教材，立足本地，坚持中阿并授，培养两用人才，不断为学生拓宽就业门道

建议有关部门和各级伊协，组织专业人员编写全省乃至全国伊斯兰经堂教育各学科、各课程、各层次、各年级的统一教材，对初级以上的经文学校（班），要求学校和老师按教学大纲和统一教材规范施教；学生按统一教材学习；学校管理、办学成效和学生的学习成绩按统一标准考核，这样才能避免教师教学和学生学习的随意性和不规范性，提高经堂教育的教学质量。

在生源问题上，各地对跨地区招生的态度和反映不一，有的支持政府的决定，同意不跨地招生；有的主张顺其自然，有学生就招；有的认为可适当招一点，以补充生源。这种认识与伊斯兰教传统的经堂教育有关，因为历史上传统的经堂教育就是跨地求学、跨地招生的。穆罕默德有“学问哪怕远在中国，也当求之”的圣训，因此回族穆斯林为了求学是不畏路途遥远的，跨地区招生难以避免。希望有关部门对此予以慎重考虑，一切从实际出发，不要搞一刀切，实事求是，因地制宜，一切以有利于回族地区经济文化发展和社会稳定为原则。比如可以在以招收本地学生为主的前提下，确定一定比例或限制一定地区，适当地放宽招收条件，以解决生源不足和满足回族穆斯林的需求。

在经堂教育的教学中，要坚持中阿并授的办学方针，要强化对汉语、汉文化和现代科学技术的学习和掌握，要与各类职业教育相结合，在课程设置中合理安排伊斯兰教经文教育和专业技术教育的比例，在学生的培养目标上要面向社会、面向国家建设和改革开放的需要，努力培养造就出两用人才，使学生毕业后既能服务宗教，又能服务社会，成为发展农村经济和致富的带头人。

（四）政府支持、群众捐资、自力更生，多头并举

在经费问题上，从政府方面来说，应高度重视宗教工作，加强对宗教工作的领导和支持，对经堂教育的办学经费给予一定的支持和保证。从各清真寺来说，一方面要积极争取有关部门和广大穆斯林的支持和帮助，特别是要继续争取回族私营企业家的资助；另一方面要发扬自力更生的精神，充分挖掘和利用清真寺的一切资源，开展多种经营，拓展经济来源，立足自养、自给，以寺养寺。在清真寺和学校的财务管理上，要公开、透明，让捐资人和广大穆斯林有知情权，对财务管理信任放心，提高他们捐资办学的积极性，只有这样资金链才不会断裂，才能保证经堂教育的正常运转。

总之，回族穆斯林的经堂教育经过几百年的发展，已成为一种民族性、群众性、传统性和系统化、制度化的民族教育，有极强的生命力。是具有中国特色的伊斯兰教育，是伊斯兰教育的中国化和本土化，是对国民教育的有效补充。广大的回族穆斯林对经堂教育怀有深厚的感情和希望，素有“国兴学兴，学兴教兴，教兴族兴”的期盼。只要我们正确引导和科学管理，必将对回族地区经济文化发展、社会稳定、民族团结起到积极的作用。

2010. 11. 19

（原文载《云南穆斯林》2010. 4）

全球化背景下云南伊斯兰文化的走势和发展

摘　要：随着经济全球化的到来，西方强势文化正在席卷全球，在这样的背景下，伊斯兰文化如何生存？如何与强势文化和其他文化协调发展？这是中国伊斯兰文化传承者不得不面对的问题。而作为具有地域特色和民族特色或本土化了的以云南回族文化为特征的云南伊斯兰文化，在全球化的背景下和汉文化的语境中，面临着西方强势文化和中国以儒家文化为主流文化的多元文化系统的双重解构。如何进一步生存和发展，未来走势如何？同样是我们必须认真思考的问题。这就需要我们以历史为鉴，既坚守原则，坚定信念，保持自己的信仰和文化特色的传统，又要放眼世界，与时俱进，用更加宽容的态度，以宽广的胸怀去面对和吸收来自不同国家、不同民族、不同地域，甚至不同意识形态、不同宗教的优秀文化，不断改革创新，提升自己，使云南的伊斯兰文化不断丰富和完善。只有这样，云南的伊斯兰文化才能在全球化背景下和汉文化的语境中求得更大的生存和发展空间。

关键词：全球化　伊斯兰文化　走势和发展

进入21世纪以来，随着知识、科技、信息、人才等生产力要素的迅猛发展，世界经济得到了快速增长，特别是以美国和西欧为核心的发达国家经过长期的发展，其经济实力和综合国力一直领先世界，对世界经济产生了深刻影响，经济全球化日趋明显，势不可当。发达国家在其经济、军事和综合国力占绝对优势的基础上，其文化范畴的思想意识、价值观念、伦理道德和宗教信仰等也将以前所未有的态势辐射和影响着世界，对不同意识形态、不同民族文化、不同宗教信仰的国家和民族带来威慑和冲击，影响并改变着他国的文化。有的国家甚至因其经济长期得不到发展，民族意识淡化，民族文化衰微，宗教文化变异等因素，已经丧失了自己的传统文化，完全附和于西方的强势文化和霸权文化，没有自己的话语权，成为西方强势文化的附庸。随着其文化的丧失，其主权地位、政治地位和国际地位也必将逐渐淡出人们的视野。在这样的趋势下，中华民族的传统文化和各民族的文化、本土文化、地域文化，其中包括宗教文化，如何与强势文化和其他宗教文化协调发展？未来走势如何？这是中华民族尤其是文化工作者不得不面对的问题。

中华各民族在其长期的历史发展过程中创造和形成了自己的文化，各民族异彩纷呈的文化又共同构成了今天中华民族光辉灿烂的文化，所以说，中华文化是各民族共同创造的文化；是多元一体的文化；是以汉民族为主体，包括回族在内的中国56个民族所创造的文化的汇聚和总和。在中华民族形成和发展的历史过程中，各民族的文化为其奠定了丰厚的人文基础，支撑和巩固了它的历史地位。

在文化大系统中，宗教文化是极其重要的组成部分，中国的宗教文化丰富、深厚而多元，传统的五大宗教和民族民间宗教并存，其中伊斯兰教是世界性宗教，全球约有13亿人是它的信徒。中国有10个民族信仰伊斯兰教，信徒有2 300多万，其中回族穆斯林近1 000万，云南约有70万。在中华文化形成和发展的过程中，同样吸收和融合了包括伊斯兰文化在内的宗教文化，中国伊斯兰文化成为中华文化不可分割的有机部分。

作为具有地域特色和民族特色或本土化了的云南伊斯兰文化，在全球化的背景下和汉文化的语境中，面临着西方强势文化和中国以儒家文化为主流文化的多元文化系统的双重解构。如何进一步生存和发展，或者说它将以一种什么样的形态存在和发展？它的全球化意义是什么？它的走势如何？这些问题同样是云南伊斯兰文化传承者不得不认真思考的问题。

在云南，回族是伊斯兰教的信仰主体，也是伊斯兰文化的主要传承者，虽然伊斯兰文化不能完全等同于回族文化，回族文化也不能完全代表伊斯兰文化，但云南回族文化的形成、发展、内涵和本质特征等都离不开伊斯兰文化，云南回族文化和伊斯兰文化有着天然的血缘关系。所以要了解或研究云南伊斯兰文化就必须了解和研究云南回族和云南回族文化。

基于这样的认识和考虑，本文拟从伊斯兰教与回族的形成和伊斯兰文化与回族文化的关系，以及汉文化语境中的回族文化，并结合云南回族的实际来谈一谈全球化背景下云南伊斯兰文化和云南回族文化的走势和发展。

一

回族是中华民族的重要成员，在其形成和发展的历史过程中，它创造了极其丰富、厚重的民族文化，为中华民族的文化宝库增添了光彩，是中华民族文化不可分割的重要部分。那么，回族文化是在什么样的社会历史背景下形成和发展的，它在不同的历史时期具有什么样的特征和表现形式？它与中华民族的主流文化是一种什么样的关系呢？

回族的形成离不开伊斯兰教的传入，回族文化是伴随着伊斯兰文化的传播形成和发展的。从全国范围和历史进程来看，回族最早的先民是唐宋时期进入中国的信仰伊斯兰教的商人、贡使，时称“蕃客”或“胡商”。他们进入中国后并客居下来，同时也带来了伊斯兰教。因此，在中国，伊斯兰教的传播首先是从这些信仰伊斯兰教的外国侨民即“蕃客”和“胡商”中开始的。这些信仰伊斯兰教的“蕃客”和“胡商”因与通商、通使有关，所以他们大都居住在沿海的通商口岸或都市，如广州、扬州、泉州和长安，同族聚居。由于穆斯林聚居地的形成和人口的逐渐增多，于是出现了“蕃坊”这一称谓。朱彧的《萍州可谈》这样记载：“广州蕃客，海外诸国之所居信。置蕃长一人，管理蕃坊公事，专切招邀蕃商入贡，用蕃官为之，巾袍覆笏如华人。蕃人有罪，诣广州鞫实，送蕃坊行谴……徒以上罪则广州决断。”从中可以知道“蕃坊”这一词既是穆斯林聚居区的称谓，又是一种政教合一组织的机构设置和职权等情况。在蕃坊内一般都建有清真寺，蕃坊内的穆斯林按照伊斯兰教的教义和阿拉伯社会的传统习俗进行着宗教生活和日常生活。因此伊斯兰教在唐宋时期是客居中国穆斯林的信仰，它的存在范围仅限于蕃坊内的蕃客、胡商等回族先民中，没有也不可能融入中国主流文化体系，当时的中国社会对伊斯兰教并无清晰的认识和了解。伊斯兰文化作为一种外来文化直接传承和保存了阿拉伯社会的形态在蕃坊内存在和传播，其功能是直接为蕃坊内穆斯林的宗教生活和市井生活的需要服务。由于蕃坊内穆斯林的社会生活及其所传承的文化的封闭性，因而一方面伊斯兰教对中国社会及其主流文化并未产生大的冲击和影响，另一方面，中国的主流文化对伊斯兰教的渗入和影响也微不足道。①

---

① 纳麒：《从回族角度谈伊斯兰教的中国化》，云南大学出版社 2001 年版。

元代，随着蒙古族的西征，大批西亚、中亚回回的军士、工匠、商人进入中国，他们与原居住在中国的穆斯林结合，势力逐渐壮大。由于元统治者政治和征战的需要，这些东来的穆斯林军士、工匠被派遣到全国各地，驻守在沿路交通要道、河川平坝，落籍屯垦，“上马则备战，下马则屯聚牧养”①，过着“屯垦”的生活。他们的身份既是士兵，又是农民，战时参加战斗，平时屯垦守边，制造兵器，自产自食。在长期的历史发展中，他们与当地的汉民族和其他民族互通往来，“娶汉女而居”，结婚生子，繁衍后代，同时把伊斯兰教和伊斯兰文化传入当地，伊斯兰文化得以传播和发展。随着穆斯林民族与当地民族进一步融合，以伊斯兰教为其信仰，以伊斯兰文化为其核心的民族共同体——回族形成了。所以说，回族不是在中国原有的土著民族或原始氏族的基础上逐渐发展演化而形成的，也不是外来的民族，而是外来的信仰伊斯兰教的穆斯林与当地民族融合而成的一个新型民族。

元明时期，由于回族穆斯林在为元王朝统一中国和巩固政权中立下汗马功劳，起了重要的作用，因此，从全国来看，回回人有着较高的政治地位和社会地位，许多回回人在军队中任高官，这在客观上为伊斯兰教的进一步传播提供了条件。另外，元朝廷对伊斯兰教持较宽容的态度，使得伊斯兰教得到了前所未有的兴旺和发展。当时，凡有回族人聚居的地方都建有清真寺，清真寺逐渐成为回族穆斯林进行宗教活动乃至政治生活的中心。明初，回族穆斯林的政治活动与明王朝的建立、巩固和发展分不开，回族穆斯林在为明统治阶级政治和战略目标服务的同时，自身及其信仰的宗教也得到了进一步的传播和发展。

但是，中国的伊斯兰教和伊斯兰文化，并没有伴随回族的形成发展而得到同步发展。作为一种外来宗教或外来文化，在中国这样一个多元文化的土壤上，它的发展和繁荣必然要受到中国社会政治的、经济的、文化的多种因素的制约，同时也受到自身的局限。在经历了元代和明代前期，进入明中期后，中国的伊斯兰教逐渐步入低谷。这一方面是因为进入明代后，在政治上回回人的地位远不及元代。明统治阶级大力推行汉化政策，明令禁止“胡衣，胡语，胡姓”，以及“蒙古色目人氏，即居中国，许与中国人为婚，不许与本类自相嫁娶，违者杖八十，男女入宫为奴”②。这在客观上加速了各民族汉化的速度，回族穆斯林知识分子

---

① 《元兵·兵志》。

② 《明律》卷六《蒙古色目人婚姻条》。

中许多人都接受了儒家的纲常伦理思想和社会道德规范。另一方面，回回民族一经形成，就具有“大分散，小聚居”的地域特征，这种特点决定了回族穆斯林长期处于汉民族为主体的文化氛围中，受汉文化长期的无孔不入的渗透和熏陶，回族穆斯林已经普遍使用汉语汉文，其母语阿拉伯语、波斯语仅仅只用于宗教活动或在日常生活中保留少量词汇。回族穆斯林的姓氏也逐渐改成了汉姓。语言和文字是一个民族文化的重要因素，也是一个民族形成的条件和重要的特征之一。回族穆斯林之所以在日常生活中放弃了自己的语言文字，普遍使用汉语汉文，是因为汉民族是中国的主体民族，回族之于汉族，犹如汪洋大海中的孤舟，回族先民要生产生活，要生存和发展，必然要与汉族进行经济和文化交流，只有学习汉文，使用汉语，才能适应这种需要，才能在新的环境中生存发展。加之回汉通婚，加速了回族先民使用汉语汉文的速度。可见回族使用汉语汉文是历史发展的必然趋势，在当时的历史条件下，想保持一种共同的回回语或创造一种新的语言文字是不可能的。① 随着回族母语、服饰、姓氏等的日趋汉化，伊斯兰教的宗教意识亦日益淡化。

此外，伊斯兰教的传教方式不同于其他宗教，从一开始进入中国，它并不是一种有目的、有计划的社会行为或有意识的公开的传教，而是一种个体行为，通过家庭式的、父传子承式的小规模地在内部进行，即从最基本的群众和最普通的生活方式开始，和平地、缓慢地渐渐开展。② 在明代之前。伊斯兰教在中国的传播还停留在“礼俗”方面，更多地表现在宗教生活和日常行为上，缺乏深层次的教义、教理的传播，从理论上和思想观念上去征服更多的人。这种不张扬、不扩张的传教方式，一方面使得伊斯兰教没有构成对统治阶级和主流文化的威胁而得以生存，另一方面则因为缺乏教义、教理的传播，未能造就和产生一批精通伊斯兰教义、教理，又谙熟汉文化的伊斯兰学者来弘扬和阐释伊斯兰教的真谛，致使伊斯兰教在明中期后出现了“经学匮乏，学人寥落”的局面。一般回族穆斯林只知其然，不知其所以然，正所谓“倘有教门之家，尚存三分回回气氛。如无教门子弟，纯变为汉教矣”。

有清一代，与元明两朝不同，在清王朝开国的功臣中几乎没有回回人，清统治者对回回民族及其伊斯兰教接触了解甚少。回族穆斯林一开始就处于政治上被

① 纳文汇、马兴东：《回族文化史》，云南民族出版社 2000 年版。
② 伊斯梅尔：《回儒思想初探》。

歧视、受压迫的困境，他们同其他民族一样，不满清统治者的歧视和压迫，英勇地投入抗清斗争中。到了清中后期，清王朝为了维护和巩固其统治地位，对不同的民族采取了不同的政策，对勇于反抗的回族穆斯林采取了更加歧视、限制的政策。到了清后期，这种歧视和限制发展为更加严厉的打击、迫害，甚至屠杀。对回族穆斯林的宗教信仰、生活习俗、服饰礼仪、节日庆典都横加指责，诽谤诋毁。

明末清初，一批伊斯兰教的有识之士认识到，要振兴伊斯兰教，就要把伊斯兰教从“礼俗”层面提升到学术化层面，要根据中国的实际情况，主动地吸纳中国传统文化的养分，向主流文化靠拢，正视和趋向汉文化，实行文化改造，从而来提升自己的文化，达到保存和发展自己的目的。于是经堂教育在陕西咸阳渭城人胡登洲的首创下先后在全国蓬勃兴起。经堂教育以清真寺为中心，免费招收学生，讲授阿拉伯文、波斯文和伊斯兰教经典，用汉语、阿拉伯语、波斯语混合而成的表达形式来讲解和阐释伊斯兰教的教义、教理，并在教学结构、授课形式、考核、毕业方式等方面形成了一套完整的制度。经过一代代伊斯兰文化人和经师的完善和努力，经堂教育得到进一步的发展和完善。到了清代，经堂教育遍布全国各地，只要有回族穆斯林聚居和清真寺的地方就有经堂教育，并逐步形成了陕西学派和山东学派。在云南，伊斯兰经学大师马复初吸收陕西、山东学派的优长，改良经堂教育，提倡阿、汉经书并授，创立了独树一帜的云南学派。从此，经堂教育成为回族穆斯林社会的传统教育并延续至今。

随着经堂教育的发展，“学人寥落，经文匮乏”的状况得到改善，大批的既懂经书（阿文）又懂汉文的阿訇、经师和伊斯兰教学者等宗教人才脱颖而出，成为振兴和弘扬伊斯兰文化的中坚力量。

同时，正是经堂教育的兴起和发展，以吸收中国传统文化为主的汉文译注活动及学术研究活动蓬勃兴起。这一时期回族穆斯林文化的一个显著特征就是用汉文阐释伊斯兰文化和译注伊斯兰经典的“以儒诠经”或“以汉译经”活动在全国的开展。这为伊斯兰文化的进一步发展奠定了理论基础，丰富了其文化内容，造就了良好的文化环境，涌现出了大批致力于伊斯兰文化研究和传播的有识之士，从而使伊斯兰文化更加充实和完善，并为广大的回族穆斯林认识。其代表人物是南京的王岱舆、刘智和云南的马注、马复初等。

经堂教育的演变发展和云南学派的形成以及汉文译注经典的开展及学术活动的繁荣，构成了这一时期回族穆斯林文化的主要内容。“以儒诠经”，数十位学者近百种著作的相继问世，构建了中国伊斯兰教的理论基础和理论体系，结束了长期以来中国回族穆斯林依赖于“习俗之渲染，口头之授受，血统之遗传，阿拉伯文之讲解”的传习方式。从此中国人可以直接通过汉文译著学习和了解伊斯兰教，这有利于伊斯兰教的传播和发展，为中国伊斯兰教学术文化活动的发展创造了条件，开拓了道路，也为中国和阿拉伯世界的学术文化交流做出了贡献。

伊斯兰教的汉文译著标志着中国伊斯兰教从礼俗层面到哲理性的学说化的形成。“以儒诠经”或“以汉译经”不只是简单地把伊斯兰教经籍译为汉文让国人看懂，更重要的是它是一种理念的转换，是为了在中国的社会条件下更好地保持和发展伊斯兰教，把伊斯兰文化和汉文化有机地融合在一起，以汉文化的表现形式来反映伊斯兰文化的内核，既吸收中国传统主流文化（主要是儒家文化）和宋明理学的思想，也融合儒家的学说和运用儒家的概念、术语、范畴及表达方式来阐释伊斯兰教的原理、教义、教律等内容，并回答伊斯兰教在中国传播过程中的理论问题和实践问题，是伊斯兰文化在中国的本土化，也是回族穆斯林先人们的明智之举。

清末，随着清王朝逐渐走向衰落，社会矛盾和民族矛盾日趋尖锐，全国各地各民族对清统治阶级的反抗起义此起彼伏。清王朝为了巩固其封建统治地位，转移国内人民的斗争视线，对外妥协投降，对内加紧实行民族分化，排斥异己，挑拨民族关系，对回族穆斯林及伊斯兰教采取了更加严厉的政策。在西北、云南等省区，随着回族穆斯林起义的失败，清统治者对回族人民进行了疯狂的报复和惨无人道的大屠杀，数以百万的回族穆斯林惨遭杀戮，清真寺几乎无一幸存，处在发展中的回族穆斯林的经堂教育也被清政府摧毁殆尽。到了清末民国初，随着回族穆斯林返回家园和各地清真寺的重建，经堂教育才得到了恢复和发展。这一时期，一方面伊斯兰教和回族文化由于在清统治阶级的专制迫害下不可能有更广泛的传播和长远发展，但另一方面，随着回族人民在动乱中的转移和迁徙，客观上却使伊斯兰教得以保存和传播。如今云南白族地区的“白回”，藏族地区的“藏回”，傣族地区的“傣回”（帕西傣），以及泰国、缅甸等国的回族，相当部分就是在这一历史时期形成的。

辛亥革命以后，随着清王朝的灭亡和中华民国的建立，在新文化运动和民主主义革命的推动下，回族文化得以复兴，并走上了新的发展历程。回族穆斯林中的知识分子，致力于民族解放，民主革命，走向社会，改良宗教和普及新文化运动，造就了回族文化的新气象和新的发展形式。在这一时期，回族穆斯林中的知识分子和有识之士认识到，要振兴民族，弘扬回族伊斯兰文化，就必须唤醒民众，兴办教育。于是在他们的积极倡导下，一些回族的宗教团体会社相继成立，积极创办发行中文报刊，兴办新式学校教育以及向海外派遣留学生，极大地推动和促进了伊斯兰文化和回族文化教育事业的发展。

中华人民共和国成立后，废除了民族压迫和阶级剥削制度，回族和其他民族一样获得了新生，成为祖国民族大家庭中的一员，充分享受了民族平等、当家做主的权利。回族穆斯林的政治、经济和文化受到党和政府的重视、帮助和扶持，回族文化教育事业得到了全面发展。其间虽经十年“文化大革命”的破坏，有过曲折，走过弯路，但各民族之间的平等、团结、互助、交流、融合、发展、进步始终是主流。特别是中国共产党十一届三中全会以后，随着党的民族宗教政策的贯彻落实和改革开放的富民政策的制定执行，在社会主义物质文明和精神文明建设中，各国之间、各民族之间的交往、交流更加频繁，各民族文化之间的融合和碰撞日益增多。不论是伊斯兰文化还是回族文化都得到了长足的发展，并在社会主义现代化建设及和谐社会建设中发挥着积极的作用。

所以，在伊斯兰文化的基础上，吸收了汉文化养分融合而成的回族文化，经历了元、明、清、民国到新中国的历史演变和发展，已成为中华民族文化的重要组成部分。

以上是从全国范围内和汉文化的语境中来考查和分析伊斯兰教和回族的形成以及汉文化与回族文化的关系和交融，下面我们再从云南回族的历史和现状来看看云南伊斯兰文化的发展和特点。

二

云南回族是中国回族的重要组成部分，与全国回族同源在其长期的历史形成过程中，由于政治的、经济的和社会的差异，云南回族又有其自身的特点。

云南是我国伊斯兰教传播较早和较广的地区之一。民间自古就有唐代传入的说法，较之文献记载约早600余年。据史料记载，历史上回族穆斯林进入（移居）云南共经历了三个阶段或三个高潮。第一个高潮是在元代：13世纪东迁来云南的西域回回（信仰伊斯兰教的中亚各族人及波斯人和阿拉伯人）是云南回族的主要来源。元宪宗三年（1253年）忽必烈、兀良合台率十万大军南下平定大理国，其中就有不少是西域回回军士，他们在云南各地征战、屯田、制造兵器，开拓边疆，娶妻生子，落籍云南，是回回穆斯林入滇之开端，也是伊斯兰教传入云南之始。特别是元赛典赤·赡思丁主政云南时期，其部下、亲属及后裔大量移居云南，后代繁衍昌盛。第二次高潮是在明代初期：大量回回士兵、商人、工匠进入云南。明洪武十四年（1381 年），明太祖朱元璋命傅友德、蓝玉、沐英（回族）率 30 万大军征云南，云南平定，回族将领沐英镇守云南，随沐英而来的大量回回军士亦落籍云南。沐英治理云南九年，从外地来滇的军民四五十万，其中不少是回回穆斯林。后明军“三征麓川”，其中也有不少江南、陕甘回回随之入滇落籍，这对云南回族穆斯林的发展和伊斯兰教的进一步传播有着十分重要的意义。第三次高潮是在清代初期：清初，在各地的反清斗争中，南明桂王退入云南，随之转战的湖广一带的回族穆斯林相继落籍滇西的保山、腾冲地区，形成明、朱回族大姓。到雍正时期，清政府在滇东北少数民族地区推行“改土归流”，在频繁用兵征战中，河北、山东和四川等地的许多回回士兵随回族将领哈元生、冶大雄、许世亨、哈国兴在川、滇、黔三省交界地区驻防，最后在滇东北地区落籍……经过元明清三代的发展，随着大批回民不断迁入云南，到了清朝中期，云南的回族穆斯林已达 80 余万，成为仅次于西北的回族聚居区。但在清后期遭受了清政府对云南全省回族穆斯林进行的“屠回惨案”后，云南回族穆斯林的人口锐减至 10 余万人。直到 20 世纪 50 年代，云南的回族穆斯林才增至 21 万余人。经过解放后 60 年的发展，现在云南回族人口达到 70 余万人，全省各州（市）县都有回族穆斯林分布。

云南回族在地域分布上同全国回族一样，具有大分散、小聚居的特点。云南回族大多围绕清真寺聚族而居，在城镇聚为街区，在乡村聚为村落，而且大都地处自然条件和地理环境较好的地方；另外还有少部分回族由于历史的、政治的，经济的原因，被迫进入山区、半山区或边疆地区，长期与彝、白、藏、傣等少数民族杂居，形成了所谓的“傣回”“藏回”“白回”等，成为云南回族的又一分布特点。这也是在长期的历史社会发展中，回族人民与各族人民友好相处、共同开发祖国西南边疆的结果。云南回族地区优越的地理环境和自然条件，为回族穆斯林从事农业生产和工商贸易、发展经济提供了便利的社会条件。

云南回族信仰伊斯兰教，大多是逊尼派哈乃斐学派中的格底目，少数属哲赫林耶，近年来受国外的影响，有的地方出现了持瓦哈比观点的穆斯林，但他们均以《古兰经》和《圣训》为经典；信奉“安拉”（真主）独一，遵行“六大信仰”和“五大功课”，只是在礼拜时和一些宗教礼俗上有细微的区别。

云南回族日常生活普遍使用汉语汉文，但在回族内部交往中还保留着少量的波斯语和阿拉伯语的词汇。在进行宗教活动时，则使用统一的阿拉伯文经典。

云南回族的风俗习惯既和伊斯兰教有密切的联系，同时又受汉文化或周边民族的影响，带有鲜明的宗教特色和地方特色。云南回民从出生、结婚到丧葬都有一套独特的仪式和风俗习惯，有的既是宗教的内容（如出生取经名、结婚念“尼科赫”、丧葬要站“者那则”等)，又是回族的传统习惯。主要节日有开斋节、古尔邦节、圣纪节，有些地方还举行姑太节、亡人节（纪念历史上遇难的回民)。城镇中的回族也过春节、端午节和中秋节。云南回族的衣着一般和汉族相同，有些地方大同小异。回族一般喜爱白色和绿色。男子平时多戴白帽，做礼拜和宗教活动时有的缠头，也有的戴尖顶白帽，白帽上绣有阿拉伯经文；妇女喜戴自织的毛线帽、白帽，有的戴盖头或穿黑色坎肩。在饮食方面，回族忌食猪肉、自死物、动物血、酒和其他不反刍动物、猛兽、猛禽等，其他饮食习惯和一般烹调方式与汉族大体相同。回族特别爱干净，讲究清洁卫生。礼拜前要有小净（阿布代斯)，平时身体要保持大净（乌苏鲁)。

云南回族还有一个显著特点，除吸收汉文化外，杂居在其他少数民族地区的少部分回族还不同程度地接受了当地民族的文化，在语言、服饰等方面与当地邻近的少数民族基本一样，但仍保留着伊斯兰教信仰和回族的饮食习惯。如大理州的“白回”、迪庆州的“藏回”，西双版纳州的“傣回”（帕西傣)，丽江州宁蒗县受彝族影响较大的“彝回”，文山州的“壮回”等，他们除使用汉语言外，还使用白、藏、傣、彝、壮等语言，服饰也与白、藏、傣、彝、壮族等大致相同。

政治上，与全国回族一样，由于历史的、政治的和军事等的原因，在元明清初，云南回族的政治地位和政治待遇是比较高的，特别是在元朝，回族是仅次于蒙古族的“色目人”，在汉族和各少数民族之上。云南行省第一任行政长官平章政事赛典赤·赡思丁及其子孙落籍云南，世代为官，其后裔都是望族。明代回族著名航海家郑和出生于云南晋宁县昆阳镇，曾于永乐三年至宝德八年（1405—1433 年）间率船队 7 次下西洋，为中国的航海事业和促进亚、非各国经济文化交流做出了重大贡献。

但到了清朝中晚期，清统治阶级推行极端的民族歧视和民族压迫政策，对勇于反抗的回族人民进行空前的镇压和屠杀，特别是在清咸丰、同治年间杜文秀领导的以回民为主体的联合各族人民的反清大起义在坚持反清斗争 18 年之久失败后，云南回族穆斯林遭到惨绝人寰的屠杀，全省回族穆斯林由 80 多万锐减至 10

万余人，回族地区的生产生活遭到严重破坏，回族穆斯林流离失所，家破人亡……总的来说，在历代封建社会，广大的回族穆斯林是在封建制度统治和剥削阶级压迫下艰难地生存和发展。

在辛亥革命、护国运动以及中国共产党领导的新民主主义革命中，云南回族穆斯林积极投身于反封建、反军阀、反帝国主义的土地革命、抗日战争和解放战争的伟大事业中，许多先进的回族知识分子、军人、青年和爱国爱教的宗教人士为了祖国的独立和民族的解放流血牺牲，为和平解放云南做出了贡献。

1949 年中华人民共和国成立，中国共产党和中央人民政府全面贯彻民族平等政策，先后通过疏通民族关系，消除了民族隔阂，加强了民族团结。回族人民和其他民族一道，充分享受到了民族平等和当家做主的权利。根据国家宪法和民族区域自治法，在云南回族较为集中的地方，先后建立了寻甸回族彝族自治县、巍山彝族回族自治县，并另在民族杂居地区建立了 28 个回族乡；在两个回族自治县中均有本民族的代表分别担任县委书记、县长和县人大常委主任等职务。在各回族乡中，均有回族代表担任乡级领导职务。在回族居住分散的地方，也有回族自己的代表和干部参加当地的政权工作。各级党组织和政府还培养了大批的回族干部和科技、文化、教育等人才，使之成为各条战线上的骨干。政治上的翻身解放为云南回族的社会经济和文化事业的发展奠定了基础。云南回族人民与各兄弟民族一样，进入了一个民族平等、团结友爱、互助合作的新时代，走上了民族发展和繁荣的社会主义道路，在中国共产党的领导下，云南回族人民积极投身于社会主义改造和建设之中。

经济上，由于云南回族“大分散，小集中”的分布格局，自然条件和历史情况不同，其内部的社会经济发展极不平衡，回族地区的社会经济和文化发展存在着较大的差异。

云南回族的传统经济主要是以农业经济为主，但由于人均占有土地少，加之宗教信仰、生活习惯不同，以及历史上民族压迫和阶级剥削，特别是清末杜文秀起义失败后，不少回族土地被当做“逆产”充公，进一步造成回族地区人多地少、仅靠农业难以维持生活的情况。为生计所迫，多数回民只有半农半商或兼营手工业、矿业和马帮运输业等来维持生活。其中马帮运输业是云南许多回族地区较有特色的经济活动之一。居住在内地平坝地区的回族代表着较高的农业生产水平，他们占回族人口的绝大多数，属于封建地主制经济阶段，坝区的回族农业生产水平和阶级分化代表了云南回族社会形态的主流，封建地主制经济占主导地位，与同地区的汉、白等族人民处于同一社会经济形态。半山区和山区的回族村寨，其经济情况和社会发展较坝区的回族村寨落后。

云南与东南亚地区接壤，由于历史上云南回族盛行马帮贸易，一些地区回民的祖辈多赴缅甸、泰国、老挝等国经商，有些落籍未归，成为侨民，并传至今。因此，云南回族中侨眷占有一定的比例，有些回族村寨成为著名的侨乡，这是云南回族社会的又一显著特点。

在文化教育方面，与社会经济发展的程度相适应，解放前云南回族的文化教育状况也处在大体相当的水平。由于回族的形成和发展都和伊斯兰教紧密联系在一起，受伊斯兰教的影响，云南回族的文化教育具有浓厚的宗教色彩；但同时回族又是形成、生存和发展在以儒家文化为主的汉文化的土壤上，因此回族的文化教育亦具有汉文化的成分。保持本民族宗教文化传统特点的经堂教育与提高自身文化素质的国民教育一直相伴相随，回族穆斯林所受的是双重文化教育。经堂教育以清真寺为中心，以宗教文化的传承为基本内容；国民教育以各类国民学校为教育学习的场所，以汉语教学和自然与社会科学知识的学习为重点。这种情况在各地城镇以及内地坝区回族聚居的主要村寨较为普遍，充分体现了云南回族文化教育的历史特点。

但是，如同经济发展的不平衡一样，由于环境和客观条件的限制，新中国成立初期，云南各地回族的文化教育同样存在着较大的差异，边疆民族地区和内地山区回族文化教育十分落后，有些回族村寨或回族人家从未出过一个读书人。越是经济落后的回族地区，文化教育发展的水平也相对较低。新中国成立后，党和政府大力发展民族教育事业，提高各民族人民的科学文化素质，国民学校在回族地区有所增加，云南回族地区的教育事业得到了较大发展。

1966 年至 1976 年“文化大革命”时期，在极“左”路线的影响下，云南回族地区的政治、经济、文化和社会生活同全国全省一样，遭受到共和国成立以来最严重的挫折和损失。党的民族宗教政策遭到践踏，大批回族干部被打倒，宗教人士受到冲击，回族穆斯林的宗教信仰、宗教生活和风俗习惯得不到保障，回族人民的生产、生活遭到最严重的破坏，最终导致了沙甸事件等惨案的发生，在回族地区造成严重后果。

1978 年中国共产党十一届三中全会以后，实事求是的思想路线和政治路线得到恢复，云南回族地区通过拨乱反正，纠正“左倾”错误，平反冤假错案，民族宗教政策逐步得到贯彻落实。在改革开放的推动下，云南回族人民积极投身于社会主义市场经济的大潮，开拓进取，因地制宜，调整产业结构，积极生产；发挥本民族的优势和特长，经商办厂，多种经营，创办各种产业，带头致富，促进了当地社会经济的快速发展。云南全省回族地区的经济、文化教育、社会生活等各项事业都得到较快的发展，回族地区发生了翻天覆地的变化，回族穆斯林的生活水平得到极大的提高和改善，在同一地区处于领先地位。

随着回族地区社会经济的快速发展，回族地区的教育也得到同步发展。云南回族地区的义务教育得到普及，适龄儿童基本入学，高中和大学的升学率不断提高，回族地区初步形成了从幼儿教育、中小学教育到高等教育以及职业教育和成人教育在内的各种层次和各种形式的国民教育体系。广大回族穆斯林的文化素质、科学技术知识普遍得到提高。自新中国成立以来，已培养了一大批回族大学生、研究生，甚至博士生，各个领域、各个学科都有本民族的专家、教授。就整个民族的文化素质而言，回族在云南各民族中是文化教育程度较高的民族之一。与此同时，云南回族地区的经堂教育也得到了较大发展，凡是有清真寺的地方，几乎都办有不同程度的经堂教育，回族优秀的历史文化得到了传承和发扬。

同时，云南回族人民在长期开发建设祖国的历史进程中，与周边民族建立了深厚的友谊，形成了休戚与共、生死相依的血肉关系，并升华为中华民族的凝聚力和向心力。在与各民族共同创造中华文明的过程中，涌现出了不少的回族杰出的政治家、文学家、艺术家、航海家、诗人和伊斯兰教著名经师。他们都为云南回族文化和中华民族文化的发展做出了贡献。

三

综上所述，回族文化的形成和发展是与中国社会的政治、经济、文化的状况密不可分的。伊斯兰教自唐宋传入中国，即带来了伊斯兰文化。大量的回族穆斯林自元代进入中国并形成回回民族这一共同体。由于征战和屯垦的需要，分散居住在全国各地，形成了大分散，小聚居，且主要是与汉民族交错而居的分布特征。为了自身的生存和发展，他们一方面以伊斯兰教为纽带，团结、凝聚在伊斯兰教的旗帜之下，其文化始终保持了伊斯兰文化的特色；另一方面，他们又生活在中华民族的土地上，中国传统文化（主要是儒家文化）对回族穆斯林的政治、经济、文化、思想、心理及社会生活等方面都产生了深刻的影响。

就回族文化来说，首先是伊斯兰文化的内涵和特色。伊斯兰教和伊斯兰文化在回族的形成过程中有着至关重要的作用，甚至可以这样说，没有伊斯兰教的传人，就没有回回民族；没有伊斯兰文化，回族将失去作为一个独立民族而存在的根据，也就没有回族文化，伊斯兰文化是回族文化的内核和本质特征。从这个意义上说，作为一种外来的宗教文化，伊斯兰文化在中国的传播和发展，促成了回族的产生并成为回族文化的核心和主体，伊斯兰教不仅是回回民族的宗教信仰，也是回回民族的行为准则、价值取向和生活方式。这是包括云南回族在内的中国回族及回族文化的一个显著特征。

同时，为了适应生存环境，以求得进一步的发展，面对历史悠久、博大精深的汉文化，回族穆斯林以开放的胸襟自觉地趋向和接受汉文化。回族穆斯林在与汉民族和其他民族的交往中不断地受到汉文化的影响，汉文化从各个方面渗入回族的社会生活，甚至渗入伊斯兰教义、教法之中。汉文化中的生产方式、思维方式、伦理道德、哲学思想、价值取向、语言文字、文学艺术，甚至衣食住行等生活方式、风俗习惯都以不同的形式、不同的渠道并在不同程度上影响着回族穆斯林群体和个体。所以说回族文化是一种伊斯兰文化与汉文化的紧密结合体，即所谓的“合金文化”，这是回族文化的最大特色，也是回族人民在长期的历史进程中赖以生存和发展的基础。

我们说回族文化是伊斯兰文化和汉文化的结合体，并不是说回族文化是伊斯兰文化和汉文化的简单相加和重叠，而是长期以来回族人民为了生存和发展而不得不选择“适我所需，为我所用”的结果，是对伊斯兰文化的坚守和对汉文化接受的一种创造性的文化，其中具有主动的因素，也有被动的成分。所以回族文化既有在汉文化的影响下形成的思维方式和心理素质，也有对汉文化接受与排斥的双重趋向，以及以汉文化的形式出现却包容着伊斯兰文化内核的基因。① 以伊斯兰文化为核心内容，吸收了汉文化的合理要素，以中国主流文化为其理论构建和表现形式的复合型回族文化，是一种经过改造、提升后的创新文化，是伊斯兰文化的中国化（回族化）和中国化（回族化）的伊斯兰文化，这也是回族文化的重要特色。

回回民族形成于中国的封建时代，其社会经济的发展与组织结构的演变与中国封建社会同步，带有浓厚的封建社会的烙印。没有经历过原始社会和奴隶社会，这是回回民族有别于其他民族的显著特征。因此，回族文化一经产生和形

① 高发元：《回族文化史》序言。

成，就以其顽强的生命力出现在中华文化这一肥沃的土壤之上。再由于大分散，小聚居的分布特点，各地回族所处的自然条件和社会环境的差异，构成了回族文化的不同区域（地域）特色。

四

云南回族文化是以伊斯兰文化为内核和本质特征、吸收和融合了以儒家思想为主的汉文化和相邻少数民族文化为一体的“合金文化”或复合型文化。如果没有伊斯兰教的传入和伊斯兰文化的内涵，就不可能形成云南回族和云南回族文化；同样，如果离开了中华大地和汉文化这一土壤，就不可能催生出云南回族和云南回族文化。尽管作为一种民族文化，云南回族文化中除了伊斯兰文化的内涵，还有汉文化、本土文化、地域文化和少数民族文化的因素。但在云南，回族是伊斯兰教的主要信仰者和传承者，云南回族文化中诸如信仰、宗教活动、礼仪、习俗等内容基本体现了云南伊斯兰文化的特征，是云南伊斯兰文化的主要载体和表现形态，是伊斯兰文化在云南本地化或地域化的具体体现。七百多年来，云南回族穆斯林尽管处在汉文化或其他民族文化的包围中，但始终坚持着伊斯兰文化的特性，没有被同化，这就是伊斯兰教的作用。伊斯兰教的内核决定了云南回族文化有别于非穆斯林民族文化的显著特征，而中华文化又使云南回族文化与其他民族文化有诸多共性特征，表现在大文化上的哲学思想、语言文字、文学艺术、医药科技及风俗习惯等方面的共性与特色。伊斯兰文化的内核和本质特征决定了两者的共同性，汉文化的合理要素和外在形式构成了两者的差异性。

以儒家思想及其理论学说为主的汉文化构成了中国传统文化的主要内容，汉文化和其他民族的文化是云南回族文化形成发展的土壤和养分，云南回族文化便产生于这样一种社会环境和土壤之中，这是它不可回避的现实，要在这样的环境中生存和发展，就要对其采取主动趋向、吸纳、提升和改造的态度，最终达到融合、协调和发展，反之则会被动，最终丧失自己的文化。而一个没有自己文化的民族是不可能生存和发展的。所以，云南回族是一个开放、宽容、善于融合不同文化的民族，云南回族文化因此也是开放、宽容、兼收并蓄的文化。云南回族文化在经历了元、明、清、民国直至新中国这样一个长期的发展过程，与中国主流文化形成了一种互为影响、互为融合、互为包容、互为支撑、互为协调、共同发展的关系，成为云南本土文化和中华民族多元文化宝库中不可分割的组成部分。

从文化学或民族学的角度考察，任何一种外来文化，如要在本土文化中扎下根来生存，要么是自我封闭，防止本土文化的侵入和渗透，最大限度地减少本土文化对其的冲击和影响，但这种文化最多只能存活而难以发展，而且在客观上是难以为继的。特别是随着不同国家、不同民族、不同地域之间文化的交流和融合，要在一个封闭的地域内保持一种单元文化或地域文化的纯真性和正统性是很难的。再就是正视和趋向本土文化，从本土的主流文化中汲取养分，主动地改造自己，将自己的文化价值取向同本土的传统文化有机地融合起来，提升自己的文化，以得到主流文化的认同，从而得到生存和发展。当然，我们所说的趋向、改造和提升，并不是说一种文化要附和或迎合一种文化，外来文化要向主流文化投降，如果这样，这种文化最多也只能是一时的苟活，最后也只会落得消亡的命运。回族历史上形成的分布特点，决定了中国回族的伊斯兰文化不可能在汉文化的汪洋大海中自我封闭而独立存在，自我发展，而只能是勇敢地正视和面对汉文化潮水般势不可当的冲击，主动趋向汉文化，从中汲取养分，为我所用，再造和提升适宜自身发展的，与主流文化相融的新的回族伊斯兰文化，这才是摆脱危机，实现民族振兴的明智之举和最佳选择，也只能这样，才不会被以儒家思想为主流的汉文化的潮流所吞没。

今天，随着世界经济、文化、科技、信息、交通的快速发展，地球变得越来越小，各民族之间的交往日趋频繁，各民族文化之间的交流日益增多，随着经济全球化的到来，文化全球化也不可避免。但文化全球化并不等于文化一元化、同一化或同质化，而是文化的多元化和多样化，是不同民族和特色文化的相互尊重、欣赏、认同和肯定。但在全球化的过程中，强势文化必然成为主流，势必会影响甚至控制和左右着弱势文化及边缘文化，使后者失去自己的话语权，最后湮灭在强势文化之中。在全球化的背景下，面对西方强势文化潮流的冲击，各个国家和各民族要想保持自己的文化，让自己的文化得到其他文化的尊重和认同，在世界文化中占有一席之地，就必须有自己独到的文化内涵和特色，进一步发展民族文化，走特色之路。

同样，在这种背景和趋势下，云南回族文化或云南伊斯兰文化既要在汉文化的语境中继续生存发展，又要与文化全球化的步伐同步前行，否则就会被弱化或边缘化，沦为弱势文化或边缘文化，最终招致淘汰的命运。这就需要我们在理论上继续坚持中国特色的社会主义理论，坚决贯彻执行党和国家民族宗教工作的方针政策，以科学发展观为指导，以人为本，统筹兼顾，走全面协调可持续发展道路，为宗教工作和宗教文化建设提供理论支撑、政策依据和制度保障。在实践上，一方面要以历史为鉴，既坚守原则，坚定信念，保持自己的信仰和文化特色，增强和发扬文化自觉、文化自醒、文化自信、文化自强和不卑不亢的意识和精神。另一方面要有危机感和紧迫感，面对西方强势文化潮流的冲击和各宗教文化的崛起和发展，要想保持自己的文化，就必须有自己独到的文化内涵和鲜明的特色，做大做强自己的文化，走特色之路；要采取更加宽容的态度，以宽广的胸怀去面对和接纳一切来自不同国家、不同民族、不同地域、不同意识形态、不同宗教的优秀文化；革除陈规陋习，摒弃一切与时代和社会发展不相适应的东西，不断改革自己，提升自己，丰富和完善自己；进一步加强民族内部、宗教内部及与各民族的团结，因时因地，不断创新，与时俱进，和谐发展。从宗教层面和云南回族穆斯林来说，如何处理人与人、个人与社会、宗教与民族、宗教与法律、宗教与宗教、民族与国家等人际关系和社会关系，是一个宗教和民族能否与社会和时代和谐发展的关键。尤其是当上述关系和利益发生矛盾或冲突时，我们怎么对待，这是值得我们深思的问题。要善于总结历史经验，吸取历史教训，维护和珍惜当今来之不易的社会环境，共同维护中华民族的整体利益和国家利益。各级伊协、各清真寺、宗教人士以及广大的回族穆斯林要继续发扬伊斯兰教义思想的本质内涵和伊斯兰文化的优良传统，以身作则，尊崇教义，恪守教规，教化族人，规劝弟子，自觉地抵制来自社会和西方文化中的不良因素，更加积极、主动地与社会和时代相协调、相适应、共发展；进一步营造良好的社会氛围，为追求两世幸福而努力。当前，云南在构建和谐社会、文化强省建设和桥头堡建设的战略实施中，要加强宗教文化建设，进一步发挥宗教、教职人员和广大穆斯林的积极作用；在云南对外开放和与世界各国，尤其是与南亚、东南亚和中亚、西亚、阿拉伯地区等伊斯兰国家和地区的经济文化交往中，需要伊斯兰文化和回族穆斯林的积极参与，广大的回族穆斯林要充分利用这一历史机遇，抓住时机，开拓进取，主动参与，发挥自己的优势，弘扬自己的文化。这样，云南回族文化才能在中华文化这个多元文化的系统中和全球化的背景下赢得自己的生存空间，争取更大的发展。这也是云南伊斯兰文化的走势和发展。

2010. 11. 22.

参考文献:

[1] 李兴华等著:《中国伊斯兰教史》,中国社会科学出版社 1998 年版。
[2] 邱树生主编:《中国回族史》,宁夏人民出版社 2000 年版。
[3] 杨兆钧主编:《云南回族史》,云南民族出版社 1994 年版。
[4] 纳文汇、马兴东著:《回族文化史》,云南民族出版社 2000 年版。
[5] 纳文汇主编:《昆明伊斯兰教史》,云南大学出版社 2005 年版。
[6] 高发元主编:《当代云南回族简史》,云南人民出版社 2009 年版。
[7] 白寿彝主编:《回族人物志》,宁夏人民出版社 2000 年版。
[8] 金宜久著:《中国伊斯兰探秘》,东方出版社 1999 年版。
[9] 纳麒著:《传统与现代的整合——云南回族历史、文化、发展论纲》,云南大学出版社 2001 年版。

(“第二届伊斯兰教与基督教对话”参会论文,后载《文明交融——基督教与伊斯兰教对话愿景》,香港建道神学院,2012 年)

伊斯兰教义思想中的和谐理念在云南社会历史进程中的实践和意义

摘　要：在构建和谐社会中，宗教和谐及宗教与社会和谐无疑是极其重要的方面，而作为我国五大宗教之一的伊斯兰教在其中必然发挥着重要的作用。伊斯兰教教义思想中的和谐理念及广大回族穆斯林的积极参与为我们构建和谐社会提供了理论基础和实践范例。本文试图从文本和实践的维度，也即从伊斯兰教教义思想及其社会实践，来考察和分析伊斯兰教教义思想中的和谐理念在云南社会历史进程中的实践和意义，从而进一步发挥伊斯兰教在云南和谐社会构建中的积极作用。

关键词：伊斯兰教教义思想　和谐理念　社会进程　实践和意义

伊斯兰教的教义思想来源于伊斯兰教的经典《古兰经》和《圣训》。它主要由三个部分组成，即宗教信仰、宗教义务和伦理道德规范等，包含了信仰和实践两个方面。信仰属于精神层面，是内心的信念和追求；宗教义务和伦理道德规范属于实践层面，是外在的行为和规范。作为一个虔诚的穆斯林，就是要内心承认并虔信基本信条，在行动上履行并遵守宗教义务和伦理道德规范。具体表现为虔信“六大信仰”和遵守“五大功课”以及在社会生活中符合伦理道德规范的行为要求。正如美国著名学者凯马尔·H. 卡尔帕特所说：“对于一个穆斯林来讲，伊斯兰教不完全或不一定是指宗教或宗教的，而还包括穆斯林社会的整个生活和精神气质。”伊斯兰教因具有鲜明的道德色彩而被称为“伦理一神教”。在伊斯兰教中，道德与宗教合为一体。

伊斯兰教的伦理道德观念是伊斯兰教教义思想的重要组成部分，它是调整社会人际关系的道德意识与行为准则。在伊斯兰教伦理道德观念中，有许多都体现了和谐理念及和谐思想，涉及社会和谐、宗教和谐、民族和谐、人与人和谐、人与社会和谐等方面的内容，主要是：（1）顺从；（2）两世吉庆；（3）爱国爱教；

(4) 坚忍与敬畏；(5) 公正与宽恕；(6) 尊老爱幼；(7) 趋善避恶等。此外，伊斯兰教的道德规范要求还很多，如倡导穆斯林积极进取、中道和与人为善，鼓励学习、追求知识等。在《古兰经》和《圣训》中所倡导的伦理道德和行为规范几乎涵盖了社会生活的方方面面，其内容十分广泛。伊斯兰教的伦理道德观念为伊斯兰教和伊斯兰文化在中国汉文化语境中的传播和发展，为广大穆斯林在中国的生存和繁衍，以及伊斯兰教适应不同社会发展阶段、不同地域、不同文化和不同民族的要求，构建和谐社会奠定了深厚的教义基础。

一、"顺从"思想和"两世吉庆"观是伊斯兰教义思想的重要组成部分

伊斯兰的原意是"顺从"，穆斯林的原意是"顺从者"，伊斯兰教是一个倡导和平、顺应社会发展、两世兼顾、务实的宗教。伊斯兰教要求每个穆斯林须顺从安拉、顺从使者，所以顺从思想是伊斯兰教教义思想和伦理道德观念中第一位的思想。

伊斯兰教提倡"两世吉庆"，主张今世和后世兼顾。《古兰经》说："谁想获得今世的报酬，我给谁今世的报酬；谁想获得后世的报酬，我给谁后世的报酬。"(3：145)① 可见，回族穆斯林两世吉庆的观点来自伊斯兰教两世并重的学说。穆罕默德也说："你当为今世而奋斗，犹如你将长生不老；你当为后世而行善，犹如你明日即将谢世。"这段圣训充分说明了伊斯兰教对今世与后世比重的基本态度，认为既要敬主，履行功修，以求后世的幸福；又要在现实生活中努力进取，发挥积极作用，谋取今世幸福，这样才符合伊斯兰教的精神。伊斯兰教为实现两世吉庆幸福的理想，提出了一整套去恶从善的理论学说和伦理道德的行为准则，形成了自己的伦理道德观的思想体系，这即是回族穆斯林两世并重、信仰与务实交融的人生观和生活态度。

明末清初以来，回族伊斯兰学者把中国以儒学为代表的强调天人合一、顺应自然、和合相生、中庸之道、不偏不倚等这些比较重视现实物质利益、人生价值和人际关系的中国传统思想及和谐理念与伊斯兰教的两世观相融合，形成了具有

---

① 按照传统对《古兰经》的注释格式，"3：145"指的即是《古兰经》第3章第145节，以下沿用传统注释格式。——笔者注。

中国特色的伊斯兰教两世观。中国四大伊斯兰经学家①之一的王岱舆在《正教真诠》中说“人有原始、现在、归回三世”，“归回后世，得者永得，失者永失”。认为“尘世乃古今一大戏场”。但他不教人怨世悲观、逃避现实或者游戏人生，而是强调“死时唯有善恶刻不相离”，教人“顺从浮生之前，瞬息光阴而取”，表现了对现实生活的肯定与重视。著名伊斯兰学者、云南保山人马注在《清真指南》中也说：“清真至理，以人生为客商，以尘世为市集，以性命为资本……以心术为权衡，以善恶为货食，以死亡为归宿。”充分阐明了两世并重的观点。

伊斯兰教这种“两世吉庆”的观点，使穆斯林既履行了宗教功课，又致力培养了公正宽恕、坚忍敬畏、扶贫济困、趋善避恶、爱教爱国、尊老爱幼等美德，把宗教伦理和社会伦理结合在一起。体现在现实社会生活中，穆斯林在对待工作、事业、婚姻、家庭等问题时都保持积极、严肃、认真的态度，合乎宗教教义与社会伦理的要求。既热爱自己的民族传统，又能遵守社会公德和行为规范，服从国家的政策法令，并能与各兄弟民族团结互助、友好相处，对现实生活持积极的态度，通过辛勤劳动，创造和享受两世幸福。

二、“爱教爱国”的“二元忠诚”思想是伊斯兰教伦理道德观念的重要的内容

在《古兰经》中，除了强调穆斯林要顺从真主和穆罕默德的旨意外，同时还应当顺从现实生活中的主事者，要求穆斯林要热爱自己的祖国，热爱自己的故土，热爱自己的家园，服从执政者的管理。如“信道的人们啊，你们当服从真主，应当服从使者和你们中的主事人……”（《古兰经》4：59）。结合中国的实际，中国的穆斯林把顺从的含义扩大到社会生活的方方面面，诸如家庭、婚姻、父子、夫妻、朋友，以及人与人、个人与社会、民族与国家、宗教与法律等方面。刘智在《天方典礼》中对伊斯兰教的“五功”（念、礼、斋、课、朝）与儒家“五典”（君臣、父子、夫妇、兄弟、朋友）的关系分别作了阐述。认为前者是“穷理尽性之学”，是尽“天道”；后者是“修齐治平之训”，是尽“人道”，二者不可偏废。要想有后世的永久幸福，就必须重视今世的功修，对自己的行为负责。在这种思想的支配和影响下，中国的穆斯林一方面保持着自己的信仰，热

① 另外三人是金陵（今南京）的刘智、云南的马注和马复初——笔者注

爱自己的宗教，另一方面，也忠于君主，热爱自己的国家。他们把爱国视为“伊玛尼”（信仰）的一部分，把爱教爱国同视为天命，在其形成和发展的过程中，在坚守信仰的同时，始终把热爱祖国的优良品质保留在心底的民族情感之中。这种既忠于真主，又忠于世俗君王的二元忠诚思想，是伊斯兰教在儒家思想为主流的中国封建社会求生存图发展的变通，也是回族穆斯林的明智选择，并成为其民族意识和政治道德的重要组成部分，因此，爱教爱国是穆斯林最突出、最集中、最具特色的表现。

三、伊斯兰教所提倡的坚忍敬畏、公正宽恕、趋善避恶、尊老爱幼等伦理道德是构建和谐社会的积极因素

“坚忍与敬畏”被穆斯林认为是极为重要的道德行为。《古兰经》说：“你们当服从真主及其使者，你们不要纷争，否则，你们必定胆怯，你们的实力必定消失；你们应当坚忍，真主确是同坚忍者同在的。”（8：47）从宗教要求看，坚忍是对信仰的坚信，对宗教功修的坚持和为宗教事业艰苦奋斗、坚韧不拔的精神；而敬畏则是对真主、对教义信仰出自内心的虔诚、恭顺和崇敬，对离经叛道行为和信仰动摇时的悔悟与恐惧，从而坚定信仰，始终不渝。这种精神体现在社会生活中更有其深刻意义，用坚忍与敬畏的原则来处理社会生活中的各种关系，协调各种利益，对待来自自然、社会或人类自身的各种压力，克服生活中的各种困难，这是中国穆斯林得以生存发展的一条重要原则和处世经验。

“公正与宽恕”是穆斯林社会交往和社会生活中的一个重要原则，也是穆斯林伦理道德中的一个重要内容。《古兰经》说：“未曾为你们的宗教而对你们作战，也未曾把你们从故乡驱逐出境者，真主并不禁止你们怜悯他们，公平待遇他们。真主确是喜爱公平者的。”（60：8）“东方和西方都是真主的；无论你们转向哪方，那里就是真主的方向。真主确是宽大的，确是全知的。”（2：115）

公正即公道、公平、正直、合乎情理；宽恕即宽容、恕饶，以德报怨，与人为善。公正与宽恕，看似简单，内涵却十分丰富，它不仅表现在为人处世中看得见的形式上，更重要的是在看不见的内心世界，而更多的时候这种公正与宽恕则要用心去体现，用心去善待。这种公正与宽恕已上升为穆斯林的一种道德修养和精神境界。有了公正与宽恕的道德情感和伦理原则，在社会生活中，穆斯林主张以一种宽容的心态、大度的胸怀、善良的性格去对人对事，不念旧恶，不计前

嫌，包括反对过自己或伤害过自己的人；反对以怨报德，狭隘自私。这是穆斯林为人处世、立足社会的一种智慧。

“趋善避恶”是穆斯林的价值取向和价值观的具体体现。《古兰经》说：“信士和信女，谁行善谁得入乐园，他们不受丝毫的亏枉。”（4：124）“凡行善的男女信士，我势必要使他们过一种美满的生活，我势必要以他们所行的最大善功报酬他们。”（16：97）“作恶者只受同样的恶报；行善而且信道的男子和女子将入乐园，受无量的供给。”（40：40）在社会生活中，从人伦、婚姻、家庭、财产关系，到待人接物、工作、经商等，穆斯林都以趋善避恶为原则，并以此来规范和指导自己的行为。凡是善的、好的和美的，就提倡并践行；只要是恶的、坏的和丑的，就回避和退让，甚至斗争。穆斯林认为，一切对国家、对社会、对人民、对民族、对家庭有益的行为，都是善行，要提倡去做；反之，都是恶行，要坚决反对和禁止。

在穆斯林的诸多善功中，扶贫济困无疑是较有特色的。缴纳“天课”是伊斯兰教的五功之一，也是每个穆斯林应尽的义务。在穆斯林眼中，天课还是一种纯洁信仰和道德修养的有效方式，通过缴纳天课，救济贫困者，以此来遏制贪欲，克服过度的私欲和对物质享受的贪念，建立对贫困者的同情心；而对受施者和社会来说，不但在一定程度上可以避免或减轻对富裕者的嫉妒和仇视，而且对缩小贫富悬殊，平抑社会上因财富不均而可能产生的不稳定因素，增加民族的凝聚力具有积极的作用。同时，天课也是一种施舍和慈善行为，在今天看来，它还是一种类似交纳个人所得税的经济行为。

至于穆斯林对恶行坏事的回避、反对和痛绝，除了原则的规范外，还有具体的行为要求。如严禁赌博、淫乱、占卜、剥削、贪污、贿赂和偷盗；力戒嫉妒、猜疑、狂妄、自大和阳奉阴违；反对说谎、不忠诚，诬陷、搬弄是非和幸灾乐祸；等等。可见，趋善避恶的伦理观念有其理论和实践的、宗教和社会的双重意义，是伊斯兰文化中较有特征的形态之一。

“尊老爱幼、孝敬父母”是穆斯林所奉行的一种传统美德，也是穆斯林伦理道德观念的一个重要内容，它来源于伊斯兰教和儒家的孝道思想。《古兰经》中有关尊老爱幼、孝敬父母的教诲很多，并对此作了具体的规定，如：“你们当崇拜真主，不要以任何物配他，当孝敬父母，当优待亲戚，当怜恤孤儿，当救济贫民，当亲爱近邻、远邻和伴侣，当款待旅客，当宽待奴仆。真主的确不喜爱傲慢的、矜夸的人。”（4：36）“你的主曾下令说：你们应当只崇拜他，应当孝敬父母。如果他俩中的一人或者两人在你的堂上达到老迈，那么，你不要对他俩说：‘呸！’不要呵斥他俩，你应当对他俩说有礼貌的话。”（17：23）“我曾命人孝敬父母；他的母亲，辛苦地怀他，辛苦地生他，他受胎和断乳的时期，共计三十个月。当他达到壮年，再达到四十岁的时候，他说：‘我的主啊！求你启示我，使我感谢你所施于我和我的父母的恩惠，并行你所喜悦的善事。……’”（46：15）

《圣训》中也有许多关于尊老爱幼、孝敬父母的训诫，在此就不赘述了。

以上是从伊斯兰教教义的视角，也即文本和理论的维度来阐述伊斯兰教与社会和谐的可融性及共性特征。从中可以看出，伊斯兰教义思想与中国社会的和谐理念总体是不矛盾的，其伦理道德规范和行为要求与和谐社会的主张基本是吻合的，也是构建和谐社会的重要因素和必要条件。下面，我们再从云南回族穆斯林的历史活动和社会实践来考察和分析伊斯兰教教义思想与社会和谐的可能性和现实性。

四、广大的回族穆斯林在云南社会历史进程中充分践行和诠释了伊斯兰教义思想中的和谐理念，是构建和谐社会的重要力量

在云南，回族是信仰伊斯兰教的主体民族，也是伊斯兰文化的主要传承者，从某种意义说，没有伊斯兰教的传入就没有回回民族的形成，伊斯兰教在云南发展的历史也是回族发展的历史，伊斯兰教是回族的唯一信仰，回族几乎全民信仰伊斯兰教，伊斯兰教的教义思想就是由于有了信仰伊斯兰教的回族穆斯林的吸收、接纳、传播和实践而不断地发展。广大回族穆斯林在历史和现实中，恪守伊斯兰教义，秉承伊斯兰文化，发扬爱国主义精神，为云南的经济、文化和社会发展，以及民族和睦、宗教和顺、社会和谐、边疆稳定等做出了积极的努力，用自己的行为践行和诠释了伊斯兰教义思想，促进了云南社会历史发展的进程。

（一）从历史人物来看

云南回族穆斯林在与各民族共同开发边疆、建设云南，构建云南和谐社会过程中，涌现出了不少杰出的政治家、军事家、文学家、艺术家、航海家和伊斯兰教著名经师。他们为中华文明的形成和积累，为云南政治、经济、文化和社会的全面发展做出了重大的历史贡献，推动和促进了云南乃至中国社会历史发展的进程。

元代回回人赛典赤·赡思丁任云南平章政事，是云南最高行政长官，在其主政云南六年期间，积极贯彻中央行省制度，使云南正式成为祖国行省一级的政区，并努力发展社会生产，兴修水利，协调民族关系，化解民族矛盾，巩固了祖国的统一，其处理和对待民族关系及民族矛盾的措施和策略即使在今天都有其积极的意义，堪称民族平等、社会和谐的倡导者和先行者。赛典赤主滇时在政治、经济、文化和社会等方面所实施的有关政策和措施，既在政治上使长期游离于中原王朝的边疆“王国”尽快回到了中华民族大家庭的怀抱，又在经济、文化、社会发展上，缩短了云南与中原地区的差距，促进了西南边疆文化与中原文化的融合，加速了云南社会历史进程，其意义是深远的。

明代云南回族著名航海家郑和曾于明永乐三年至宣德八年（1405—1433 年）率船队七下西洋，出访 30 多个国家，所到之处与当地各族人民平等相处、礼尚往来，传播了中华文化，带去了伊斯兰文化的和谐理念，促进了亚、非各国经济、文化的交流，推动了中国航海事业的发展。郑和远航西洋，不论是从政治、经济、文化，还是造船工艺和航海科学技术来说都做出了卓越的贡献，产生了巨大的影响，不仅有其重要的历史意义，更有其积极的现实意义。尤其在当下云南“桥头堡”战略中，郑和下西洋和郑和精神就更有其重要价值和特殊意义。郑和当年下西洋经过的许多国家和地区就是今天建设中面向西南对外开放“桥头堡”的国家和地区，也是云南对外开放必须面对和直接交往的国家和地区。郑和当年用博大精深的中华文化让西洋诸国折服，今天我们同样能用在中华文化基础上发展升华的中国特色的社会主义文化去影响世界。郑和敢为天下先的开拓进取精神为我们今天改革开放、走向世界，提供了可资借鉴的成功的实践范例。①

清代咸丰、同治年间，杜文秀领导的以回民为主体，联合白族、彝族等民族起义后建立的大理政权，坚持斗争 18 年，谱写了云南各族人民团结一致反民族压迫、反封建压迫的光辉篇章。杜文秀起义虽在清统治阶级残酷镇压下失败了，但杜文秀起义的社会影响和历史意义却是巨大的。首先，杜文秀起义与洪秀全领导的金田起义和太平天国运动遥相呼应，沉重地打击了清封建官僚势力，动摇了封建王朝的统治，客观上推动和促进了云南社会历史进程的发展，为近代中国革

① 郑和航海的伟大壮举虽不在云南，但郑和是地道的云南回族穆斯林。郑和原姓马，1371 年出生于云南昆阳一个回族穆斯林世家，从小就在伊斯兰文化和中国传统文化的熏陶中长大，12 岁时才随燕王朱棣入京。其祖父和父亲都是到过麦加朝觐的“哈只”，是虔诚的穆斯林。伊斯兰文化和家庭教育对他的一生产生了很大的影响。

命史册书写了光辉的一页。同时，大理政权时期杜文秀所采取和实施的一系列政策就是今天来看也仍有其积极的现实意义。如大理政权所实行的耕者有其田的土地政策、民族政策、经济政策、商业政策和外交政策等，极大地促进了大理地区的经济社会发展、民族团结、社会稳定和谐、人民生活改善，维护了祖国的统一，加速了云南社会历史进程的步伐。即使是以前备受争议的大理政权，事实上也体现出回族穆斯林强烈的国家观念。回族穆斯林的爱国理念就是“从国是天命”，即把爱国和维护国家利益与信仰联系起来，视爱国为每个穆斯林应尽的义务。为了表明这一点，杜文秀起义成功，建立大理政权后只称帅，不称王、不立君，更没有自封皇帝，这与历史上有的农民起义领袖一旦起义成功后就称王称霸、割据一方截然不同，杜文秀反抗的是清统治阶级及其幕僚鹰爪、贪官污吏，而不是国家意义上的祖国。杜文秀最后为了不让大理的回族穆斯林免受涂炭与清廷议和而死于非命。这一方面说明农民起义的阶级局限性和历史局限性，同时也表明了杜文秀始终心向中华、承认中原王朝、与祖国不离不弃的政治态度。

此外，中国著名的伊斯兰学者和经师马注（云南保山人）、马复初（云南大理人）和马联元（云南玉溪人）自明末清初以来先后开创和倡导了“以汉译经”或“以儒诠经”的伊斯兰汉文译注活动。即用中国回族穆斯林大众和非穆斯林群众看得懂、听得懂的汉文、汉语来译注阿拉伯文或波斯文的《古兰经》《圣训》等伊斯兰教经典，用中国人容易接受的儒家的思想观念和宋明理学来解释伊斯兰教的教义原理，用通俗易懂的汉文化形式和符号，诸如术语、概念、典故等来表达和阐述伊斯兰教的经典教义思想和伦理道德观念，把伊斯兰教和伊斯兰文化介绍、传播给社会，主动趋向中国主流文化，这样既为不懂阿拉伯文的回族穆斯林学习伊斯兰教经典提供了方便和条件，继承了伊斯兰文化，同时又向非穆斯林民族介绍和传播了伊斯兰文化，加速了伊斯兰文化和汉文化的融合以及伊斯兰教的社会化、本土化和世俗化的发展，为伊斯兰文化和回族穆斯林更好地融入主流文化提供了伦理基础，使中国的伊斯兰教和伊斯兰文化从礼俗层面发展到哲理性的学说化层面。这是回族先辈在中华多元文化的生存环境中的文化自觉和自醒，也是伊斯兰教在以儒家文化为主的汉文化语境中为了生存与发展的主动调适和明智之举。之后马复初在云南所开创并延续至今的中阿并授的“经堂教育”，在清真寺传统的经堂教育中教授汉语、汉文和汉文化，培养了一大批经书两通、中阿并用的宗教人才，并由此形成了独树一帜的中国伊斯兰文化和伊斯兰经学四大学派之一的“云南学派”①。为伊斯兰教在中国的传播与发展，为回族穆斯林与汉民族和其他民族的互动与适应，以及伊斯兰文化与汉文化的进一步融合拓展了空间、指明了发展路径。

（二）从近现代历史进程来看

历史上，云南回族穆斯林的爱国主义传统曾经历了长期的、痛苦的考验。特别是在清中晚期杜文秀起义失败后，清统治阶级更是对勇于反抗的云南回族穆斯林进行了残酷的镇压和疯狂屠杀，致使滇西、滇南许多回族地区遭到血洗，有的回族村寨几乎无一人活命，仅省垣昆明惨遭杀戮的回族就达两万余人……但即便在这种情况下，云南回族穆斯林仍然高举爱国主义的大旗，在反抗民族压迫的斗争中，不惜忍辱负重，把国家利益和中华民族的整体利益置于首位，自觉地维护着祖国的统一、边疆的稳定和各民族的团结，积极投身于历代中国人民反封建压迫、反帝国主义侵略斗争的洪流中。

1. 民主革命时期，在国家和民族危难时，云南回族穆斯林积极保家护国，反帝反封建，体现出对国家的认同与效忠②

辛亥革命时期，在孙中山所倡导的“汉、满、蒙、藏、回”五族共和的口号下，云南回族人民积极参加辛亥革命和护国运动。孙中山领导的同盟会和蔡锷领导的护国军中就有许多回族将领和民主人士，如罗云五、赵钟奇等。1911 年 10 月 10 日武昌起义，10 月 30 日，昆明立即举行了“重九起义”，起义的滇军中就有许多回族将士。在第一次世界大战中，云南回族马毓宝就主动随中国军到欧洲参战，最后在法国阵亡，至今骨灰仍葬在法国，孙中山亲书“黄胄光荣”的挽词以示悼念。

民国时期，蒋介石国民党政府不承认回族是一个独立的民族，说回族只是生活习俗不同的国民而已，学界也把伊斯兰教和回族统称为回教，回族穆斯林在政治上没有自己的地位和话语权。尽管远离国家政治中心和主流文化，但云南回族穆斯林仍一如既往地参与到反帝、反封建、反军阀的斗争中，并积极投身于中国共产党领导的土地革命、抗日战争和解放战争的伟大事业。这一时期，许多有志

---

① 其他三个学派是陕西学派、金陵学派和山东学派。

② 该节 1、2、3 部分的内容参考了桂榕的《历史·文化·现实：国家认同与社会调适》（云南人民出版社，2011 年版）一书的相关观点，特此说明。

的回族男女青年，纷纷弃学从军、投笔从戎，他们或报考军校，或奔赴抗日前线、驰骋疆场、英勇杀敌、为国立功，或辗转奔赴延安，投入抗日战争和解放战争的主战场，或救死扶伤，支援抗日前线……许多滇籍回回健儿为了保家卫国血洒台儿庄，命丧滇缅公路，魂归中国远征军……1942 年日本侵占缅甸，威胁云南边疆，当时任云南思普企业局总办的沙甸回族穆斯林白亮诚在车里（景洪）成立了一个接待站，接待大批涌入国内的缅甸华侨，并赶造了木筏，供侨胞抢渡过江返回祖国。同时，还组织了一支以沙甸回民为主的回民抗日游击队，协助中国远征军第六军 93 师阻止由景迈、景东来犯的日军，解救了被日军包围的 278 团；在埃及开罗，留学的沙甸回族学生马坚、张有成、林仲明、林兴华、林兴智 5 人，与其他留学生一道，为争取埃及人民和阿拉伯世界对中国抗日的理解、同情和支持，孤立日本侵略者，利用各种机会，向来自世界各地的留学生和埃及人民介绍中国人民英勇抗战的事迹，揭露侵略者的罪行，在埃及和阿拉伯国家产生了重大的影响。上述无数的回族穆斯林知识分子、军人、青年和爱国爱教的宗教人士为了中华民族的独立和解放流血牺牲，为云南和平解放和新中国的建立做出了巨大的历史贡献，充分体现了对国家的认同与效忠。

2. 社会主义和平建设年代，云南回族穆斯林积极参与，体现出对国家的支持与热爱

新中国成立后，云南回族穆斯林在中国共产党的领导下，积极参与民主改革、社会主义改造和社会主义建设。在极“左”路线时期和“文化大革命”中，他们与全国、全省各族人民一道共同经历了祖国政治的风风雨雨，与祖国和人民同呼吸、共命运。即使经历了“沙甸事件”这样的历史惨案，遭受了新中国成立以来空前的灾难和损失，在粉碎了“四人帮”得到平反后，在党的宗教信仰自由政策的感召下，回族穆斯林对党和国家并无太多的怨言，仍以饱满的热情积极投身于社会主义建设之中，用实际行动回报社会。对回族穆斯林来说，爱族、爱教与爱国是相互一致的，这种藏在心底的情结是历代穆斯林用心血凝结起来代代血脉相承的，是伊斯兰文化的内核和中华文化的精髓相融合的产物，也是伊斯兰文化和伊斯兰教能在中国以汉文化为主流文化的土壤上生存、发展的重要因素。信仰的坚守和对中华民族的认同，使回族穆斯林深刻地认识到，只有国家富强、社会稳定、民族团结，才有民族和宗教的发展。正是基于这样的认识，云南穆斯林才能将自己生存与发展的命运融于中华民族的生存发展之中，与祖国同呼吸、共命运，充分体现了对国家的支持与热爱。

3. 改革开放以来的新时期，云南回族穆斯林积极投身社会主义市场经济建设大潮，体现出对国家的共谋与发展

1978年十一届三中全会以后，党的民族宗教政策得到逐步落实，云南回族地区的清真寺相继开放，穆斯林的宗教信仰和宗教生活得到保证。党和政府实行的一系列富民政策，使回族穆斯林爱国爱教的优良传统得到最充分的释放和体现，激发了回族人民开拓进取、敢于拼搏、善于经商的传统和技能。他们因地制宜，经商办厂，多种经营，发展特色经济，帮助和带动周边民族共同致富，回族地区的经济得到了较大的发展，回族人民的生活水平显著提高，回族地区发生了历史性的变化。广大回族穆斯林在改革开放中得到了实惠，他们从自己走过的历史进程和今天的现实生活中深深体会到：没有社会的和谐安定、民族的团结和祖国的繁荣富强，就没有回族穆斯林的今天。他们比任何时候都更加热爱新中国、热爱社会主义，在经济建设和社会生活中自觉地遵守党的方针政策和国家的法律法规，注重回回民族的传统道德，发扬伊斯兰教的教义思想，自觉地用伊斯兰教的教律、教规及伦理道德规范约束自己的行为，维护祖国的安定和团结。党的十六大、十七大以来，云南回族地区以科学发展观为指导，转变经济发展方式，调整产业结构，以人为本，走可持续全面发展道路。广大的回族穆斯林以新的精神风貌投入社会主义和谐社会建设、小康社会建设中，与全省各族人民一道，步入社会主义现代化建设的历史新阶段，继续为云南的经济社会发展和改革开放做着不懈的努力，充分体现了对国家的共谋与发展。

今天，经过30多年的改革开放，云南回族地区普遍来说都是经济发展较快和较好的地区，回族地区社会稳定和谐、欣欣向荣，各民族平等团结、友好互助，人民的生活质量显著提高，这除了制度、政策、经济因素外，其中一个重要的因素，就是伊斯兰教的教义、教规和伦理道德规范起着重要的教化和支撑作用，且这种作用是不可低估和替代的。特别是伊斯兰教“两世吉庆”“爱国爱教”的思想对回族穆斯林搞活经济、勤劳致富、两世兼顾有着重要的影响并起着重要的作用。按伊斯兰教规定，每一个虔诚的回族穆斯林在每天的宗教生活和五番拜功中都要敬拜安拉、反省自己；每年在拜拉特夜（伊历8月15日）都要进行忏悔、祈祷，检讨一年的过失，反躬自省，以求安拉的饶恕和赐福；每年的斋月（伊历9月）都要进行斋戒，从内心到行为自觉地约束自己。在日常的社会生活中，随时随地用伊斯兰教的教义思想和行为规范来要求、激励和鞭策自己，使自己融入主流社会，成为社会的中坚。

历史和现实证明，伊斯兰教教义思想在云南社会进程及和谐社会构建中发挥了积极的作用，其和谐理念的历史价值和现代适应理应得到充分的肯定和认可，伊斯兰教和广大的回族穆斯林是推动云南社会历史发展和促进云南和谐社会进程的重要力量之一。

当然，宗教从本质上来讲是唯心主义的产物，何况任何宗教其社会功能都有积极的和消极的两面性，而某些消极因素一旦缺少科学、理智和法制的制衡，就可能走向极端，失控膨胀，与主流文化相冲突，对社会产生负面作用，在特定因素的激发下，甚至会形成巨大的破坏力，带来严重的社会问题。就云南回族地区来说，目前在其经济社会发展、现实生活和宗教活动中也存在着一些问题，有的问题甚至很严重，在一定程度上影响了当地的经济发展、民族团结和社会和谐稳定。

在社会主义和谐社会建设中，如何更好地继承和弘扬伊斯兰教教义思想的本质内涵，继续保持和发扬伊斯兰教教义思想中的和谐理念和爱国爱教的优良传统，进一步发挥伊斯兰教和回族穆斯林的积极作用，是每一个回族穆斯林需要面对和思考的问题。我们要以国家和中华民族的整体利益为重，进一步强化国家认同和中华民族认同意识；总结历史经验，吸取历史教训，正视自身存在的问题，依法进行宗教活动，自觉维护和珍惜今天来之不易的社会环境；正确处理好宗教内部、宗教与宗教、宗教与民族、宗教与法律、宗教与社会、宗教与国家之间等各种人际关系和社会关系，进一步加强民族团结和宗教和顺；更加积极、主动地与社会和时代相适应，与时俱进，和谐发展。特别是在经济全球化的背景下和西方强势文化为主流文化的语境中，我们一方面既要坚守原则，坚定信念，保持自己的信仰和文化特色，增强和发扬文化自觉、文化自信、文化自强和不卑不亢的意识和精神，注意防范和抵制境外敌对势力利用宗教对我国的渗透，维护国家安全和文化安全，又要处理好与邻国伊斯兰教和穆斯林的关系，继续保持和开展与国内外各宗教团体之间的正常交往，促进宗教文化交流，为云南的经济社会发展和对外开放营造一个和平、正常、有序的对外交往环境；另一方面要有危机感和紧迫感，面对西方强势文化潮流的冲击和各种文化思潮的泛起，要想保持自己的民族文化和宗教文化，就必须有自己独到的文化内涵及鲜明的文化特色，做大做强自己的文化，加强民族文化和宗教文化建设，走文化宗教之路；在文化价值取向上要采取更加宽容的态度，以宽广的胸怀去面对和接纳一切来自不同民族、不同宗教的优秀文化，积极开展不同宗教之间的文明对话，不断提升、丰富和完善自己。这样，云南伊斯兰文化和回族文化才能在中华文化这个多元文化的系统中和全球化的背景下赢得自己的生存空间，争取更大的发展。当下，在“桥头堡”建设战略实施中，云南对外开放的力度和步伐越来越大，在与世界各国，尤其是与东南亚、南亚、中亚、西亚以及阿拉伯地区等伊斯兰国家的经济文化交往中，需要伊斯兰教和回族穆斯林的积极配合和参与，广大的回族穆斯林要充分利用这一历史机遇，抓住时机，发挥自己的优势，主动参与，开拓进取，不断创新与发展。

（本文系作者主持的国家社会科学基金西部项目“面向西南开放桥头堡战略实施中的宗教文化建设研究”（11XZJ026）的阶段性成果。原文载《云南社会科学》2014 年第 1 期）

伊斯兰教的本土化和地域化

——兼谈中华多元文化中的回族文化

什么是宗教的本土化？所谓宗教的本土化，又称社会化、世俗化或民族化，是指宗教产生以后的传播和扩展过程中，通过和平的或武力的方式传播到各地，最终被当地的群众所接受，成为当地社会文化的组成部分。

什么是宗教的世俗化？所谓宗教的世俗化，是指宗教在初步完成了社会化过程，被当地民众接受以后，逐渐渗透到人们政治、经济和精神文化的各个方面。从历史上看，宗教的世俗化进程，首先是从宗教的外在表现形式，如宗教节日、宗教活动和宗教礼仪等方面开始的，随后是较深层次的教职人员、组织形式和经典教义等方面的世俗化演变。因此，宗教的世俗化进程，就是宗教本身不断淡化其宗教色彩和宗教内涵的过程。

什么是宗教的民族化？所谓宗教的民族化，是指某一宗教为某一民族或几个民族所接受，成为该民族的主要宗教信仰，并且在发展过程中吸收和融合该民族的文化及习俗，宗教文化与民族文化相结合，表现出明显的民族特色。

宗教组织的社会化和民族化，宗教仪式的简单化成了现代宗教的一个相当普遍的现象。根据宗教学理论和有史以来宗教发展演变的实际情况，任何一种宗教在其发展过程中，都经历了社会化和世俗化两个阶段，并在这两个不同的阶段中表现出不同的演变特征。所以，宗教的本土化是所有宗教发展的趋势。

我国是一个多民族的国家，各民族在其长期的历史发展过程中形成和创造了自己的文化，各民族异彩纷呈的文化又共同构成了今天中华民族光辉灿烂的文化。所以说，中华文化是各民族共同创造的多元一体的文化；是以汉民族为主体，包括回族在内的中国56个民族所创造的文化的汇聚和总和。

我们知道，作为回族文化的创造主体和载体——回族，是中华民族大家庭中的一个重要成员。在其形成和发展的历史过程中，它创造了极其丰富和绚丽多姿的物质文明和精神文明，为中华民族的文化宝库增添了炫目的光彩。

回族文化是回族人民在其长期的历史发展过程中创造的精神文明和物质文明的总和，是中华民族文化不可分割的重要组成部分。那么，回族文化是在什么样的社会历史背景下形成和发展的，它在不同的历史时期具有什么样的特征和表现形式？它与中华民族的主流文化是一种什么样的关系？这就是本文所要探讨的问题。

一、伊斯兰教及其文化在中国的传播和发展

回族的形成离不开伊斯兰教的传入。中国回族最早的先民是唐宋时期进入中国的信仰伊斯兰教的商人、贡使，时称“蕃客”或“胡商”。他们进入中国后并客居下来，同时也带来了伊斯兰教。因此，在中国，伊斯兰教的传播首先是从这些信仰伊斯兰教的外国侨民“蕃客”和“胡商”中开始的。这些信仰伊斯兰教的“蕃客”和“胡商”因与通商、通使有关，所以他们大都居住在沿海的通商口岸或都市，如广州、扬州、泉州和长安，同族聚居。由于穆斯林聚居地的形成和人口的逐渐增多，于是出现了“蕃坊”这一称谓。朱彧的《萍州可谈》这样记载：“广州蕃客，海外诸国之所居信。置蕃长一人，管理蕃坊公事，专切招邀蕃商入贡，用蕃官为之，巾袍覆笏如华人。蕃人有罪，诣广州鞫实，送蕃坊行谴……徒以上罪则广州决断。”从中可以知道“蕃坊”这一词既是穆斯林聚居区的称谓，又是一种政教合一组织的机构设置和职权等情况。在蕃坊内一般都建有清真寺，蕃坊内的穆斯林按照伊斯兰教的教义和阿拉伯社会的传统习俗在蕃坊内进行着宗教生活和日常生活。因此伊斯兰教在唐宋时期是客居中国穆斯林的信仰，它的存在范围仅限于蕃坊内的蕃客、胡商等回族先民中，没有也不可能融入中国主流文化体系，当时的中国社会对伊斯兰教并无清晰的认识和了解。伊斯兰文化作为一种外来文化直接传承和保存了阿拉伯社会的形态在蕃坊内存在和传播，其功能是直接为蕃坊内穆斯林的宗教生活和市井生活的需要服务。由于蕃坊内穆斯林的社会生活及其所传承的文化的封闭性，因而一方面伊斯兰教对中国社会及其主流文化并未产生大的冲击和影响，另一方面，中国的主流文化对伊斯兰教的渗入和影响也微不足道。①

元代，随着蒙古族的西征，大批西亚、中亚回回的军士、工匠、商人进入中

① 纳麒：《从回族角度谈伊斯兰教的中国化》。

国，他们与原居住在中国的穆斯林结合，势力逐渐壮大。由于元统治者政治和征战的需要，这些东来的穆斯林军士、工匠被派遣到全国各地，驻守在沿路交通要道、河川平坝，落籍屯垦，“上马则备战，下马则屯聚牧养”①，过着“屯垦”的生活。他们的身份既是士兵，又是农民，战时他们参加战斗，平时他们屯垦守边，制造兵器，自产自食。在长期的历史发展中，他们与当地的汉民族和其他民族互通往来，“娶汉女而居”，结婚生子，繁衍后代，同时把伊斯兰教和伊斯兰文化传入当地，伊斯兰文化得以传播和发展。随着穆斯林民族与当地民族进一步融合，以伊斯兰教为其信仰，以伊斯兰文化为其核心的民族共同体——回族形成了。所以说，回族不是在中国原有的土著民族或原始氏族的基础上逐渐发展演化而形成的，而是外来的信仰伊斯兰教的穆斯林与当地民族融合而成的一个新型民族。随着大批回回军不断落籍屯垦，遍布全国的回族穆斯林逐步形成了“大分散，小聚居”的分布格局。

但是，中国的伊斯兰教和伊斯兰文化，并没有伴随回族的形成发展而得到同步发展。作为一种外来宗教或外来文化，它的发展和繁荣必然要受到中国社会政治的、文化的多种因素的制约，同时也受到自身的局限。

元明时期，由于回族穆斯林在为元王朝统一中国和巩固政权中立下汗马功劳，起了重要的作用，因此，从全国来看，回回人有着较高的政治地位和社会地位，许多回回人在军队中任高官，这在客观上为伊斯兰教的进一步传播提供了条件。另外，元朝廷对伊斯兰教持较宽容的态度，使得伊斯兰教得到了前所未有的兴旺和发展。当时，凡有回族人聚居的地方都建有清真寺，清真寺逐渐成为回族穆斯林进行宗教活动乃至政治生活的中心。明初，回族穆斯林的政治活动与明王朝的建立、巩固和发展分不开，回族穆斯林在为明统治阶级政治和战略目标服务的同时，自身及其信仰的宗教也得到了进一步的传播和发展。

在经历了元代和明代前期，进入明中期后，中国的伊斯兰教逐渐步入低谷。这一方面是因为进入明代后，在政治上回回人的地位远不及元代。明统治阶级大力推行汉化政策，明令禁止“胡衣，胡语，胡姓”，以及“蒙古色目人氏，即居中国，许与中国人为婚，不许与本类自相嫁娶，违者杖八十，男女入宫为奴”②。这在客观上加速了各民族汉化的速度，回族穆斯林知识分子中许多人都接受了儒

① 《元史·兵志》。
② 《明律》卷六《蒙古色目人婚姻条》。

家的伦理纲常思想和社会道德规范。另一方面，回回民族一经形成，就具有了"大分散，小聚居"的地域特征，这种特点决定了回族人民长期处于汉民族为主体的文化氛围中，受汉文化长期的无孔不入的渗透和熏陶，回族穆斯林已经普遍使用汉语汉文，其母语阿拉伯语、波斯语仅仅只用于宗教活动或在日常生活中保留少量词汇。回族穆斯林的姓氏也逐渐改成了汉姓。语言和文字是一个民族文化的重要因素，也是一个民族形成的条件和重要的特征之一。回族穆斯林之所以在日常生活中放弃了自己的语言文字，普遍使用汉语汉文，是因为汉民族是中国的主体民族，回族之于汉族，犹如汪洋大海中的孤舟，回族先民要生产生活，要生存和发展，必然要与汉族进行经济和文化交流，只有学习汉文，使用汉语，才能适应这种需要，才能在新的环境中生存发展。再加上回汉通婚，加速了回族先民使用汉语汉文的速度。可见回族使用汉语汉文是历史发展的必然趋势，在当时的历史条件下，想保持一种共同的回回语或创造一种新的语言文字是不可能的。①随着回族母语、服饰、姓氏等的日趋汉化，伊斯兰教的宗教意识亦日益淡化。

此外，伊斯兰教的传教方式不同于其他宗教，从一开始进入中国，它并不是一种有目的、有计划的社会行为或有意识的公开的传教，而是一种个体行为，通过家庭式的、父传子承式的小规模的在内部进行，即从最基本的群众和最普通的生活方式开始，和平地、缓慢地渐渐开展。② 在明代之前。伊斯兰教在中国的传播和表现形态还停留在"礼俗"方面，更多地表现在宗教生活和日常行为上，缺乏深层次的教义、教理的传播，从思想观念上去征服更多的人。这种不张扬、不扩张的传教方式，一方面使得伊斯兰教没有构成对统治阶级和主流文化的威胁而得以生存，另一方面则因为缺乏教义、教理的传播，未能造就和产生一批精通伊斯兰教义、教理的伊斯兰学者来弘扬和阐释伊斯兰教的真谛，致使伊斯兰教在明中期后出现了"经学匮乏，学人寥落"的局面。一般回族穆斯林只知其然，不知其所以然，正所谓"倘有教门之家，尚存三分回回气氛。如无教门子弟，纯变为汉教矣"。

有清一代，与元明两朝不同，在清王朝开国的功臣中几乎没有回回人，清统治者对回回民族及其伊斯兰教接触了解甚少。回族人民一开始就处于政治上被歧视、受压迫的困境。他们同其他民族一样，英勇地投入抗清斗争中。到了清中后

① 纳文汇、马兴东：《回族文化史》。
② 伊斯梅尔：《回儒思想初探》。

期，清王朝为了维护和巩固其统治地位，对不同的民族采取了不同的政策，对勇于反抗的回族穆斯林采取了限制、歧视的政策。到了清后期，这种限制和歧视发展为更加严厉的打击、迫害，甚至屠杀。对回族穆斯林的宗教信仰、生活习俗、服饰礼仪、节日庆典都横加指责，诽谤诋毁。

特别值得一提的是，这一时期，回族文化的一个显著特征就是用汉文阐述伊斯兰教经籍和伊斯兰文化的“以儒诠经”或“以汉译经”学术活动在全国的蓬勃开展。

明末清初，一批伊斯兰教的有识之士认识到，要振兴伊斯兰教，就要把伊斯兰教从“礼俗”层面提升到学术化层面，要根据中国的实际情况，主动地吸纳中国传统文化的养分，向主流文化靠拢，正视和趋向汉文化，实行文化改造，从而来提升自己的文化，达到保存自己的目的。于是经堂教育在陕西咸阳渭城人胡登洲的首创下先后在全国蓬勃兴起。经堂教育以清真寺为中心，免费招收学员，讲授阿拉伯文、波斯文和伊斯兰教经典，用汉语、阿拉伯语、波斯语混合而成的表达形式来讲解和阐释伊斯兰教的教义、教理，并在教学结构、授课形式、考核、毕业方式等方面形成了一套完整的制度。经过一代代伊斯兰文化人和经师的完善和努力，经堂教育得到进一步的发展和完善。到了清代，经堂教育遍布全国各地，只要有回族穆斯林聚居和清真寺的地方就有经堂教育，并逐步形成了陕西学派和山东学派。在云南，伊斯兰经学大师马复初吸收陕西、山东学派的优长，改良经堂教育，提倡阿、汉经书并授，创立了独树一帜的云南学派。

随着经堂教育的发展，“学人寥落，经文匮乏”的状况得到改善，大批的既懂经书（阿文）又懂汉文的阿訇、经师和伊斯兰教学者等宗教人才脱颖而出，成为振兴和弘扬伊斯兰文化的中坚力量。

同时，正是经堂教育的兴起和发展，以吸收中国传统文化为主的汉文译注活动及学术研究活动蓬勃兴起。这一时期回族穆斯林文化的一个显著特征就是用汉文阐释伊斯兰文化和译注伊斯兰经典的“以儒诠经”或“以汉译经”活动在全国的开展。这为伊斯兰文化的进一步发展奠定了理论基础，丰富了其文化内容，造就了良好的文化环境，涌现出了大批致力于伊斯兰文化研究和传播的有识之士，从而使伊斯兰文化更加充实和完善。其代表人物是王岱舆、刘智、马注、马复初等。云南伊斯兰学者马注著《清真指南》（10 卷），用儒家思想和宋明理学解释和阐述伊斯兰教经典、教义及原理，以期得到康熙皇帝的认可。

经堂教育的演变发展和云南学派的形成以及汉文译注经典的开展及学术活动

的繁荣，构成了这一时期回族穆斯林文化的主要内容。“以儒诠经”，数十位学者的近百种著作的相继问世，构建了中国伊斯兰教的理论基础和理论体系，结束了长期以来中国回族穆斯林依赖于“习俗之渲染，口头之授受，血统之遗传，阿拉伯文之讲解”的传习方式。从此中国人可以直接通过汉文译著学习和了解伊斯兰教，这有利于伊斯兰教的传播和发展，为中国伊斯兰教学术文化活动的发展创造了条件，开拓了道路，也为中国和阿拉伯世界的学术文化交流做出了贡献。

伊斯兰教的汉文译著标志着中国伊斯兰教从礼俗层面到哲理性的学说化的形成。“以儒诠经”或“以汉译经”不只是简单地把伊斯兰教经籍译为汉文让国人看懂，更重要的是它是一种理念的转换，是为了在中国的社会条件下更好地保持和发展伊斯兰教，把伊斯兰文化和汉文化有机地融合在一起，以汉文化的表现形式来反映伊斯兰文化的内核，既吸收中国传统主流文化（主要是儒家文化）和宋明理学的思想，也融合儒家的学说和运用儒家的概念、术语、范畴及表达方式来阐释伊斯兰教的原理、教义、教律等内容，并回答伊斯兰教在中国传播过程中的理论问题和实践问题。这是回族穆斯林先人们的明智之举。正如纳麒教授所说：“经学大师们大胆地、积极地引入了中国传统文化，在译经、释经中以中国传统思想阐明伊斯兰学理，以当时中国占主导地位的宋明理学的架构来创建伊斯兰教义学的体系，使其基本的价值取向与中国大环境的整体文化相适应，使伊斯兰具有了明显的中国作风、中国气派，从而也使得伊斯兰教在中国的存在与发展获得了理论的根基，从低谷走上勃兴之道。”①

清末，随着清王朝逐渐走向衰落，社会矛盾和民族矛盾日趋尖锐，全国各地各民族对清统治阶级的反抗起义此起彼伏。清王朝为了巩固其封建地位，转移国内人民的斗争视线，对外妥协投降，对内加紧实行民族分化，排斥异己，挑拨民族关系，对回族人民及伊斯兰教采取了更加严厉的禁止政策。在西北、云南等省区，随着回族人民起义的失败，清统治者对回族人民进行了疯狂的报复和惨无人道的大屠杀，数以百万的回族穆斯林惨遭杀戮，清真寺几乎无一幸存，处在发展中的回族穆斯林的经堂教育也被清政府摧毁殆尽。到了清末民国初，随着回族穆斯林返回家园和各地清真寺的重建，经堂教育才得到了恢复和发展。这一时期，伊斯兰教和回族文化由于在清统治阶级的专制迫害下不可能有更广泛的传播和长远发展，但随着回族人民在动乱中的转移和迁徙，客观上却使伊斯兰教得以保存

① 纳麒：《从回族角度谈伊斯兰教的中国化》。

和传播。

辛亥革命以后，随着清王朝的灭亡和中华民国的建立，在新文化运动和民主主义革命的推动下，回族文化得以复兴，并走上了新的发展历程。回族穆斯林中的知识分子，致力于民族解放，民主革命，走向社会，改良宗教和普及新文化运动，造就了回族文化的新气象和新的发展形式。在这一时期，回族穆斯林中的知识分子和有识之士认识到，要振兴民族，弘扬回族伊斯兰文化，就必须唤醒民众，兴办教育。于是在他们的积极倡导下，一些回族的宗教团体会社相继成立，积极创办发行中文报刊，兴办新式学校教育以及向海外派遣留学生，极大地推动和促进了伊斯兰文化和回族文化教育事业的发展。

新中国成立后，废除了民族压迫和阶级剥削制度，回族人民和其他民族一样获得了新生，成为祖国民族大家庭中的一员，充分享受了民族平等、当家做主的权利。回族穆斯林的文化教育事业受到党和政府的重视、帮助和扶持，回族文化教育事业得到了全面发展。其间虽经十年“文化大革命”的破坏，有过曲折，走过弯路，但各民族之间的团结、交流、融合、发展、进步始终是主流。特别是党的十一届三中全会以后，随着党的民族宗教政策的贯彻落实和改革开放的富民政策的制定执行，在社会主义物质文明和精神文明建设中，各国之间、各民族之间的交往、交流更加频繁，各民族文化之间的交流和碰撞日益增多。不论是伊斯兰文化还是回族文化都得到了长足的发展，并在社会主义文化事业建设中发挥着积极的作用。

所以，在伊斯兰文化的基础上，吸收了汉文化的养分融合而成的回族文化，经历了元、明、清、民国到新中国的历史演变和发展，已成为中华民族文化的重要组成部分。

二、回族文化的内涵和特点

综上所述，回族文化的形成和发展是与中国社会的政治、经济、文化的状况密不可分的。

伊斯兰教自唐宋传入中国，即带来了伊斯兰文化。大量的回族穆斯林自元代进入中国并形成回回民族这一共同体。由于征战和屯垦的需要，分散居住在全国各地，形成了大分散，小聚居，且主要是与汉民族交错而居的分布特征。为了自身的生存和发展，他们一方面以伊斯兰教为纽带，团结、凝聚在伊斯兰教的旗帜之下，其文化始终保持了伊斯兰文化的特色；另一方面，他们又生活在中华民族的土地上，中国传统文化（主要是儒家文化）对回族穆斯林的政治、经济、文化、思想、心理及社会生活等方面都产生了深刻的影响。

就回族文化来说，首先是伊斯兰文化的内涵特征。伊斯兰教和伊斯兰文化在回族的形成过程中有着至关重要的作用，甚至可以这样说，没有伊斯兰教的传入，就没有回回民族；没有伊斯兰文化，回族将失去作为一个独立民族而存在的根据。从这个意义上说，作为一种外来的宗教文化，伊斯兰文化在中国的传播和发展，促成了回族的产生并成为回族文化的核心和主体，伊斯兰教不仅是回回民族的宗教信仰，也是回回民族的行为准则、价值取向和生活方式。这是中国回族及回族文化的一个显著特征。

同时，为了适应生存环境，以求得进一步的发展，面对历史悠久、博大精深的汉文化，回族穆斯林以开放的胸襟自觉地趋向和接受汉文化。回族穆斯林在与汉民族和其他民族的交往中不断地受到汉文化的影响，汉文化从各个方面渗入回族的社会生活，甚至渗入伊斯兰教义、教法之中。汉文化中的生产方式、思维方式、伦理道德、哲学思想、价值取向、语言文字、文学艺术、甚至衣食住行等生活方式、风俗习惯都以不同的形式、不同的渠道并在不同程度上影响着回族穆斯林群体和个体。伴随着回回民族的形成，回族文化也随之形成。所以说回族文化是一种伊斯兰文化与汉文化的紧密结合体，即所谓的“合金型”文化，这是回族文化的最大特色，也是回族人民在长期的历史进程中赖以生存和发展的基础。

从文化学或文化史的角度考察，任何一种外来文化，如要在本土文化中扎下根来生存，要么是自我封闭，防止本土文化的侵入和渗透，最大限度地减少本土文化对其的冲击和影响，但这种文化最多只能存活而难以发展，而且在客观上是难以为继的，特别是经济文化全球化的今天，随着不同国家、不同民族、不同地域之间文化的交流和融合，要在一个封闭的地域内保持一种单元文化或地域文化的纯真性和正统性是很难的。再就是正视和趋向本土文化，从本土的主流文化中汲取养分，主动地改造自己，将自己的文化价值取向同本土的传统文化有机地融合起来，提升自己的文化，以得到主流文化的认同，从而得到生存和发展。当然，我们所说的趋向、改造和提升，并不是说一种文化要附和或迎合一种文化，外来文化要向主流文化投降，如果这样，这种文化最多也只能是一时的苟活，最后也只会落得消亡的命运。回族历史上形成的“大分散，小聚居”的特点，决定了中国回族的伊斯兰文化不可能在汉文化的汪洋大海中自我封闭而独立存在，自我发展，而只能是勇敢地正视和面对汉文化潮水般势不可当的冲击，主动趋向汉文化，从中汲取养分，为我所用，再造和提升适宜自身发展的，与主流文化相融的新的回族伊斯兰文化，这才是摆脱危机，实现民族振兴的明智之举和最佳选择，也只有这样，才不会被以儒家思想为主流的汉文化的浪潮所吞没。

我们说回族文化是伊斯兰文化和汉文化的结合体，并不是说回族文化是伊斯兰文化和汉文化的简单相加和重叠，而是长期以来回族人民为了生存和发展而不得不选择“适我所需，为我所用”的结果，是对伊斯兰文化的坚守和对汉文化接受的一种创造性的文化，其中具有主动的因素，也有被动的成分。所以回族文化既有在汉文化的影响下形成的思维方式和心理素质，也有对汉文化接受与排斥的双重趋向，以及以汉文化的形式出现却包容着伊斯兰文化内核的基因。[①] 以伊斯兰文化为核心内容，吸收了汉文化的合理要素，以中国主流文化为其理论构建和表现形式的复合型回族文化，是一种经过改造、提升后的创新文化，是伊斯兰文化的中国化（回族化）和中国化（回族化）的伊斯兰文化，这也是回族文化的重要特色。

回回民族形成于中国的封建时代，其社会经济的发展与组织结构的演变与中国封建社会同步，带有浓厚的封建社会的烙印。没有经历过原始社会和奴隶社会，这是回回民族有别于其他民族的显著特征。因此，回族文化一经产生和形成，就以其顽强的生命力出现在中华文化这一肥沃的土壤之上。再由于大分散，小聚居的分布特点，各地回族所处的自然条件和社会环境的差异，构成了回族文化的不同区域（地域）特色。

七百多年来，回族穆斯林尽管处在汉文化或其他民族文化的包围中，但始终坚持着伊斯兰文化的特性，没有被同化，这就是伊斯兰教的作用。伊斯兰教的内核决定了回族文化有别于非穆斯林民族文化的显著特征，而中华文化又使回族文化与其他民族文化有诸多共性特征，表现在大文化上的哲学思想、语言文字、文学艺术、医药科技及风俗习惯等方面的共性与特色。

孔子儒家思想及其理论学说为主的中国传统文化构成了汉文化的主要内容，它是一套广涉哲学、伦理学、文化学等内容的系统学说。它不仅是一种哲学体系，其伦理道德观有着极强的实践性，而且始终注重现实，面向现实，与人们的现实生活息息相关，这是儒家思想历久不衰的根本原因。每一个中国人，不论他

---

① 高发元：《回族文化史》序言。

身处何处，也不论他富贵贫贱，其思想深处无不有儒家的痕迹。回回民族的文化产生于中国这样一个儒家思想和儒家文化根深蒂固的社会背景和土壤之中，这是它不可回避的现实，要在这样的环境中生存和发展，就要对其采取主动趋向、吸纳、提升和改造的态度，最终达到融合、协调发展，反之则会被动，最终丧失自己的文化。所以，回族文化在经历了元、明、清、民国直至新中国这样一个长期的发展过程，与中国主流文化（汉文化）形成了一种互为影响、互为融合、互为包容、互为支撑、协调发展、共同进步的关系，成了中华民族多元文化宝库中不可分割的组成部分。

2014年9月18日修订

（原文为社会主义学院讲稿）

民族文化强省建设和“桥头堡”战略实施中的宗教文化建设

云南是在全国率先实施“文化立省”战略的省份之一，早在1996年，省委、省政府就提出了把云南建设成为民族文化大省的战略目标。十七大后，根据大会关于推动社会主义文化大发展、大繁荣的精神，省委、省政府又适时做出了由民族文化大省向民族文化强省迈进的战略决策，并制定出台了《关于建立民族文化强省的实施意见》。

把云南建成民族文化强省，是云南省委、省政府深刻总结国际国内文化发展经验，正确把握当代文化发展趋势，着眼于维护和发展云南各民族文化，促进云南经济社会全面发展做出的重大决策；是在云南民族文化大省建设实施多年的基础上，根据云南的发展实际做出的符合云南省情的发展战略；是在新的历史条件下科学合理开发云南民族文化资源、增强云南民族文化竞争力、提升云南综合实力的客观要求；是对民族文化大省建设的进一步拓展和提升；是与时俱进在云南社会发展中的具体体现。经过多年的实践检验，证明它完全符合云南民族众多、地处边疆、民族文化资源丰厚富集，但贫困面大且发展极不平衡的实际情况。从民族文化大省到民族文化强省，从大到强，虽然只是一字之差，但它却反映了省委、省政府领导思想观念的提升，体现了云南民族文化建设从量到质的转变，以及从大而多的规模效益到精而深的品牌效益的推进。

在云南民族文化强省建设中，我们又迎来了中国面向西南开放的桥头堡建设战略实施的有利时机。2009年7月，胡锦涛总书记在云南考察时提出“使云南成为我国面向西南开放的桥头堡”的战略构想。同年12月，云南省委八届八次全会确定把云南“建设成中国面向西南开放桥头堡”的战略目标。日前，国务院下发了《关于支持云南省加快建设面向西南开放重要桥头堡的意见》，云南省委、省政府正根据中央和国务院的要求编制实施方案和细则，这意味着云南桥头堡建设即将正式启动。

云南桥头堡建设是云南全省各族人民的一件大事，也是云南经济社会发展的重大历史机遇。桥头堡战略目标确定以来，引起了社会各界的广泛关注，各级党委和政府以及学术界、教育界、工商界都对桥头堡战略展开了积极的讨论研究，并形成了许多相应的成果。但迄今为止，大多数研究成果都是从经济、商贸、科技、交通、通信和广义文化等方面来对此展开讨论研究，鲜有从宗教和宗教文化建设的角度，特别是结合云南地处边疆，多民族、多宗教，民族文化和宗教文化丰富多样的实际和特点，将宗教文化建设放入桥头堡战略实施这一特定的背景下和对外开放进程中来进行深入研究的，也未见相关的具体和针对性较强的研究报告或著述，只有少量有关加强宗教文化建设促进社会经济发展、积极引导宗教与社会主义社会相适应等方面的文章。因此，在云南民族文化强省建设和桥头堡建设中，结合云南地处边疆，多民族、多宗教，民族文化和宗教文化丰富多样的实际和特点，对宗教文化建设，特别是跨境民族地区宗教文化建设对桥头堡建设的影响以及从国家安全和文化安全的角度来进行研究就显得非常重要和必要。

当前，党的十七大五中全会和全国“两会”审议通过的《“十二五”发展规划纲要（草案）》以及刚刚召开的十七大六中全会又为云南民族文化强省建设和桥头堡建设以及经济社会发展进一步指明了发展方向。这就意味着今后我国的发展不仅仅是以 GDP 为指标的单纯追求经济的快速增长，而是要进一步以科学发展观为指导，转变经济发展方式，走政治、经济、文化和社会全面协调可持续发展的道路。特别是十七大六中全会审议通过的《中共中央关于深化文化体制改革、推动社会主义文化大发展大繁荣若干重大问题的决定》，明确提出到 2020 年要把我国建设成为文化强国，这就更进一步为云南民族文化强省建设提供了强大的思想动力、政策保证和理论支撑。可以预期，通过贯彻、落实这次会议精神和各项任务，将进一步在全省兴起新一轮的社会主义文化建设新高潮。这对促进云南经济社会全面发展，全面建设小康社会、开创中国特色社会主义事业新局面、实现中华民族伟大复兴具有重大而深远的意义。

一、民族文化建设是桥头堡建设的重要内容和必要保证

众所周知，云南是一个多民族的边疆省份。除汉族外，云南有 55 个少数民族成分，少数民族人口 1 415. 9 万人，占全省人口的 33. 43%；人口在 5 000 以上的世居少数民族有 25 个，其中有 16 个少数民族跨境而居，有 15 个特有少数民

族，是全国特有少数民族最多的省份。① 每个民族在长期的历史发展和社会发展中创造了自己的物质文化和精神文化，这些文化共同构成了云南丰富灿烂、绚丽多姿的民族文化，使云南成为我国民族文化资源最富集的地区之一。云南省委、省政府正是从云南的实际出发，根据云南民族文化资源丰富多样的特点，确立和实施了民族文化大省向民族文化强省建设的发展战略。经过多年的实施和努力，云南民族文化强省建设发展迅速，全省各文化领域均取得了显著成效。实践证明，民族文化资源是支撑云南发展的重要资源，民族文化产业是云南经济社会发展的支柱产业，民族文化强省建设完全符合云南的实际。而把云南建设成为中国面向西南开放的重要桥头堡是中央从国家层面和国家高度对促进和推动云南经济文化社会全面发展做出的重大战略决策，它使云南从我国对外开放的后方变成了对外开放的前沿，使云南在全国的战略地位得到空前提升，为云南的经济社会发展提供了前所未有的广阔空间和重大的历史机遇，其意义是深远而重大的。

“桥头堡”是陆桥经济研究中的一个具有特定内涵的重要概念，它包含了经济、政治、社会、文化等内容，具有控制力、发展力和影响力三个方面的特征。在中国面向西南开放的桥头堡战略实施中，云南桥头堡建设是一个庞大的系统工程，是社会、经济、制度、文化等综合性的建设，是以物质建设为特征的经济建设和以精神建设为核心的文化建设等在内的有机统一体。其中，经济建设是文化建设的载体和基础，而文化建设是经济建设的灵魂和保障。云南面向东南亚、南亚乃至世界开放，是全方位、立体型、宽领域、高层次、高效益的开放，是经济、贸易、科技、文化、教育、交通、信息等领域的全面合作与接轨，其中文化的对外开放和交流是必然的也是必需的，而且是极其重要的方面。因此，在云南桥头堡建设中，我们既要注重经济层面的基础性建设，也要注重文化层面的保障性建设；既要注重物质的硬件建设，也要注重文化的软件建设。要把经济建设和文化建设有机地结合起来，以经济建设带动文化建设，以文化建设促进经济建设，充分发挥文化在推动经济建设和社会发展中的软实力作用。

此外，在经济全球化的大背景下，以美国为首的西方强势文化对世界的影响和辐射越来越大，对各国民族文化的冲击也越来越强，甚至控制和左右着主权意识不强和附庸国的文化，使其逐渐成为弱势文化和边缘文化，失去自己的特色和

---

① 据2000年第五次人口普查统计和云南省民族事务委员会、云南省统计局联发《关于规范使用少数民族称谓和云南省少数民族数据的意见》，云族联发〔2003〕8号。

话语权，最后湮灭在强势文化之中。因此，文化软实力已成为一个国家和地区核心竞争力的重要组成部分，对人类社会发展、国家安全、民族复兴的意义和作用更加突出，许多发展中国家已把文化提升到国家主权的高度，采取积极措施宣传和保护自己的民族文化，以抵御西方强势文化的侵蚀。在这种背景和趋势下，云南民族文化强省建设和桥头堡建设同样面临着机遇和挑战，云南的民族文化既要生存和发展，又要与国际接轨，与全球化同步。否则就会沦为弱势文化或边缘文化，最终遭到淘汰出局的命运。如此，云南桥头堡建设就会失去文化软实力的支持和智力保障而受到重创。

所以，在云南桥头堡战略实施中，民族文化建设既是其重要内容，也是其必要条件。我们必须重视和加强民族文化建设，充分发挥民族文化在云南桥头堡建设中的积极作用，让民族文化助推桥头堡建设，为桥头堡建设提供文化软实力。这样才能在一个新的高度上把云南建成中国面向西南开放的桥头堡，发挥云南桥头堡在国家对外开放战略中前沿性、重要性和带动性的作用，进一步推动云南经济社会的全面发展。

二、宗教文化是民族文化的重要组成部分，对桥头堡建设有重大影响

我们知道，在文化大系统中，宗教和宗教文化是子系统。宗教和宗教文化不仅是一种特殊的社会意识形态和客观的社会存在，也是人类社会发展进程中特殊的社会文化现象，是人类传统文化的重要组成部分。宗教在适应人类社会长期发展过程中形成了特有宗教信仰、宗教感情和与此种信仰相适应的宗教理论、教义教规，并形成了严格的宗教仪式，相对固定的宗教活动场所，严密的宗教组织和宗教制度等，所以，宗教本身就是一种文化。1952 年 10 月 8 日，毛泽东主席在接见西藏代表团时也提出了宗教是文化的观点，他说：“文化包括学校、报纸、电影等等，宗教也在内。”① 广义上讲，宗教和宗教文化本身既是一种以信仰为核心的文化，同时又是整个社会文化系统的子系统。千百年来，宗教和宗教文化不仅在信教群众的精神生活中发挥着作用，而且对各民族社会的精神文化生活也

---

① 中共中央文献室、中共西藏自治区委员会编：《西藏工作文献选编》（1949—2005），中央文献出版社 2005 年 9 月版，第 87 页。

产生了影响。宗教文化通过对哲学思想、伦理道德、法律、教育、生活习俗、文学艺术、音乐、建筑、绘画、雕塑、诗歌、旅游等方面的渗透和作用，对一个国家、一个民族和一个地区的经济社会发展、民族关系、社会和谐稳定以及人们的物质生活和社会的精神文化生活产生着深刻而重大的影响。其内容涉及宗教政治、宗教哲学、宗教意识、宗教信仰、宗教教义、宗教伦理、宗教礼仪、宗教活动、宗教流派、宗教团体、宗教管理、宗教典籍、宗教文学、宗教艺术、宗教音乐、宗教建筑和宗教寺观、庙宇、教堂等诸多方面，涵盖了理论、信仰和实践多个层面。

在云南丰富灿烂的民族文化中，宗教和宗教文化极其重要并独具特色，是民族文化的重要组成部分。云南包括汉族在内的26个世居民族都有自己的宗教信仰和宗教生活，佛教（包括汉传佛教、藏传佛教和南传上座部佛教）、道教、伊斯兰教、基督教和天主教以及民族民间宗教等多种宗教形态和宗教文化并存，宗教形态多样而各异，宗教文化多元而丰富。全省有信教群众400多万，占全省总人口的十分之一左右；有的民族几乎全民信教（如回族、藏族和傣族）；有宗教意识和宗教情结的人就更多。宗教与各民族的社会生活密不可分，特别在边疆民族地区，对少数民族的生产生活（物质生活和精神生活）有着重要的影响；对边疆的社会稳定、国防建设、民族团结、经济发展有着密切的联系并产生直接或间接的作用。加之云南地处祖国西南边陲，有25个边境县（市）与缅甸、老挝、越南三国接壤，边境线总长为4 060公里；与泰国、柬埔寨、孟加拉、印度等国地缘相邻，文化相通，自古就是中国连接东南亚、南亚各国的陆路通道和文化传播的重要渠道。16个民族与境外相同民族跨境而居，同源同宗，有其共同的宗教信仰；有的宗教与东南亚、南亚有着渊源关系，历史上宗教文化交流就很密切，对维系边疆社会稳定，发展与邻国友好关系发挥着重要作用。如云南西双版纳和德宏的傣族全民信仰的南传上座部佛教（俗称小乘佛教），历史上就是从印度向南传入斯里兰卡、缅甸、老挝、泰国、柬埔寨，再由缅甸传入云南西部地区的，为傣族、布朗族、阿昌族、德昂族等跨境民族所共同信仰。这些民族和地区由于宗教信仰相同、文化相通，长期以来经济和文化交往频繁、互为影响。随着云南桥头堡建设战略的实施和连接东南亚、南亚大通道的不断推进，云南作为中国面向西南开放的桥头堡战略地位日益凸显，云南民族文化与境外文化的交流更加频繁，其中宗教和宗教文化与境外宗教和宗教文化的接触交融更为直接，宗教界的对外联系和友好往来也会日渐增多。在对外拓展文化交流的渠道上，作为相对特殊的文化体系的宗教文化具有重要作用。中国传统宗教和世界性宗教在东南亚、南亚和“三胞”中都有较多的信众，宗教文化是联系海内外炎黄子孙的主要精神纽带。在促进祖国统一，实现“一国两制”的伟大战略构想方面，在促进带动地方经济和民俗文化发展方面，在宗教文化旅游资源开发、带动旅游等文化产业的发展方面，在招商引资、投资、捐资等方面，宗教和宗教文化能发挥其特殊的正面文化效应，起到其特殊的作用。

而在宗教文化对外开放、交流、互动的过程中，中外各地区各民族各宗教文化会互为影响，其中有沟通、有融合，也有摩擦、有碰撞，甚至冲突；加之云南民族地区宗教文化的多样性，宗教文化良莠不齐，精华和糟粕共存。何况宗教毕竟有意识形态属性，任何一种宗教其社会显隐功能都有其正负两重性，有积极的一面，也有消极的一面；有对经济建设社会发展有利的因素，也有对经济建设和社会发展不利的因素，而这些消极和不利的因素一旦缺少科学、理智和法制制衡，就可能走向极端，失控膨胀，形成巨大的破坏力，与主流文化相冲突，对社会产生负面作用。在特定因素的激发下，甚至会带来严重的政治问题。正如美国哲学家、史学家威尔·杜兰在他的《世界文明史》一书中所说：“宗教是一种很难定性、不易评判的社会现象：一方面，它与人类文明有着不可分割的渊源联系，并造就出众多思想家、科学家、艺术家、政治家和具有崇高道德力量的伟人；另一方面，在人性的偏执、社会的罪恶、种族的仇视中，也经常能看到宗教的阴影，宗教又常常成为社会动荡、冲突、甚至战争的助力。”① 江泽民同志也指出：“我国宗教的社会作用仍然具有两重性，既有积极的一面，也有消极的一面，还会受到一定范围内存在的阶级斗争和国际上一些复杂因素的影响。对这个基本的现实，我们必须始终保持清醒的认识。”② 特别是在云南这种多民族、多宗教、地理位置特殊的边疆省，境外敌对势力利用宗教向我渗透日趋严重，直接影响了边疆民族地区的经济发展、社会稳定和边疆各民族的生产生活，思想文化阵地的争夺十分激烈。边疆民族地区既是我省民族文化的富集地区，也是文化建设的薄弱地区，更是维护国家文化安全的重点地区。由于历史和社会的诸多因素，民族问题和宗教问题又往往联系在一起，形成你中有我、我中有你的情况。2005 年 5 月 27 日，胡锦涛同志在中央民族工作会议上的讲话中明确指出，“民

---

① ［美］威尔·杜兰：《世界文明史》，东方出版社 1998 年版。

② 江泽民：《在全国宗教工作会议上的讲话》（2001 年 12 月 10 日），参见江泽民《论宗教问题》，《江泽民文选》第三卷，人民出版社 2006 年版。

族问题始终是我们建设中国特色社会主义必须处理好的一个重大问题”，“民族问题在一些地方往往与宗教问题交织在一起，如果对宗教问题处理不慎或不当，也会影响民族关系。”加之云南民族地区的经济社会发展极不平衡，经济发展和现实社会生活中还存在着许多问题，有的问题还相当严重，与社会主义和谐社会建设不相协调，与小康社会建设还有较大差距，影响和阻碍了云南民族文化强省建设和桥头堡建设乃至全省经济社会的全面发展。这些问题不仅边疆民族地区有，内地汉族和其他民族地区也不同程度地存在。

在桥头堡建设的五大战略目标定位中，把云南建成我国民族团结进步、边疆繁荣稳定的示范区是其中之一。而要实现这一目标，就需要一个和谐稳定的社会环境，这是云南桥头堡建设和经济社会发展的重要保证。其中宗教和谐是社会和谐的重要内容，而宗教和谐的关键是宗教文化和谐，没有宗教文化的和谐就没有宗教的和谐。当今世界范围内的许多矛盾和冲突就是由宗教问题引发的，其根源之一是宗教文化的冲突。所以，包括宗教和宗教文化和谐在内的宗教文化建设就至关重要，它对民族文化强省建设和桥头堡建设有着重大影响。

综上所述，云南广大的各族人民和各宗教界人士及信教群众是云南经济社会发展和社会主义建设的重要力量，同样也是民族文化强省建设和桥头堡建设的重要力量；“广大宗教信徒是拥护社会主义制度的，同全国人民在根本利益上是一致的，这是宗教能够与社会主义社会相适应的政治基础。”① 宗教文化是云南民族文化的重要组成部分，加强宗教文化建设既是民族文化强省建设和桥头堡建设以及云南经济社会发展的重要内容和题中之意，也是促进云南对外开放、实现民族文化强省和桥头堡建设战略的重要保证和必要条件。因此，我们必须重视和加强宗教文化各方面、各领域的建设，充分发挥宗教和宗教文化在云南民族文化强省建设和桥头堡建设中的积极作用，让宗教文化为民族文化强省建设和桥头堡建设服务。

三、民族文化强省和桥头堡建设中宗教文化建设的几点思考

那么，在云南民族文化强省建设和桥头堡建设中，怎样从理论和实践的层面

① 江泽民：《高度重视民族工作和宗教工作》（1993 年 11 月 7 日），见《十四大以来重要文献选编》（上册），人民出版社 1996 年版，第 518 页。

以及从政府和宗教的角度来理解和认识宗教和宗教文化建设的作用和意义；怎样加强宗教文化建设，为我省的宗教和谐及社会和谐提供政策性、制度性和法制性的保障；怎样既坚守中国传统的优秀文化和中国特色的社会主义文化，又能吸收利用东南亚、南亚以至西方强势文化中有价值的因素，为我省社会经济发展提供较强的软实力和智力支持，为云南全面的对外开放营造一个良好的文化氛围；怎样在全球化的背景下应对西方强势文化的影响和冲击，保持自己的文化个性和文化特色，让云南包括宗教文化在内的民族文化得到国内国际的尊重和认同，在中华文化和世界文化中占有一席之地；怎样做大做强云南的民族文化和本土文化，以此来促进和带动云南经济社会全面协调可持续发展，这是我们不得不认真思考和解决的问题。

（一）理论上

在民族文化强省建设和桥头堡建设中，我们要继续坚持中国特色的社会主义理论和“三个代表”重要思想，全面贯彻落实科学发展观，转变发展观念，以人为本，统筹兼顾，走全面协调可持续发展道路，促进经济、文化、社会全面发展；大力推进中国特色社会主义文化建设，发展民族文化，用先进文化占领国内文化阵地，用社会主义核心价值观统一思想、凝聚人心，有效抵御外来不良文化的冲击，为云南民族文化强省建设和“桥头堡”建设提供强大的精神动力、理论支撑和舆论环境，为我省的宗教和谐及社会和谐提供政策性、制度性和法制性的保障。宗教关系是社会主义五大社会政治关系之一，我们要从马克思列宁主义民族宗教观出发，正确认识文化和宗教的本质属性，充分认识文化与经济、文化与社会、文化与宗教的关系，以及宗教与经济、宗教与社会之间的关系，既要充分认识宗教和宗教文化在人类社会发展中的积极作用和人文价值，又要清楚地认识宗教的意识形态属性和宗教正负显隐功能中积极、消极的两重性，要根据不同时代的要求和变化了的社会环境来认识宗教和宗教文化。中央关于“引导宗教与社会主义相适应，发挥宗教和宗教界人士在促进经济社会发展中的积极作用”的科学论断，就是根据构建社会主义和谐社会的时代任务和社会主义条件下宗教存在及发展的新特点，以及我国宗教与社会主义相适应的新情况下提出的，这是我们党坚持马克思主义基本立场、观点和方法，履行“为人民服务”和“代表最广大人民群众的根本利益”的必然要求，是我们党与时俱进坚持和发展马克思主义宗教观的具体体现，也是新时期我国宗教工作的主要任务。尤其在今天，构建社会主义和谐社会要遵循的一条重要原则，就是“必须坚持以人为本，始终把最广大人民的根本利益作为党和国家一切工作的出发点和落脚点，实现好、维护好、发展好最广大人民群众的根本利益。”我们党代表人民群众的根本利益，当然也包括广大信教群众的利益；我们党依靠最广大人民的力量，当然也包括依靠广大信教群众的力量。信教群众是我们党执政的群众基础和建设中国特色社会主义、构建社会主义和谐社会和促进经济社会发展的重要力量，也是桥头堡建设的重要力量。所以，做好信教群众工作，引导宗教与社会主义社会相适应，发挥宗教和宗教界人士及信教群众在促进经济社会发展和桥头堡建设中的积极作用是宗教工作的重要任务和根本任务，是党的群众路线在宗教工作中的必然贯彻，也是马克思主义宗教观与马克思主义群众观的一致性的一贯体现。

（二）实践上

1. 从政府层面说——

江泽民同志指出：“正确对待和处理宗教问题，是建设有中国特色的社会主义的一个重要内容。……从我们党和政府来说，要坚定不移地贯彻执行尊重和保护公民宗教信仰自由的权利、保护正常的宗教活动、保护宗教界的合法权益这样一些长期不变的基本政策；……我们处理同宗教界朋友之间的关系的原则是政治上团结合作，思想信仰上互相尊重。这一点是永远不会变的。”①“在宗教问题上我也想强调三句话：一是全面、正确地贯彻执行党的宗教政策，二是依法加强对宗教事务的管理，三是积极引导宗教与社会主义社会相适应。”②

首先，各级政府和职能部门要坚决贯彻落实党的民族宗教政策和宗教工作的基本方针，即：全面贯彻党的宗教信仰自由政策，依法管理宗教事务，坚持独立自主自办原则，积极引导宗教与社会主义社会相适应。基本方针是改革开放30年来我国宗教工作经验的总结、凝聚与升华，是多年来宗教工作实践的检验，体现了党在宗教工作方面的理论创新与政策创新，反映了全党的共识，并写入了党章总纲。基本方针的“四句话”是彼此联系、相互贯通的。其中“全面贯彻党的宗教信仰自由政策”，是党的宗教政策的出发点，是发挥宗教积极作用的首要

① 江泽民：《保持党的宗教政策的稳定性和连续性》（1991年1月30日），《新时期宗教工作文献选编》，宗教文化出版社1995年版，第210页。

② 江泽民：《高度重视民族工作和宗教工作》（1993年11月7日），参见《十四大以来重要文献选编》（上册）人民出版社1996年版，第516页。

前提，也是宪法有关条文的基本精神。①“依法管理宗教事务”，是依法治国和依法行政在宗教领域的具体体现。在我国，依法管理宗教事务，既包括要依法保护公民的宗教信仰自由权利，也包括要依法规范宗教方面涉及社会公共利益的各种关系、行为或活动，二者是相辅相成的。“坚持独立自主自办原则”，是宪法所规定的中国的宗教团体和宗教事务不受外国势力的支配的原则，是基于中国曾经长期以来受帝国主义侵略和掠夺，而宗教又被用来作为工具的历史教训，是基于对中国人民珍视民族独立自由意愿的尊重，也是基于对境外敌对势力企图利用宗教“西化”“分化”中国图谋的警示，同时这还是一个涉及国家安全和社会稳定的大问题，是宗教在中国长期存在和健康发展的必要条件，也是宗教能够发挥积极作用的必要条件。“积极引导宗教与社会主义社会相适应”，既是发挥宗教积极作用的前提，也是基本方针的落脚点。它包含着三层意思：第一是“积极引导”，而不是消极地对待或被动地等待；第二是“相适应”，而不是相排斥、相对立，宗教不再是被打击或消灭的对象，而是与党有着血肉联系的社会主义共同事业的重要建设者；第三是“与社会主义相适应”，这是政治正确的定性与定位，即：宗教所要相适应的，不是别的什么社会，而是社会主义社会，这是根本的要求；宗教本身就是中国特色社会主义社会的一部分，宗教关系是社会主义五大社会政治关系之一。所以，“积极引导宗教与社会主义社会相适应”的直接逻辑发展与政策指向，就必然要求发挥宗教的积极作用，而发挥宗教的积极作用又是积极引导宗教与社会相适应的必然结论和归宿。但是，“积极引导宗教与社会主义社会相适应，不是要求宗教界人士和信教群众放弃宗教信仰，而是要求他们热爱祖国，拥护社会主义制度，拥护共产党的领导，遵守国家的法律、法规和方针政策；要求他们从事的宗教活动要服从和服务于国家的最高利益和民族的整体利益；支持他们努力对宗教教义做出符合社会进步要求的阐释；支持他们与各族人民一道反对一切利用宗教进行危害社会主义祖国和人民利益的非法活动，为民族团结、社会发展和祖国统一多作贡献。”②

---

① 参见《中华人民共和国宪法》第三十六条。

② 江泽民：《在全国宗教工作会议上的讲话》（2001 年 12 月 10 日），参见《论宗教问题》，《江泽民文选》第三卷，人民出版社 2006 年版。

其次，对宗教的长期性、复杂性、民族性、群众性、国际性（“五性”）① 要有足够的认识，特别是对宗教存在的长期性、宗教问题的群众性和宗教的特殊复杂性（“三性”）② 要有充分的认识。其中，根本是长期性，“宗教作为一种社会现象，具有漫长的历史，在社会主义社会也将长期存在。宗教走向最终消亡也必然是一个漫长的历史过程，可能比阶级和国家的消亡还要久远”。③ 所以要积极引导宗教与社会主义社会相适应；关键是群众性，所以要全面正确地贯彻执行宗教信仰自由政策；特殊的是复杂性，所以要依法管理宗教事务，坚持独立自主自办的原则。要全面认识宗教产生和存在的深刻历史根源、社会根源、认识根源、心理根源，全面认识宗教在社会主义社会将长期存在的客观现实，全面认识宗教问题同政治、经济、文化、民族等方面因素相交织的复杂状况，全面认识宗教对相当一部分群众有较大影响的社会现象。有了这“四个全面认识”，才能深刻地把握宗教存在的长期性、宗教问题的群众性和特殊复杂性，也才能正确对待宗教、宗教信徒、宗教活动和宗教问题。对民族宗教问题要给予高度的重视，不能掉以轻心；要以史为鉴，防微杜渐，更加关注民生，体察民情，把各项工作落到实处，将不稳定因素消灭在萌芽状态（对民族或宗教问题如处理不当或不及时，就可能酿成社会问题，这在云南历史上和其他省区都有先例可见）。要加强宗教工作机构、宗教职能部门和宗教团体的建设，对宗教职能部门的工作经费要给予必要的财政保证。要创新宗教的社会管理制度、内容、目标和途径；充分发挥爱国宗教团体自我管理、服务社会的能力，最大限度地发挥宗教组织和宗教团体管理宗教事务的作用；加大对爱国宗教团体自我管理的指导，使爱国宗教团体能把科学管理、民主管理和依法管理三方面有机结合起来。对宗教工作重在强化管理、规范管理、创新管理。在管理理念上，要更加重视依法管理；在管理制度上，要更加重视建章立制；在管理主体上，要更加重视宗教团体的作用；在管理

① 1958 年，李维汉在第五次全国宗教工作会议上正式提出宗教具有“五性”。1996 年中央召开的纪念李维汉同志 100 周年诞辰座谈会指出：“在宗教问题上，李维汉同志指出，我国的宗教具有五个特征，即群众性、长期性、国际性、复杂性，在一部分少数民族中还有民族性。”参见《关于和谐社会构建中发挥宗教积极作用的思考》，《世界宗教文化》2011 年第 1 期。

② 2001 年，江泽民在全国宗教工作会议上，根据国内国际的变化和宗教问题同政治、经济、文化、民族等方面的复杂情况，在“五性”说的基础上提出了“三性说”，参见江泽民《论宗教问题》，《江泽民文选》第三卷，人民出版社 2006 年版。

③ 江泽民：《在全国统战工作会议上的讲话》（2000 年 12 月 4 日），参见《论宗教问题》，《江泽民文选》第三卷，人民出版社 2006 年版。

方式上，要更加重视以人为本；在管理环节上，要更加重视源头治理；在管理手段上，要更加重视引导功能。要处理好经济建设和宗教文化建设的关系，在发展经济的同时，要加强包括宗教在内的哲学社会科学研究等文化事业的投入和建设，弘扬包括宗教文化在内的各民族优秀的传统文化；要充分挖掘和调动宗教的积极因素，化解其消极因素，规避不利因素；积极引导云南各种宗教、宗教文化和宗教力量与社会和谐，与社会主义相适应；充分发挥我省宗教、宗教界人士和广大信教群众在桥头堡建设中的积极作用。

再次，进一步探索发挥宗教积极作用的多元途径，在发挥宗教满足信教群众信仰需求方面，在调适社会心理方面，在提升社会道德方面，在促进慈善公益事业方面，在加强创新社会管理和培养社会公民方面，在强化民族认同、文化认同、国家认同方面，在弘扬中华优秀传统文化方面，在促进祖国统一与世界和平等方面的积极作用多作努力。

此外，在云南民族文化强省建设和桥头堡建设的对外开放及宗教文化交流中，特别是在经济全球化的背景下和西方强势文化为主流文化的语境中，我们一方面既坚守原则，坚定信念，保持自己的信仰和文化特色，增强和发扬文化自觉、文化自醒、文化自信、文化自强和不卑不亢的意识和精神，注意防范和坚决抵制境外敌对势力利用宗教对我国的渗透，维护国家安全和文化安全，又要处理好与邻国宗教和信教群众的关系，开展正常的宗教文化交流，为云南民族文化强省建设和桥头堡建设营造一个和平、正常、有序的对外交往环境；另一方面要有危机感和紧迫感，面对西方强势文化潮流的冲击和各种文化思潮的迅速崛起和发展，要想保持自己的文化，就必须有自己独到的文化内涵和鲜明的文化特色，做大做强自己的文化，走特色之路；在文化政策和文化取向上要采取更加宽容的态度，以宽广的胸怀去面对和接纳一切来自不同国家、不同民族、不同地域、不同宗教，乃至不同政治制度、不同意识形态的优秀文化，不断改良、提升、丰富和完善自己，夯实云南的文化基础，提高云南的文化竞争力，为云南民族文化强省建设和桥头堡建设以及经济社会发展提供软实力和智力支持。

2. 从宗教层面来说——

历史和现实告诉我们，任何一种宗教，只有与特定的时代和社会相结合、相适应、相和谐，才能生存和发展；国兴教兴，只有国家和民族的发展才有宗教的发展，只有国家和民族的兴旺才有宗教的兴旺。如何处理信教与不信教群众、宗教内部、宗教与宗教、宗教与民族、宗教与法律、宗教与社会、宗教与国家之间等人际关系和社会关系，是一个宗教能否与社会和时代和谐发展的关键。尤其是当国家和民族面临重大的社会变革、社会结构和社会公共利益调整，或宗教内部、宗教与宗教、宗教与社会、宗教与国家的利益发生矛盾或冲突时，如何应对和处理，是考验一个宗教与社会适应能力和社会功能价值的关键。社会主义社会为各宗教的和谐发展提供了政策、法律、制度保证和广阔的空间。现在我国党和政府实行的宗教政策是有史以来最宽容、最人性化，也是最好的，这是宗教能够参与经济社会发展和社会和谐建设的根本保障。“从宗教界来说，要坚定不移地拥护中国共产党的领导，拥护社会主义，坚持独立自主自办教会的原则，坚持在宪法、法律、法规和政策规定的范围内开展宗教活动。”① 因此，各宗教团体、教职人士和广大信教群众要进一步发扬爱国爱教的优良传统，以国家和中华民族的整体利益为重，强化国家意识和中华民族意识，主动与社会主义社会相适应，依法进行宗教活动，自觉维护和珍惜今天来之不易的社会环境；进一步加强各宗教内部和各宗教之间的团结，弘扬各宗教宽容与和谐的精神，多元共存、和睦相处、美美与共、和谐发展；自觉抵制境外敌对势力的宗教渗透和境内各种异端邪说，共同维护和发展包括各民族各宗教文化在内的中华民族文化；坚定和纯洁信仰，保护、传承和弘扬各宗教的优秀文化，发扬各宗教教义、教规、宗教道德伦理和宗教文化中与时代相适应，与社会和谐的积极因素，摒弃一切与时代和社会发展不相适应的东西，与时俱进，对宗教经典、教义做出适应时代发展、符合社会进步要求的阐释；继续保持和开展与国内外各宗教团体之间的正常交往，促进宗教文化交流，实现平等对话；重视和加强宗教文化建设，充分挖掘和发挥宗教文学、宗教艺术、宗教建筑及宗教寺观、庙宇、教堂等历史悠久、宗教文化内涵厚重、人文资源丰富，且大多分布在风光秀丽、青山绿水、自然条件较好的地方的资源优势和特点，进一步开发宗教文化旅游资源及相关资源，探索一条开发与保护、保护与发展、社会效益与经济效益并重、宗教文化与旅游文化相结合的可持续发展之路，拓展云南文化旅游市场，以此来推动和促进云南文化产业的发展；各宗教和宗教团体要加强自身建设，提高管理水平和综合素养，积极参与社会活动和社会实践，特别是公益活动和慈善事业，为国家分忧、为民族解难、为社会服务；各宗教不仅要从云南经济社会发展的需要，也要从自身发展的需要来

---

① 江泽民：《保持党的宗教政策的稳定性和连续性》（1991 年 1 月 30 日），参见《新时期宗教工作文献选编》，第 210 页。

认识桥头堡建设的重要意义，发挥和利用各宗教的优势和特长，调动教内一切积极因素，积极参与到民族文化强省建设和桥头堡建设以及社会主义现代化建设之中，发挥宗教文化在民族文化强省建设和桥头堡建设中的助推作用，为云南经济社会发展和社会和谐做出新的贡献。

总之，只有把云南民族文化强省建设和桥头堡建设的战略决策变为全省各民族各宗教各阶层的共同意识和自觉行为，并通过全省各族人民和全社会各种力量的共同努力，加强包括宗教文化建设在内的民族文化建设，才能把云南建设成为重要的桥头堡，中国面向西南开放的桥头堡建设的战略目标才能顺利实现。

参考文献：

[1] 国务院宗教事务局编：《宗教政策学习纲要》，宗教文化出版社 1995 年版。

[2] 江泽民：《论宗教问题》，《江泽民文选》第三卷，人民出版社 2006 年版。

[3] 齐晓飞：《关于和谐社会构建中发挥宗教积极作用的思考》，载《世界宗教文化》2011 年第 1 期。

[4] 王作安：《中国的宗教问题和宗教政策》，宗教文化出版社 2010 年版。

[5] 王作安：《加强管理，促进宗教和谐》，载《中国宗教》2011 年第 3 期。

[6] 卓新平：《宗教文化与精神文明建设》，载《中国社会科学》1994 年第 3 期。

[7] 纳麒主编：《中国面向西南开发的桥头堡建设丛书》，云南人民出版社 2010 年版。

[8] 杨福泉：《以云南特色的社会事业推进桥头堡建设》，载《云南日报》2010 年 12 月 17 日。

[9] 杨福泉：《民族文化强省建设与民族文化的传承保护》，载《云南文化发展蓝皮书》（2009 ~ 2010），云南大学出版社 2010 年版。

[10] 王学仁：《建设桥头堡　实施大战略》，载《社会主义论坛》2010 年第 4 期。

[11] 王承才：《抓住桥头堡建设机遇繁荣发展民族文化》，载《民族时报》

2010年8月10日。

［12］张桥贵：《云南跨境民族宗教问题研究》，中国社会科学出版社2008年版。

［13］［美］威尔·杜兰：《世界文明史》，东方出版社1998年版。

［该文是在《云南民族文化强省建设中的宗教文化建设》（载《今日民族》2011.4.）和《中国面向西南开放“桥头堡”战略实施中的宗教文化建设》（载《东南亚南亚研究》2011.3.）的基础上形成的，原文载《2011～2012云南文化发展蓝皮书》，云南大学出版社2012年7月出版。标题略有改动］

2011年11月4日定稿

郑和精神在“桥头堡”建设中的价值及意义

摘　要：郑和远航西洋，不论是从政治、经济、文化，还是航海科学技术来说都做出了卓越的贡献，产生了巨大的影响，其意义是深远的，不仅有着重要的历史意义，更有着积极的现实意义。党中央、国务院决定把云南建设成为中国面向西南开放的重要“桥头堡”战略，是云南经济社会发展的重大历史机遇，是云南社会、经济、制度、文化等领域全面的综合性的建设；云南面向东南亚、南亚乃至世界开放，是全方位、立体型、宽领域、高层次、高效益的开放。而云南民族众多、宗教文化多元，民族文化资源极其丰富，其中，包括回族文化建设在内的民族文化建设既是“桥头堡”建设的重要内容，也是其重要的保证和必要的条件；包括回族人民在内的各族人民是“桥头堡”建设的重要力量和社会资源。因此，在云南“桥头堡”建设中，要发扬郑和及回族先辈开拓进取、与时俱进、不断创新的精神，进一步加强回族文化建设，加强与东南亚、南亚回族穆斯林的联系和经济文化交流，充分调动和发挥各民族、各宗教、各阶层的社会力量，并通过他们的共同努力，才能够顺利实现“桥头堡”建设的战略目标。

关键词：郑和精神　桥头堡　价值及意义

2009年7月，胡锦涛总书记在云南考察时提出“使云南成为我国面向西南开放的重要桥头堡”的战略构想。同年12月，云南省委八届八次全会确定把云南“建设成中国面向西南开放重要桥头堡”的战略目标。此后，国家发改委和有关部门将云南“桥头堡”建设项目立项并上报国务院审议。接着，国务院下发了《关于支持云南省加快建设面向西南开放重要桥头堡的意见》，云南省委、省政府根据中央和国务院的要求制订了实施方案和细则，至此，云南“桥头堡”建设正式启动。

云南“桥头堡”建设是中央从国家层面和国家高度对促进和推动云南经济文化社会全面发展做出的重大战略决策，它使云南从我国对外开放的后方变成了对外开放的前沿，使云南在全国的战略地位得到空前提升，为云南的经济社会发展提供了前所未有的广阔空间和重大的历史机遇，其意义是深远而重大的。云南“桥头堡”战略目标确定以来，引起了社会各界的广泛关注，各级党委和政府以及学术界、教育界、工商界都对“桥头堡”战略展开了积极的讨论研究，并形成了许多相应的成果。但迄今为止，大多数研究成果都是从经济、商贸、科技、交通、通信和广义文化等方面来对此展开讨论研究，鲜有从民族和民族文化建设的角度，特别是结合云南地处边疆，多民族、多宗教，民族文化和宗教文化丰富多样的实际和特点，将民族文化建设放入“桥头堡”战略实施这一特定的背景下和对外开放进程中来进行深入研究的。因此，在中国面向西南开放的“桥头堡”战略实施中，结合云南的实际和特点，尤其是通过对一个民族的具体分析和研究，总结和借鉴历史经验教训，继承先辈精神，弘扬民族文化，加强包括回族文化在内的民族文化建设就显得非常重要和必要，且极具理论价值和实践价值。而在丰富而厚重的回族历史文化中，明代云南回族著名航海家郑和七下西洋的历史创举、卓越贡献及其精神在当下的云南“桥头堡”建设中具有重要的价值和意义。当年郑和航海经过的路线和到访过的地区和国家也是当前云南“桥头堡”建设和对外开放中我们要面对和交往的地区和国家。因此，本文主要结合云南“桥头堡”建设来谈一谈郑和下西洋及郑和精神的现实意义。

一、民族文化建设是桥头堡建设的重要内容和必要保证

云南是一个多民族的边疆省份，除汉族外，有55个少数民族成分，少数民族人口1 415.9万人，占全省人口的33.43%；人口在5 000人以上的世居少数民族有25个，其中有16个少数民族跨境而居，有15个特有少数民族，是全国特有少数民族最多的省份。每个民族在长期的历史发展和社会发展中创造了自己的物质文化和精神文化，这些文化共同构成了云南丰富灿烂、绚丽多姿的民族文化，使云南成为我国民族文化资源最富集的地区之一。云南省委、省政府正是从云南的实际出发，根据云南民族文化资源丰富多样的特点，确立和实施了民族文化大省向民族文化强省建设的发展战略。经过多年的实施和努力，云南民族文化强省建设发展迅速，全省各文化领域均取得了显著成效。实践证明，民族文化资源是支撑云南发展的重要资源，民族文化产业是云南经济社会发展的支柱产业，民族文化强省建设完全符合云南的实际。当前，在云南民族文化强省建设中，我

们又迎来了中国面向西南开放“桥头堡”建设战略实施的有利时机。云南“桥头堡”建设战略是一个庞大的系统工程，是社会、经济、制度、文化等综合性的建设，是以物质建设为特征的经济建设和以精神建设为核心的文化建设等在内的有机统一体。其中，经济建设是文化建设的载体和基础，而文化建设是经济建设的灵魂和保障。云南面向东南亚、南亚乃至世界开放，是全方位、立体型、宽领域、高层次、高效益的开放，是经济、贸易、科技、文化、教育、交通、信息等领域的全面合作与接轨，其中，文化建设和文化对外开放与交流是必然的，也是必需的，而且是极其重要的方面。

同时，在“桥头堡”建设的五大战略目标定位中，把云南建成我国民族团结进步、边疆繁荣稳定的示范区是其中之一。2012 年，党中央、国务院又下发了《关于把云南建设成为民族团结进步、边疆繁荣稳定示范区的决定》，云南省委、省政府也正在着手贯彻落实这一决定，并出台了具体的实施意见。这既是云南各族人民光荣而艰巨的历史任务，也是动力和压力。要实现这一目标，就需要一个和谐稳定的社会环境，这是云南“桥头堡”建设和经济社会发展的重要保证。其中，民族团结、宗教和顺是社会和谐稳定的重要内容，而民族团结、宗教和顺的关键之一是民族文化和宗教文化的和谐，没有民族文化和宗教文化的和谐就没有社会的和谐。所以，包括宗教文化和谐在内的民族文化建设就至关重要，它对“桥头堡”建设有着重大而深刻的影响。

随着云南“桥头堡”建设战略的实施和连接东南亚、南亚大通道建设的不断推进，云南作为中国面向西南开放的“桥头堡”战略地位将日益凸显，云南民族文化与境外文化的交流更加频繁，各民族和各宗教的对外联系与友好往来也会日渐增多，其中，宗教和宗教文化与境外宗教和宗教文化的接触交融会更为直接。而在民族文化和宗教文化对外开放、交流、互动的过程中，中外各地区、各民族和各宗教的文化会互为影响，其中有沟通、有融合，也有摩擦、有碰撞，甚至冲突；特别是在云南这种多民族、多宗教、地理位置特殊的边疆省，境外敌对势力利用宗教向我渗透日趋严重，直接影响了边疆民族地区的经济发展、社会稳定和各民族的生产生活，思想文化阵地的争夺十分激烈。因此，边疆民族地区既是我省民族文化的富集地区，也是民族文化建设的薄弱地区，更是维护国家文化安全的重点地区。由于历史和社会的诸多因素，民族问题和宗教问题又往往联系在一起，形成你中有我、我中有你的情况。“民族问题在一些地方往往与宗教问题交织在一起，如果对宗教问题处理不慎或不当，也会影响民族关系。”① 加之云南民族地区的经济社会发展极不平衡，经济发展和现实社会生活中还存在着诸多问题，有的问题还相当严重，个别地方甚至存在不安定因素，与社会主义和谐社会建设不相协调，与小康社会建设还有较大差距，影响和阻碍了云南“桥头堡”建设和全省经济社会的全面发展。

此外，在经济全球化的大背景下，以美国为首的西方强势文化对世界的影响和辐射越来越大，对各国民族文化的冲击也越来越强，甚至控制和左右着主权意识不强的国家和附庸国的文化，使其逐渐衰变为弱势文化和边缘文化，失去自己的特色和话语权，最后湮灭在强势文化之中。因此，文化软实力已成为一个国家和地区核心竞争力的重要组成部分，对人类社会发展、国家安全、民族复兴的意义和作用更加突出，许多发展中国家已把文化提升到国家主权的高度，采取积极措施宣传和保护自己的民族文化，以抵御西方强势文化的侵蚀。在这种背景和趋势下，云南民族文化强省建设和“桥头堡”建设同样面临着机遇和挑战，云南的民族文化既要生存和发展，又要与国际接轨，与全球化同步。否则就会沦为弱势文化或边缘文化，最终招致淘汰出局的命运。如此，云南桥头堡建设就会失去文化软实力的支持和智力保障而受到重创。

所以，在云南“桥头堡”战略实施中，民族文化建设既是其重要内容，也是其必要条件。我们既要注重经济层面的基础性建设，也要注重文化层面的保障性建设；既要注重物质的硬件建设，也要注重文化的软件建设，要把经济建设和文化建设有机地结合起来，以经济建设带动文化建设，以文化建设促进经济建设，为云南的经济社会发展提供文化软实力；重视和加强民族文化建设，充分发挥民族文化在云南“桥头堡”建设中的积极作用，让民族文化助推“桥头堡”建设，为“桥头堡”建设提供精神动力和智力支持，这样才能在一个新的高度上把云南建成中国面向西南开放的“桥头堡”，发挥云南“桥头堡”在国家对外开放战略中前沿性、重要性和带动性的作用，进一步推动云南经济社会的全面发展。

---

① 参见 2005 年 5 月 27 日胡锦涛同志在中央民族工作会议上的讲话。

二、回族文化是民族文化的重要组成部分，云南回族穆斯林是“桥头堡”建设的重要力量和社会资源

云南回族是中国回族的重要组成部分，云南回族文化是中华民族文化和云南民族多元文化宝库中的重要内容。云南回族与各民族一道，在开发边疆、建设云南中，对云南的经济社会发展，以及民族团结、社会和谐稳定等方面都做出了积极的努力和卓越的贡献，在云南社会历史进程中发挥了积极的作用，用自己的行为践行和诠释了回族文化和伊斯兰文化的和谐理念。

历史上，云南回族涌现出了不少杰出的政治家、文学家、艺术家、航海家、诗人和伊斯兰教著名经师，他们为中华文明的形成和积累，以及云南政治、经济、文化和社会的全面发展做出了重大的历史贡献，推动和促进了云南乃至中国社会历史发展的进程。如元代的政治家赛典赤·赡思丁肇基了云南回族历史，明代的航海家郑和七下西洋，向海外传播了中华文明，清代的农民革命家杜文秀树立了云南回族革命斗争传统，三人堪称历史上的云南回族三杰。

在辛亥革命、护国运动、北伐战争、土地革命、抗日战争和解放战争中，许多回族的先进分子相继投身到中国人民解放的伟大事业中，为中华民族的独立和解放，为新中国的建立做出了卓越的贡献。在社会主义建设中，广大的回族人民积极投入社会主义革命和社会主义建设之中，为社会主义建设做出了积极的努力。改革开放以后，党和政府实行的民族宗教政策和一系列富民政策，使回族人民爱国爱教的优良传统得以最充分地释放和体现，激发了回族人民开拓进取、敢于拼搏、善于经商的传统和技能。他们因地制宜，经商办厂，进行多种经营，发展特色经济，勤劳致富，回族地区的经济得到了较大的发展，回族人民的生活水平得到了显著提高，回族地区发生了历史性的变化。广大回族人民在改革开放中得到了实惠，他们从自己走过的历史进程和今天的现实生活中深深体会到：没有社会的和谐安定、民族的团结和祖国的繁荣富强，就没有回族穆斯林的今天。他们比任何时候都更加热爱新中国、热爱社会主义。他们在经济建设和社会生活中自觉地遵守党的方针政策和国家的法律法规，注重回回民族的传统道德，发扬回族文化的优良传统，维护祖国的安定和团结，为我国的经济、文化建设和祖国的繁荣昌盛做着不懈的努力。党的十六大以后，云南回族地区以科学发展观为指导，转变经济发展方式，调整产业结构，以人为本，走可持续全面发展道路，广

大的回族穆斯林正以新的精神风貌投入到小康社会建设、新农村建设和社会主义和谐社会建设中，与全省各族人民一道，步入了社会主义现代化建设的历史新阶段。

同时，长期以来，作为一个世界性的宗教，伊斯兰教在东南亚、南亚和“三胞”中都有较多的信众，由于历史的原因，云南回族穆斯林与东南亚、南亚地区和国家的穆斯林，以及中东地区的穆斯林有着天然的联系和深厚的情谊，并一直保持着良好关系和传统友谊。特别是至今生活在泰国北部的穆斯林（当地称“潘塞”），许多就是历史上马帮贸易和清杜文秀起义失败后从云南过去的回族穆斯林的后裔。伊斯兰文化和回族文化是联系海内外回族穆斯林的主要精神纽带，在对外拓展文化交流的渠道上伊斯兰文化和回族文化具有不可替代的特殊作用。但从20世纪50年代后期开始，由于受“左”的思想和政策束缚，这种传统友谊和友好关系受到影响和限制，直至在“文革”中被完全中断。党的十一届三中全会以后，随着党的宗教政策的落实和改革开放方针的贯彻，为促进各国人民之间的友好往来，促进对外经济文化交流，为招商引资，引进先进的科学技术，促进祖国的经济建设，云南伊斯兰教界和回族穆斯林与国内外伊斯兰教界及穆斯林教胞逐渐恢复了传统联系和友好往来。尤其是近几年来，随着到沙特朝觐和到西亚、中东等地出国留学人员的不断增多，云南回族穆斯林与国外穆斯林的交往以及经济和文化的交流越来越频繁。

历史和现实的实践证明，云南回族人民是云南经济社会发展和社会主义建设的重要力量，同样也是云南“桥头堡”建设的重要力量；伊斯兰文化和回族文化是云南民族文化的重要组成部分，加强包括回族文化建设在内的民族文化建设既是“桥头堡”建设的重要内容，也是其重要保证和必要条件。

三、郑和精神在云南“桥头堡”建设中的价值及意义

明永乐三年至宣德八年（1405—1433年），我国著名的伟大航海家郑和（1371—1433年）率领船队七下西洋，远航东起太平洋、西迄非洲东海岸，途经东南亚、南亚、印度洋、红海，最后直达东非海岸，先后访问了亚非30多个国家和地区，历时28年。其航程之远，历时之久，船队、人员规模之大，造船工艺之高，访问国家之多，影响之深远，是中国航海史上，乃至世界航海史上的一大创举。从世界历史来看，郑和是“地理大发现”的先导。郑和下西洋始于

1405 年，比哥伦布 1492 年发现美洲早 87 年；比达·伽马 1497 年到达印度加里库特早 92 年；比麦哲伦 1519 年环球航行早 114 年。根据郑和航程绘制的《郑和航海图》是我国最早的一份远洋航海图，也是世界上最早的一部珍贵的航海技术文献，堪称地理学上的里程碑。

郑和七下西洋，没有像那些殖民者一样，每到一地便攻城略地，烧杀抢掠，无恶不作，甚至把他域变为自己的殖民地。郑和每到一处都与当地各族人民平等相处、礼尚往来，传播中华文化和中华文明，带去伊斯兰文化，扩大了中国的对外影响，建立了亚非海上国际通道，增进了亚非地区的和平稳定和友好往来，促进了亚非国际贸易的发展和中国与亚非地区经济文化的交流，推动了中国航海事业的发展。因此，郑和远航西洋，不论是对政治、经济、文化，还是对造船工艺和航海科学技术来说都做出了卓越的贡献，产生了巨大的影响，其意义是深远的，不仅有着重要的历史意义，更有着积极的现实意义。当年郑和航海经过的路线和到访过的地区和国家也是当前云南“桥头堡”建设和“一带一路”建设以及对外开放中我们要面对和交往的地区和国家，所以在当下云南“桥头堡”建设和“一带一路”建设中，郑和下西洋及郑和精神就更有其重要价值和特殊意义。当年郑和用博大精深的中华文化和伊斯兰文明征服了世界，今天，我们同样能在传承、弘扬和发展中华传统优秀文化的基础上，用具有中国特色的社会主义文化去影响世界，实现中华民族伟大复兴的中国梦。这就是郑和精神的时代价值及现实意义。

（一）敢为天下先的开拓进取精神

郑和所处的年代正值明封建王朝的极盛时期，封建社会政治结构的桎梏和故步自封的小农经济的长期束缚，以及中国传统自我为中心的封闭意识，使得人们思想观念陈旧、意识保守、因循守旧，整个社会环境狭隘、封闭、与世隔绝。面对茫茫的大海和海上变幻莫测、恶劣的自然条件，加之海盗猖獗、杀人越货、无恶不作的严峻局势，郑和以其胆识和才能，勇担重任，破浪远航，泛槎瀛海，迈出了中国航海史上的第一步，写下了世界航海史乃至文明史上的光辉篇章！

郑和远航西洋的伟大创举虽然与当时明王朝的日趋强盛，政治相对稳定，经济有所发展，具备了组建庞大的远航船队的物质条件和航海所需要的相应的科学技术有关，加之明成祖有“欲重振已坠之国威，故遣和率舟师远征也”之愿望，但这只是客观方面的因素，郑和个人所具有的才能和素质，尤其是敢为天下先的开拓进取精神这一主观因素也起了重要的作用。七次下西洋都是郑和率舟师出征，这绝不是偶然。如果没有郑和及其船队的主观努力和开拓进取的精神，是难以完成这一历史使命的。郑和这种敢于冒险，敢于走前人没有走过的路，敢为天下先的大无畏开拓进取精神，给我们以深刻的启迪。郑和是土生土长的云南人，他出生于云南晋宁昆阳一个伊斯兰教世家，12岁才在战乱中随燕王朱棣到了北京。其祖父和父亲都是到过伊斯兰教圣地沙特麦加朝觐的“哈只”，其母对他的管教很严，从小就受到中国传统文化和伊斯兰文化的双重教育和熏陶，伊斯兰文化对郑和人格的形成和一生的影响是很大的。

（二）与时俱进、开放创新的意识

郑和远航西洋的伟大创举，与他的思想观念和与时俱进、开放创新意识是密不可分的。在当时的历史条件下，他敢于打破传统，勇闯禁区，想别人所不敢想，走别人没有走过的路，做别人没有做过的事，如果没有与时俱进、开放创新的意识和博大的胸怀，过人的胆识，而是瞻前顾后、夜郎自大、坐井观天，就不会有这七下西洋的历史机遇和辉煌。正如孙中山先生在《建国方略》中所言：“郑和竟能在十四个月之中而造成六十四艘之大舶，载运二万八千人巡游南洋，示威海外，为中国超前轶后之奇迹：至今南洋人士犹有怀想当年三保之雄风遗烈者，可谓壮矣。”

（三）积极、主动、自觉、友好的文化外交策略

中华民族是一个爱好和平的民族，历来有着进行友好外交的传统，明王朝沿袭了这一传统的外交政策。明太祖朱元璋曾告诫说：“地广非久安之计，民劳乃易乱之源”，对邻国“凡不为中国之患者不伐之”①，“以远尔相安于无事，以共享天下之福”②。明成祖继承了这一传统，注重邻国及周围地区的和平与安宁。明代遣使下西洋，其主要指导思想就是要实现“厚往薄来”的怀柔政策，加强中国与东南亚、南亚、东非各国的友谊和联系。

郑和远航西洋时，即忠实地执行了这一思想。他的船队每到一地，都以友好使者的面目出现，友善地对待当地人民，进行和平的外交活动，宣诏、施恩、领

① 《明成祖实录》卷六十八。
② 《明成祖实录》卷三十四。

赏，于是各“番王酋长相率拜迎，奉领而去。举国之人奔趋欣跃，不胜感戴。事竣，各具方物及异兽珍禽等件，遣使领赍，附随宝舟赴京朝贡”①。为解决东南亚及南亚之间的矛盾，建立亚非国家区域间的和平局势，以及平息海盗，保证海道的畅通，郑和认识到：“欲国家富强，不可置海洋于不顾。财富取之海，危险也来自海上……一旦他国之君夺得南洋，华夏危矣。”② 为此，郑和做了艰苦的努力，促进了这一地区的和平和友谊，稳定了这一地区的国际关系，对明王朝的边防巩固，国内安宁，经济发展起到了重要的保障作用。

郑和远航西洋，通过一系列的海外出使活动，使中华文化在西洋各国得以广泛传播，促进了中国与亚非各国的经济文化交流和友好往来，极大地提高了明王朝在国际上的地位和声誉。自此，西洋诸国的使者相继来朝，各国贵宾使节来华看了中华民族的文明礼仪，享受到了先进的物质文明与精神文明，深感“获睹天朝太平乐事之盛”，以至感到“死且有光”③。据载，仅永乐年间来中国朝贡的国家和地区就有30多个。郑和的远航活动是一次中华民族传统的文化外交意识的自觉和实践。它既增进了亚非人民对中国的了解，吸收了先进的文化，又使中国人民开阔了眼界，增长了见识，学习了海外其他民族的有益文化知识，从而促进了中国与亚非各国相互之间的文化交流。

四、传承和发扬郑和精神，为云南“桥头堡”建设服务

郑和是云南回族人民的骄傲，也是各民族人民的骄傲；郑和是中国的，也是世界的。郑和精神是一种开放创新精神、开拓进取精神、与时俱进精神。当年郑和下西洋，用中华文明的礼义折服西洋诸国，今天我们纪念郑和，就是要学习和发扬郑和的这种精神，在建设有中国特色社会主义的伟大事业中，积极、主动、自觉地传承、弘扬和创新中华民族的优良传统文化，提高全民族的文化素质和综合素质，让知识、科学技术等生产力要素和文化软实力在云南“桥头堡”建设中发挥更大的作用。

历史和现实告诉我们，任何一个民族和任何一种宗教，只有与特定的时代和

---

① 巩珍：《西域番国志·自序》

② ［法］费朗索瓦·德勃雷诺：《海外华人·序言》，参见郑和论丛编委会编《郑和论丛》，云南大学出版社1993年版。

③ 《明成祖实录》卷四十。

社会相结合、相适应、相和谐，才能生存和发展；国兴族兴，只有国家的发展才有民族和宗教的发展，只有国家的兴旺才有民族和宗教的兴旺。如何处理民族与国家、民族与社会、民族与民族、民族与宗教、宗教与宗教等之间的关系，是一个民族和宗教能否与社会和时代和谐发展的关键。尤其是当国家和民族面临重大的社会变革、社会结构和社会公共利益调整，或民族与国家、民族与社会、民族与民族、民族与宗教的利益发生矛盾或冲突时，如何应对和处理，是考验一个民族和宗教的社会适应能力和社会功能价值的关键。现在我国党和政府实行的民族宗教政策是有史以来最宽容、最人性化的，也是最好的；社会主义社会为各民族、各宗教的和谐发展提供了政策、法律、制度保证和广阔的空间，这是各民族人民和宗教能够参与经济社会建设和发展的根本保障。

对回族和伊斯兰教来说，同样面临着如何处理人与人、人与社会、民族与宗教、民族与国家等关系的问题，尤其是当上述关系和利益发生矛盾或冲突时，我们怎么对待，这是值得我们深思的问题。对此，笔者认为：

第一，广大的回族穆斯林要继续发扬伊斯兰教爱国爱教的优良传统，以国家和中华民族的整体利益为重，进一步强化国家认同和民族认同意识，依法进行宗教活动，自觉维护和珍惜今天来之不易的社会环境，更加积极主动地投身到中国特色的社会主义建设中。

第二，回族穆斯林要善于总结历史经验，吸取历史教训，以史为鉴，进一步加强民族内部、宗教内部及与各民族、各宗教的团结；更加积极、主动地与社会和时代相适应，不断创新，与时俱进，和谐发展；要继承和弘扬伊斯兰教义思想的本质内涵和回族文化的优良传统，以身作则，尊崇教义，恪守教规，教化族人，规劝弟子，自觉地抵制来自社会和西方文化中的不良影响，进一步营造良好的社会氛围。在云南“桥头堡”建设中和经济社会发展中，要进一步发挥伊斯兰教教义思想和回族文化中和谐理念的积极作用，为追求两世幸福而努力。

第三，在经济全球化的背景下和西方强势文化为主流文化的语境中，我们一方面既要坚守原则，坚定信念，保持自己的信仰和文化特色，增强和发扬文化自觉、文化自醒、文化自信、文化自强和不卑不亢的意识和精神，注意防范和坚决抵制境外敌对势力利用宗教对我国的渗透，维护国家安全和文化安全，又要处理好与邻国伊斯兰教和穆斯林的关系，继续保持和开展与国内外各民族、各宗教之间的正常交往，促进民族文化交流，为云南“两强一堡”战略营造一个和平、正常、有序的对外交往环境；另一方面要有危机感和紧迫感，面对西方强势文化潮流的冲击和各种文化思潮的迅速崛起和发展，要想保持自己的民族和宗教文化，就必须有自己独到的民族文化和宗教文化内涵及鲜明的文化特色，做大做强自己的文化，加强伊斯兰文化和回族文化建设；在文化价值取向上要采取更加宽容的态度，以宽广的胸怀去面对和接纳一切来自不同国家、不同民族、不同地域、不同宗教，乃至不同政治制度、不同意识形态的优秀文化，不断改良、提升、丰富和完善自己。这样，云南伊斯兰文化和回族文化才能在中华文化这个多元文化的系统中和全球化的背景下赢得自己的生存空间，争取更大的发展。当前，在云南“桥头堡”建设战略中，云南对外开放的力度和步伐越来越大，与世界各国，尤其是在与东南亚、南亚、中亚、西亚和中东、阿拉伯地区等伊斯兰国家和地区的经济文化交往中，需要伊斯兰文化和回族穆斯林的积极配合，广大的回族穆斯林要充分利用这一历史机遇，抓住时机，开拓进取，主动参与，发挥自己的优势，为云南和谐社会建设和经济社会发展做出新的更大的贡献。

第四，正确认识和对待回族地区的现状及存在的问题。就云南回族地区来说，各地情况不一，社区类型多样，在发展的同时，要正视存在的问题。目前回族地区经济社会发展中也存在着不少问题，有的问题甚至很严重，较有代表性的突出问题主要有以下几方面：（1）经济发展不平衡，贫富悬殊加剧，有的回族地区仍然很贫穷。（2）产业结构不合理，家庭作坊式经济或家族经济比重较大，科技含量低，能源消耗大，环境污染严重，市场运作不尽规范，企业发展后劲不足。（3）相比经济而言，文化教育相对滞后，群众的整体素质不高，对教育特别是国民教育不够重视，国民教育与经堂教育发展不协调；回族民间文化教育中，缺乏统一规范的指导和协调。（4）回族社区高素质的宗教职业人员普遍缺失，宗教人才亟待培养。（5）有的清真寺事务管理及某些宗教活动存在不同程度的问题。（6）有的地方宗教意识高涨，而民族的整体意识衰微。（7）少数人民族和宗教意识淡漠，在经营活动和社会生活中不讲信誉，缺乏诚信。（8）个别地方还存在不安定因素和违法犯罪行为。如此等等，严重影响和损害了回族穆斯林的整体形象。特别是近几年随着出国留学人员和朝觐人员的不断增多，带来了新的派别和观点，与传统的派别和观点产生冲突甚至对立，极大地影响了当地的经济发展、民族团结和社会和谐稳定，对此当地的回族干部和群众意见很大。这些问题与社会主义和谐社会建设的要求相距甚远，如不能从根本上有效解决，回族地区的和谐社会建设就会受到阻碍，从而影响全省和谐社会建设以及“桥头堡”建设的顺利实施。

“桥头堡”建设是一项十分重要而艰巨的战略任务，在“桥头堡”建设中，我们要学习和发扬郑和与时俱进、开放创新的精神，在实践中不畏艰险，大胆探索，勇于开拓。只要是有利于发展社会主义生产力，有利于增强社会主义国家的综合实力，有利于提高人民的生活水平，就要大胆地去闯、去干、去实践、去创新；进一步解放思想，抓住机遇，促进我省经济社会建设的更大发展。我们要实事求是地、客观地认识分析省情，扬长避短，发挥地方优势和特色，充分利用我省地处边疆，与老挝、越南、缅甸等东南亚诸国接壤，边境线长，自然资源及人文资源丰富，民族众多、民族文化丰富多彩的有利条件，特别是云南回族穆斯林与南亚、东南亚乃至西亚、中东穆斯林的天然联系和传统优势；重视和加强回族文化在内的民族文化各领域、各方面的建设，充分发挥包括回族在内的各民族人民在云南“桥头堡”建设中的积极作用；加快云南通往东南亚的国际大通道建设、中国—东盟自由贸易区建设、GMS 合作和澜沧江—湄公河次区域经济圈，以及新丝绸之路经济带和海上丝绸之路建设；主动走出去，加强对外联系，开展多边合作，发展边境贸易和旅游业，加快第三产业和非公有制经济的发展，调动一切可以调动的力量，吸纳和利用一切可以利用的资金、技术、管理、财力、物力，包括国外的科学技术和先进的管理经验，优化资源配置，多渠道、多形式、全方位地促进我省的经济文化和社会的全面发展，尽快缩小云南与沿海和东部发达地区的差距，跟上时代发展的步伐。只有这样，才能顺利完成“桥头堡”建设的各项任务和战略目标。

参考文献：

[1] 白寿彝主编：《回族人物志》，宁夏人民出版社 1985 年版。

[2] 杨兆钧主编：《云南回族史》，云南民族出版社 1994 年版。

[3] 高发元主编：《当代云南回族简史》，云南人民出版社 2009 年版。

[4] 郑和论丛编委会编：《郑和论丛》，云南大学出版社 1993 年版。

[5] 纳文汇、马兴东著：《回族文化史》，云南民族出版社 2000 年版。

[6] 纳文汇：《中国面向西南开放桥头堡建设中的宗教文化建设》，载《东南亚南亚研究》2011 年第 3 期。

[7] 纳文汇：《云南民族文化建设中的宗教文化建设》，载《今日民族》2011 年第 4 期。

[8] 齐晓飞:《关于和谐社会构建中发挥宗教积极作用的思考》, 载《世界宗教文化》2011 年第 1 期。

[9] 王作安: 《加强管理, 促进宗教和谐》, 载《中国宗教》2011 年第 3 期。

[10] 卓新平:《宗教文化与精神文明建设》, 载《中国社会科学》1994 年第 3 期。

2014. 5. 25

(原文先后刊登于《云南回族研究》2012 年第 4 期和《郑和研究通讯》2013 年第 2 期, 修订补充后作为 2014 年郑和国际学术研讨会参会论文。标题有改动)

回族文化在云南经济社会发展及“桥头堡”建设中的积极作用

摘　要：中国面向西南开放的“桥头堡”建设战略是云南社会、经济、制度、文化、社会等领域的综合性建设；其中，文化的对外开放和交流是必然的也是必需的，而且是极其重要的方面。云南民族众多、宗教文化多元，民族文化资源极其丰富，包括回族文化在内的民族文化建设既是“桥头堡”建设的重要内容，也是其重要的保证和必要的条件。云南回族在长期的社会历史发展中对云南经济社会发展与云南社会进程做出了不懈的努力和积极的贡献。因此，在“桥头堡”战略实施中，要在传承和弘扬回族优秀文化传统的基础上，进一步加强回族文化建设，充分调动和发挥回族人民和回族文化的积极作用，为云南“桥头堡”建设服务。

关键词：回族文化建设　“桥头堡”战略实施

中国面向西南开放的“桥头堡”建设战略是中央从国家层面和国家高度对促进和推动云南经济文化社会全面发展做出的重大战略决策，是云南全省各族人民的一件大事，它使云南从我国对外开放的后方变成了对外开放的前沿，使云南在全国的战略地位得到空前提升，为云南的经济社会发展提供了前所未有的广阔空间和重大的历史机遇，其意义是深远而重大的。“桥头堡”战略实施两年多来，各项工程和项目建设按计划有序进行，特别是与东南亚、南亚的经济交流和合作取得了实质性的进展，经济、商贸、科技、通信、交通（道路、航运）等项目建设取得了较大的进展，2013 年 6 月在昆明成功举办的“中国—南亚博览会”进一步推动了云南对外开放的步伐。目前，云南各界和各族人民正举全省之力，积极投入“桥头堡”建设之中。与此同时，“桥头堡”战略目标确定以来，引起了社会各界的广泛关注，各级党委和政府以及学术界、教育界、工商界都对“桥头堡”战略展开了积极的讨论研究，并形成了许多相应的成果。因此，在中国面向西南开放的“桥头堡”战略实施中，将民族文化建设放入这一特定的背景下和对外开放进程中来进行深入研究，特别是结合云南地处边疆，民族众多、民族文化丰富多样的实际和特点，对包括回族文化在内的民族文化建设来进行研究就具有重要的现实意义。

一、民族文化建设是“桥头堡”建设的重要内容和必要保证

“桥头堡”是陆桥经济研究中的一个具有特定内涵的重要概念，它包含了经济、政治、社会、文化等内容，具有控制力、发展力和影响力三个方面的特征。云南“桥头堡”建设是一个庞大的系统工程，是社会、经济、制度、文化等综合性的建设，是以物质建设为特征的经济建设和以精神建设为核心的文化建设等在内的有机统一体。其中，经济建设是文化建设的载体和基础，而文化建设是经济建设的灵魂和保障。云南面向东南亚、南亚乃至世界开放，是全方位、立体型、宽领域、高层次、高效益的开放，是经济、贸易、科技、文化、教育、交通、信息等领域的全面合作与接轨，其中文化的对外开放和交流是必然的也是必需的，而且是极其重要的方面。因此，在云南“桥头堡”建设中，我们既要注重经济层面的基础性建设，也要注重文化层面的保障性建设；既要注重物质的硬件建设，也要注重文化的软件建设。要把经济建设和文化建设有机地结合起来，以经济建设带动文化建设，以文化建设促进经济建设，充分发挥文化在推动经济建设和社会发展中的软实力作用。

众所周知，云南是一个多民族的边疆省份。除汉族外，云南有55个少数民族成分；人口在5 000以上的世居少数民族有25个，其中有16个少数民族跨境而居，有15个特有少数民族，是全国特有少数民族最多的省份。每个民族在长期的历史发展和社会发展中创造了自己的物质文化和精神文化，这些文化共同构成了云南丰富灿烂、绚丽多姿的民族文化，使云南成为我国民族文化资源最富集的地区之一。云南省委、省政府正是从云南的实际出发，根据云南民族文化资源丰富多样的特点，确立和实施了民族文化大省向民族文化强省建设的发展战略。经过多年的实施和努力，云南民族文化强省建设发展迅速，全省各文化领域均取得了显著成效。实践证明，民族文化资源是支撑云南发展的重要资源，民族文化产业是云南经济社会发展的支柱产业，民族文化建设是“桥头堡”战略的重要内容和必要保证。

同时，在“桥头堡”建设的五大战略目标定位中，把云南建成我国民族团结进步、边疆繁荣稳定的示范区是其中之一。而要实现这一目标，就需要一个和谐稳定的社会环境，这是云南“桥头堡”建设和经济社会发展的重要保证。其中，民族团结、宗教和睦是社会和谐的重要内容，而民族团结、宗教和睦的关键是民族文化和宗教文化和谐，没有民族文化和宗教文化的和谐就没有社会的和谐。当今世界范围内的许多矛盾和冲突就是由民族和宗教问题引发的，其根源是民族和宗教文化的冲突。所以，民族文化建设既是“桥头堡”建设和云南经济社会发展的重要内容和题中之意，也是促进云南对外开放、实现“桥头堡”建设战略的重要保证和必要条件。因此，在云南“桥头堡”战略实施中，我们必须重视和加强包括回族文化在内的民族文化建设，充分发挥民族文化在云南“桥头堡”建设中的积极作用，让民族文化助推“桥头堡”建设，为“桥头堡”建设提供文化软实力。这样才能在一个新的高度上把云南建成中国面向西南开放的“桥头堡”，发挥云南“桥头堡”在国家对外开放战略中前沿性、重要性和带动性的作用，进一步推动云南经济社会的全面发展。

此外，在经济全球化的大背景下，以美国为首的西方强势文化对世界的影响和辐射越来越大，对各国民族文化的冲击也越来越强，甚至控制和左右着主权意识不强的国家和附庸国的文化，使其逐渐成为弱势文化和边缘文化，失去自己的特色和话语权，最后湮灭在强势文化之中。因此，文化软实力已成为一个国家和地区核心竞争力的重要组成部分，对人类社会发展、国家安全、民族复兴的意义和作用更加突出，许多发展中国家已把文化提升到国家主权的高度，采取积极措施宣传和保护自己的民族文化，以抵御西方强势文化的侵蚀。在这种背景和趋势下，云南民族文化强省建设和“桥头堡”建设同样面临着机遇和挑战，云南的民族文化既要生存和发展，又要与国际接轨，与全球化同步。否则就会沦为弱势文化或边缘文化，最终招致淘汰出局的命运。如此，云南“桥头堡”建设就会因失去文化软实力的支持和智力保障而受到重创。

二、回族文化是云南民族文化的重要组成部分，回族人民是云南经济社会发展和“桥头堡”建设的重要力量

云南回族是中国回族的重要组成部分，云南回族文化是中华民族文化和云南民族文化多元文化宝库中的重要内容。云南回族与各民族一道，在开发边疆、建

设云南中，对云南的经济社会发展，以及民族团结、社会和谐稳定等方面都做出了积极的努力和卓越的贡献，在云南社会历史进程中发挥了积极的作用，用自己的行为践行和诠释了回族文化和伊斯兰文化的和谐理念。

历史上，云南回族涌现出了不少杰出的政治家、文学家、艺术家、航海家、诗人和伊斯兰教著名经师。他们为中华文明的形成和积累，以及云南政治、经济、文化和社会的全面发展做出了重大的历史贡献，推动和促进了云南乃至中国社会历史发展的进程。如元代的政治家赛典赤·赡思丁肇基了云南回族历史，明代的航海家郑和弘扬了伊斯兰文化，清代的农民革命家杜文秀树立了云南回族革命斗争传统，三人堪称历史上的云南回族三杰。

元代回回人赛典赤·赡思丁任云南平章政事，是云南最高行政长官，在其主政云南6年期间，积极贯彻中央行省制度，使云南正式成为祖国行省一级的政区，并努力发展社会生产，兴修水利，协调民族关系，化解民族矛盾，巩固了祖国的统一，其处理和对待民族关系及民族矛盾的措施和办法即便在今天都有其积极的意义，堪称民族平等、社会和谐的倡导者和先行者。其丰功伟绩，彪炳史册，至今仍为云南人民所缅怀。

明代云南回族著名航海家郑和曾于明永乐三年至宣德八年（1405—1433年）率船队七下西洋，出访30多个国家，每到一处都与当地各族人民平等相处、礼尚往来，传播了中华优秀文化，带去了伊斯兰和谐理念，促进了亚、非各国经济、文化的交流，推动了中国航海事业的发展，其名垂青史。郑和远航西洋，不论是对政治、经济、文化，还是对造船工艺和航海科学技术都做出了卓越的贡献，产生了巨大的影响，其意义是深远的，不仅有着重要的历史意义，更有着积极的现实意义。郑和当年下西洋经过的许多地方就是我们今天“桥头堡”战略中面向西南开放的国家和地区。在当下云南“桥头堡”建设中，郑和下西洋和郑和精神就更有其重要价值和特殊意义（郑和是地道的云南回族穆斯林。郑和原姓马，1371年出生于云南昆阳一个回族穆斯林世家，从小就在伊斯兰文化和中国传统文化的熏陶中长大。其祖父和父亲都是到过麦加朝觐的“哈只”，是虔诚的穆斯林。其父刚直不阿，其母善良贤惠“有妇德”，父母对他的教育既严厉又宽厚，伊斯兰文化和家庭教育对他的一生产生了很大的影响）。

清代咸丰、同治年间杜文秀领导的以回民为主体，联合白族、彝族等民族建立的大理政权，坚持斗争18年，谱写了云南各族人民团结一致反民族压迫、反封建压迫的光辉篇章。杜文秀起义虽在清统治阶级残酷镇压下失败了，但杜文秀起义的社会影响和历史意义却是巨大的。首先，杜文秀起义沉重地打击了清封建官僚势力，动摇了封建王朝的统治，与洪秀全领导的金田起义和太平天国运动遥相呼应，客观上推动和促进了云南社会历史的进程和发展，为近代中国革命史册书写了光辉的一页。同时，大理政权时期杜文秀所采取和实施的一系列政策就是在今天来看也仍有其积极的现实意义。如大理政权所实行的耕者有其田的土地政策、民族政策、经济政策、商业政策和外交政策等一系列的利国利民政策，极大地促进了大理地区的经济社会发展、民族团结、社会稳定和谐、人民生活改善，维护了祖国的统一，加速了云南社会发展的步伐。即使以前备受争议的杜文秀起义建立的大理政权，事实上也体现出回族穆斯林强烈的国家观念。回族穆斯林的爱国理念就是“从国是天命”，即把爱国和维护国家利益与信仰联系起来，视爱国为每个穆斯林应尽的义务。为了表明这一点，杜文秀起义成功，建立大理政权后只称帅，不称王、不立君，更没有自封皇帝，与历史上有的农民起义领袖一旦起义成功后就称王称霸、割据一方截然不同，杜文秀反抗的是清统治阶级及其幕僚鹰爪、贪官污吏，而不是国家意义上的祖国。杜文秀最后为了让大理的回族穆斯林免受涂炭而与清廷议和以致死于非命。这一方面说明农民起义的阶级局限性和历史局限性，同时也表明了杜文秀始终心向中华、承认中原王朝、与祖国不离不弃的政治态度。

在辛亥革命、护国运动、北伐战争、土地革命、抗日战争和解放战争中以及社会主义建设中，许多回族的先进分子相继投身到中国人民解放的伟大事业中，为中华民族的独立和解放，为新中国的建立做出了牺牲。在社会主义建设中，广大的回族人民积极投入社会主义革命和社会主义建设之中，为社会主义建设做出了积极的贡献。具体表现在：

（1）在国家危难时，云南回族穆斯林积极保家护国，体现出对国家的认同与效忠。云南回回素有反抗外来侵略、保卫祖国的传统。辛亥革命时期，在孙中山提倡“汉、满、蒙、藏、回”五族共和的口号下，云南回族人民积极参加辛亥革命、护国运动。但后来蒋介石国民党政府不承认回族是一个独立民族，说回族只是生活习俗不同的汉族而已，学界也把伊斯兰教和回族统称为回教，回族人民在政治上没有自己的地位和话语权。尽管远离国家政治中心和主流文化，但云南回族人民仍一如既往地参与到反帝、反封建、反军阀的斗争中，并积极投身于中国共产党领导的土地革命、抗日战争和解放战争的伟大事业中，许多有志的回族知识分子、军人、青年和爱国爱教的宗教人士为了祖国的独立和民族的解放流血牺牲，为和平解放云南做出了巨大的贡献。

在辛亥革命、护国运动中，孙中山领导的同盟会和蔡锷领导的护国军中就有许多回族将领和民族人士，如罗云五、赵钟奇等。1911 年 10 月 10 日武昌起义，10 月 30 日，昆明立即举行了“重九起义”，起义的滇军中就有许多回族人民。在第一次世界大战中，云南回族马毓宝就随中国军到欧洲参战，最后在法国阵亡，至今骨灰仍葬在法国，孙中山亲书“黄胄光荣”的挽词以示悼念。

在土地革命、抗日战争和解放战争中，许多回族的有志青年，不分男女，纷纷弃学从军、投笔从戎，他们或报考军校，或奔赴抗日前线、驰骋疆场、英勇杀敌、为国立功，或辗转奔赴延安，投入抗日战争和解放战争的主战场，或救死扶伤……其中许多人献出了年轻的生命。如在抗日战争中，许多滇籍回回健儿血洒台儿庄，汗滴滇缅公路，服务中国远征军；在回族较为集中的个旧沙甸，1942 年日本侵占缅甸，威胁云南边疆，当时任云南思普企业局总办的沙甸回族穆斯林白亮诚在车里（景洪）成立了一个接待站，接待大批涌入国内的缅甸华侨，并赶造了木筏，供侨胞抢渡过江返回祖国，同时，还组织了一支以沙甸回民为主的回民抗日游击队，以协助中国远征军第六军 93 师阻止由景迈、景东来犯的日军，解救了被日军包围的 278 团；时在埃及开罗留学的沙甸回族学生马坚、张有成、林仲明、林兴华、林兴智 5 人，与其他留学生一道，为争取埃及人民和阿拉伯世界对中国抗日的理解、同情和支持，孤立日本侵略者，利用各种机会，采用多种形式，向来自世界各地的留学生和埃及人民介绍中国人民的英勇抗战事迹，揭露侵略者的罪行，在埃及和阿拉伯国家产生了重大的影响。

历史上，云南回族人民的爱国主义传统曾经历了长期的、痛苦的考验，特别是在清中晚期以后，由于统治阶级采取了民族歧视、民族压迫政策，致使广大穆斯林遭受了前所未有的欺辱和压迫。杜文秀起义失败后，清统治阶级更是对云南回族穆斯林进行了残酷的镇压和疯狂杀戮，在滇西、滇南许多回族地区，均遭到了清军的血洗，有的回族村寨无一人活命，仅省垣昆明惨遭杀戮的回族就达二万余人……但即便在这种情况下，云南回族人民仍然高举爱国主义的大旗，在反抗民族压迫的残酷斗争中，不惜忍辱负重，把国家利益与中华民族的整体利益置于首位，自觉地维护着祖国的统一、边疆的稳定和各民族的团结。对回族人民来说，爱族爱教与爱国是相互一致的，这种藏在心底的情结是无数回族先烈用心血凝结起来代代血脉相承的，是伊斯兰文化的内核和中华文化的精髓相融合的产物，也是伊斯兰文化和回族文化能在中国以汉文化为主流文化的土壤上生存、发展的重要因素。信仰的坚守和对中华民族的认同，使回族人民深刻地认识到，只有国家富强、社会稳定、民族团结，才有民族和宗教的发展。正是基于这样的认识，云南人民才能将自己生存与发展的命运融于中华民族的生存发展中，与祖国同呼吸、共命运，从而积极投身于历代中国人民反封建压迫、反帝国主义侵略斗争的洪流中，体现出对国家的认同与效忠。

（2）在和平建设年代，云南回族穆斯林积极参与民主改革、社会主义改造和社会主义建设，体现出对国家的支持与热爱。新中国成立后，云南回族人民在中国共产党的领导下，积极投身于民族改革、社会主义改造和社会主义建设。在极“左”路线时期和“文化大革命”中，他们与全国、全省各族人民一道共同经历了祖国政治的风风雨雨，与祖国和人民同呼吸、共命运。即使经历了“沙甸事件”这样的历史惨案，遭受了新中国以来空前的灾难和损失，在粉碎了“四人帮”得到平反后，在党的民族政策和宗教信仰自由政策的感召下，回族人民对党和国家并无怨言，仍以饱满的热情积极投身于社会主义建设之中，用实际行动回报社会，体现出对国家的支持与热爱。

（3）在改革开放的新时期，云南回族穆斯林积极投身社会主义市场经济建设大潮，体现出对国家的共谋与发展。1978 年十一届三中全会以后，党的民族宗教政策得到逐步落实，云南回族地区的清真寺重新开放，回族穆斯林的宗教信仰和宗教生活得到保证。在云南回族地区，党和政府实行的民族宗教政策和一系列富民政策，使回族人民爱国爱教的优良传统得以最充分地释放和体现，激发了回族人民开拓进取、敢于拼搏、善于经商的传统和技能。他们因地制宜，经商办厂，开展多种经营，发展特色经济，勤劳致富，回族地区的经济得到了较大的发展，回族人民的生活水平得到了显著提高，回族地区发生了历史性的变化。广大回族人民在改革开放中得到了实惠，他们从自己走过的历史进程和今天的现实生活中深深体会到：没有社会的和谐安定、民族的团结和祖国的繁荣富强，就没有回族穆斯林的今天。他们比任何时候都更加热爱新中国、热爱社会主义。他们在经济建设和社会生活中自觉地遵守党的方针政策和国家的法律法规，注重回回民族的传统道德，发扬回族文化的优良传统，维护祖国的安定和团结，为我国的经济、文化建设和祖国的繁荣昌盛做着不懈的努力。党的十六大、十七大以后，云南回族地区以科学发展观为指导，转变经济发展方式，调整产业结构，以人为本，走可持续全面发展道路。广大的回族穆斯林正以新的精神风貌投入小康社会建设、新农村建设和社会主义和谐社会建设中，与全省各族人民一道，步入了社会主义现代化建设的历史新阶段，为云南的经济社会发展和社会和谐做出了积极的贡献，体现出对国家的共谋与发展。

三、加强回族文化建设，为云南“桥头堡”战略服务

随着云南“桥头堡”建设战略的实施和连接东南亚、南亚大通道建设的不断推进，云南作为中国面向西南开放的“桥头堡”战略地位日益凸显，云南民族文化与境外文化的交流更加频繁，其中回族穆斯林和伊斯兰文化与东南亚、南亚、西亚、中亚及阿拉伯伊斯兰世界和伊斯兰文化的接触交融日渐增多，宗教界的对外联系和友好往来也趋于密切。在对外拓展文化交流的渠道上，作为相对特殊的文化体系的伊斯兰文化具有重要作用。作为世界三大宗教之一的伊斯兰教在东南亚、南亚、西亚和中亚都有较多的信众，由于历史和宗教信仰的原因，云南回族穆斯林与这些地区和国家有着天然的联系。在促进带动地方经济和民族文化发展方面，在宗教文化旅游资源开发、带动旅游等文化产业发展方面，在招商引资、投资、捐资等方面，云南回族文化和伊斯兰文化能发挥其特殊的正面文化效应，发挥特殊的作用。所以，回族文化是云南民族文化的重要组成部分，对“桥头堡”建设有着重要影响和作用。

历史和现实告诉我们，任何一个民族，只有与特定的时代和社会相结合、相适应、相和谐，才能生存和发展；国兴族兴，只有国家和中华民族的发展才有回族的发展，只有国家和中华民族的兴旺才有回族的兴旺。如何处理民族内部、民族与民族、民族与宗教、民族与社会、民族与国家等之间的关系，是一个民族能否与社会和时代和谐发展的关键。尤其是当国家和民族面临重大的社会变革、社会结构和社会公共利益调整，或民族内部、民族与宗教、民族与社会、民族与国家的利益发生矛盾或冲突时，如何应对和处理，是考验一个民族的社会适应能力和社会功能价值的关键。社会主义社会为各民族的和谐发展提供了政策、法律、制度保证和广阔的空间。十一届三中全会以来我国党和政府实行的民族宗教政策是有史以来最宽容、最人性化的，也是最好的，这是各民族和宗教能够参与经济社会建设和“桥头堡”建设的根本保障。因此，在云南“桥头堡”建设中，笔者认为应主要从以下几个方面来加强回族文化建设。

首先，要继续坚持中国特色的社会主义理论和“三个代表”重要思想，全面贯彻落实科学发展观，以科学发展观为指导，转变发展观念，以人为本，统筹

兼顾，走全面协调可持续发展道路，促进回族地区经济、文化、社会全面发展。

其次，要继承和弘扬回族穆斯林爱国爱教的优良传统，以国家和中华民族的整体利益为重，强化国家意识和中华民族意识，自觉维护和珍惜今天来之不易的社会环境；挖掘和发挥回族文化和伊斯兰文化中与时代相适应、与社会和谐的积极因素，主动与社会主义社会相适应；进一步加强民族内部和各民族之间的团结，共同维护和发展包括各民族文化在内的中华民族文化；学习和发扬回族先辈开拓进取、与时俱进的创新精神，继续保持和开展与国内外各民族穆斯林之间的正常交往，促进各民族文化交流，实现平等对话；重视和加强回族文化各方面的建设，充分挖掘和利用回族文学、回族艺术、回族建筑、宗教文化等历史悠久、文化内涵厚重、人文资源丰富的资源优势和特点，探索一条开发与保护、保护与发展、社会效益与经济效益并重的回族文化与产业文化相结合的可持续发展之路。

此外，在云南“桥头堡”建设的对外开放和民族文化交流中，特别是在经济全球化的背景下和西方强势文化为主流文化的语境中，我们一方面既要坚守原则，坚定信念，保持自己的信仰和文化特色，增强和发扬文化自觉、文化自醒、文化自信、文化自强和不卑不亢的意识和精神，注意防范和坚决抵制境外敌对势力利用民族和宗教对我国的渗透，维护国家安全和文化安全，又要处理好与邻国民族的关系，开展正常的民族文化交流，为云南桥头堡建设营造一个和平、正常、有序的对外交往环境。另一方面要有危机感和紧迫感，面对西方强势文化潮流的冲击和各种文化思潮的迅速崛起和发展，要想保持自己的文化，就必须有自己独到的文化内涵和鲜明的文化特色，做大做强自己的文化，走特色之路；在文化政策和文化取向上要采取更加宽容的态度，以宽广的胸怀去面对和接纳一切来自不同国家、不同民族、不同地域、不同宗教，乃至不同政治制度、不同意识形态的优秀文化，不断改良、提升、丰富和完善自己，夯实回族文化基础，拓展回族文化发展空间，进行回族文化再生产，提高回族文化竞争力，为云南“桥头堡”建设和经济社会发展提供软实力和智力支持。

同时，我们要充分认识到本民族自身的不足和回族地区在发展中存在的问题，如经济发展不平衡，贫富悬殊加剧，有的回族地区仍然很贫穷；产业结构不合理，家庭作坊式经济或家族经济比重较大，科技含量低，能源消耗大，环境污染严重，市场运作不尽规范，企业发展后劲不足；文化教育发展相对滞后，群众的整体素质不高，国民教育与经堂教育发展不协调；回族民间文化教育缺乏统一规范的指导和协调，回族社区宗教职业接班人普遍缺失；有的清真寺事务管理及某些宗教活动存在不同程度的问题；有的地方宗教意识高扬，而民族的整体意识衰微；少数人民族和宗教意识淡漠，在经营活动和社会生活中不讲信誉，缺乏诚信；个别地方还存在不安定因素和违法犯罪行为。如此等等，严重影响和损害了回族穆斯林的整体形象。这些问题与社会主义和谐社会建设的要求相距甚远，如不能从根本上有效解决，回族地区的和谐社会建设就会受到阻碍，从而影响“桥头堡”建设的顺利实施。要不断提高回族的整体素质和科学文化水平，注重对下一代及青年人的教育和培养。我们不仅要从经济社会发展的需要，也要从本民族自身发展的需要来认识云南“桥头堡”建设的重要意义，发挥和利用回族的优势和特长，调动广大回族群众的积极因素，使其积极参与到“桥头堡”建设和社会主义现代化建设之中，发挥回族文化在“桥头堡”建设中的助推作用。

综上所述，云南广大的回族人民不仅是云南经济社会发展和社会主义建设的重要力量，同样也是云南“桥头堡”建设的重要力量。今天，在改革开放后社会主义现代化建设的新时期，特别是在云南“两强一堡”战略实施中，我们在学习、总结和挖掘先辈们的精神和行为时，就更应该继承和发扬先辈们这种与时俱进的开拓创新精神，重振先辈雄风，在前人的基础上，充分利用云南回族与国外穆斯林的历史渊源和伊斯兰文化资源，进一步加强与东南亚、南亚等周边国家以及西亚、中亚和阿拉伯世界的联系与友好往来，推动和促进云南回族地区和全省经济社会的全面发展，为云南“桥头堡”建设做出新的贡献。

（原文为第二十一届全国回族学研讨会参会论文，后载《回族研究》2013 年第 4 期，本书收录时标题略有改动）

“帕西傣”多元文化旅游资源的开发与构建

一、“帕西傣”的历史与现状

云南省西双版纳傣族自治州勐海县东接景洪，东北接今普洱市，西北与澜沧毗邻，西南与缅甸接壤，国境线长146.6公里，总面积5 511平方公里，人口31.2万。在这块土地上，生活着傣、哈尼、彝、布朗、回等23个民族。据2011年的统计，西双版纳州共有人口114.2万人，其中傣族323 596人，回族3 747人。① 西双版纳回族主要分布在景洪城区和勐海县的勐海镇、勐遮镇，三地回族共计有1 000多人。

在勐海县勐海镇曼短行政村委会的曼峦、曼赛两个寨子，生活着一个被称为“帕西傣”的穆斯林族群。他们与当地傣族一样，在日常生活中穿傣装，讲傣语，使用傣文和傣族姓名，居住傣式竹楼，过春节，但却信仰伊斯兰教，遵守伊斯兰教教规、教义，保持着回族穆斯林的生活习俗。

曼峦寨距勐海县城8公里，背靠景蒙山，面临流沙河，昆洛公路214线从寨旁穿过。现全寨有72户376人，全是“帕西傣”。寨内有一清真寺。

曼赛寨距曼峦寨约4公里，现有80户412人。曼赛寨属曼赛村的一部分。曼赛村由两个寨子组成，两寨仅一溪之隔，寨东为曼赛龙，全部居住着傣族，寨西为曼赛回，全部居住着“帕西傣”。寨子百米内有一清真寺和一座佛寺，一神教与多神教两种宗教并存。

“帕西”一词在古傣语中蕴含有商人之义，在现代傣语种中有不吃猪肉的含义。“帕西傣”是傣语，即不吃猪肉的傣族，也称“傣回”。在西双版纳，“帕西傣”是当地傣族对曼峦回、曼赛回村民的特称。这两个寨子的人也自称“帕西”

① 参见《2011年西双版纳州经济工作手册》。

或"帕西傣"，意思是"回族"或"回傣"。在云南和中国民族学界，"帕西傣"这一概念专指勐海县勐海镇曼峦回、曼赛回两个寨子的穆斯林族群。

（一）"帕西傣"的源流与形成

据史书记载，公元1253年，蒙古兵征服大理国后，先后调了许多蒙古、回回、汉军到云南屯田戍守，同时又有一些回回、汉商入滇经商并逐渐流落于云南各族聚居的村镇，他们在政治、经济、文化等方面的活动，对土著的白、彝、傣等都产生不同程度的影响。① 这说明回族在云南的存在和活动已有近800年的历史。云南回族多由外地迁入，无田地，只好从商业贸易上寻求生路并逐渐发展成为一支重要的商业力量，对云南的经济社会发展做出了积极的努力和贡献。在回族的商业贸易中，其运输方式主要是马帮。

另据《云南回族史》记载，清代初、中期，云南回族的马帮已远到缅甸、泰国、老挝等国进行贸易活动，除从大理、保山、腾冲到缅甸贸易外，还开辟了从大理、蒙化（今巍山）经镇沅、耿马到缅甸的麻栗坝和腊戍的路线，昌宁、凤庆、云县、镇康等地的回族马帮多沿此线进入缅甸贸易；滇东南的建水、蒙自、通海纳家营、个旧沙甸、峨山大白邑等地的回族则沿墨江、思茅、景洪到勐海经打洛江进入缅甸景栋，再从景栋、大其力到泰国的清迈贸易；滇南回族开通了从思茅普洱、西双版纳进入缅甸、泰国的线路后，滇西楚雄、大理、丽江一带的回族开通经景东、景谷，过思茅普洱入缅甸、泰国、老挝的贸易线路……到了清末民国初，云南边地贸易日趋繁盛，此间，在缅甸、越南、老挝、印度、尼泊尔、巴基斯坦等国出现了许多云南籍回族坐商。②

勐海县系普洱茶的产地以及"茶马古道"的重要驿站。曼峦和曼赛是内地至缅甸景栋的必经之地，由于回族的宗教信仰和生活习俗有别于其他民族，在回族的马帮运输和经商贸易中，沿途客居、暂居成为一种常态，其中一些回族商人在西双版纳坐商而落籍成为"帕西傣"的先民。

据说，清中期，有一支回族经商的先民来到勐海，见曼降附近的流沙河竹桥常在雨季被洪水冲垮，人马不能成行，影响了当地傣族和内地商人的过往，回族商人便出资修建了一座能常年通行的大木桥，并在桥附近的小山包开设了马店、

① 尤中：《云南民族史》，云南大学出版社1994年版。

② 杨兆钧主编：《云南回族史》，云南民族出版社1990年版。

饭庄、驿站，并经营制革，做马笼头、牵马的皮条及贩卖牛马等生意，为到缅泰的马帮提供方便。后经勐海土司允许，回族商人在这里建寨经商，于是形成曼峦回寨子的雏形。

再据曼峦寨民间传说，清嘉庆、道光年间，大理州巍山的一个马锅头（马帮统领）带领马帮到缅甸一带做生意，由思茅、普洱进入西双版纳，路上遭土匪抢劫流落勐海，便给勐海土司送去仅剩的三驮盐，要求在流沙河边住下，土司表示同意，但提出几个条件：一是要尊重当地的风俗习惯，二是要服从土司的管理，三要回族男子与当地傣族女子结婚。马锅头接受了全部条件，于是土司在曼养坝附近的山坡上划出一块土地给回族马帮商人盖竹楼，并把自己的女儿许配给马锅头做妻子，婚后他们生了六子二女，遵循回族传统，男女婚嫁，只娶进，不嫁出，讨女招婿与傣族男女通婚。四个儿子后逐步发展为四个大家庭并在曼峦繁衍生息。这便是“帕西傣”最早的先民。

清末，随着清王朝逐渐走向衰落，社会矛盾和民族矛盾日趋尖锐，全国各地各民族对清统治阶级的反抗起义此起彼伏。在云南，爆发了滇西回族杜文秀领导的以回族为主体，包括白族、彝族、汉族等民族在内的反抗清统治阶级的农民大起义。1872 年，在统治阶级的残酷镇压下，起义失败，清统治者对起义官兵和回族人民进行了疯狂的报复和惨无人道的大屠杀，云南全省数以百万的回族穆斯林惨遭杀戮，清真寺几乎无一幸存。为躲避清政府的屠杀，起义官兵及回族穆斯林不得不到滇西、滇南等偏远地区避难，在白族、彝族、藏族、傣族等民族的帮助收留下得以安生，并与他们同处一地。这也是历史上“白回”“彝回”“藏回”形成的原因之一。其中有的甚至逃至泰国、缅甸等国。而逃难落籍曼峦、曼赛的回民也是“帕西傣”的来源之一。经过 100 多年的繁衍生息，“帕西傣”由当初的几户，发展为现在有 800 余人的两个村寨。① 这一时期，伊斯兰教和回族文化不可能有大的发展，但随着回族人民在动乱中的转移和迁徙，客观上却使伊斯兰教得以保存和传播。

综上所述，曼峦、曼赛寨两个寨子及“帕西傣”的形成原因主要是历史上的回族传统马帮贸易，以及清末滇西回民起义失败后部分回族穆斯林逃难落籍至此后与当地傣族通婚并逐步融合。

---

① 另据西双版纳州民宗局马灿伟说：曼峦是历史上的马帮贸易落籍形成的，至今有傣历 1188 年建村的纪录资料；曼赛是清杜文秀起义失败后回族逃难到此形成的，祖先来自大理。

（二）“帕西傣”的发展与现状

“帕西傣”生存繁衍于勐海傣族地区，由于历史、社会、自然的种种因素，其社会生活习俗既有傣族特征，又有回族特色，既有与内地回族和边疆兄弟民族相同的共同性，又有自己的特殊性。经过清末、中华民国和中华人民共和国近200年的发展历程，“帕西傣”与西双版纳傣族一样有了很大的发展，尤其是进入新世纪改革开放以来，“帕西傣”的经济、文化和社会生活发生了巨大的变化，呈现出新的面貌和特征。

1. “帕西傣”的经济

曼峦寨的传统经济是农业，主要靠种植茶叶。现在“帕西傣”所居住的曼峦寨因勐海县建工业园区大部分山地被征用，只有水田278亩，菜地20余亩，村民除从事传统农业外，主要从事运输，村内现有大小车辆50余辆，组建了一个车队，专营勐海多个村寨的客运和货运。此外还贩菜、经营农家乐和烧烤，进行多种经营，农民年人均纯收入约8 000元。

曼赛寨的传统经济主要是种茶、甘蔗和贩卖牛。现曼赛寨有茶地500余亩，水田370余亩，菜地40余亩，村民除种茶和从事传统农业外，主要做茶叶交易和耕牛菜牛短期育肥交易，村内有黄牛、水牛交易市场，日交易量为100头左右。此外还有打工和从事货运的，全村有大小汽车70辆，人均年收入在5 000元左右。历史上曼赛还做过鞋子，很有特色。

2. “帕西傣”的宗教信仰及生活习俗

宗教信仰：“帕西傣”先民和陆续而来的回族与当地傣族女子通婚并定居下来后，通过几代人与当地傣族保持紧密的姻亲关系发展壮大自己，在满足族群繁衍需要的同时，“帕西傣”始终遵行着其祖先遗存下来的伊斯兰教信仰，在宗教生活中严格遵守伊斯兰教教规、教义，保持着回族穆斯林的生活习俗。

姓氏：“帕西傣”的姓氏具有回族与傣族文化相结合的特点。每个“帕西傣”出生后，先为孩子起一个傣族名（与身份证一致）；之后再为孩子起回族名，最后请阿訇为孩子起经名。例如某男：傣族名字岩醒，回族名字马立德，经名尤鲁叔；某女傣族名字玉六尖叫，回族名字马玉芹，经名麦里央。

服饰：“帕西傣”女子的服饰与傣族妇女基本相同，一般都是上身穿鲜艳紧身宽肩短袖短衬衫，下穿筒裙，但戴盖头或头巾却与傣族不一样。“帕西傣”妇女的头巾以白色或黑色为主，把整个头发、脖子遮盖住，至肩膀，而傣族妇女大多是用花色头帕将头发缠住或裹住。男子平时一般着现代的汉族服装，过节或做礼拜时戴半圆无檐小白帽。

民居建筑："帕西傣"居住的房屋与傣族的房屋基本一样，也是干栏式建筑，房子一般是两层楼，主要是住人。现在条件好的人家已经盖上了水泥钢混建筑的新房子。在住房一旁有养牲口的独立房子，传统的傣式竹楼渐渐消失。

饮食习惯："帕西傣"恪守伊斯兰教不吃猪肉的饮食禁忌，同傣族一样，他们喜欢吃糯米制品，口味以辣、酸、香、脆为基本特色。祭祖和祭亡人的时候请阿訇和亲戚吃饭，也是以糯米饭为主。

婚姻：由于宗教信仰和生活习俗不同，"帕西傣"一般首先选择寨内或族内通婚。虽然他们也与傣族或其他民族通婚，但一般还是坚持只娶进、不嫁出的原则，严格要求娶进门的非穆斯林姑娘和上门女婿要皈依伊斯兰教。尽管也有外嫁的现象，但由于生活和饮食习惯多有不便，所以，长期以来，娶进村的多，嫁出村的少。订婚、结婚要请阿訇择定吉日，结婚时要由阿訇为新婚夫妇念"尼课赫"。

丧葬习俗。"帕西傣"的丧葬习俗以及程序和形式同内地回族的习俗基本一样，并无太大的差异，一般都实行土葬、速葬、薄葬等。坟地就在离村子不远的后山上。

语言文字："帕西傣"过去的日常用语和对外交流用语都是傣语，至今年龄在40~50岁左右的中老年人都懂傣文。现在年轻人大多会汉语，在对外交流中也使用汉语、汉文。

节日庆典："帕西傣"的节日主要有伊斯兰教的开斋节、古尔邦节、圣诞节等，但当附近傣族村寨举行傣族的关门节、开门节、傣历新年（泼水节）等节日时，"帕西傣"的青年男女一般也会相约前往参加。

禁忌："帕西傣"的禁忌大多与伊斯兰教的教规和习俗有关，凡有违反伊斯兰教规、教义，有伤个人身心健康、妨害他人、不利社会秩序的言行，都在禁忌之列。在饮食禁忌上除了不食猪肉外，还不食非阿訇宰的牛、羊等牲畜，禁食狗、骡马和一切凶禽猛兽，禁食自死的牲畜及牲畜的血，禁饮酒，忌吸烟。宰牲由清真寺的阿訇宰。

现在，"帕西傣"的宗教意识日渐淡化。在宗教生活方面，平时到清真寺来礼拜的人很少，主麻日（即伊斯兰教星期五的聚礼）会有人来礼拜，但人数也不多。据说历史上曼峦寨有人到麦加圣地朝觐过，但新中国成立以后没有人去过。朝觐是伊斯兰教“五功”之一，在曼峦寨和曼赛寨有这种意识和愿望的人并不多。

生活习俗和婚姻方面越来越汉化和现代化。笔者曾于1974年、2009年及2012年三次到过曼峦和曼赛，每一次的印象和感觉都不一样。受现代生活，特别是改革开放以来市场经济的冲击和影响，“帕西傣”不论在经济、文化，还是宗教信仰和生活习俗上都正在渐渐地发生着变化。特别是年轻一代，他们接受的是现代教育，受傣族文化、汉文化和现代文化的影响，尤其是在市场经济和网络信息的冲击下，他们大多穿汉装、西服甚或很时髦的服饰，讲傣语或汉语，宗教意识正逐渐淡化，思想观念、价值取向已发生变化，如传统的傣式竹楼已逐步变为钢筋水泥砖混建筑；女子外嫁给汉族或其他民族的现象也逐渐增多。作为维系“帕西傣”文化和本质特色的伊斯兰教信仰及对回族文化的传承，在这里还能维持多久，这是值得我们思考的一个问题，也是民族文化传承、保护和开发中不得不面对的现实问题。

二、“帕西傣”文化的特质、形式及特点

（一）伊斯兰文化是“帕西傣”文化的特质

如上所述，“帕西傣”的祖先是信仰伊斯兰教的回族穆斯林，他们来到西双版纳勐海曼峦寨和曼赛寨定居，生活在以佛教信仰为特色的傣族文化的土壤之中，不论其经济和文化都明显处于弱势。由于生存和发展、生产和生活的需要，不得不与相邻民族——傣族和其他民族交往和联系，甚至通婚。但他们却笃信伊斯兰教，进行伊斯兰教的宗教活动，过伊斯兰教的宗教节日，在生活方面始终保持着回族穆斯林的习俗。

西双版纳的傣族是一个全民信仰南传上座部佛教的民族，佛教信仰和佛教文化在傣族社会生活中根深蒂固，深刻地影响着傣族社会生活的方方面面。在这样一种环境中，两种背景、价值观念截然不同的宗教文化难免会发生碰撞、产生摩擦，甚至带来矛盾和冲突，而回族和傣族先民却巧妙而智慧地处理了这一问题，友好而和谐地相处，世代相安，直至今日。回族先民在与傣族的长期交往中，一方面受强势的傣族文化的影响，主动或被动地吸收了傣族文化，在语言、服饰、

生产和生活习俗的某些方面逐渐放弃和改变了自己的原貌而傣族化和地域化；但另一方面，却在关乎信仰、理念等本质方面，顽强地坚守着一个民族的底线，那就是对伊斯兰教始终如一的信仰。因为中国回回民族的形成和发展离不开伊斯兰教，随着伊斯兰教的传入和对伊斯兰教的信仰才有了回族的产生，没有伊斯兰教的传入就没有回族，所以，伊斯兰教是维系回族的重要因素，失去了伊斯兰教或伊斯兰文化，回族将失去作为一个独立民族而存在的根据。因此，回族与伊斯兰教紧密相关。伊斯兰教和伊斯兰文化在“帕西傣”的形成过程中起着至关重要的作用，甚至可以这样说，没有信仰伊斯兰教的回族穆斯林的进入，就没有“帕西傣”；没有伊斯兰文化和回族文化，就没有“帕西傣”文化。

从这个意义上说，作为一种外来的宗教文化，伊斯兰文化在傣族地区的传播和发展，促成了“帕西傣”的产生并成为“帕西傣”文化的内核和特质，伊斯兰教不仅是“帕西傣”的宗教信仰，也是“帕西傣”内在的行为准则、价值取向和生活方式。这是“帕西傣”及其文化的一个显著特征。

同时，由于政治、军事和经济等原因，历史上回回民族一经形成，就具有了“大分散，小聚居”的分布特点，但由于各地回族所处的自然条件和社会环境有差异，构成了回族文化的不同区域（地域）特色。“帕西傣”形成于傣族地区，其文化必然打上傣族文化的烙印。所以，表现在“帕西傣”的生产生活中，他们栽水稻、种茶叶、穿傣衣、用傣文、讲傣语，甚至与傣族、汉族或其他民族通婚，但“帕西傣”与傣族或其他民族通婚时坚持只娶进、不嫁出的原则，严格要求娶进门的非穆斯林妇女和上门女婿要信仰伊斯兰教。这样的选择表明：当面对强大的异质文化包围圈，处在全民信仰南传上座部佛教的傣族社会环境下生存繁衍受到威胁时，“帕西傣”首先选择与当地傣族通婚来保证生存和种族繁衍；当生存得以保障，威胁相对减少后，他们便通过“寨内婚”和“族内婚”来保证自己信仰的纯正和文化的独特性。

（二）傣族文化是“帕西傣”文化的表现和形式

回族先民进入西双版纳傣族地区以后，为了生存和发展，一方面不得不主动与傣族人民和相邻民族交往和联系，主动学习和吸收傣族文化和佛教文化中有利于自身发展需要的养分，从而适应傣族地区的社会生活、行为规范和道德要求，这样，才能在整个群体自身得到生存和发展的同时，保持自己的传统信仰和宗教生活。另一方面，傣族文化和佛教文化也以强势的态度，势不可当地对这种外来的，以伊斯兰教为信仰的回族穆斯林及其文化进行全方位的渗透和影响，甚至抵制和对抗。而同时，回族穆斯林也会以自己的文化与之抗争，经过了长期的博弈和互动，彼此吸收和融合了对方的优长，互为补充，互为消长，共同发展。对傣族人民来说，他们以佛教慈悲为怀的精神，以及佛教文化宽容、大度的姿态和气势，接纳了作为外来民族的回族和外来文化的伊斯兰文化，并把回族视为兄弟民族，让出自己的土地、家园，使回族穆斯林世世代代得以在这块充满奇异而肥沃的异文化的土地上愉快地生活，这是“帕西傣”人民和回族人民应永远感恩的。正如当地干部所说的那样，傣族是一个似水的民族，像水一样的包容和柔和。在傣族这块土地上能够容纳伊斯兰教进入，让其生存下来并得到发展，就足以说明傣族人民的包容和善良。

而作为外来的回族穆斯林来说，他们带来的是异域文化，为了更好地融入傣族社会，他们同样以伊斯兰文化和平、和谐的理念，以回族穆斯林开拓进取和包容的精神，学习、吸收和兼容了傣族文化的养分及精髓，在坚守和保持伊斯兰教信仰的前提下，主动来适应傣族社会的生活，其中包括语言、服饰、住房、饮食习惯等外在的表现形式。所以，当你走进曼峦寨和曼赛寨时，如果不仔细分辨，你是看不出谁是“帕西傣”，谁是傣族的。但如果仔细观察，你就会看出，“帕西傣”妇女（主要是已婚妇女）的头巾（帕）与傣族妇女的头巾是不同的，“帕西傣”妇女戴头巾（又称戴盖头）缘于伊斯兰教的规定，是模仿伊斯兰地区妇女的装饰。所以，在外在的许多方面，“帕西傣”已经傣族化，但在“帕西傣”文化的内在特质上，伊斯兰教或伊斯兰文化仍然起着不可替代的作用。“帕西傣”与傣族的区别主要在关乎信仰、民族心理、族群认同、饮食习惯等伊斯兰文化的本质特征方面，而“帕西傣”与回族的区别是受傣族文化影响的外化为语言、服饰、住房等生活习俗方面的表现形式。从文化的特性和价值来看，“帕西傣”文化是一种和谐的文化，是傣族文化、回族文化和地域文化等多种文化的融合。“帕西傣”的特点是“外傣内回”，这也是“帕西傣”的文化标识。

（三）“帕西傣”文化是民族、宗教、地域等多元文化的融合

“帕西傣”文化作为一种特殊的文化现象，是由其特殊的生存环境决定的，其主要是在回族和傣族两个民族、伊斯兰文化和佛教文化两种文化的基础上衍生出来的独特文化。“帕西傣”继承了回族穆斯林的宗教信仰，在信仰层面保留了其伊斯兰教的基本特色。但又由于其长期居于全民信仰南传上座部佛教的傣族地

区，基于生存和发展的需要，他们与傣族通婚，组成家庭，繁衍后代。在生活方式上，“帕西傣”吸收和借鉴了傣族文化及其风俗习惯。进入新时期以来，尤其是改革开放以来，随着市场经济建设的不断深入，在汉文化及现代文明的冲击下，“帕西傣”文化中渗入了许多汉文化和现代文明的成分，其思想观念、价值取向、经济特征、生活方式、风俗习惯，甚至民族和宗教意识也发生了很大的变化，但尽管如此，“帕西傣”文化作为一种区别于其他民族的文化现象的特性却依然保存着。

从文化学的角度考察，任何一种外来文化，如要在本土文化中扎下根来生存，要么是自我封闭，防止本土文化的侵入和渗透，最大限度地减少本土文化对其的冲击和影响，但这种文化最多只能存活而难以发展，而且在客观上是难以为继的，特别是在以佛教信仰为支撑的傣族地区，要想保持一种单一文化或民族文化的纯真性和正统性是很难的。再就是正视和趋向本土文化，从本土的主流文化中汲取养分，主动地改造自己，将自己的文化价值取向同本土的传统文化有机地融合起来，提升自己的文化，以得到主流文化的认同，从而得以生存和发展。“帕西傣”形成的历史特点，决定了“帕西傣”文化不可能在佛教文化的土壤上和傣族文化的汪洋大海中自我封闭而独立存在、自我发展，而只能是勇敢地正视和面对傣族文化潮水般势不可当的冲击，主动趋向傣族文化，从中汲取养分，为我所用，再造和提升适宜自身发展的与本土主流文化相融的新的民族文化，才能摆脱危机，实现民族的生存和发展。也只能这样，才不会被以佛教思想为主流的傣族文化的潮涌所吞没。这也是“帕西傣”生存、发展、振兴的明智之举和最佳选择。

再从民族文化和宗教文化层面考察，一方面，“帕西傣”文化是以伊斯兰文化为内核和特质的回族文化与佛教文化为表现特征的傣族文化，以及汉族和相邻民族文化及地域文化相互吸收、融合而成的多元的复合型文化，因此，“帕西傣”文化既有回族文化的内涵特色，又有傣族文化的表现特征，还有相邻民族和地域文化的元素，它充分反映了几百年来回族穆斯林为了生存和发展而不断适应傣族地区的自然环境、经济社会、人文历史、社会生活等而发生的变化。另一方面，“帕西傣”文化又是伊斯兰文化、佛教文化和地域文化等多元文化长期融合发展的结果，是伊斯兰文明、佛教文明和中华文明的有机结合体。在这种多元文化中，伊斯兰文化是“帕西傣”文化的内核和特质，起着决定性的作用，规定着“帕西傣”文化发展的质量，佛教文化是“帕西傣”文化的表现和形式，影响着“帕西傣”文化的发展和变化。

另外，从宗教文化生态来说，在云南民族众多、宗教文化多元的生态环境中，“帕西傣”文化就是宗教文化多元共存和宗教文化生态平衡保持得较好的典型。在那里，信仰不同的两个民族长期以来和睦相处，友好往来，共同发展；佛教文化和伊斯兰文化等多元宗教文化在那里得到了完美的融合，向世人展示了宗教多元文化水乳交融和宗教文化生态平衡的独特魅力。在一个南传上座部佛教盛行，几乎全民信仰佛教的傣族地区，居然有两个全村人信仰伊斯兰教的村寨和清真寺，并经常开展宗教活动，这几乎是不可思议的，但这确实是一个现实。放下民族迁徙、融合，宗教传播等历史和现实因素不说，仅从宗教多样并存和宗教文化多样共生这样一个角度和层面就可足以说明云南宗教文化生态平衡及其重要意义。

因此，在构建和谐社会和实现中国梦的今天，研究和开发“帕西傣”文化，不仅具有重要的历史、学术和文化价值，而且对于加强民族团结，维护边疆稳定，保持社会和谐，促进宗教和顺，推动当地经济社会发展具有重要的政治意义和经济价值。其中，“帕西傣”文化的经济开发价值是多方面的，在云南“两强一堡”战略和“一带一路”建设中，尤其是在“桥头堡”建设和民族文化强省建设中，其文化旅游的开发价值日益凸显并占有重要的位置。

三、“帕西傣”多元文化旅游资源开发与构建及路径

（一）进一步认识“帕西傣”及其文化的价值，正确处理保护与开发的关系，传承和弘扬“帕西傣”文化的优秀传统，加强“帕西傣”文化建设

旅游本身就是一种文化交流，任何旅游产品或旅游方式均有其自身的文化内涵，这是构成旅游吸引力的必备条件，也是旅游可持续发展的前提。“帕西傣”文化的唯一性和独特性是“帕西傣”文化构成旅游吸引力的核心竞争力。因此，要进一步认识“帕西傣”及其文化的价值及独特性，在发展“帕西傣”文化旅游的过程中正确处理保护与开发的关系，在开发中促进“帕西傣”文化的传承和发展。而要发展“帕西傣”文化旅游，首先要加强“帕西傣”文化建设。民族文化旅游的开发，说到底，就是要充分挖掘民族传统文化中的优秀部分，通过对文化的创新和重构，使其在新时期得到传承和发展，在展示和反映少数民族现

有生活状态、思想观念的同时，为少数民族地区的经济建设做出贡献，甚至成为民族地区新的经济增长点。而少数民族的发展，首先应该是民族传统文化的发展。在旅游业发展的背景下，民族传统文化不应该是被动地接受影响，而要发挥主动性，反过来引导旅游业的发展方向，使其对社会文化产生积极影响，避免消极影响。这也是加强民族文化建设的根本所在，而加强“帕西傣”文化建设也应当在此背景下开展。

（二）加强“帕西傣”村寨的基础设施建设，为发展“帕西傣”文化旅游提供必要条件

随着旅游业的迅速发展，“回归自然、返璞归真”已成为当今世界旅游发展的主旋律，乡村旅游正顺应了现代旅游的这一要求。而曼峦和曼赛寨正好在乡村景观、自然风光、文化体验方面吻合了乡村旅游的特点。因此，在旅游开发过程中，应结合“帕西傣”文化以及当地实际情况，将其开发定位为乡村旅游。而加强基础设施建设是发展乡村旅游的重要前提，也是发展“帕西傣”文化旅游的必要条件。就当前“帕西傣”村寨的基础设施建设情况来看，其仅仅满足了当地村民的日常生活需要，要将“帕西傣”村寨开发为乡村旅游景区，还需要加强对交通、道路、停车、环境、供水、供电、排水、网络、通信等基础设施的投入和建设；注重对农舍、厕所等公共卫生设施的修建和改造；重视对生态环境和特色化村寨的保护和建设，以更全面、完善的配套设施来满足乡村旅游业在吃、住、行、游、购、娱等要素上的要求，从而促进帕西傣乡村旅游业的发展。

（三）打造和提升“帕西傣”文化的特色和品牌，开发和培植“帕西傣”文化旅游产业，为游客提供更多的服务和产品

文化是旅游的灵魂。“帕西傣”旅游规划设计的核心内容也是主打文化品牌。从自然景观层面来看，曼峦和曼赛两个村落的地理资源并不具有明显的优势，没有鬼斧神工的大自然恩赐的独特景观，所以，“帕西傣”旅游资源开发的落脚点应在文化因素上，这也是“帕西傣”旅游的亮点所在。因此，应充分利用这个亮点，把突出特色、发掘特色作为“帕西傣”旅游资源开发的支撑点，制定和实施以“特”取胜的战略，在“特”字上下功夫。“帕西傣”旅游文化的特色在于宗教的和谐共处和民族团结，因此，“帕西傣”多元文化旅游资源的开发的主要内容要在宗教和谐和民族团结上着力。打造和提升“帕西傣”文化的

特色、亮点和品牌，开发和培植“帕西傣”文化旅游产业，为游客提供更多的服务和产品，是发展“帕西傣”文化旅游的重要内容和“帕西傣”多元文化旅游资源开发的可操作路径。可从以下几方面来考虑：

（1）筹建“帕西傣”村史展览室。全面收集有关“帕西傣”的历史遗物，如生产工具、生活用品、家谱、图片等，进行陈列。以图文相结合的形式反映“帕西傣”的历史、文化、生活以及宗教节庆活动等。

（2）继承和开发“帕西傣”的传统做鞋工艺。“帕西傣”有传统的制鞋手艺，历史上制作的牛皮鞋和布鞋很有特点。在“帕西傣”多元文化旅游资源开发中，可以继承“帕西傣”传统做鞋工艺，突出民间手工特色，同时加以改进，创新设计，以适合当代人的审美和实际需求，而后推向市场。

（3）制作“帕西傣”清真普洱茶。西双版纳是普洱茶的主要茶源地之一，也是世界茶文化的起源地，生活在这里的“帕西傣”有着悠久的制茶传统。因此，在“帕西傣”地区开办茶厂具有优越的地缘条件，可以把因信仰而形成的民族生活习俗元素与已经成名的普洱茶融合在一起，打造“清真普洱茶”系列，以满足信仰伊斯兰教各民族的饮茶需要。

（4）整合以“帕西傣”烧烤为特色的餐饮业。“帕西傣”烧烤由于既有清真风味也具有傣族特色而大受欢迎。因此，在“帕西傣”多元文化旅游中，可以整合现有的餐馆，打响“帕西傣”烧烤这个品牌。

（5）参与体验式宗教文化旅游。“帕西傣”多元文化旅游的一个核心因素就是宗教文化，因此，可以利用这种宗教信仰资源，尝试开展参与体验式宗教文化旅游，让游客特别是穆斯林游客走进来，留得住，使他们在旅游的同时能够参与宗教活动和完成宗教功课，获得心灵的慰藉。

（四）创新“帕西傣”多元文化旅游的宣传方式，让更多的人认识和了解“帕西傣”文化的独特魅力

创新“帕西傣”多元文化旅游的宣传方式，积极、主动、全方位、多渠道、多方式地宣传介绍“帕西傣”文化，让更多的人认识和了解“帕西傣”文化的独特魅力，是发展“帕西傣”文化旅游的重要手段。具体来说，可以考虑创建“帕西傣”文化旅游网，利用网络、博客、手机软件和各种营销活动方式以及创意传统媒体方式宣传“帕西傣”文化。同时，可围绕“帕西傣”文化旅游开展工艺品展览、摄影大赛等活动；邀请媒体到“帕西傣”村寨进行采访报道；在

《中国穆斯林》《云南穆斯林》《云南回族研究》等刊物上开创以“帕西傣”为主题的系列报道或专栏；主动与省内外的有关院校和科研院所联系，开展“帕西傣”历史文化、经济社会的学术研究；运用多媒体等技术和手段，将“帕西傣”独特的民族宗教文化及民风民俗制成集观赏、实用、纪念于一体的旅游产品并推向市场，广泛宣传“帕西傣”文化，以此来进一步扩大“帕西傣”文化的知名度和影响力。

（五）开发和构建“帕西傣”多元文化旅游圈，为“帕西傣”文化旅游提供硬件支撑和文化软实力

西双版纳拥有的特色鲜明的雨林风光、民族文化、历史遗产、边境风情，旅游资源在国内具有较强的独特性、知名度和吸引力。其旅游产业要素较为齐全，旅游重大项目建设不断推进，“热带雨林、和谐家园、避寒胜地、神秘风情”等旅游品牌效应显著。随着云南“桥头堡”战略的实施和云南省实施旅游产业综合改革，以及国务院有关加快旅游业发展政策的推进，将进一步改善西双版纳与西南地区和周边国家的交通条件、优化旅游产业发展的政策环境，国内外游客通过西双版纳进入川滇黔的旅游活动将更加便利，西双版纳将进一步发展成东南亚傣民族寻根的好地方和海外游客回归自然的好去处，以及国内游客体验民俗风情和避寒过冬的胜地。在西双版纳旅游业整体提升发展的基础上，“帕西傣”文化旅游作为全州旅游中的一个点，要牢牢地把握自身的优势，融入西双版纳全州旅游业中，构建一个独具特色的“帕西傣”文化旅游圈。“帕西傣”多元文化旅游也必须依托西双版纳州旅游业的整体发展，只有在全州旅游业的硬件设施和文化软实力的支撑下，“帕西傣”文化旅游才能有可持续发展的动力和后劲。因此，依托全州和全县旅游资源进一步开发的时机和平台，借力造势，开发和构建“帕西傣”多元文化旅游圈，为“帕西傣”文化旅游提供可持续发展的硬件支撑和文化软实力。

总之，“帕西傣”作为一个地处云南边境地区的宗教和睦、民族团结的典范，这是“帕西傣”文化旅游资源开发与构建的最核心、最本质的资源，是“帕西傣”文化旅游的灵魂所在。“帕西傣”文化的独特之处就在于回族文化与傣族文化相融合而成多元一体的特色，它就像镶嵌在西双版纳傣族文化背景上闪耀的珍珠，散发着异样的光芒。西双版纳旅游业在云南旅游格局中占据十分重要的位置，而勐海是西双版纳旅游规划布局的“西线”。在西双版纳州和勐海县的

文化旅游发展中，州委、州政府和县委、县政府应将“帕西傣”及其文化纳入整体布局来考虑，充分发掘和利用帕西傣文化的特点和优势，把曼峦和曼赛作为乡村旅游点进行规划并重点扶持，将其打造成民族特色旅游村，使之成为勐海乃至西双版纳旅游产业发展的一个亮点。而要实现这一目标，首先要进一步认识和明确“帕西傣”及其文化的价值及独特性，在传承和保持帕西傣文化的基础上进一步弘扬和发展“帕西傣”文化的优秀传统，正确处理保护与开发的关系；其次要进一步加强“帕西傣”文化建设，打造和提升“帕西傣”文化的特色和品牌，开发和培植“帕西傣”文化旅游产业，为游客提供更多的服务和产品；再次要进一步加强曼峦和曼赛寨的基础设施建设，开发和构建“帕西傣”多元文化旅游圈，为“帕西傣”文化旅游提供可持续发展的硬件支撑和文化软实力；同时要创新“帕西傣”多元文化旅游的宣传方式，让更多的人认识和了解“帕西傣”文化的独特魅力，以吸引更多的游客。此外，当今世界，各民族之间的交往日趋频繁，各民族文化之间的交流日益增多，各国之间的文化碰撞势在必然。在经济全球化的背景下，“帕西傣”文化在傣文化和汉文化的语境中既要与全球化同步，又要保持自己的特色。这就要既坚守原则，坚定信念，保持自己的信仰和文化特色，加强文化自觉、自信、自强意识；又要采取更加宽容的态度，以宽广的胸怀去面对和接纳一切来自不同民族、不同宗教、不同地域的优秀文化，不断提升、丰富和完善自己，与时俱进，做大做强帕西傣文化。只有这样，帕西傣文化才能在傣文化和汉文化这个多元文化的系统中和文化全球化的背景下求得更大的发展空间。

2014. 3

（原文载《2013～2014 云南文化发展蓝皮书》，云南大学出版社 2014 年版）

“一带一路”建设和重构新南方丝绸之路语境中的宗教文化互动与调适

摘要：“一带一路”建设是新形势下我国对外开放的又一重要战略布局。而重构新南方丝绸之路既是“一带一路”建设的重要组成部分，也是云南经济社会发展的重大历史机遇。云南地处祖国西南边陲，历来就是中国与东南亚、南亚各国连接的陆路通道和文化交流的重要渠道。加之云南民族多样、宗教多元，民族文化和宗教文化资源丰富，16 个民族与境外相同民族跨境而居，民族同根、文化同源、信仰同一；有的宗教与东南亚、南亚有着渊源关系，历史上宗教文化交流就很密切。因此，包括宗教文化在内的民族文化建设既是“一带一路”建设和重构新南方丝绸之路的重要内容，也是其必要保证。一方面要加强宗教文化建设，积极引导宗教与社会主义相适应，充分发挥宗教和宗教文化在“一带一路”建设和重构新南方丝绸之路中的积极作用；另一方面，宗教和宗教文化也要自我调适，主动适应时代需要，与社会相互动，为“一带一路”建设和重构新南方丝绸之路提供文化软实力。

关键词：“一带一路”　新南方丝绸之路　民族文化　宗教文化　互动与调适

一、重构新南方丝绸之路是“一带一路”建设的重要组成部分

2013 年 9 月和 10 月，习近平主席在出访中亚及东南亚地区和国家时提出了“丝绸之路经济带”和“21 世纪海上丝绸之路”建设的战略构想。党的十八届三中全会形成的《中共中央关于全面深化改革若干重大问题的决定》，确定了“推进丝绸之路经济带和海上丝绸之路建设，形成全方位开放新格局”的战略部署，“一带一路”建设正式成为国家重要的发展战略。2014 年 4 月 10 日，李克强总理在博鳌亚洲论坛年会开幕会上，发表了“共同开创亚洲发展的新未来”的主

题演讲，全面阐述了中国的亚洲合作政策，并特别强调要推进“一带一路”建设。2015 年 3 月 28 日上午，习近平主席在 2015 博鳌亚洲论坛的开幕式上发表主旨演讲时宣布：“一带一路”建设愿景与行动文件已经制定。当天下午，国家发改委、外交部、商务部联合发布了《推动共建丝绸之路经济带和 21 世纪海上丝绸之路的愿景与行动》。至此，“一带一路”建设战略正式启动。

“一带一路”是世界上跨度最长的经济走廊带，也是世界上最具发展潜力的经济合作带。“一带一路”发端于中国，贯穿中亚、东南亚、南亚、西亚乃至欧洲部分区域，涉及沿线 26 个国家，覆盖 44 亿 ~ 46 亿人口，经济总量约 21 亿美元，分别占全球的 63% 和 29%。目前，丝绸之路意识已为许多国家和国际组织所接受，“一带一路”建设已为越来越多的国家所认可，其战略意义已为国际社会所重视，许多国家已将本国的发展战略与“一带一路”建设战略有效对接。据悉，目前，已经有 60 多个沿线国家和国际组织对参与“一带一路”建设表达了积极态度；亚投行筹建工作迈出实质性步伐，丝路基金已经顺利启动，一批基础设施互联互通项目已经在稳步推进。①

“一带一路”建设强调相关各国坚持共商、共建、共享，以及开放合作、和谐包容、互利共赢、共同发展繁荣的原则和理念，共同打造政治互信、经济融合、文化包容的“利益共同体”“命运共同体”和“责任共同体”，这是新一届党中央主动应对全球形势变化、根据国内国际两个大局做出的重要战略构想，是新形势下我国面向世界开放的又一重要战略决策。“一带一路”建设既是中国进一步扩大对外开放的需要，也是加强同亚欧非国家互利合作，促进亚欧国家和世界各国共同发展的必然选择，同时还是实现中华民族伟大复兴和实现中国梦的历史机遇。通过“一带一路”建设，能够更好地推动沿线各国人民友好交往，促进不同种族、不同信仰、不同文化传统的国家之间和谐相处、共同发展，为沿线各国人民带来更多的利益。“一带一路”建设战略构想的提出，表明中国愿意在力所能及的范围内承担更多责任义务，为人类和平发展做出更大的贡献。

历史上的丝绸之路包括“北方丝绸之路”“海上丝绸之路”和“南方丝绸之路”。其中，“南方丝绸之路”（也称“蜀身毒道”）是古代中国西南通往印度的民间通商古道，也是中国通往域外的最早的国际通道，其总长大约有 2000 公里，早在距今 2000 多年的西汉时就已开通，比北方丝绸之路早两个世纪。它与“北

---

① 参见 2015 年 3 月 28 日习近平主席在 2015 博鳌亚洲论坛的开幕式上的主旨演讲。

方丝绸之路”和“海上丝绸之路”一样，对世界文明做出了伟大的贡献。

古代“南方丝绸之路”由巴蜀为起点，经云南出缅甸、印度、巴基斯坦至中亚、西亚，最终与北方丝绸之路汇合，形成两条丝绸之路的对接和联系。所以，西南高原就成为南方丝绸之路的重要地段以及东西方文化和南北文化交流的枢纽。“南方丝绸之路”就成为丝绸之路的重要组成部分。

同时，南方丝绸之路既是一条商贸通道，也是一条文化传播的纽带，它连接中原，沟通中印，为我国中原、西南与印度、缅甸文化互相交流，互相融合创造了条件。楚文化、巴蜀文化、青铜文化，以及民族文化和宗教文化在交流中沉淀、积存，从而形成丰富、独特的具有共融性特点的古道文化。

云南从地理位置来说，地处古代南方丝绸之路要道，拥有面向三亚（东南亚、南亚、西亚）、肩挑两洋（太平洋、印度洋）、通三江（长江、珠江、澜沧江—湄公河）达海沿边的独特区位优势，北上连接陆上丝绸之路经济带，南下连接海上丝绸之路，是中国唯一可以同时从陆上沟通东南亚、南亚的省份，具有“东连黔桂同沿海，北经川渝进中原，南下越老达泰柬，西接缅甸连印孟”的独特区位优势。是我国面向西南开放的重要“桥头堡”，是“一带一路”建设的连接交汇战略支点。由于云南在南方丝绸之路的重要地位，就使得云南在“一带一路”建设中具有重要的作用。在“一带一路”建设的纲领性文件《推动共建丝绸之路经济带和21世纪海上丝绸之路的愿景与行动》中，对云南的定位是：“发挥云南区位优势，推进与周边国家的国际运输通道建设，打造大湄公河次区域经济合作新高地，建设成为面向南亚、东南亚的辐射中心。”因此，充分发挥云南的区位优势和作用，是顺利推进“一带一路”建设战略的需要。

而所谓的“重构和复兴新南方丝绸之路”，是在北方丝绸之路和海上丝绸之建设的同时，努力使南方丝绸之路沿线国家达成共识，充分认识“重构和复兴新南方丝绸之路”对“一带一路”建设战略及其共谋发展的重要意义，在沿线有关地区和国家的通力合作、共同努力下，把新南方丝绸之路建设成为覆盖面更大，范围更广，更加便捷、更加通畅的连接东南亚、南亚、中亚的真正意义上的现代国际通道，既与北方丝绸之路相连接，又与海上丝绸之路相通，向南连接南太平洋区域，向西连接印度洋区域，最大限度地发挥其经济文化交流的功能、作用及其战略地位。重构后的新南方丝绸之路不仅是交通运输和商贸的通道，同时也是文化通道，有其政治、经济和文化交流的多重功能。沿线各国传统的民间贸易将上升为正常的国际贸易；沿线陆路口岸进出通关和人员出入境将更加便利，沿线人民群众将更加自由地进行交往；边境旅游和跨境旅游合作将全面开展；沿线人文交流将更加频繁，自古以来民间传统的友好关系将进一步发展。因而，重构和复兴南方丝绸之路是"一带一路"建设不可或缺的重要内容和组成部分。①

二、民族文化建设是重构新南方丝绸之路的重要内容和必要保证

"一带一路"建设既是国家层面的重大战略决策，也是一项宏伟而庞大的系统工程，是沿线国家政治、经济、文化、社会、制度等诸多领域的立体型建设，是以经济建设为主体、文化建设为支撑的有机统一体。新南方丝绸之路作为"一带一路"建设的重要组成部分，在其重构过程中，必定要加快和加大云南面向南亚、东南亚、西亚乃至世界的开放步伐，而这种开放是多领域、多层次、高效益的全方位开放，它以政策沟通、设施联通、贸易畅通、资金融通、民心相通为主要内容。是经济、贸易、交通、文化、教育、信息、旅游、科技、资源等领域的全面合作与接轨，其中文化的对外交流和开放是必然的也是必需的，而且是极其重要的方面。② 如果没有沿线国家共同的利益需求和文化认同，要在不同的地区和国家建成共同的通道是不可能的。因此，在重构和恢复新南方丝绸之路中，我们既要注重经济、道路、交通、设施等方面的基础性建设，也要注重文化层面的保障性建设；既要注重物质的硬件设施建设，也要注重文化的软环境建设。充分发挥文化在推动"一带一路"建设和社会发展中的软实力作用。

我们知道，云南是全国民族种类最多的边疆省份。除汉族外，有世居少数民族25个，其中有16个少数民族跨境而居，有15个特有少数民族，少数民族总人口达1 400多万，占全省总人口数的三分之一左右。每个民族在长期的历史和社会发展中都创造了自己内容丰富、形式多样、独具特色的物质文化和精神文化，这些文化共同构成了云南丰富灿烂、绚丽多姿的民族文化宝库，使云南成为我国民族文化资源最为富集、厚重的地区之一。因此，民族文化资源是支撑云南发展的重要资源，民族文化产业是云南经济社会发展的支柱产业，民族文化建设是"一带一路"建设和重构新南方丝绸之路的重要内容和必要保证。

---

① 任佳、王清华、杨思灵：《构建新南方丝绸之路参与"一带一路"建设》，参见《云南社会科学》2014年第3期。

② 纳文汇：《中国面向西南开放"桥头堡"战略实施中的宗教文化建设》，参见《东南亚南亚研究》2011年第3期。

同时，在实施“一带一路”建设战略和重构南方丝绸之路中，需要一个和谐稳定的社会环境，这是“一带一路”建设和重构新南方丝绸之路以及云南经济社会发展的重要保证。丝绸之路沿线国家多，覆盖人口广，经济规模总量大，民族众多，宗教形态多样，民族文化和宗教文化多元。“在陆上丝绸之路沿线地区，若干国家的政治动荡和跨国界的民族、宗教、教派冲突，将对外来全球程序和大国关系造成严重冲击，也必将对中国在该地区迅速拓展的经济利益和政治影响造成严重冲击。在海上丝绸之路，也存在着由民族、宗教纷争而引发的各种冲突，国际恐怖组织及势力在东南亚一带的活动日趋活跃。”① 加之“东突”势力与中亚、中东等极端宗教组织千丝万缕的联系，使得非传统安全与传统安全相互交织，国际反恐合作中的宗教交流与合作的重要性与紧迫性凸显。② 再由于“一带一路”和南方丝绸之路沿线地区和国家大多拥有丰富的自然资源和广阔的发展空间，具有重要的战略地位优势。近些年来，美国先后在亚太地区推行推行和实施的“重返亚太战略”“丝绸之路战略法案”“新丝绸之路战略”，以及日本开展的“丝绸之路外交战略”等一系列战略举措，企图将日美同盟的干预范围扩大至南海，以达到遏制中国，围堵和打压中国发展的目的。其上述政策和行为破坏了中国与东南亚国家友好合作关系，影响了南海正常的航运安全，损坏了中国在南海的海洋权益，对海上丝绸之路建设带来严重威胁和挑战。③ 因此，“一带一路”建设和重构南方丝绸之路面临着严峻的挑战。

此外，把云南建设成为“民族团结进步示范区、生态文明建设的排头兵和面向南亚、东南亚开放的辐射中心”是习近平在云南考察时对云南提出的三个定位。而民族和睦、宗教和顺、社会和谐是建设民族团结进步示范区的重要内容和面向南亚、东南亚开放的辐射中心的必要保证，其中宗教和顺的关键之一是宗教文化的和谐，没有宗教文化的和谐就不可能有宗教和顺，也就不可能有民族和睦和社会和谐。所以，包括宗教文化和谐在内的民族文化和谐建设既是“一带一路”建设的重要内容和题中之意，也是把云南建设成为“民族团结进步示范区、生态文明建设的排头兵和面向南亚、东南亚开放的辐射中心”，以及构建和谐社会的重要保证和必要条件。

---

① 王辑私：《“西进”，中国地缘战略的再平衡》，参见《环球时报》2012 年 10 月 17 日。

② 马丽蓉：《中国“丝绸战略”与伊斯兰教人文交流的比较优势》，参见《世界宗教文化》2015 年第一期。

③ 袁新涛：《“一带一路”建设的国家战略分析》，参见《理论月刊》2014 年第 11 期。

三、宗教文化是民族文化的重要组成部分，对丝绸之路的形成、开拓和发展具有重大影响

我们知道，在文化大系统中，宗教文化是子系统，而且是文化系统中极其重要的内容。同时，宗教和宗教文化也是不同文明或文化冲突的重要因素之一，当今世界范围内的许多矛盾和冲突就是由宗教文化或宗教问题引发的。

宗教不仅是一种特殊的社会意识形态和客观的社会存在，也是一种特殊的社会文化现象，是人类传统文化的重要组成部分。所以，宗教本身就是一种以信仰为中心的文化。宗教在长期的发展过程中，通过与社会生活的全面结合和渗透，形成、积累和沉淀了丰厚的宗教文化。宗教文化的内容十分广泛，涉及社会生活的诸多方面，涵盖了理论、信仰和实践多个层面。长期以来，宗教和宗教文化不仅对信教群众的物质生活及精神文化生活有其重要影响，而且对一个民族、一个国家、一个地区的民族关系、社会稳定，以及经济社会发展也会产生深刻而重大的影响。

同时，宗教既然是一种社会存在、社会文化现象和社会意识形态，就必然形成和生存于一定的社会土壤，就必须要与一定的社会和时代相适应、相融合，这样才能生存和发展。离开了特定的社会，任何宗教都不可能存活，更谈不到发展。而如何处理宗教与社会、宗教与国家的关系，是一个宗教能否与社会和时代和谐发展的关键。尤其是当国家和民族面临重大的社会变革、社会结构和社会利益调整，或宗教与社会、宗教与国家的利益发生矛盾或冲突时，如何应对和调适，是考验一个宗教与社会适应能力和社会功能价值的关键。所以，宗教为了自身的自身的生存和发展，会主动地与所处的社会以及这个社会的制度、政治、经济和文化等进行调适，不断地修正、改良、完善和提升自己，从而来适应社会和时代的需要，这种调适有时是主动的，有时是被动的，但不管是主动或是被动，都是必需和不可回避的。

在南方丝绸之路、陆上丝绸之路和海上丝绸之路形成和发展的过程中，宗教就曾主动地调适自己，以适应当时的社会需要，其中，宗教文化在其中起到了重要的作用。正如卓新平教授所说的，“丝绸之路不仅是中外政治、经济的交往之路、更是文明相遇、文化交流之路。其中丝绸之路的连接和保持亦有着重要的宗教因素，在很大程度上，丝绸之路的生命力乃靠宗教的往来得以维系和延续，故

而体现出其典型的宗教之魂”①。

历史上，佛教、祆教（锁罗亚斯德教）、犹太教、景教（基督教聂斯脱利派）、明教（摩尼教）、伊斯兰教、天主教都曾先后通过陆地丝绸之路或海上丝绸之路传入中国。虽然有的宗教在后来的发展过程中在中国逐步消失，但它们都在不同的历史时期活跃在丝绸之路上，并留下了许多珍贵的文化遗产。佛教自东汉时传入中国，“可以说，丝绸之路是佛教得以传入中国的‘大乘’（大道），而佛教的来往，也使丝绸之路充满生机。佛教通过丝绸之路在中国深根开花，使中国文化的开放性、包容性得到很大的提升”②。自北魏就传入中国的祆教对丝绸之路的精神文化也产生过长久的影响，除了其信仰较有特色外，由其信仰礼仪习俗等演变发展的歌舞艺术也成为珍贵的文化遗产。唐代，随着犹太人来中国经商，犹太教也沿着陆上丝绸之路和海上丝绸之路经中亚、印度辗转来到中国，与丝绸之路密不可分。景教在唐时的传入和在宋元时期的发展与当时丝绸之路的开通和各族的往来也有直接关联。当时景教是活跃在丝绸之路上沟通中西文化的一大宗教。唐初，信仰伊斯兰教的阿拉伯与波斯商人起初主要是从海上丝绸之路前来我国，伊斯兰教也随之传入中国。元时，蒙古族西征也以陆地丝绸之路为主，并促成了沿途信仰伊斯兰教的穆斯林的东迁，大批穆斯林来到中国，形成“元时回回遍天下”的场景。推动了中国境内各民族、宗教的发展。

特别是到了明朝，信奉伊斯兰教的回族将领郑和（1371—1435）率领船队七下西洋，进一步开拓了海上丝绸之路的疆域，促进亚非众多国家和地区的政治、经济和文化交流，亦使这些域区的宗教，尤其是伊斯兰教有了明显提升。尽管传播伊斯兰教不是郑和下西洋的外交目的，但郑和伊斯兰教的背景和因素却在客观上传播了中国伊斯兰文化。郑和船队到访过的30多个国家，大多是亚非伊斯兰文化圈的国家，包括东南亚伊斯兰地区、阿拉伯－伊斯兰地区以及非洲伊斯兰等伊斯兰教发源地和两翼辐射地区。郑和下西洋对这三个地区的影响程度及方式不尽相同，其中对东南亚伊斯兰地区的影响程度尤其明显，它“催生了一个有利于东南亚伊斯兰化的大环境，加速了阿拉伯、印度、中国与马来西亚穆斯林商人及阿拉伯传教士在马来群岛传播伊斯兰教的活动……不经意间加速了岛屿与东南亚伊斯兰化的历程”。③ 郑和在历时28年七下西洋的历程中，不仅传播了伊斯兰文

① 卓新平：《丝绸之路的宗教之魂》，参见《世界宗教文化》2015年第一期。
② 卓新平：《丝绸之路的宗教之魂》，参见《世界宗教文化》2015年第一期。
③ 陈达生：《郑和与东南亚伊斯兰》，海洋出版社2008年版，第98～99页。

化，还沿途参与佛教、道教仪式和活动，兴建天妃庙宇等，促进了多种宗教及其文化的交流、融合和发展。“……郑和的宗教外交实现了‘宗教软着陆’的目的，进而柔化并美化了中国形象。”①

天主教自元初传入中国，其传教士的足迹留在了陆地和海上丝绸之路，并形成中西文化及宗教文化的深度交往。而中西文化及宗教文化交流的鼎盛时期是明末清初以耶稣会为代表的天主教东传。以利玛窦为代表的传教士真正实现了这种文化交流的突破，使中西文化交流得以深化。自此，中国人开始对西方文化，如哲学、宗教、语言、科学的系统研究，而西方人也由此而获知中华传统的儒教、道教等宗教文化，受到中国哲学、文学、艺术等的影响。“长期以来，丝绸之路虽因冲突、战乱等政治原因不时中断，但却因无数经商者、传教者的执着、坚持而不断畅通。”②

由此可见，在古丝绸之路的形成过程中，宗教传播和宗教文化的交流起着重要的作用。有的传教士既是信徒又是商人，既传教又经商。由于各宗教传教士的西征东返，促进了丝绸之路沿线经济和商贸的发展，丰富了当地各民族的精神文化生活，改变了其地区的社会面貌。这种发展演变作为文化遗产的积淀而保留下来，至今仍有其影响。因此，在“一带一路”建设和重构南方丝绸之路中，要有宗教的考量，不能忽视宗教的因素，“必须关注其中宗教文化的存在与交流，研究其在形成和发展中的影响和作用”③。

云南是全国少数民族和宗教种类最多的省份，形态多样、特色各异的宗教文化是云南民族文化的重要组成部分。包括汉族在内的26个世居民族都有自己的宗教信仰和宗教生活，世界五大宗教（佛教、道教、伊斯兰教、基督教和天主教）以及原始宗教、民族民间宗教等多种宗教并存，宗教形态多样而各异，宗教文化多元而厚重。全省有400多万信教群众，有宗教意识和宗教情结的人就更多。有的民族几乎全民信教，宗教与各民族的社会生活密不可分。加之云南地处祖国西南边陲，有20多个县（市）与缅甸、老挝、越南三国接壤，边境线总长为4060公里；与泰国、柬埔寨、孟加拉、印度等国地缘相邻，历来就是中国与东南亚、南亚各国连接的陆路通道和文化交流的重要渠道。16个民族与境外相

① 马丽蓉：《中国“丝绸战略”与伊斯兰教人文交流的比较优势》，参见《世界宗教文化》2015年第一期。

② 卓新平：《丝绸之路的宗教之魂》，参见《世界宗教文化》2015年第一期。

③ 卓新平：《丝绸之路的宗教之魂》，参见《世界宗教文化》2015年第一期。

同民族跨境而居，民族同根、文化同源、信仰同一；有的宗教与东南亚、南亚有着渊源关系，历史上宗教文化交流就很密切。如云南西双版纳州和德宏州的傣族全民信仰的南传上座部佛教（俗称小乘佛教），历史上就是从印度向南传入斯里兰卡、泰国、缅甸等国，再由缅甸传入云南西部地区的，是傣族、布朗族、阿昌族、德昂族等民族共同信仰的宗教；现居住在泰国北部的许多回族穆斯林就是历史上随着马帮贸易及清咸丰、同治时期杜文秀起义失败后从云南迁移出去的，与云南回族穆斯林有着割不断的血脉联系和历史渊源。这些民族、国家和地区由于宗教信仰相同、宗教文化相通，长期以来宗教文化交流密切，对少数民族的社会生活有着重要的影响；对边疆的民族团结、社会稳定、邻国关系等方面发挥着重要作用。此外，中国传统宗教如儒教、道教，以及世界性宗教如佛教、伊斯兰教、基督教等在东南亚、南亚和“三胞”中都有较多的信众和较大的影响，宗教文化历来就是联系海内外炎黄子孙的重要精神纽带，在对外拓展人文交流的渠道上，宗教文化起着不可替代的特殊作用。①

同时，宗教文化也是中国传统文化中不可分割的一部分，离开宗教文化，中国的传统文化是不完整的。以儒家思想为核心的汉文化是中国传统的主流文化；道教是中国土生土长的本土文化，对中国文化有一定影响；而佛教在传入中国后，成功地与中国传统文化相融合，并成为中华文化不可或缺的重要内容，与儒道文化一起构成中国传统文化的主干，并以其深邃而博大的理论体系和慈悲济世的宗教情怀，为中国文化中的和谐理念、价值取向提供了信仰支撑和心灵关怀，使中国文化的和谐特征更加突显。而之后传入我国的伊斯兰教和基督教，又更加丰富了这种文化。宗教文化资源是云南民族文化资源的重要组成部分。

再从云南的历史和现实考察来看，充分表明：云南各族人民和各宗教界人士以及信教群众在云南的历史进程和社会发展中曾发挥过积极的作用，是云南经济社会发展和社会主义建设的重要力量，因此，同样也是“一带一路”建设和构建新南方丝绸之路的重要力量（因篇幅有限，对此恕不展开论述）。

随着“一带一路”建设战略的实施和云南改革开发的不断深入，云南作为中国面向南亚、东南亚辐射中心的战略地位将日益凸显，特别在边疆民族地区，境内外各民族之间的交往更加密切，民族文化的交流日趋频繁，其中宗教和宗教

---

① 纳文汇：《中国面向西南开放“桥头堡”战略实施中的宗教文化建设》，参见《东南亚南亚研究》2011 年第 3 期。

文在对外人文交流中的作用愈加突出。但我们也须清醒地认识到，宗教毕竟具有意识形态属性，任何一种宗教其社会显隐功能都有正负两重性，有其积极的一面，也有其消极的一面；而有些消极因素一旦缺少科学、理智和法制的制约，就可能走向极端，失控膨胀，形成巨大的破坏力，与主流文化相冲突，对社会产生负面作用。在特定因素的激发下，甚至会带来严重的社会问题。① 特别是云南这种多民族、多宗教的特殊边疆省份，一直都是境外敌对势力利用宗教和宗教文化向我渗透的重点地区。边疆民族地区的经济发展、社会稳定和国家文化安全面临着严峻的挑战，意识形态和思想文化阵地的争夺十分激烈。而在宗教文化对外交流、互动的过程中，丝绸之路沿线有关地区和国家会互为影响，其中有沟通、有融合，对"一带一路"建设和构建新南方丝绸之路有积极的促进作用。但同时也有摩擦、有碰撞，甚至冲突，对"一带一路"建设和构建新南方丝绸之路带来负面影响。加之民族问题往往和宗教问题交织在一起，形成民族和宗教问题互为影响和转化的复杂状态。再由于历史和社会的多种原因，云南民族地区发展极不平衡，在经济发展和现实社会生活中还存在着诸多问题，有的问题还相当严重，与社会主义和谐社会建设不相协调，与全面建成小康社会的目标有较大差距，这些都会直接或间接地影响和阻碍"一带一路"建设和构建新南方丝绸之路的进程，甚至影响云南的社会和谐稳定和全省经济社会的发展。因此，"云南边疆民族地区既是民族文化的富集地区，也是文化建设的薄弱地区，更是维护国家文化安全的重点地区。"②

综上所述，既然民族文化建设是"一带一路"建设和构建新南方丝绸之路的重要内容，而宗教文化是民族文化的重要组成部分，那么加强宗教文化建设、互动与调适就理应成为"一带一路"建设和重构新南方丝绸之路的重要内容和组成部分，同时也是促进云南对外开放和云南经济社会发展的重要内容和必要步骤。

四、宗教文化建设、互动与调适的几点思考

在"一带一路"建设战略和重构建新南方丝绸之路的语境中，宗教文化建

① 段德智：《宗教学》，人民出版社2010年9月版，第243页。

② 纳文汇：《云南民族文化强省建设中的宗教文化建设》，2011年4月。

设、互动与调适可以从理论与实践、政府与宗教、政策与法律、制度保障等层面来进行考察和研究，还可以从宗教学、民族学、社会学、文化学等学科的视角对宗教的社会功能、宗教团体与宗教场所、宗教教育与宗教人才、宗教经典与时代需要、宗教文化旅游开发与保护以及宗教文化生态平衡等诸多层面和领域来进行和考察和研究，但因受篇幅所限，不能在此展开论述，只能择其要点于下：

1. 坚持和发展马克思主义宗教观和宗教理论，以中国特色社会主义理论和科学发展观为指导，进一步全面、正确地认识和理解宗教与宗教文化是宗教文化建设、互动与调适的首要前提

我们一方面要坚持马克思主义的宗教观和宗教理论，另一方面要根据时代的变化和需要，结合中国的实际，把马克思主义的宗教观和宗教理论同中国特色社会主义建设和新时期改革开放的具体实际相结合，坚持中国特色的社会主义理论，以科学发展观和习近平总书记一系列讲话精神为指导，进一步全面、正确地认识和理解宗教和宗教文化，正确对待和处理宗教问题。在新形势下，对宗教和宗教文化的本质属性及其社会功能需要重新认识；对宗教的“三性”（宗教存在的长期性、宗教问题的群众性和宗教的特殊复杂性）①要有充分的认识。

2. 全面贯彻落实党和国家的民族宗教方针政策，依法管理宗教，制定和完善有关法律、法规，为宗教文化建设提供理论支撑、法律依据和制度保障是宗教文化建设、互动与调适的根本保证

首先，从政府层面说，一是各级党和政府及职能部门要坚决贯彻落实党的宗教政策和宗教工作的基本方针，只有全面正确地理解和贯彻落实好党的宗教政策和宗教工作的基本方针，才能最终达到“积极引导宗教与社会主义社会相适应，发挥宗教和宗教界人士在促进经济社会发展中的积极作用”的目的。二是要进一步探索发挥宗教社会功能中积极作用的多元途径，在发挥宗教满足信教群众尤其是边疆民族地区少数民族群众信仰需求，在调适人们社会心理，提升社会道德，促进慈善公益事业，培养公民社会礼仪，以及强化民族认同、文化认同、国家认同，促进祖国统一与世界和平等积极作用方面多做努力。

其次，从宗教的角度说，各宗教团体、宗教人士和信教群众要坚定不移地拥

① 1958年，李维汉在第五次全国宗教工作会议上正式提出宗教具有“五性”（长期性、民族性、群众性、国际性和复杂性）。2001年，在全国宗教工作会议上，江泽民在“五性”说的基础上提出了“三性”说。见齐晓飞《关于和谐社会构建中发挥宗教积极作用的思考》，《世界宗教文化》2011年第一期。

护中国共产党的领导，拥护社会主义制度，坚持独立自主自办教会的原则，坚持依法开展宗教活动。继承和发扬爱国爱教的优良传统，以国家和中华民族的整体利益为重，强化国家意识、民族意识和公民意识；珍惜今天来之不易的社会环境，正确对待和处理宗教与民族、宗教与法律、宗教与社会、宗教与国家、宗教与宗教之间的关系，主动与社会主义社会相适应。同时，要进一步加强各宗教内部和各宗教之间的团结，弘扬各宗教宽容与和谐的传统美德，多元共存、和睦相处、和谐发展。

3. 积极引导宗教与社会主义社会相适应，充分发挥宗教界人士和信教群众在促进经济社会发展的积极作用是宗教文化建设、互动与调适的根本目的

对宗教和宗教文化社会功能中显隐的正负作用以及其积极、消极的两重性要有清醒的认识。要调动和发挥宗教的积极因素和正面功能，规避和防范宗教的消极因素和负面功能，积极引导宗教与社会主义社会相适应，充分发挥宗教界人士和信教群众在“一带一路”建设和构建新南方丝绸之路中的积极作用，促进云南经济社会全面、协调、科学、可持续和跨越式发展。

4. 加强宗教职能部门、宗教团体和宗教人才队伍建设，创新宗教管理，依法进行宗教活动是宗教文化建设、互动与调适的重点

要加强宗教职能部门、宗教团体和宗教人才队伍的自身建设，提高宗教自身的管理水平和宗教教职人员的综合素养；加强宗教人才培养，传承宗教文化；创新宗教管理，依法进行宗教活动；充分发挥和利用各宗教的优势和特长，继承和发扬宗教和宗教文化中以人为善、扶贫济困、体恤孤寡、宽怀慈悲等精神和传统，鼓励宗教积极参与社会活动和社会实践，特别是公益活动和慈善事业，为国家和民族分忧解难，为社会大众服务。

5. 加强宗教场所和宗教传统教育的管理与建设是宗教文化建设、互动与调适的关键

宗教场所是进行宗教传播、宗教活动、宗教文化传承和宗教传统教育的主要场地；宗教教育是传承宗教文化，培养宗教人才的主要形式。宗教场所（包括寺庙、道观、清真寺和教堂）和宗教传统教育的建设与管理关乎到宗教和宗教文化能否健康有序发展。因此，要加强宗教场所和宗教传统教育的管理与建设，充分利用和发挥宗教场所和宗教传统教育对信教群众积极的教化作用，为“一带一路”建设和构建新南方丝绸之路服务。

6. 对宗教经典和教义做出符合时代发展的解释是宗教文化建设、互动与调适的代需要

各宗教要进一步坚定和纯洁信仰，发扬各宗教教义、教规、宗教道德伦理和宗教文化中与时代相适应，与社会和谐的积极元素，摒弃一切与时代和社会发展不相适应的陈规陋习；与时俱进，创新发展，对宗教经典、宗教教义做出适应时代发展和符合社会进步要求的阐释。这不仅是时代和社会的需要，也是宗教自身发展的需要。

7. 重视和加强宗教文化各领域的建设，开发和保护宗教文化旅游资源，维护和保持宗教和宗教文化生态平衡是宗教文化建设、互动与调适的重要内容

要重视和加强宗教文化各领域的建设，充分挖掘和发挥宗教哲学、宗教教义、宗教伦理、宗教礼仪、宗教活动、宗教教育、宗教文学、宗教艺术、宗教典籍、宗教景观、宗教寺庙等历史悠久、宗教文化内涵厚重、人文资源丰富、自然条件较好的资源优势和特点，为“一带一路”建设和构建新南方丝绸之路服务；进一步开发和保护宗教文化旅游资源及相关资源，探索一条保护与开发、社会效益与经济效益、神圣与世俗、宗教文化与旅游文化相结合的可持续发展之路，以此来推动和促进云南宗教文化旅游产业的发展。同时，在开发、保护和发展宗教文化旅游资源的同时要注意维护和保持宗教和宗教文化的生态平衡，使宗教和宗教文化在良性的生态系统中良性生存和发展。

8. 积极主动地开展宗教文化对外交流，打造和构建具有中国特色的社会主义民族文化圈，筑牢民族文化“长城”和文化“桥头堡”，建立防范和抵御境外宗教文化渗透的长效机制，主动有效地防范和抵御境外势力对我国的渗透，是宗教文化建设、互动与调适的重要途径和有效方法

在“一带一路”建设战略和构建新南方丝绸之路中，一方面我们要坚持社会主义核心价值观，坚定信念，坚守原则，保持文化特色，增强和发扬文化自觉、文化自信、文化自强和不卑不亢的意识和精神；在边疆民族地区，打造和构建具有中国特色的社会主义民族文化圈，筑牢民族文化“长城”和文化“桥头堡”，建立防范和抵御境外宗教文化渗透的长效机制，提高自觉抵御境外境外敌对势力利用宗教或宗教文化对我渗透的免疫力，主动有效地防范和抵御境外势力对我国的渗透和境内外各种异端邪说，维护国家安全和文化安全。另一方面又要

处理好与邻国宗教和信教群众的关系，继续保持和开展与国内外各宗教团体之间的正常交往，积极主动地开展宗教文化对外交流，实现宗教平等对话。同时，我们要积极地与丝绸之路沿线国家建立反恐联动机制，共同防范和打击恐怖主义活动，共同防范和抵御美、日为主的霸权国家的挑衅和威胁；积极开展与沿线国家的人文交流，特别是对相邻和周边国家，要在地缘优势、历史传统、民族关系、文化认同、宗教渊源的基础上，充分利用传统文化、丝路文化、民族文化和宗教文化资源，加强人文交流，深化全面合作。以文化为桥梁和纽带，促进和发展与东南亚、南亚地区和国家的友好关系。共同打造和建设一个有利于互利共赢的"利益共同体"和共同发展繁荣的"命运共同体"的国际国内环境。郑和当年七下西洋经过的国家和地区，许多就是我们今天"一带一路"建设和重构南方丝绸之路所要面临的国家和地区。当年郑和用博大精深、包容和谐的中华文明和中国化了的伊斯兰教文化让世界折服，今天我们同样可以用在中国传统优秀文化基础上发展起来的具有中国特色的社会主义文化和中国气派的大国魅力去影响世界。①

通过上述途径和方法的实施和推进，同时把"一带一路"建设战略和构建新南方丝绸之路变为全省各民族、各宗教、各阶层和各种社会力量的共同意识和自觉行为，并通过他们的共同努力，才能够顺利实现"一带一路"建设和构建新南方丝绸之路的战略目标。

（原文载《云南社会科学》2015年第三期，后经修订作为中国宗教学会2005年学术年会参会论文，题目略有改动）

---

① 纳文汇：《回族文化在云南社会历史进程及"桥头堡"建设中的积极作用》，参见《回族研究》2013年第四期。

大数据时代我国学术期刊的生存与发展

摘　要：20世纪90年代以来，信息爆炸席卷了社会各领域。一个大规模生产、分享和应用数据的大数据时代已经到来。在大数据时代，学术期刊怎样应对面临的机遇与挑战是无法回避的问题。对学术期刊来说，大数据既是机遇也是挑战，只有勇于直面，积极应对，抓住机遇，深化改革，构建具有中国特色的学术期刊体系，才能与国际学术期刊和学术平台接轨，也才能促进我国学术期刊的生存与发展。

关键词：大数据时代　深化改革　构建与接轨　生存与发展

20世纪末期以来，伴随着计算机技术的飞速发展，各种信息正在被全面数据化，一个大规模生产、分享和应用数据的时代——大数据时代来临了。近两年来，“大数据”（big data）一词也越来越受到人们的关注，人们用它来描述和定义信息爆炸时代所产生的海量数据，并命名与之相关的技术发展与创新。大数据时代的到来，不仅决定着经济社会的发展，同样对科学技术、文化传媒、新闻出版以及包括学术期刊在内的媒体将会产生重大的影响。而当学术期刊界还在探讨数字化对纸质媒体的冲击时，作为数字化升级版的大数据对学术期刊的冲击和影响越加凸显，随着时间的推移，人们将越来越意识到大数据对学术期刊发展的重要性。

一、大数据时代我国学术期刊转型与发展的历史机遇

当中国的学术期刊界还没有从容应对数字化对纸质媒体的冲击时，大数据时代又不期而至了。一直以来，学术期刊都发挥着记载、传播、普及学术研究成果的作用，并保持着学术期刊内容的专业性、信息的严谨性、编排的规范性、成果的创新性、出版的权威性等特点，同时它也一直将自己封闭在“组稿—编辑—印

刷一发行”的运作模式之中，面对大数据的到来，作为学术研究平台和传播媒体的学术期刊怎样应对，是我们每一家学术期刊不得不考虑的问题。现阶段，大数据时代还处在起始阶段，在对大数据的有效运用方面，中国学术期刊与国外学术期刊还处于同一起跑线上，所以，中国的学术期刊正面临着前所未有的机遇，完全可以探索出领先国际技术与方式的学术期刊发展的新路径。

笔者认为，大数据对学术期刊而言，是挑战，也是机遇；是压力，也是动力。只要我们抓住机遇，充分认识大数据对经济社会发展的重大影响，充分利用大数据对学术期刊的有利因素，对学术期刊的生存、发展和繁荣将会起积极的促进作用。这主要表现在以下几个方面：

近年来，面对数字化的冲击，学术期刊界也在不断探索，如建立各种大型期刊数据库、网站、精品期刊集群等。一批以数字化学术期刊为经营核心的企业应运而生，它们在数据库平台上将学术期刊内容结构化，使读者通过各类检索方便地获取信息。但由于学术期刊延续着传统的办刊体制和机制，以及不合理的结构，并没有从内容上进行有效的整合，许多数字化工作只是简单地将传统学术期刊的纸质版内容原封不动地统一制作，全文上网，这样即使是大型学术期刊数据库，也不一定能达到大数据时代读者获取信息的要求。

在大数据时代，学术期刊所刊发的文章是以独立的数字化特征被检索和利用，期刊与期刊间的栏目设置、组织策划、期刊风格等的边界趋于模糊，取而代之的是在数据库中对文章名、作者名、关键词的查询。这些变化将带来学术期刊传播方式和发展模式的改变，也将带来编辑角色及其功能的转变，期刊编辑部将以何种方式继续存在和发展的问题被提上日程，大数据将促进学术期刊的不断创新。学术期刊的生命力在于学术研究的创新，在大数据时代，学术研究将从过去的单一学科向多学科和跨学科方向发展，各学科在研究视角和方法上相互借鉴，交叉融合，使研究内容不断扩展，对信息的需求也呈现多角度、全方位和智能化的特点。学术创新模式、学术研究范式、知识形态、知识获取、知识交流及处理机制的改变，都直接影响着学术期刊的生存和发展。学术期刊再也不可能固守在旧有的“象牙塔”中“闭门造车”，必须实行转型，开门办刊，积极、主动地融入大数据的大学术环境中去。

大数据在技术创新和信息服务方面的优势，为学术期刊的发展提供了广阔的发展空间。从横向联合的视角看，大数据将改变传统学术期刊以编辑部为单位的平台模式，打破学术期刊编辑部各自为政的管理边界，重构整合为新型的学术期刊共同体形式，实现学术资源的优化与共享，以及以学术期刊为纽带的学术研究协同创新互动的全流程、全媒体传播。从纵向深入的视角看，通过大数据的技术整合，可以进一步加强对学术期刊信息优势的管理和利用，将学术期刊的角色从仅仅作为学术研究成果的载体，转变为学术研究协同创新链中的重要环节，与学术研究互利共生，并产生叠加优势，从而扩展学术期刊的价值链，使其成为学术研究系统中不可或缺的环节。

二、大数据时代我国学术期刊面临的困难与挑战

目前我国学术期刊存在的主要问题是：学术期刊的综合性、分散性、内向性等特征与现代学术研究的发展大相径庭，无法与国外权威学术期刊对接，也难以融入国际主流学术期刊的阵营。如果说，学术期刊的综合性、分散性、内向性是缘于体制的结构性矛盾，那么，随着大数据时代的到来，学术期刊还面临着来自外部的种种挑战。

首先是来自学术国际化的挑战。受全球化的影响，学术国际化越趋明显。新世纪以来，我国学术期刊除了表现在方法和规则方面继续与国际接轨外，还表现在一是我国的学术期刊进一步走向世界；二是更多的作者在国际学术期刊发表文章。然而，由于我国学术期刊长期以来形成的综合性、封闭性，特别是在稿源上的内向性和作者的局限性，以及我国的学术期刊与国外学术期刊在形式和内容上存在的差异，中国学术期刊要跻身国际学术期刊的行列还任重道远。就目前来看，真正能与国际接轨的学术期刊寥寥无几。

其次是来自期刊评价体系的挑战。我国学术期刊存在评价体系的二元管理，一是新闻出版行政管理部门几年一次的质量检查和期刊评级；二是有关专业评价机构对期刊影响力进行评估，其中，影响较大的是各类所谓的“核心期刊”和“来源（数据源）期刊”排行榜。对于大多数学术期刊来说，由于前者是一种行政管理行为，对期刊学术质量评判所占比重不大，所以期刊界对此不太重视。如何跻身核心期刊或保持核心期刊的位置是各期刊最重视的，所以它们更在意来自有关机构的期刊评价。是否榜上有名，对学术期刊来说至关重要。因此，本应为学术研究和学术研究者服务的学术期刊，却把更多的心思用在了如何迎合评价机构的偏好上。结果必然导致学术期刊为评价而评价，忽视了学术期刊为学术研究服务的根本宗旨。而且还因此引发了种种学术不端行为。当以综合性、分散性和

内向性为特征的学术期刊遭遇来自学术国际化、评价数量化和传播数字化的挑战时，处境更是日益艰难。国内许多优秀的一流学者也将眼光投向国外的品牌期刊，优质稿件的外流必然带来学术前沿的失守和读者的流失，这对学术期刊而言是致命的。学术期刊内部结构性的矛盾不仅造成了学者与期刊的疏离，而更为严重的是来自学术国际化的挑战则使优秀学者与中国学术期刊渐行渐远了；而不合理的学术评价，则使学术期刊面临在大数据时代既无自主权又无发行收入的双重困境。

三、大数据时代我国学术期刊的发展趋势与路径

就目前来说，我国的学术期刊尽管可能丢失学术前沿阵地，但并不会因此而出现生存危机。这是因为在单纯追求数量的现有学术评价机制下，数以百万计的专业人员为了职称、绩效和众多的硕士、博士研究生为了学位，以及各级各类课题需要发表论文的“刚性”需求，使学术期刊在相当长的一段时间内仍然会保持旺盛的社会需求的资源优势。因此，从未来发展趋势看，我国学术期刊在一定时期内生存虽不成问题，但发展却很艰难。特别是由于在国际学术期刊竞争中没有自己的优势，在国际学术界就不会有话语权，而且在国内学术界的话语权也岌岌可危。因此，中国的学术期刊，只有通过改革，解决困扰学术期刊发展的体制性、结构性矛盾，以切实可行的措施应对来自大数据时代所带来的各种挑战，与国际学术期刊平台接轨，才能发挥学术期刊应有的作用，也才能建立与中国特色社会主义相适应的学术期刊体系，为我国的学术研究服务。

在今后的学术期刊改革中，国家新闻出版总署出台的《新闻出版业“十二五”时期发展规划》（以下简称《规划》），已经为我们勾画出了“十二五”时期学术期刊的发展蓝图。但《规划》更关注的是高端学术期刊，对绝大多数学术期刊来说，未来的发展在很大程度上将取决于我国报刊体制改革的总体结果。而学术期刊改革的基本方向是进一步推动报刊业向规模化、集约化、专业化转变。它所针对的是我国学术期刊综合性、分散性和内向性的问题，这对引导学术期刊走出困境是极有意义的；改革的目标是建立符合学术发展规律和需要的合理的学术期刊体系。

但是，我们也必须清楚地看到，在传统的机制体制面前，改革的代价和困难是相当大的，这首先来自我们现有学术期刊队伍和业内人员的认识差异。现在业

界的很多人并没有真正认识到大数据给我们带来的压力和危机，对改革的意义和必要性也缺乏应有的认识，有的一直坚持认为我国传统的综合性学术期刊的作用是不可替代的，以此来否定专业化转型的必要；有的甚至以各大专院校和学术单位都有权主办内向性学术期刊来否定规模化、集约化的必要，如此等等，要在短期内转变这些观念是很困难的。此外，改革后对现有人员和新进人员身份的认定，也是横亘在在改革中一条难以逾越的鸿沟。通过什么样的路径来实现学术期刊的规模化、集约化和专业化，以达到构建合理的期刊体系的目标，这些都是我们必须直面的问题。对综合性学术期刊进行按专业同步重组是对分散资源的有序聚合；实现期刊编辑与出版发行的分离，构建和形成全系列整体传播的全新模式，是大数据时代下综合性学术期刊实现专业化转型和规模化、集约化发展的一条可行的路径。

四、大数据时代地方学术期刊的困惑与选择

面对大数据时代的到来，各省区的地方学术期刊不可能回避，也无法回避，只有勇敢地直面和应对。第一，在国家层面来说，要进行科学、系统、全面的高层设计，实行系统的学术期刊战略规划，构建一个以学术期刊为纽带的全国学术研究交流和发布的平台，加强学术期刊有效运用大数据的技术研究。第二，各相关部门要加强对大数据的技术研究，在保持学术期刊严谨性的同时，通过创新资源和要素的有效汇聚，突破学术期刊与学术研究之间，各学科之间，各研究主体之间，作者、编辑、读者之间，研究成果与成果有效转化之间的壁垒，充分释放“人才、资本、信息、技术”等创新要素活力，在大数据的共同平台上实现深度聚合和互动。第三，要进一步深化学术期刊编辑部体制改革。目前，虽然国家有关部门已经发文和启动了事业单位改革方案，但大多数学术期刊编辑部从整体上看还没有进入真正的改革阶段。第四，在事业单位改革中，要充分考虑各省区地方学术期刊自身的特殊性和复杂性。要在大数据统一的平台上，认真研究地方学术期刊的运作、管理模式，创新和探索出一条既有中国社会主义特色又适合各地学术期刊生存和发展的路径。

对地处西南边疆的云南学术期刊来说，在大数据的背景下，所面临的问题和困难就更加凸显。首先是由于地处偏僻，交通闭塞，基础设施相对落后，由此带来信息不畅或不对称；其次是人才、科学、技术、通信等资源相对稀缺；再次是

作者、读者和发行渠道及市场相对局限；加之学术研究和学术氛围相对薄弱，在大数据的冲击下，使本来就相对落后的学术期刊更是举步维艰。如《云南社会科学》，它是由云南省社科院主办的一份综合性学术期刊，也是目前云南省唯一的由社科系统主办的核心期刊和中文社科引文索引（CSSCI）来源期刊，它担负着云南全省4 600多万各族人民的学术期望以及云南哲学社会科学研究发布平台的重任。但是长期以来，由于受人事、编力、经费、体制等因素的限制，加之在以学术研究为主流的社科院得不到应有的重视，在组稿、编辑、出版、发行等环节中存在诸多问题，对未来期刊的改革和发展充满了困惑与不安，甚至不知所措。而更为遗憾的是，这样一个全省唯一的社科系统的综合性核心期刊，至今仍然没有被列入全国社科资金的资助名录（云南仅有《思想战线》一家）。这固然有我们自身的问题和责任，但相对于其他省区来说，这实在是很不公平。我们知道，包括社会科学在内的文化被许多国家所重视，甚至被视为关乎国家非传统安全的战略任务来建设，对云南这样一个有着26个世居民族，有1 300多万少数民族，有16个少数民族跨境而居，有4 061公里边境线的集边疆、民族、贫困、山区为一体的特殊省份来说，除了自身需要努力外，从保护、发展和弘扬民族文化，维护边疆稳定，巩固国防的大局出发，国家有关部门从政策、资金、人力、物力等方面对其进行扶持和帮助是必要的，也是必需的，这也是国家和政府责无旁贷、义不容辞的责任和义务。所以，对云南的学术期刊来说，在大数据时代，一是要充分认识大数据对经济社会发展的意义，以及对包括学术期刊在内的传统媒体所产生的巨大影响。二是要有危机感和使命感，大数据对学术期刊的发展来说，既是挑战，也是机遇；既有困难的一面，也有有利的一面。我们要进一步解放思想，深化改革，抓住机遇，积极应对；主动学习和充分利用数字化和大数据所带来的丰厚信息资源和技术，充分利用和进一步发掘云南丰富的自然资源和民族文化资源，变自然资源和人文资源优势为学术资源优势，尽快缩小与先进地区的差距，争取早日与国际学术期刊接轨，努力构建与云南经济社会发展相适应的学术研究和学术期刊体系，为云南学术期刊实现专业化转型和规模化、集约化发展做出努力。

参考文献：

［1］朱剑：《我国学术期刊的现状与发展观趋势——兼论学术期刊改革的目标与路径》，载《传媒》杂志，2011 年 12 月 6 日。

［2］《大数据时代学术期刊功能的变革》，载《中国社会科学报》2013 年 12 月 18 日。

［3］周小华：《"大数据"时代：中国学术期刊的转型与发展机遇》，载《科技与出版》2014 年第 4 期。

［4］《大数据时代学术期刊功能的变革》，中国社会科学在线。

［5］周小华：《大数据时代中国学术期刊的创新与发展》，载《中国社会科学报》2013 年 12 月 18 日。

（第三届全国人文社会科学期刊高层论坛参会论文，收入会议论文集）

三、专题调研报告

云南回族概况

一、云南回族的历史沿革

云南回族是中国回族的重要组成部分，与全国回族同源同流。在其长期的历史形成过程中，由于政治的、经济的和社会的差异，云南回族又有其自身的特点。从族源上说，回族不是由中国境内原来的氏族部落融合、发展而形成的民族，而主要是以13世纪迁入中国内地的信仰伊斯兰教的中亚各族人、波斯人和阿拉伯人为主，包括早在7世纪以来侨居我国东南沿海的一些港埠（广州、泉州等）的“蕃客”和内地若干大城市（西安、扬州等）的阿拉伯及波斯商人的后裔在中国土地上逐渐融合、发展而形成的民族。他们在长期的发展过程中逐渐吸收融合了汉、蒙古、维吾尔等民族成分，到了元末明初，最终形成回回民族。

云南是我国伊斯兰教传播较早和较广的地区之一，民间自古就有唐代传入的说法，较之文献记载约早600余年。据有关史料记载，回族先民进入云南始于唐宋时期，当时阿拉伯和波斯人开始入滇经商，而大批回回人迁入云南则在元代。13世纪中叶以后，回族先民开始大量移入云南，迄至18世纪初的500余年间，历史上共经历了三次移居云南的高潮。

第一个高潮是在元代——13世纪东迁来云南的西域回回（信仰伊斯兰教的中亚各族人及波斯人和阿拉伯人）是云南回族的主要来源。公元1253年（元宪宗三年），忽必烈、兀良合台率蒙、回精兵十万人南下入滇，平定大理国。其中就有不少西域回回军士，他们在云南各地征战、屯田、制造兵器，开拓边疆，娶妻生子，落籍云南，是回回穆斯林入滇之开端，也是伊斯兰教传入云南之始。特别是元赛典赤·赡思丁主政云南时期，其部下、亲属及后裔大量移居云南，后代繁衍昌盛。

第二次高潮是在明代初期——大量回回士兵、商人、工匠进入云南。明洪武十四年（1381年），明太祖朱元璋命傅友德、蓝玉、沐英（回族）率30万大军征云南，云南平定，回族将领沐英镇守云南，随沐英而来的大量回回军士亦落籍云南。沐英治理云南九年，从外地来滇的军民四五十万，其中不少回回穆斯林。后明军“三征麓川”，其中也有不少江南、陕甘回回随之入滇落籍，这对云南回族穆斯林的发展和伊斯兰教的进一步传播有着十分重要的意义。

第三次高潮是在清代初期。清初，在各地的反清斗争中，南明桂王退入云南，随之转战的湖广一带的回族穆斯林相继落籍滇西的保山、腾冲地区，形成明、朱回族大姓。到雍正时期，清政府在滇东北少数民族地区推行“改土归流”，在频繁用兵征战中，河北、山东和四川等地的许多回回士兵随回族将领哈元生、冶大雄、许世亨、哈国兴在川、滇、黔三省交界地区驻防，最后在滇东北地区落籍……随着大批回民不断迁入云南，经过元明清三代的发展，到了清朝中叶，云南的回族穆斯林已达80余万，云南成为仅次于西北的第二大回族聚居区。回回先民不远万里落籍云南的过程中，与其他兄弟民族共同居住，友好交往、融合，逐步形成了今天的云南回族。

二、云南回族的人口及分布

如上所述，元代，回回人口的分布是与元朝统一中国的进程相一致的。由于征战和屯田的需要，随军回族将士多选择交通要道、江河湖泊流域驻防和屯垦，以便“上马则备战斗，下马则屯聚牧养”①。自至元十年（1273年），全国的回回军士就在“社”的编制下从事屯垦。

明代，在元代的基础上，不断进入中原及江南一带的回族经过漫长时期的发展，人口越来越多。沐英平定云南后，率数万将士镇守云南，主滇九年，屯田总数达百余万亩，从省外来滇屯田的军民达四五十万人，其中有不少是回族将士。明正统六年（1441年）、正统七年（1442年）及正统十四年（1449年），明王朝三次征伐麓川，其中有不少江南、陕甘回回士兵随之入滇落籍。麓川平定后，又“屯江南回、汉兵十二万于滇西”及云南各地。这些先后进入云南的回族将士，一般都沿进军路线、交通要道的驿站或屯田处所定居下来，在滇西的大理、巍山、保山，滇南的玉溪、通海、蒙自、建水和滇东的曲靖、嵩明、寻甸都形成

① 《元史·兵志》。

许多回回聚居点。

明初随军征伐云南的回回士兵以军屯形式落籍云南各地后，不愿再回原籍，并且家小也随后迁来。之后明朝廷还不断调遣陕甘、江南回回穆斯林将士入云南屯垦，入滇民屯的回回穆斯林也不乏其数，屯田的规模越来越大，范围也越来越广。随着回族军士、工匠、商人的大量入滇及其自身民族的不断繁衍，人口增加。这样，选择拓展最佳的生态环境或生存环境就成了必然之举。云南回族自明代中期以后就开始了其漫长的迁徙过程，从而拓展、开发自己的生存发展空间。回族的迁徙地点多是“川野平衍，宜于耕稼”①。的环境，并多由狭窄的地方迁徙至更宽敞的地方为其流向。各地的回族穆斯林迁徙到新的地方后，往往是散杂十汉族或其他民族之中聚族而居，从事耕稼，不断开辟新的聚居地。

明末清初，就全省的情况来说，滇东回族聚居区逐渐形成以下格局：北部以昭通为中心向南及附近发展为分散的村落聚居点；南部以寻甸为中心向四周扩散，从而把靖安、博鲁、鲁甸、会泽、东川、宣威、曲靖和嵩明连成一片，其间的回族聚居点大多是分布在由川黔入滇的沿途交通线上。滇西回族逐渐形成以大理、巍山和永平为中心不断向四周延伸，西至腾冲，南抵云县，北达永胜的格局，其聚居点主要沿上述交通线上的坝区陆续分布。滇南回族聚居点主要沿滇越交通要道线上的坝区点状分布。其大体轮廓为：自昆明分左右两侧南下红河，沿途将玉溪、华宁、通海、建水、个旧、开远、砚山、丘北、泸西等地连成一线，在这条环形线状周围，回族村寨若断若续散落分布其间。

滇中地区是回族人口分布较多的地区，这与省城昆明一直为全省政治、经济、文化中心密切相关，其“大分散、小聚居”的分布特点尤为明显。据《赛典赤家谱》所记，继赛典赤及其长子纳速剌丁之后，纳速剌丁的五子忽先授云南行省平章政事，“今居昆明、呈贡、嵩明等处是其后裔”②。清康熙年间马注《赡思丁公茔碑总序》说：“有居于昆明、陆良、呈贡、嵩明者，是为忽先公之后。”③

清代初期，内地回族继明代之后，再次大量移居云南，这与清兵入关，建立清王朝，全国各地不断掀起反清斗争的政治形势有密切关系。在反清斗争中，随南明桂王退入云南随之转战的湖、广一带的回族相继落籍于滇西的保山、腾冲地

① （明）顾祖禹：《读史方舆纪要》

② 云南省编辑组等：《云南回族社会历史调查》（二），云南民族出版社 1985 年版，第 21 页。

③ 云南省编辑组等：《云南回族社会历史调查》（一），云南民族出版社 1985 年版，第 140 页。

区，留下明、朱回族大姓。到清雍正时期，清政府还在滇东北少数民族地区推行“改土归流”。在频繁用兵征战中，河北、山东和四川等地的许多回回士兵随回族将领哈元生、冶大雄、许世亨、哈国兴等在川、黔、滇三省交界的地区驻防，后在滇东北一带的昭通、鲁甸、会泽、东川等地落籍。形成了自元代赛典赤·赡思丁、明代沐英率大批回回穆斯林入滇之后，内地回族再次进入云南的高潮。内地回族再次移居云南，客观上有助于回族的立足与发展。乾隆末期以来，西北青海、甘肃等地回民反清起义惨遭镇压，其中又有一些回族被迫流落云南，生息繁衍。这样，到了清代前中期，云南回族的人口数仅次于西北地区。

清代中期以前，云南回族无论是分布区域还是人口数量方面，都发展到了鼎盛时期。据载，回族穆斯林遍布“三迤”，除省会昆明以外，滇西的楚雄、大理、保山，滇东的昭通、曲靖，滇南的红河、文山等地已成为回族的主要分布地区。广大穆斯林与汉族和其他少数民族相混杂居，呈大分散、小聚居的状况。

19 世纪中叶，清王朝政治腐败，经济衰落，阶级矛盾日趋严重。为了转移国内人民的斗争视线，清政府对外妥协投降，对内推行一条民族歧视和民族压迫的政策，不惜采用各种手段，挑拨民族关系，不断制造和挑起残杀回族群众的事件。道光年间发生的“缅宁事件”和“永昌惨案”，被残杀的回族就达 1.1 万余人。①

1856 年（清咸丰六年），滇省作乱，省城昆明闭城三日屠杀回民，计二万余人。② 滇东、滇南的回民亦惨遭杀戮，以致“尸横郊野，惨极古今”。民族矛盾和阶级矛盾进一步激化，最终导致了回族人民的强烈反抗，爆发了杜文秀领导的以回族为主体，联合汉、白、彝及其他民族的反清大起义。但在清朝统治阶级及其帮凶的残酷镇压下，杜文秀起义失败了。之后，云南回族人民遭到了空前的浩劫，数十万人被斩尽杀绝，濒临全族覆灭的绝境；全省清真寺几乎无一幸存。省会昆明地区同样遭受战乱的灾害，寻甸、澄江、嵩明、昆阳、富民、昆明等地数以万计的回族人民在战乱中丧生，清真寺被毁……为躲避战乱和清王朝的血腥屠杀，云南回族被迫开始了大范围的迁徙活动，虎口余生的回族人民或在其他民族的保护下隐姓埋名、僻居乡野，或举家远走他乡，或被发配到边疆。这种情况一是再次造成了回族人口分布的大分散、小聚居的特点，二是随着回族穆斯林大范

① 白寿彝：《回民起义》第 1 册，神州国光社 1952 年版，第 184 ~ 185 页。
② 荆德新：《云南回民起义史料》，云南民族出版社 1986 年版，第 57 页。

围的迁徙，将伊斯兰教保存下来。

历经30多年的动乱，云南全省回族人口锐减，村落凋零，庄稼荒芜，生产无人进行。全省回族人口由80余万人减至10余万人，到新中国建立初期也仅有21万余人。

新中国成立后，经过60多年的发展，云南回族人口得到逐步恢复。据2000年全国第五次人口普查统计，全省回族人口共有643 238人，其中男性人口326 023人，女性人口317 215人；0～14岁少年儿童占本民族人口的30.87%，65岁及以上老年人口占6.06%；每万回族人口中，具有大专及以上文化程度的人数为298人，具有高中文化程度的人数为842人，具有初中文化程度的人数为2 168人，具有小学文化程度的人数为4 114人。云南回族人口分布较为集中的是寻甸回族彝族自治县和巍山彝族回族自治县，其回族人口分别为52 881人和20 896人。又据有关统计，截至2005年，云南回族人口共有689 928人，占全省总人口的1.55%，除汉族外，在全省25个少数民族中排列第七位，位居彝、白、哈尼、傣、壮、苗之后。在全国回族总人口中，云南回族占6.1%，在全国29个省、市、自治区中占第六位，是云南人口较多的少数民族之一。又据2010年云南省第六次全国人口普查统计，云南全省回族人口为69.8万人，占总人口的1.52%。

云南回族在地域分布上同全国回族一样，具有大分散、小聚居的特点，至新中国成立前，除绥江县外，全省各州（市）县都有回族穆斯林分布。据当时的统计，除了昆明之外，滇东的昭通、鲁甸、寻甸、会泽，滇南的玉溪、通海、蒙自、建水以及滇西的大理、巍山和永平等地，都有回族聚居村寨，其余地区则为散居，其中约有5万人口在城镇，约16万人在农村。

由于历史、政治、战争、宗教信仰和生活习惯等原因，云南回族村寨一般都分布在地理环境和自然条件较好的地区，地处交通要道和公路沿线或依山傍水；同时，云南回族大多围绕清真寺聚族而居，在城镇聚为街区，在乡村聚为村落；另外还有少部分回族由于历史的、政治的、经济的等原因，被迫进入山区、半山区或边疆地区，长期与彝、白、藏、傣等少数民族杂居，形成了所谓的“傣回”“藏回”“白回”等，成为云南回族的又一分布特点。

云南回族地区优越的地理环境和自然条件，为回族人民从事农业生产和工商贸易提供了便利的社会条件，这也是在长期的历史社会发展中，回族人民与各族人民友好相处、共同开发祖国西南边疆的结果。

据2000年《昆明市志》载，省会昆明市（含5区8县1市）的回族人口约14.74万余人，占全省回族穆斯林的22.9%。其中五华区15 800人，盘龙区13 200余人，官渡区7 600余人，西山区8 200余人，东川区5 100余人，禄劝彝族苗族自治县969人，石林彝族自治县194人，富民县500余人，宜良县4 500余人，寻甸回族彝族自治县58 600余人，晋宁县2 100余人，嵩明县15 400余人，呈贡县2 700余人，安宁市（县级市）3 300余人。五华、盘龙二区的回族过去主要聚居在与“五坊”清真寺相呼应的顺城街、珠玑街、金牛街、南通街、复兴村、靖国新村、新桥村、临江里、桃园街、米厂心等街区，其他街区有少量分布。近年来，随着城市建设的发展和旧城区的改造、变迁，城区回族穆斯林有逐步分散居住的趋势。官渡区、西山区的回族穆斯林主要聚居在环滇池边周围和松华坝附近的龙泉镇、大板桥镇、茨坝镇、海口里仁小村、海口里仁大村等村镇。郊县的回族人口主要分布在坝区和公路沿线，如呈贡县回回营，晋宁晋城、昆阳、安江村、化乐双龙湾村，安宁耳目村，富民城关和赤鹫大村，嵩明的回回营、果子园村，寻甸柯渡镇的回辉村、丹桂村，宜良的西山村，东川乌龙乡（镇）等均有回族聚居。

昆明回族的分布与特点，一是“大分散，小聚居”；二是多居住在坝区、城镇或靠近公路交通沿线及江河有水源的地方，少数分布在山区或半山区；三是与周边相邻民族交错杂居。滇中回族穆斯林这种以昆明为中心向四周总辐射扩散的分布状况及特点，与历史上回族的形成和发展及其政治、军事、经济乃至伊斯兰文化有密切的关系，是长期的历史发展和演变所形成的。昆明回族人口占全省回族人口的比例一直处于较高的水平，这说明，昆明市为全省政治、经济、文化的中心，对于善于开拓、经商的回族穆斯林来说，向省会和交通要道的都市集中是一种自然趋势。昆明回族穆斯林以清真寺为中心，在城区自成街道；在乡村自成村落，聚族而居，大分散、小聚居，形成点状分布。

三、云南回族的宗教信仰和生活习俗

云南回族同全国回族一样，全民信仰伊斯兰教，对信奉伊斯兰教的人统称为“穆斯林”，意为“顺从者”。伊斯兰教的经典是《古兰经》和《圣训》；信奉“安拉”（真主）独一，遵行“六大信仰”和“五大功课”。“六大信仰”即“信安拉、信使者（先知）、信经典、信天使、信后世、信前定”；“五大功课”即

“认（主）、礼（拜）、斋（戒）、课（税）、朝（觐）”。所以，云南穆斯林在宗教信仰、经典、教义及教律等宗教生活方面的共性特征与全国穆斯林是一致的。但由于所处地域的自然条件、经济文化、社会生活以及宗教流派等方面原因，在一些宗教礼节及宗教习俗上有一些细微的差异。

（一）宗教信仰和宗教义务（功修）

1. 六大信仰

（1）信安拉。“安拉”是阿拉伯语的音译，原意为神，在我国使用汉语的穆斯林中意译为“真主”。

信安拉是六大信仰中的核心和基础，在“伊玛尼”（信仰）的内涵中，安拉居于最高层次，是对每一个穆斯林的基本要求。

（2）信使者（先知）。伊斯兰教认为使者是接受安拉的启示向世人传播宗教的，这些使者是有生有死的普通人，而不同的是他们是经真主选派，受真主的指引和启示，能显示奇迹，是先知者。

（3）信经典。“经典”即安拉的启示。伊斯兰教认为，安拉曾给每个使者“降示”过一部经典，以便感召和引导世人，前后共有一百余部。

（4）信天使。天使又称天仙、天神，是安拉用光创造的妙体，它的本能是顺从和忠实地执行安拉的意志。

（5）信后世。伊斯兰教认为天地万物是会毁灭的，现时的人类社会是暂时的，人死后其灵魂不死，是会复活的。今世的生活是短暂的，后世才是永存的，是人们真正的归宿。

（6）信前定。伊斯兰教认为，凡事万物都是安拉的安排，人的富贵贫贱、生老病死，都是安拉的意志，是前定的，是人的意志不可违抗的。

以上六大信仰，既是伊斯兰教最基本的信仰，也是信仰伊斯兰教民族和每一个穆斯林的世界观和人生观。

2. 五大功修

（1）念功。念功是穆斯林对伊斯兰教基本信仰的确定和表白，阿拉伯语叫“舍哈代”，意为作证。内容是在内心确认安拉是整个宇宙的创造者和主宰者，穆罕默德是安拉的使者的前提下，公开表白自己的信仰。

（2）礼功。礼功即礼拜，阿拉伯语称为“撒拉特”，是信仰的支柱。礼拜是对造物主安拉的敬畏和崇拜，是穆斯林对安拉感恩图报和陶冶身心的最高礼仪，是每个成年穆斯林义不容辞的义务。

（3）斋功。斋功，即斋戒，阿拉伯语称为“素姆”，是清心寡欲，接近安拉的行为表现。伊斯兰教规定，每年伊斯兰教历的 9 月（即莱迈丹月），凡是成年的、健康的男女穆斯林必须斋戒一月。回族穆斯林通常称之为“封斋”或“把斋”。

（4）课功。课功，即纳天课，阿拉伯语称“扎卡特”，原意为“纯净”，是伊斯兰教以安拉的名义向教民征收的一种宗教课税。天课可以施舍给贫困的亲属、邻居，但不能是自己的父母和配偶。穆斯林认为，施舍天课是感谢真主赐予自己财富的具体表现，是应尽的义务。推而广之，人们所有的精神财富，如知识、学问、技术专长、科技成果等，应传授他人，无私奉献给社会，这也算是缴纳了天课。①

（5）朝功。朝功，即朝觐，阿拉伯语“哈吉”的意译，是穆斯林按主命到伊斯兰教的圣地——沙特阿拉伯的麦加朝觐的一种宗教义务。中国穆斯林称之为“朝天房”“朝克尔白”，把朝觐回来的人称为“哈吉”。伊斯兰教规定，凡身心健康的穆斯林，不分男女老幼，在经济允许、旅途安全方便的条件下，一生中至少到麦加朝觐一次。

以上五大功修，是穆斯林必须履行的神圣义务和功修制度，是基本信仰付诸实践的基石，是穆斯林信仰的具体体现，旨在维系、坚定穆斯林的宗教信仰和宗教感情，表达对真主的虔诚和敬畏。五功中“念”为本，“礼”为纲，五项功修互为因果，相辅相成，构成了系统完整的伊斯兰教功修制度。

（二）教　义

《古兰经》和《圣训》是伊斯兰教的两大重要立法源泉。伊斯兰教的教义、教法、教律都源于《古兰经》和《圣训》。穆斯林认为，《古兰经》是真主的语言，《圣训》是穆罕默德圣人的言论语录，是对《古兰经》最完善的诠释。《古兰经》和《圣训》，对伊斯兰教及其文化的形成和发展，对广大穆斯林的思想和行为，产生了巨大的影响。

伊斯兰教的教义由三部分组成，即基本信仰（伊玛尼）、宗教义务（伊巴达特，指穆斯林必须履行的五项宗教功课）和善行（即伊赫桑，指穆斯林必须遵

---

① 尤中：《云南回族史》（修订本），云南民族出版社 1994 年版，第 14 页。

守的伦理道德行为规范)。承认和虔信基本信条，身体力行宗教功课和止恶扬善合为一体，构成伊斯兰教的基本教义。

伊斯兰教最基本的信条是：“万物非主，唯有真主；穆罕默德是主的使者。”昆明穆斯林称其为“清真言”。信奉独一无二的最高主宰安拉，是信仰的最高原则和总纲，其他的一切信仰均由它派生和规定。

这是穆斯林必须履行的神圣义务和功修制度，是基本信仰付诸实践的基石，是穆斯林信仰的具体体现，旨在维系、坚定穆斯林的宗教信仰和宗教感情，表达对真主的虔诚和敬畏。

伊斯兰教的伦理道德思想是伊斯兰教教义学说的重要组成部分，它是调整社会人际关系的道德意识与行为的准则，包括社会行为准则和品德修养两个方面，其内容很广泛，主要为：（1）顺从。即顺从真主和真主的意志，顺从先知的教导，顺从现实生活中的领导者。“顺从”思想是伊斯兰教伦理道德观念中第一位的。（2）两世幸福。即既重视今世的生活，又重视后世的幸福。伊斯兰教鼓励每个穆斯林为获得两世幸福、吉庆而努力奋斗。（3）爱国爱教。这是从“顺从”和“两世幸福”中引申出来的思想。要“顺从”和得到两世幸福，就必须做到爱教爱国。即一方面要保持信仰，热爱伊斯兰教，另一方面也要忠于君主，热爱自己的国家。穆斯林把爱国视为“伊玛尼”（信仰）的一部分，把爱教爱国看得同等重要。（4）坚忍与敬畏。坚忍是对信仰的坚信，是对宗教功修的坚持和为宗教事业艰苦奋斗、坚忍不拔的精神；而敬畏则是对真主、对教义信仰出自内心的虔诚、恭顺、崇敬，对离经叛道行为和信念动摇时的悔悟和恐惧。（5）公正与宽恕。公正即对人、对事、经商、判案、从政都应公平、正直、无私；而宽恕即为人处世都应宽仁、恕饶、以德报怨等。（6）尊老爱幼。即对父母双亲的孝敬、赡养和对长者的尊敬；对妇女儿童的关爱、怜悯和帮助。（7）趋善避恶。即主动行善做善事、做好事；远离邪恶，不做坏事、恶事。善恶在后世都有回报。伊斯兰教的善恶观是以基本信仰为前提，即以正信与迷信来确定善恶标准。凡信仰真主就是最大的善或善行的来源。在日常生活中，宗教功修与社会伦理结为一体，成为整个赏善罚恶体系的组成部分。

此外，伊斯兰教的道德规范行为还很多，在《古兰经》中所倡导的道德行为也是多方面的。

伊斯兰教的伦理道德思想是随着社会的发展而逐渐趋于完善的。它既以基本信仰和教义为核心，在伊斯兰教传播中伴随着教义、教律的不断完善而发展；又在伊斯兰教向外传播的过程中吸收了各地穆斯林伦理思想的有益部分，对巩固信仰、净化穆斯林的思想、稳定社会秩序、团结各族穆斯林都起了积极的作用，从而促进了伊斯兰教自身的发展和传播。

以上三个方面的内容即构成了伊斯兰教教义的基本原理，这三个部分实际上是包含了理论和实践两个方面，信仰属于思想理念范畴，宗教义务和伦理道德规范属于实践的范畴。而以信安拉、信先知穆罕默德和信天经《古兰经》为伊斯兰教教义的核心；《古兰经》的哲学思想是伊斯兰教教义学的重要内容。因此，作为一个穆斯林，就是要内心承认并笃信基本信条，在行动上履行宗教义务和遵守道德规范。

（三）宗教流派

伊斯兰教初期是一个没有政治派别和宗教学派的统一的政教合一的宗教，政治宗教派别的出现是伊斯兰社会内各种政治势力斗争的产物。而教派产生后在教义上的不同争论，又使各教派之间的斗争更为激烈和复杂，并且随着伊斯兰教自身的发展和向世界各地的广泛传播，代表不同的政治利益集团或社会思潮的宗教派别越来越多，贯穿于伊斯兰教整个历史发展过程中。

公元632年穆罕默德去世后，围绕着哈里发（继承人）的继位问题，伊斯兰教内部产生了严重分歧，出现了迁士派、辅士派和合法派，这是伊斯兰教内部分歧的最初反映。迁士派即追随穆罕默德从麦加迁移至麦地那的直传弟子；辅士派即穆罕默德到麦地那后最早信仰伊斯兰教的弟子；合法派是以穆罕默德的堂弟阿里为首的先知家族。三种势力都认为应由他们的人来担任哈里发。斗争的结果是迁士派的古莱氏族人、先知的密友艾布·伯克尔为首任哈里发。尽管这样，三种势力及其观点一直在不断地斗争着，到第三任哈里发奥斯曼时又趋于激化，终至奥斯曼被害，阿里继任第四任哈里发。

阿里执政时危机四伏，反对派首领、当时的叙利亚总督穆阿维叶拒不承认阿里的哈里发地位，双方矛盾激化，终至兵戎相见，先后发生了“骆驼之战”和“绥芬之战”。在“绥芬之战”中，穆阿维叶失利，遂提出以《古兰经》来裁决，而阿里派内部对是否接受《古兰经》裁决意见不一，当阿里同意《古兰经》裁决时，其属下4 000多人起来反对，并脱离阿里出走，形成“哈瓦立吉派”，阿里本人也被哈瓦立吉派人杀害。穆阿维叶打败阿里，夺得政权，建立倭马亚王朝，自立为哈里发。从此，伊斯兰教发生分裂，各派政治力量斗争日趋激烈，各种派别相继出现，逐渐形成伊斯兰教的两大政治宗教派别：拥护阿里、反对倭马亚王朝的一派称“什叶派”，穆斯林主体发展为“逊尼派”。此外，还有穆尔太齐勒派和苏菲派等。

“逊尼”为阿拉伯语的音译，意为“遵守逊尼者”，即遵循穆罕默德的言行行事的人，因此逊尼派又称正统派。逊尼派是伊斯兰教人数最多、分布最广的一个宗教派别。世界穆斯林大多属逊尼派，中国穆斯林也属此派。该派在哈里发继承问题上承认穆罕默德之后依次执政的四位哈里发（艾布·伯克尔，欧麦尔，奥斯曼，阿里）的“正统”地位及合法性，同时也承认历史上历任哈里发的宗教领袖地位，与什叶派只承认先知即穆罕默德亲族而排斥其他哈里发的观点相对立，并形成了以哈里发制度为核心的政治学说。在教法学方面，逊尼派主张除《古兰经》外，还可以把六大圣训集所记载的穆罕默德的言行作为立法的依据，并逐步形成了以哈乃斐、沙斐仪、马立克和罕百里为代表的四大教法学派。在教义学上，该派在反对穆尔太齐勒和什叶派的斗争中，接受了艾什尔里派的教义学为本派的正统教义，后伊斯兰教权威学者安萨里将苏菲派神秘主义引入正统思想，最终形成了逊尼派完整的教义体系。

“什叶”，系阿拉伯语的音译，原意为“宗派”“派别”，是伊斯兰教中最大的少数派。该派只承认阿里及其直系后裔为穆罕默德的合法继承人，即“伊玛目”，每一伊玛目都要指定后人为继承人与逊尼派相对立。该派认为，伊玛目是宗教和政治合一的领袖，其地位和权力是真主赋予的；伊玛目永远是正确的，不会犯错误，继承了穆罕默德的一切美德和学问，受真主庇佑；伊玛目是真主与人之间的“中介”，穆斯林通过伊玛目的指引才能通向“安拉之道”，只有他们才有创制教法的权力；《古兰经》有表义和隐义之分，只有伊玛目能够通晓和解释《古兰经》的隐义；允许在遇到危险和迫害时可以隐瞒自己的信仰和某些宗教习俗；允许临时婚姻等；不承认逊尼派公认的六大圣训集，只承认本派辑录的圣训和制定的教法律例。

什叶派主要分布在伊朗、伊拉克、也门、黎巴嫩、巴基斯坦、印度等地，占全世界穆斯林的15% ~20%。

中国的穆斯林大多属逊尼派，在教法教律方面，多遵行该派四大学派之一的“哈乃斐派”的理论，同时对马立克学派、沙斐仪学派、伊本·罕百里学派的理论也予以尊重。伊斯兰教在中国传播的过程中，由于受什叶派和苏菲派的影响，并吸收了中国文化的内容，先后出现了一些派别。以回族（含东乡族、撒拉族、保安族）为代表的通晓汉语的伊斯兰教，有格底目、伊赫瓦尼、西道堂三派和虎非耶、哲赫林耶、卡迪林耶、库布林耶四个大的“门宦”教派及众多支派；以维吾尔族（含哈萨克、柯尔克孜、乌兹别克、塔塔尔等族）为代表的新疆伊斯兰教，除逊尼派外，还有伊禅派、瓦哈比派。此外，塔吉克族信奉什叶派的支派伊斯玛仪。

云南的伊斯兰教有格底目、哲赫林耶和伊赫瓦尼三个教派。

“格底目”，系阿拉伯语的音译，意为“古老”“老教”，是中国伊斯兰教派之一，也是中国伊斯兰教中流传较早、传播最广、人数最多的一个教派。它直接来源于逊尼派的哈乃斐学派。

自明清以来，由于苏菲派相继传入新疆、甘肃、青海等地区，其理论学说在穆斯林中广泛传播，出现了反传统礼仪制度、教规、组织等的变革现象，派别分化逐步明显。苏菲学派各门宦称之为“新派”“新教”；拒不参加新派的遵守古老宗教制度、礼仪的穆斯林被称为“老派”或“老教”，有的自称为“格底目”或“清真古教”，以示自己的古老历史和正统性。

格底目信奉逊尼派教义思想，以《古兰经》为其宗教思想基础，严格遵守伊斯兰教最基本的六大信仰、五大功课和传统礼制，既反对标新立异，又对其他教派持宽容态度，具有一定正统思想和保守性。格底目实行教坊制这一独具特色的宗教组织形式。教坊以清真寺为中心，形成独立的、单一的松散群体，既无上下隶属关系，又无横向联系。格底目比较重视文化教育，明代晚期，中国内地伊斯兰经堂教育的兴起就是由格底目发起的。此后形成了西北、山东、河北、河南、云南等地穆斯林经师设帐讲学的风气和特点。由于受中国传统文化的熏陶，格底目在其宗教礼仪、建筑、生活习俗等方面掺杂有汉族的习俗。

云南凡有回族居住的城乡，几乎都有格底目的教民，人数约占全省穆斯林总人口的90%左右，主要分布于昭通、曲靖、昆明、大理、红河、玉溪、楚雄、文山、保山、思茅等州市，清真寺共有700余所。

格底目是伊斯兰教逊尼派在中国内地这个特定地区和历史条件下的产物。教坊制适应中国穆斯林“大分散，小聚居”的分布特点，对伊斯兰教的传播及回族的形成起过重要的作用。①

“哲赫林耶”，系阿拉伯语的音译，原意为“公开的”“高声的”和“响亮

① 马启成、丁宏：《中国伊斯兰文化类型与民族特色》，中央民族大学出版社1998年版，第100页。

的”。因该派主张高声诵念“迪克尔”（赞主词）而得名，故又称“高念派”，是中国伊斯兰教苏非派四大门宦学派之一（其他三个学派为虎非耶、卡迪林耶、库布林耶）。该教派的创始人马明心是甘肃阶州（今武都）人。清雍正六年（1728年），马明心随其父前往麦加朝觐，入也门教主谢赫·穆罕默德·布鲁赛尼道堂求学，历时16年，1744年回国，先后在青海循化、甘肃河州（今临夏）等地宣教传道，建立道堂传布哲赫林耶教理。由于他提倡简化宗教仪式，反对教权世袭，受到了广大穆斯林的欢迎，时称新教。随着新教的发展，引起了华寺门宦的妒恨，产生了宗教矛盾与斗争，史称“新老教之争”。随之清廷地方政府介入，矛盾激化，终于在乾隆四十六年（1781年）爆发了苏四十三领导的反清起义，马明心也因此被清廷杀害于兰州城，其家属被发配云南、新疆等地。但该派在各地仍不断发展壮大，多次参加反清斗争，成为一支反抗清王朝民族压迫和宗教压迫的影响最大的门宦力量。哲赫林耶自创立到新中国成立前，历经两姓（马、穆）、三家（阶州马、平凉穆、灵州马）、四个分支门宦（沙沟、宣化岗、南川、板桥），共传7代教主，依次为：马明心、穆宪章、马达天、马以德、马化成、马进成、马元章。教徒分布西北地区及云南、贵州等省区，最多时达20多万人。

哲赫林耶传入云南始于清乾隆年间，至今已有200余年的历史。据载，清乾隆三十六年（1771年），云南通海古城人马云兆赴西北投马明心帐下学习，被马明心收为义子，后其学成回滇，将哲赫林耶传入云南。1781年，哲赫林耶的“道主爷”马明心惨遭杀害时，他年仅11岁的长子马顺清、季子马顺真（时年仅8岁）被充军来云南他郎（墨江）。马顺真途中死于抱母井（今景谷县凤山乡），马顺清则到墨江金矿服苦役。马云兆知道后以重金贿赂当地官吏，终于将马顺清营救出，避居通海古城。待马顺清长大成人后，马云兆又在墨江买地，让马顺清返回墨江安家立业，娶妻生子，繁衍子孙。同时随马顺清而来的韩、肖、苏、海等姓教民也随之落籍云南。此后，哲赫林耶在云南广泛传播，教民主要分布在通海古城、大回村，墨江县的玖联镇和回辉村，弥勒县的竹园和小寨，个旧市沙甸的川方寨，华宁县的盘溪镇，峨山县的文明村，昆明市回族聚居的个别街道。现今，全省共有哲赫林耶教民10 000余人，昆明地区有400余人。

哲赫林耶遵奉逊尼派教义和哈乃斐学派教法，但吸收、融合了卡迪林耶、纳格什班迪等苏非派学理。

哲赫林耶除基本信仰外，还特别崇敬本门宦的教主和教主的“拱北”（墓地或修道处所）。云南的哲赫林耶属“沙沟”门宦，该门宦在云南境内的拱北有马顺清的墨江拱北，马云兆的通海古城拱北和马世麟（马明心之孙，马元章之父）的通海东沟拱北。由于历史上该派的教主（穆勒什德）大都惨遭屠杀和流放，故特别提倡“为主殉教”的“舍西德”（牺牲）精神。在宗教礼仪上，男信徒多戴黑色或白色六角帽，不留鬓须；女子不蒙面纱。

“伊赫瓦尼”，系阿拉伯语的音译，意为“兄弟”，是伊斯兰教派之一。因该派产生的时间较晚，故又被称为“新派”；又因其主张“遵经革俗”，又被称为“遵经派”。

该派是在19世纪末期由甘肃河州（今临夏回族自治州）东乡果园村东乡族著名阿訇马万福（又称马果园）创立的。1888年，马万福去麦加朝觐留学，受到当时沙特阿拉伯瓦哈比派思想的影响，1892年回国后结合中国实际，与河州的知名阿訇提出了“凭经立教”“遵经革俗”的口号，创建了伊赫瓦尼派。他们主张要严格遵循《古兰经》和《圣训》，一切回到《古兰经》去，按伊斯兰教法立论传教，规范教民的宗教礼仪操持，反对异端，反对苏菲派对教主和拱北的崇拜，反对宗教职业者利用诵经等活动获取报酬或从中牟利，革除与经、训不符的习俗，实行互不隶属的教坊制，重视中阿文并重的经堂教育。该派在短短的数十年中，发展成遍及甘肃、宁夏、青海的一个新兴教派，教徒近百万人，这是中国伊斯兰教发展史上的一个重大事件，被称为伊斯兰教的维新运动。伊赫瓦尼派在教义上信守逊尼派教义，教法上遵奉哈乃斐学派学说。其具体的主张和礼仪制度规范体现在该派的“果园十条”里。

传入云南的伊赫瓦尼派是20世纪20年代初由几位赴西北在马万福帐下学习归来的阿訇学者倡导的，现全省约有信众10 000余人，主要分布在昭通市、鲁甸县、个旧沙甸、开远以及昆明市个别街巷。

云南伊斯兰教的三个派别，在历史上亦难免偶尔发生矛盾和冲突，一度存在着某些隔阂，但由于其基本信仰一致，总的来说相处是好的，教派分歧终究是细枝末节，其理论学说也是建立在共同信仰上对经、训的不同注疏和理解，没有根本的矛盾和冲突，这是昆明伊斯兰教各教派的发展主流。

（四）生活习俗

云南回族日常生活普遍使用汉语、汉文，但在回族内部交往中还保留着少量的波斯语和阿拉伯语的词汇。在进行宗教活动时，则使用统一的阿拉伯文经典。

回族的风俗习惯既和伊斯兰教有密切的联系，同时又受汉文化或周边民族的影响，带有鲜明的宗教特色和地方特色。回民从出生、结婚到丧葬都有一套独特的仪式和风俗习惯，有的既是宗教的内容（如出生取经名、结婚念“尼科赫”、丧葬要站“者那则”等），又是回族的传统习惯。主要节日有开斋节、古尔邦节、圣纪节，有些地方还举行姑太节、亡人节（纪念历史上遇难回民）。城镇中的回族也过春节、端午节和中秋节。云南回族的衣着一般和汉族相同，有些地方大同小异。回族一般喜爱白色和绿色。男子平时多戴白帽，做礼拜和宗教活动时有的缠头，也有的戴尖顶白帽，白帽上绣有阿拉伯经文；妇女喜戴自织的毛线帽、白帽，有的戴盖头或穿黑色坎肩。在饮食方面，回族忌食猪肉、自死物、动物的血液、酒和其他不反刍动物、猛兽、猛禽等，其他饮食习惯和一般烹调方式与汉族大体相同。回族特别爱干净，讲究清洁卫生，礼拜前要有小净（阿布代斯），平时身体要保持大净（乌苏鲁）。

云南回族还有一个显著特点，除吸收汉文化外，杂居在其他少数民族地区的少部分回族还不同程度地接受了当地民族的文化，在语言、服饰等方面与当地邻近的少数民族基本一样，但仍保留着伊斯兰教信仰和回族的饮食习惯。如大理的“白回”、迪庆的“藏回”、西双版纳傣族州的“傣回”（帕西傣），宁蒗受彝族影响较大的回族，他们除使用汉语言外，还使用白、藏、傣、彝等语言，服饰也与白、藏、傣、彝族等大致相同。

四、云南回族的政治、经济和文化教育

（一）政治状况

在元明清初，由于历史的、政治的和军事的等原因，回族的政治地位和政治待遇是比较高的，特别是在元朝，回族是仅次于蒙古族的“色目人”，在汉族和各少数民族之上。云南行省第一任行政长官平章政事赛典赤·赡思丁及其子孙落籍云南，世代为官，其后裔都是望族。明代回族著名航海家郑和出生于云南晋宁县昆阳镇，曾于永乐三年至宝德八年（1405—1433 年）率船队 7 次下西洋，为中国的航海事业和促进亚、非各国经济文化交流做出了重大贡献。但到了清朝中晚期，清统治阶级推行极端的民族歧视和民族压迫政策，对勇于反抗的回族人民进行空前的镇压和屠杀，特别是在清咸丰、同治年间杜文秀领导的以回民为主体的联合各族人民的反清大起义在坚持反清斗争 18 年之久失败后，云南回族人民

遭到惨绝人寰的屠杀，全省回族穆斯林由80多万锐减至10万余人，回族地区的生产生活遭到严重破坏，回族人民流离失所，家破人亡……总的来说，在历代封建社会，广大的回族人民均是在封建制度统治和剥削阶级压迫下艰难地生存和发展。

在辛亥革命、护国运动以及中国共产党领导的新民主主义革命中，云南回族人民积极投身于反封建、反军阀、反帝国主义的土地革命、抗日战争和解放战争的伟大事业中，许多先进的回族知识分子、军人、青年和爱国爱教的宗教人士为了祖国的独立和民族的解放流血牺牲，为和平解放云南做出了巨大的贡献。

1949年中华人民共和国成立，云南回族人民与全省各族人民一起获得了解放，第一次真正掌握了自己的命运，成为国家的主人。在中国共产党的领导下，云南回族人民积极投身于人民政权的建立和巩固，以及土地改革、民主改革、社会主义改造和社会主义建设之中。党和政府全面贯彻民族平等政策，先后通过疏通民族关系，消除了民族隔阂，加强了民族团结。回族人民和其他民族一道，充分享受到了民族平等和当家做主的权利。党和政府还根据国家宪法和民族区域自治法，在云南回族较为集中的地方，先后建立了寻甸回族彝族自治县、巍山彝族回族自治县，并另在民族杂居地区建立了28个回族乡。在两个回族自治县中均有本民族的代表分别担任县委书记、县长和县人大常委主任等职务。在各回族乡中，也有回族代表担任乡级领导职务。在回族居住分散的地方，也有回族自己的代表和干部参加当地的政权工作。各级党组织和政府还培养了大批的回族干部和科技、文化、教育等人才，使之成为各条战线上的骨干。总之，政治上的翻身解放为云南回族的社会经济和文化事业的发展奠定了基础。云南回族人民与各兄弟民族一样，进入了一个民族平等、团结友爱、互助合作的新时代，走上了民族发展和繁荣的社会主义道路。

在民族关系方面，长期以来，云南回族人民与当地汉、彝、白、藏、傣等各族人民团结合作，共同开发建设云南，形成了各民族间谁也离不开谁的团结友好、互助合作的关系，这种关系世代相传，不断得到巩固和发展。

1966年至1976年“文化大革命”时期，极“左”路线的盛行，云南回族地区的政治、经济、文化和社会生活同全国全省一样，遭受到新中国成立以来最严重的挫折和损失。党的民族宗教政策遭到践踏，大批回族干部被打倒，宗教人士受到冲击，回族穆斯林的宗教信仰、宗教生活和风俗习惯得不到保障，回族人民的生产、生活遭到最严重的破坏，最终导致了“沙甸事件”等惨案的发生，在回族地区造成严重后果。

1978年党的十一届三中全会以后，党的实事求是的思想路线和政治路线得到恢复，云南回族地区通过拨乱反正，纠正“左”倾错误平反冤假错案，党的民族宗教政策逐步得到贯彻落实。回族穆斯林的政治生活和宗教生活得到保障。云南回族地区的政治、经济、文化教育、社会生活等各项事业都得到全面发展，回族地区发生了翻天覆地的变化。

（二）经济状况

由于云南回族“大分散，小集中”的分布格局，自然条件和历史情况不同，其内部的社会经济发展极不平衡，回族地区的社会经济和文化发展存在着较大的差异。

云南回族的传统经济主要是以农业经济为主，兼营小工商业、手工业、矿业和马帮运输业。居住在内地平坝地区的回族代表着较高的农业生产水平，他们占回族人口的绝大多数，属于封建地主制经济阶段，与同地区的汉、白等族人民处于同一社会经济形态。坝区的回族以自然村落为单位形成聚居，较为典型的如个旧的沙甸、开远的大庄、文上的田心、玉溪的大营和通海的纳家营等。

半山区和山区的回族村寨，其经济情况和社会发展较坝区的回族村寨落后，如昭通小龙洞乡小塆包回族村，为当地的贫困村之一，是半山区、山区回族村寨经济形态较为落后的典型。

云南回族虽然主要以农业经济为主，但由于人均占有土地少，加之宗教信仰、生活习惯不同，以及历史上民族压迫和阶级剥削，特别是清末杜文秀起义失败后，不少回族的土地被当作“逆产”充公，进一步造成回族地区人多地少、仅靠农业难以维持生活的情况。为生计所迫，多数回民只有半农半商或兼营手工业和运输业等来维持生活。其中，马帮运输业是云南许多回族地区较有特色的经济活动之一。

新中国成立初期，居住在省府昆明以及各地州县城镇中的5万多回族，其经济形态属于以商贩为主的多行业结构。以昆明为代表的城镇回族社会经济也产生了阶级分化，并产生了一定程度的民族资本主义经济成分。同时在接近城镇及交通沿线的坝区村寨中，也产生有地主兼工商业的资本主义成分。而散杂居在边疆地区和内地山区、半山区不到2万的回族，其社会经济形态与当地其他少数民族大体相同，社会生产水平与内地相比较为落后。如生活在西双版纳傣族地区、滇西北中甸的藏族地区、宁蒗小凉山的彝族地区以及滇东北昭通等地的回族，由于受自然环境的影响，农业生产条件较差，生活较为贫困。这些地区阶级虽有分化，但差别不明显，处于封建领主制经济阶段。

云南与东南亚地区接壤，由于历史上云南回族盛行马帮贸易，一些地区回民的祖辈赴缅甸、泰国、老挝等国经商，有些落籍未归，成为侨民，并传至今。因此，云南回族中侨眷占有一定的比例，有些回族村寨发展成为著名的侨乡，如峨山县的文明、大白邑西村，以及腾冲的和顺乡和施甸的西山村等。这是云南回族社会的又一显著特点。

云南回族的商贸业、采矿业、冶炼业以及养牛、养羊等畜牧业也很兴旺，并发展了一系列对口的行业，如制革业、餐饮（食）业、屠宰业等。

总之，新中国成立初期云南回族地区自然环境千差万别，加上各地不同的历史社会背景，构成了不同的社会发展阶段，经济发展的不平衡性充分体现出来，但就整体而言，坝区农业生产水平和阶级分化代表了社会形态的主流，封建地主制经济占主导地位。

新中国成立后，云南回族地区和回族人民同全国一样，经历了土地改革、社会主义改造和人民公社化运动等，社会经济在曲折中发展。“文化大革命”时期，云南回族地区的经济惨遭破坏，经济结构单一，物质贫乏，人民的生活极度困难。十一届三中全会后，在改革开放的推动下，云南回族人民积极投身于社会主义市场经济的大潮，开拓进取，因地制宜，调整产业结构，积极生产；发挥本民族的传统优势和特长，经商办厂，多种经营，创办各种产业，促进了当地社会经济的快速发展，回族地区的经济发展总体处于全省领先地位，回族人民的生活水平得到极大的改善和提高。

（三）文化教育状况

新中国成立前云南回族的文化教育状况与社会经济发展的程度相适应，总体处在大体相当的水平。由于回族的形成和发展都和伊斯兰教紧密联系在一起，受伊斯兰教的影响，云南回族的文化教育具有浓厚的宗教色彩；但同时回族又是形成、生存和发展在以儒家文化为主的汉文化的土壤上，因此回族的文化教育亦具有汉文化的成分。回族文化是以伊斯兰文化为内涵或特质，吸收和融合了汉文化养分的“合金文化”。所以保持本民族宗教文化传统特点的经堂教育与提高自身文化素质的国民教育一直相伴相随，回族人口所受的是双重文化教育。经堂教育以清真寺为中心，以宗教文化的传承为基本内容；国民教育以各类国民学校为教育学习的场所，以汉语教学和自然与社会科学知识的学习为重点。这种情况在各地城镇以及内地坝区回族聚居的主要村寨较为普遍，充分体现了云南回族文化教育的历史特点。

创办于1929年的昆明私立明德中学除培养了大批回族青年外，更有意义的创举是首次资助一批优秀的经书两通的回族青年前往埃及艾资哈尔大学深造。至抗日战争初期，首批留埃学生归国，他们在介绍阿拉伯文化、发扬伊斯兰文化，以及开展阿拉伯语教学和阿拉伯历史文化研究及人才培养上，皆做出了开创性的贡献。

但是，如同经济发展的不平衡一样，由于环境和客观条件的限制，新中国成立初期云南各地回族的文化教育同样存在着较大的差异，边疆民族地区和内地山区回族文化教育十分落后，有些回族村寨或回族人家从未出过一个读书人。越是经济落后的回族地区，文化教育发展的水平也相对较低。

新中国成立以后，党和政府大力发展民族教育事业，提高各民族人民的科学文化素质，国民学校在回族地区有所增加，云南回族地区的教育事业得到了长足发展。

改革开放后，随着回族地区社会经济的快速发展，回族地区的教育也得到同步发展。云南回族地区的义务制教育得到普及，适龄儿童基本入学，高中和大学的升学率不断提高，回族地区初步形成了从幼儿教育、中小学教育到高等教育以及职业教育和成人教育在内的各种层次和各种形式的国民教育体系。广大回族群众的文化素质、科学技术知识普遍得到提高。自新中国成立60年来，已培养了一大批回族大学生、研究生，甚至博士生，各个领域、各个学科都有本民族的专家、教授。就整个民族的文化素质而言，回族在云南各民族中是文化教育程度较高的民族之一。与此同时，云南回族地区的伊斯兰教经堂教育也得到了较大发展，回族优秀的历史文化得到了传承和发扬，云南回族史和回族学的研究也取得了丰硕成果。

党的十七大以后，云南回族地区以科学发展观为指导，加快社会经济发展步伐，在建设小康社会和构建社会主义和谐社会进程中，回族地区社会安定、民族团结，经济、文化、教育、科技、卫生等事业全面发展。回族人民正以前所未有的热情和精神风貌投入到社会主义现代化建设中。

（本文的内容和资料主要来自纳文汇、马兴东撰著的《回族文化史》，云南民族出版社2000年版；纳文汇任执行主编的《昆明伊斯兰教史》，云南大学出版社2005年版）

云南回族地区的民主改革

一、云南回族地区人民政权的建立和巩固

在中国共产党的领导下，云南回族人民和全省各族人民一道，经过长期的革命斗争，终于迎来了全省的解放，开始建立自己的政权。早在1948—1949年，云南回族部分地区就为共产党领导的“边纵”所控制，建立了临时人民政权。1949年12月9日，在中国人民解放军第二野战军进军大西南的胜利形势下，在中国共产党统战政策的感召下，国民党云南省政府主席卢汉宣布和平起义。但随即就遭到了蒋介石嫡系部队第8军和第26军的猖狂反扑。起义军在革命武装和广大昆明市民的积极支援下，成功地进行了昆明保卫战，打退了国民党军队的进攻，捍卫了起义成果，保卫了昆明城免遭涂炭。

全市回族穆斯林在“昆明保卫战”中，同仇敌忾，积极投入这场“保卫革命胜利成果”的严峻斗争中，并做出了重大的贡献。起义部队第12军第36师回族师长保如光，第35师回族副师长桂协华，率领部队坚守城池，顽强抵抗。指挥起义部队的最高军事机关“云南绥靖公署”回族上校高参马德明参与制订作战计划。上校后勤科长马晓谷日夜为起义部队调拨武器、弹药和给养。在地下党昆明市委号召下，组成“昆明市义勇自卫总队”，由回族金荣生担任总队长，回族马启富担任大队长，金牛和顺城两个回族社区的许多回族群众都参加了“义勇自卫队”。回族企业家马泽如、马筱春、马超群等曾以大量资产支援“边纵”武装斗争，捐资捐物慰问城防部队。①

1950年2月，中国人民解放军二野四兵团进驻昆明，沿途受到了各民族群众的热烈欢迎。呈贡县回回营的回族群众全村出动和县城的回民一起，参加了全县

① 昆明市宗教事务局、昆明市伊斯兰教协会：《昆明伊斯兰教史》，云南大学出版社2005年版。

数万人的迎军行列，在公路两旁夹道欢迎陈赓将军和宋任穷将军率领的解放军。两位将军被群众的热情所感动，特意进入呈贡县城稍事休息，然后直驱昆明。昆明市区近万名回民和其他民族数十万人拥到金马坊、碧鸡坊等主要街道上，盛情迎接盼望已久的亲人子弟兵。各地县的各族人民也把迎军工作作为一件大喜事，认真做好准备，积极投入迎军工作。他们把解放军的到来当做当地正式解放的主要标志，分别举行了欢迎仪式。呈贡县回族人民还在清真寺里隆重集会，按照宗教仪式，宰牛诵经，庆祝解放。全体回民汇集在一起，热热闹闹地聚餐，吃“翻身饭”。

（一）人民政权的建立

解放大军或地方人民武装所到之处，首先是对旧政权进行接管，紧接着就是筹备建立各级人民政权。游击战争时期建立的临时人民政府，经过调整充实，改建为正式的人民政府。

1950 年 2 月，解放大军进驻昆明，接管城市，中国回教协会云南分会在云南省委领导下，决定改组为“昆明回族联合会”，其目的在于协助党和人民政府贯彻落实民族政策和宗教政策，团结和动员广大回族人民拥护中国共产党的领导，遵行人民政府的政策法令，与各民族团结一致，积极投身祖国建设，发展本民族的文化教育，彻底改变回回民族经济文化落后的状况。

昆明市是省府所在地，是全省政治、经济、文化中心，下属部门、机构较多，接管工作比较复杂，为此专门成立了接管机构，逐项进行接管。而地（专区）、县、区、乡的接管则比较简单，旧政府留下来的只是一些破旧的房屋、办公用具和文书档案等。对旧政权人员则根据具体情况，一部分留用，一部分做适当调整，一部分安置回家或自谋职业。当时回族在旧政府中工作的人很少，一般都得到了安置。

云南回族的分布特点是大分散、小聚居，绝大多数与汉族和其他少数民族杂居，只有零星小块的聚居区。这就决定了不可能建立单独的回族人民政权，只能采取“联合政府”的形式，在各级人民政府中安排一定的回族代表。

回族较为集中的寻甸县解放较早。1949 年 12 月 25 日中共滇北地工委组织武装力量接管了寻甸县城，寻甸县城开始插上了五星红旗。随后，立即组织了接管委员会。同时，大力开展宣传工作，张贴布告、标语，宣传我党我军政策，使社会秩序很快恢复正常。接管委员会按照上级有关规定，认真清理接收了国民党政府衙门的全部房屋、办公桌椅、文书档案、枪支弹药等，并打开监狱释放了被无辜关押的受害群众20余人。各有关部门留用了部分公职、公务人员。接管工作完成后，于1950年1月12日召开了庆祝大会，宣布寻甸县人民政府成立。中共寻甸县工委随即派出工作队，分赴各乡组建乡解放委员会（即乡政权）。1950年2月，原地下党干部与南下外来干部会师后，正式建立中共寻甸县委和县人民政府；3月下旬在县以下的6个区分别建立区政府，区以下仍设乡解放委员会。

回族较多的蒙化县（后划分为巍山、南涧两县），在1949年已开展游击战争的基础上，在12月9日卢汉宣布和平起义后，旧县长也立即宣布起义，其所带领的国民党武装队伍主动接受改编。1950年1月9日，巍山县革命武装——长山游击队进驻县城。次日，巍山县人民政府宣布成立。巍山回族人民和全县各族人民从此获得了解放。接着又在县以下建立了17个分区人民政府；分区以下建立了以“农抗会”为核心的“村联”和村政权。

回族聚居的永建乡处在巍山进入下关，通往内地昆明的要冲，社会情况极为复杂。早在1948年下半年，当时的地下党组织就十分重视该地区的地下斗争，曾派人去组织开展革命活动。回辉登崇实小学、大围埂的兴建中学有批进步青年教师，他们向往革命、追求进步，为在回族地区开展地下斗争和全县解放创造了条件。①

河西（今通海县）纳家营、古城回族自清末迄至国民党统治时期，政治上受历代反动统治阶级的残酷压迫，十分渴望政治上的解放，积极追求正义和光明。因此，在新中国成立前夕的1948年秋，古城的马树峰，纳家营的纳光显、纳云楼、纳家璧、纳家文、纳重发6名回族进步青年毅然参加了地下党领导的地下武装——中国人民解放军滇桂黔边区纵队滇中九团二营，并在党领导下发动了纳古两村回族青年，组建了以回族为主的三连（回族连），在解放东兴镇、朝阳乡、河西县城，平叛剿匪，保卫征粮，保卫新生的人民政权等一系列对敌武装斗争中立下了不朽功勋。年仅24岁的班长纳存明还献出了自己年轻的生命。②

1949年底，随着云南的解放，纳古两村也在党的领导下建立了自己的政权。最早的政权组织为农会、妇女会和儿童会。两村当时的基层干部有纳兴廷、纳仲培、纳如祥、马荣丰、桂海诚、纳慈理等同志，他们成为纳古回族当家做主后的

① 冯绍雄：《巍山回族简史》，云南民族出版社2000年版。
② 姚继德、肖芒主编：《云南民族村寨调查·回族·通海纳古镇》，云南大学出版社2001年版。

首批基层干部。正是他们积极配合了上级领导机关的征粮、清匪反霸、减租退押、土地改革和以后的合作化、人民公社等一系列纳古基层政权组织的建设工作。①

党中央对少数民族地区政权建立的问题十分关心和重视。1950 年 4 月 3 日，中央发出了《关于少数民族杂居地区的专县各级政府组织原则问题复西南局的指示》。文中说："西南汉族和藏、苗、彝等族杂居之专区及县的各级政府，若当地少数民族占多数的，原则上应按各民族人口比例，分配当地政府委员会及人民代表大会议的名额，大量吸收少数民族中能够和我们合作的人参加政府工作。若当地少数民族占少数时，各少数民族在当地政府和机关中，均应有相当名额的代表。这样组成民族、民主的联合政府，在取得少数民族信任和培养少数民族干部方面作用很大，应该特别注意……政府凡在处理关涉到少数民族的工作问题时，必须和少数民族的委员充分协商，力求取得他们同意，然后做出决定。"

中共云南省委根据中央指示精神，也提出了相应的要求。省委书记宋任穷同志于 1950 年 7 月 29 日在《云南省第一次党代会上的总结》中说："少数民族政权问题，在杂居地区，按汉人与少数民族人口的比例分配。汉族多而少数民族少的地方，由汉族任正职，少数民族任副职；反之，少数民族任正职，汉族任副职。这类地区的人民代表会议和政府机构内，各民族均应有其相当名额的代表和工作人员。在纯少数民族地区，在人民政府领导下，实行民族区域自治。"

1950 年 11 月 7 日，邓小平同志在《关于西南目前形势和工作布置的报告》中，又再次重申了建立民族联合政权的问题。报告中说："在民族杂居的专署及县人民政府两级设专署委员会和县人民政府委员会，以便容纳各少数民族、各阶层代表人物到政府中来，同时吸收他们参加政府中的具体工作。" 1950 年 11 月 30 日，在云南省委召开的全省少数民族工作会议总结中又指出："各族人民普遍要求参加政权，在政府中有发言的地位，这一要求是完全正确的和必须的。"

根据这些指示精神，在中央民族访问团云南分团的帮助下，先后在楚雄、大理、丽江、宁蒗、文山等专区，建立了专区一级的民族民主联合政府；在县一级普遍成立了有少数民族代表参加的政府委员会。在专县的政府委员会中一般都有回族代表参加，并担任委员。其中，在省人民政府中担任委员的回族有马伯安等二人；在回族人口占一定比例的县都有相应的回族代表任当地政府委员。回族人

① 姚继德、肖芒主编：《云南民族村寨调查·回族·通海纳古镇》，云南大学出版社 2001 年版。

口较多的寻甸、巍山、昭通等县，不仅有回族的政府委员，还有一定数量的回族干部担任县级和科局级的领导职务。在各县人民代表大会和农代会中，回族代表名额一般不低于回族人口比例。如鲁甸县第一次农民代表大会有代表207人，其中回族33人，占15.9%，与该县回族人口比例一致。1950年，建立基层政权，各县召开各族各界代表会议，回族中的民族宗教人士被邀参加出席会议，体现了民族团结的气氛。随着农村各项工作的深入发展，在减租退押，清匪反霸和土地改革大规模群众运动中，各级党委、人民政府十分慎重对待回族地区的特殊性，选拔有政策水平的领导干部到这些地区工作，切实掌握好政策，并进一步强调，在回族地区一定要认真贯彻党的民族政策。1950年9月，云南省第一次组织少数民族代表团赴京参加新中国成立一周年国庆大典，代表团160人中，有回族代表3人，略高于回族人口比例。代表团在京参加国庆大典后，还受到了毛主席和其他国家领导人的亲切接见，在63天的参观中，备受各方面的热情欢迎和接待。

（二）人民政权的巩固

新的人民政权建立后，面临着巨大的困难和严峻的考验。一是财政困难和军需供应的困难。各地的国民党政府官员在新的人民政权建立之前，早已把属于政府的所有钱、财、粮搜刮一空，剩下来的只是一个空架子；全省几十万干部和解放军指战员需要供给；接收的一批官僚资本企业需要资金启动，以便恢复生产；等等。二是云南解放较晚，国民党残余势力流窜、汇集到云南的比较多，他们潜藏下来，继续进行捣乱破坏。农村中的封建地主阶级，不甘心面临即将被消灭的命运，拼命进行反抗和垂死挣扎；许多地方的地主恶霸组织起了地主武装，与国民党残余势力相勾结，频频发动武装叛乱，攻打我政府机关，杀害我干部和农村积极分子，对新生的人民政权构成严重的威胁。为了巩固新生的人民政权，需要进行艰苦细致的工作和艰巨复杂的斗争。各级人民政府成立后，认真做了以下几项工作。

1. 做好财经工作

毛泽东主席在党的七届三中全会上作了《为争取国家财政经济状况的基本好转而斗争》的报告。报告中说："在新解放区（约3亿1千万人口）因解放的时间还只有几个月、半年或者一年，还有200万分散在各个偏僻地方的土匪待我们去剿灭；土地问题还没有解决；工商业还没有获得合理的调整；失业现象还严重存在；社会秩序还没有安定……我们的财政经济状况开始好转，但还不是根本的好转。根本好转需要三个条件：土改的完成；现有工商业的合理调整；国家机构所需经费的大量节减。”与全国的形势相比，云南在经济、政治上存在的困难更大，各级人民政府基本上是空手起家，1950 年上半年基本上靠西南军政委员会支援，才勉强得以维持局面。

为了解决我省财政上的巨大困难，省委、省人民政府采取了一系列重要措施，包括在农村征收 1949 年公粮，在城镇征收工商税，在城乡推广使用人民币，发行公债等。全省城乡广大回民和其他民族人民一道，积极拥护和支持人民政府所采取的一切措施。城镇回族工商业者积极交纳工商税，回民们踊跃购买公债和使用人民币；农村回民出色地完成公粮任务，为解决国家财政经济的困难做出了重要贡献。有许多地方的回民还积极参加抗美援朝的捐献活动。如爱国进步的回族工商业家马泽如先生早在解放前就积极支持地下党的革命活动。他接受陈盛年同志（中共昆明市委书记）到他家来担任“家庭教师”，并拿出 70 两黄金给地下党做启动经费。解放初期，他看到国家面临的经济困难，又将他家私有的位于昆明市崇仁街 2 号的一院房屋捐献给政府，作为省委统战部的办公用房；还向人民政府捐献轿车一辆等。对工商税收和购买公债等任务，马泽如更是积极带头完成。

2. 征收公粮

新中国成立前的 1949 年，全省各族人民在中共云南地下党的领导下，开展了反“三征”运动（即反对征粮、征税、征兵），全省农业税（公粮）普遍都没有交。新中国成立后，向新成立的人民政府交纳 1949 年的公粮，既是对人民政府的支援，也是跟国民党政府进行斗争的一项胜利成果，同时也是云南各族人民为革命做出的一项重要贡献，具有特殊的政治意义。

在征收公粮时，对少数民族地区严格执行省委提出的“首先是联络感情，加强民族团结，长期耐心，十分谨慎稳重地工作”的原则。对不同地区分别采取具体的政策。在一些有工作基础的地区及民族杂居区，由于当地人民积极拥护人民政府，自愿交纳公粮，则执行一般地区的任务。但在分配任务和征粮办法上注意尊重和根据少数民族人民的意见，予以照顾，与汉族地区有所区别。

回族地区按民族杂居区对待，执行一般地区的任务，做法上也比较慎重。因而征粮工作进展顺利，完成任务较快。如回族较为集中的蒙化县（后分为巍山和南涧县）是大理地区完成任务最好的一个县；回族聚居的凤仪县芝华村，不仅农民积极交粮，地主、富农也不甘落后，该村在短期内就完成公粮任务的 90%，在全县起了模范带头作用，使凤仪成为大理地区完成任务较好的第二个县。昭通地区由于1949年遭受自然灾害，到1950年5月征粮时，已进入春荒季节，群众手中已没有多少粮食，但为了支援国家，回民还是和其他民族一道，忍受着巨大的困难，积极交粮。昭通县八仙乡（回族聚居区）有一位妇女把留做种子的粮食当公粮交了，还有一位回民卖了耕牛和肥料，买粮食来交公粮。对这两起违反政策的事件，经上级领导发现后已及时做了纠正。从中可以看出回族农民宁可自己忍受困难，也要为国家分忧的可贵精神。

3. 剿匪肃特，安定社会秩序

由于历史的、自然的和社会原因，云南的土匪比较多，国民党留下的特务及伪军警宪人员不少，因而对敌斗争任务十分艰巨复杂。另外，由于我们实行新的征粮办法，过去处于统治地位很少交税的地主阶级，现在成了负担公粮的大户，有的因此拼命进行反抗，有的公然进行武装抗粮，发动暴乱。许多地方土匪猖獗，他们杀害干部，袭击国家机关，破坏征粮工作，扰乱社会秩序，严重威胁人民政权的生存和人民生命财产的安全。昭通地区11个县，有两个县被反动势力控制，其余9个县只有昭通县比较安定。匪情严重的地方，征粮工作无法进行，被迫停顿下来。由于交通被土匪阻断，商业交易被封锁，市场停滞，城镇工商税收也收不起来，更加重了地方政府的财政困难，形势非常严重。对此，上级领导机关迅速做出决策，凡是发生土匪暴乱的地方，一律以剿匪为中心来开展各项工作。要求发动群众、依靠群众，军事部门、公安部门与广大人民群众结合起来，采取军事打击与政治瓦解相结合的方针。经过几个月的激烈战斗和广泛深入的政治攻势及艰苦的工作，嚣张一时的土匪队伍逐渐瓦解缩小，最终被彻底消灭，社会秩序逐步安定下来，征粮、税收等工作恢复正常。

广大回族人民在剿匪斗争中自始至终站在人民政府一边，积极参加和支持剿匪肃特斗争。从回族人口分布较多而土匪暴乱十分猖獗的昭通、曲靖、玉溪、大理等地区来看，这些地方的回民很少有参加叛乱的，在几十股土匪的匪首中没有一个是回族。河西县（今通海县）的大白邑、维沙冲（现属峨山县）两个回族村，历来工作基础薄弱，有少数坏人蠢蠢欲动，进行造谣破坏；有几个地主为逃避负担，躲进山里。但大多数回民仍相信政府，保持稳定，不受煽动，使少数人蓄谋的暴乱没有发生。而纳家营、古城、下回村、大回村、小回村等地回民，则积极支持剿匪斗争。该县团山乡发生以普××为首的暴乱，有匪众数百人，是该县最大的一股土匪。县领导立即派回族民兵大队长李忠英同志率领三个区的武装基干民兵（包括部分回族民兵）数百人，开赴团山乡，配合边纵滇中独立团围剿该股土匪，最后取得重大胜利。寻甸县二区、五区相继发生土匪暴乱，上百名土匪包围了区政府，区政府中只有四五名干部在坚持抵抗，情况万分危急。区政府周围的各族农民（包括回族）闻讯，拿着破枪、砍刀、斧头等武器，有的甚至扛着锄头，纷纷赶来支援，声势浩大的数百农民发出的喊声震天动地，两股土匪最后被吓跑了，区政府困局解除。

"镇反"时，为了保卫革命秩序，各地人民政府惩治了一批罪大恶极、不杀不足以平民愤的罪犯，对于其中的回族死刑犯，统战部门总是事先通过"回联"，邀请回族知名人士座谈，公布案情，征询处理意见。行刑之前，按照穆斯林传统习俗准予"大净"浴仪。

4. 改造基层政权

解放初期，回族农村地区和其他民族地区一样普遍建立了农会组织，行使农村基层政权的职责。少数地方除有农会外，还建立了区以下的乡村政权。由于有的农会组织和乡村政权是在群众尚未充分发动的情况下产生的，有的是敲锣打鼓，号召大家入会，举手表决选出来的，存在着不纯，甚至严重不纯的情况。其中有不少农会领导人和乡村政权负责人曾是地主狗腿子、旧军官、旧警察、伪宪兵及保甲人员等，领导权直接或间接地为地主阶级所控制和掌握。这些人在征粮、剿匪斗争中，不是积极工作，而是消极怠工，成为工作中的障碍。有的身为干部，不积极带头交粮，还为地主辩护，公开包庇本乡、本村的地主。针对这种情况，各地采取了一些措施，并在剿匪、征粮工作中，经过考验和考察，对基层干部中表现好的给予保留，对表现不好的则进行改造或予以撤换。使农会组织和基层政权初步得到改造，使领导权掌握在真正的农民手中，为下一步减租退押、土地改革打下了一定的基础。

5. 禁绝鸦片烟毒

云南是受鸦片毒害最严重的地区之一，回族人民也深受其害。解放前国民党政府表面上也讲禁烟，但实际上在其军政要员的操纵下，贩卖鸦片成了他们垄断的行业。农村中种烟的农民也不少，在一些偏僻地区和山区，种植罂粟是公开合法的。党和人民政府对鸦片烟毒深恶痛绝，人民政府刚一成立，就把禁烟列入议事日程。

1950 年 2 月 24 日，中央人民政府政务院就发出了《关于严禁鸦片烟毒的通令》。中共中央西南局于1950年5月14日发出《关于禁绝烟毒办法》。云南省人民政府也于同年6月27日做出了《关于严禁鸦片烟的指示》。

云南回族地区和其他民族地区一道，认真贯彻执行上述重要指示，开展了禁烟工作。回民中也有少数吸毒、贩毒者，在昆明还有个别人开烟馆，在农村的一些偏僻地方也有种烟者。人民政府禁烟令一下，大家都一致拥护。昆明市开展了声势浩大的禁烟运动，在广大群众的监督、检举、揭发之下，烟馆、烟具、毒品等受到查封，吸毒者进了戒毒所，贩毒者受到了惩罚。各专县回民中的少数吸毒、贩毒者也受到了同样的处理。在有关部门和本族人民的监督下，对罂粟地一律铲除，改种其他作物。

6. 做好民族工作，增强民族团结

解放初期，我省多数干部和国家工作人员对我省少数民族和民族工作的重要性认识不足，也不懂得如何做民族工作。有的地方或干部对回族的看法较片面、偏激。云南省委根据中央提出的“慎重稳进”的方针，对我省少数民族地区实行区别对待的政策，在征粮工作中按民族杂居区、民族聚居区和边境地区三种情况分别采取不同的措施。省委还注意不断总结民族工作中的经验教训，及时纠正出现的错误倾向。

城市民族工作（其中主要是回族工作）是整个民族工作的重要组成部分，也是城市工作的重要组成部分。回族是全省少数民族中分布在城镇最多的一个民族。解放初期，居住昆明市区的回民就有近万人，其他中小城镇也有不少。如昭通、寻甸、玉溪、昆阳、呈贡、开远、建水、保山、大理、巍山、楚雄等几十座县城，都有一定数量的回民。中小城镇的回民主要是小商小贩、小手工业者，还有部分农民。而昆明市区的回民主要有工人、店员、自由职业者、小商小贩，还有少数的工商业资本家。新中国成立前由于内战不断，经济凋敝，多数回民处于失业、半失业状态，成为没有固定职业的城市贫民。新中国成立后，各项事业蓬勃发展，党和政府为各族人民广开就业门路，对城市回民作了许多特殊安排。一大批回族知识分子被吸收到“革命大学”“云南民族学院”等校学习，经过思想改造和党的政策等知识的学习，许多人参加了工作，成为国家干部。对失业或无业的回民，只要持有昆明回族联合会发给的回族身份证明，招工部门都尽量优先录用，由人民政府或街道办事处安排进了工厂、国营或集体商业、运输业、饮食业、皮革加工业等部门工作，端上“铁饭碗”，生活有了保障。后来每月又享受“回族补贴”特殊待遇。各类学校对回民也优先录取，甚至降低录取分数。入学后全部享受国家助学金，毕业分配尽可能照顾本人志愿。因此，大量回族青少年进入大、中学校就读。20世纪50年代，回族学生入学率在当年少数民族中比例较高。经过1950—1952年3年的陆续安置，大多数失业回民重新走上了工作岗位，有了稳定的工作和收入，广大回民的政治面貌、精神面貌、生活面貌都发生了根本的变化。

对中小城镇的回民，属于农民的按农村政策对待；属于小商小贩、小手工业者的，当地人民政府给予了安置和照顾。其中，突出的是玉溪大营、河西（今通海）纳家营等地有一批从事枪支、五金制造业的手工业者，解放后不能再继续造枪了，面临着转产转业的问题。对此，省委、省人民政府丨分关心，在1950年11月30日召开的全省民族工作会议上作为一个议题进行了讨论。后来，在各级政府和有关部门的帮助下，玉溪、河西等地的一大批造枪手工业者（约500人）被先后吸收到昆明机床厂、53兵工厂、昆钢等企业，还有一些进了东川铜矿等企业，当上了工人。他们精湛的车工、钳工技术，受到工厂的欢迎和赞赏，很快成了厂里的技术工人，有的还成为小有名气的技术骨干。

民族统战部门对城市回民工作也采取了“慎重稳进”的态度，并坚持贯彻回族事务由回族自己管理的原则精神。为此，成立了昆明回族联合会，许多涉及回族公共利益的事项，如清真寺的房产、田产、办学等问题，均在回族联合会的范围内，通过民主讨论的形式，在人民政府统一领导下加以解决。有些专县也采取了类似的做法，取得了较好的效果。

回族与伊斯兰教密不可分，如何对待伊斯兰教，对回族来说至关重要。解放初期，党的宗教政策尚未明确具体规定，宗教工作尚未很好开展，部分宗教人士由于过去受国民党反动派散布的“共产党消灭宗教”等反动宣传的影响，思想上存在着一些疑虑。1950年7月，在中央工作的少数民族领导干部乌兰夫、刘格平两位同志联名向党中央上书了《乌兰夫、刘格平两同志对少数民族宗教问题的意见》，提出了对少数民族宗教问题的看法，经中央同意后下发执行。这份意见书中说道：“对于少数民族宗教问题的态度，应该十分谨慎，切忌急躁。必须毫不动摇地坚持宗教信仰自由。”“回教中的阿訇、满拉等，在群众中有一定的影响，有的甚至被认为‘神圣’。因此，对他们的态度也应十分审慎。为此，必须不反对他们一般的宗教剥削和宗教特权，而只采取慎重稳妥的步骤，使他们不要干涉政治、司法和国家的学校教育，以便逐渐做到政教分开。”根据这一精神，各级政府逐步开展了宗教政策的宣传，加强对宗教的管理，开展对宗教上层人士的团结统战工作，调动了宗教人士的积极性，使整个回族工作向更加全面健康的方向发展，在一系列社会改革中得到了宗教界的支持和赞同，宗教人士提出了爱国爱教的口号，积极支持和拥护党和人民政府的一切政策和措施，在民主改革社会主义建设中发挥了积极的作用。

为了培养具有社会主义觉悟，又具有较高水平的伊斯兰教教职人员。“回联”将南城、顺城、永宁、东门清真寺的“哈里凡”（学生）集中在南城清真寺统一授课，除由阿訇讲授传统的伊斯兰经典外，又聘请教内学者教授语文、政治、数学、史地等课程，打破传统经堂教育“念经不念书（汉文）”的单一教学体制，迈出了经学改革的又一步。“回联”先后从“哈里凡”中选送纳国祥、马恩泽、马孝琳、王孝才、马惠生等5人到北京中国伊斯兰教经学院学习深造，他们后来都成为伊斯兰教界的中坚。纳国祥曾任全国人大代表、全国政协委员、云南省伊斯兰教协会常务副会长、昆明永宁清真寺教长；马恩泽曾任云南省人大代表、昆明伊斯兰教协会会长；马孝琳曾任盘龙区政协委员、迤西公清真寺教长；王孝才曾任昆明市人大常委、东门清真寺教长；马惠生曾任中国伊斯兰教经学院教务长。由此可见，党和政府对回族伊斯兰教是极为关心和重视的。早在20世纪50年代初，回族民主人士和宗教界人士就获得参政议政的政治待遇，首任“昆明回联”总干事马伯安当选西南民委委员、云南省民委副主任；继任总干事赵钟奇当选省政协副主席、历届全国人大代表，直至与世长辞。永宁清真寺教长马健之当选昆明市民委副主任；继任马惠亭当选省政协副主席，1954年被选为“中国朝觐团”成员，由北京取道莫斯科飞往阿拉伯麦加圣地参加朝觐活动。1951年昆明回族负责人马伯安和马继武还应邀赴首都参加“国庆观礼”，受到毛泽东主席、周恩来总理的亲切会见。①

二、中央民族访问团在云南回族地区的访问活动

1950年至1951年，内地民族地区正在进行民主改革，边疆民族地区则在全力开展对敌斗争，云南全省面临复杂的民族关系和紧张的阶级关系交织在一起、内地的阶级斗争和境外敌对势力同时存在的严重局面，形势错综复杂。在此背景下，整个边疆民族工作的开展，首先通过民族上层人物联系和发动群众，依靠群

① 昆明市宗教事务局、昆明市伊斯兰教协会编：《昆明伊斯兰教史》，云南大学出版社2005年版。

众，进而推动民族上层人物的转化进步。这就是当时从军事解放时期到民主改革过程中处理团结上层和发动群众的指导思想和策略。中共云南省委采取了一系列暂不触动少数民族原有社会制度等稳定民族上层的措施。

为了加强边疆地区与中央的联系，掌握和熟悉边疆民族地区的情况，同时便于及时传达党中央、毛主席对全国少数民族的深切关怀，宣传民族政策，加强民族团结，政务院决定于1950年6月派出中央民族访问团分赴各民族地区进行慰问。

赴西南地区的中央西南访问团以刘格平为团长，费孝通、夏康农为副团长，团员120余人，分为3个分团。派到云南的是二分团，由团长夏康农、副团长王连芳率队40余人，于1950年8月6日从重庆启程抵昆明。

中央少数民族慰问团西南分团到达昆明后，受到云南各族人民的热烈欢迎，“昆明回联”筹备小组在正义路南城清真寺召开全市回族群众大会，各阶层人士三千余人欢迎来自首都北京的亲人。夏康农、王连芳分别在会上传达了党中央和毛主席对西南边疆少数民族的关怀和慰问，颁赠毛主席亲题“中华人民共和国各民族团结起来”的锦旗。会上群情激奋，欢声雷动。

中央少数民族慰问团的主要任务是通过对各民族平等友好的访问，加强民族团结，了解各民族人民的疾苦，并将各族人民的意见带给党中央。在昆明，则通过“回联”邀请知名教长、阿訇及各阶层回族穆斯林人士座谈、征询意见。

在座谈会上，与会者对清末杜文秀领导的，以回民为主体的，白族、彝族共同参与的滇西农民大起义历来被反动统治者视为“叛逆”“逆回之乱”的历史问题做了重点申诉和反映，要求党和人民政府给予昭雪，肯定回民反帝反封建的义举，明令褒扬。同时责令滇西地区有关部门清理发还当年被官府没收的回族“逆产”，以兴办回族文化教育事业。

中央少数民族慰问团对回族穆斯林人士的呼声深表同情和支持，郑重宣布以杜文秀为首的回民反清斗争不是“叛逆”，而是“革命起义”，否定了近百年来反动统治阶级强加的不实之词。沉冤昭雪，回族穆斯林群众无比喜悦，由衷地感谢共产党的英明伟大。当时回族群众所提出的要求，后来都基本得到落实解决。

新中国建立伊始，百废待兴，党和政府倾注全力恢复与发展生产，繁荣经济，回族穆斯林的宗教信仰和生活习俗也相应得到党和人民政府的尊重和关心，通过“回联”拨款修缮了南城、顺城、永宁等年久失修的清真寺，回族群众奔走相告，认为这是在旧中国所不可能做到的。

访问团在昆明期间，听取了云南省委书记宋任穷等领导的有关工作报告。省委决定，由省政府副主席张冲参加分团的领导工作，又从省级机关抽调部分干部加入分团，加强分团力量。

中央访问团在云南先后访问了宜良、楚雄、大理、丽江、保山、武定、普洱、蒙自、文山等9个专区以及怒江、中甸、宁蒗、澜沧等42个县，往返行程2万公里，历时10个月。访问团所到之处，均受到各族人民的热烈欢迎。

访问团每到一地，都向各族人民传达中共中央和中央人民政府的亲切关怀，宣传党的民族政策，并深入各少数民族村寨调查研究，了解情况，倾听各族人民的呼声和要求。在访问过程中协助有些地、县召开民族代表会议，尽量做到每个民族都不漏。对有代表性的人物，尤其是民族上层人士都尽量争取到会，通过一系列深入细致的工作宣传，消除了上层的忧虑，使他们了解了党的民族政策，增强了民族团结，稳定了边疆的局势。访问团曾协助普洱、蒙自两个专区成立了民族民主联合政府，为后来实现民族区域自治做了有益的探索。① 回族问题的调查和研究是访问团民族工作的一个重要方面。从当时整理出的资料来看，访问团都派出专人对各地回族的情况进行了搜集。如中甸、腾冲和大理等地，都有回族情况的详细调查，内容包括历史资料、人口分布、居住环境、人户统计、经济状况、阶级分化、民族关系以及要解决的问题，等等。如访问团调查整理的一篇《腾冲县回族访问资料》中，对历史上回汉不团结的起始、杜文秀起义的原因及结果、回族人民在历史上的政治地位、解放后面临的情况和待解决的问题等，都进行了详细的记录和分析；同时，根据回族的要求成立"回族联合会"，以此解决一切有关回族的问题，并由当地政府出资，帮助回族人民兴办中阿文学校，发展教育事业；另外还针对历史上清朝政府没收回民的被称作"逆产"的土地、清真寺产业，以及被汉族地主霸占的田产、坟山和森林等问题，郑重上报有关部门，予以处理和解决。② 中央访问团的调查工作，为实事求是地解决少数民族问题提供了科学的参考依据。

中央访问团在云南工作期间，带着毛主席、周总理及中央人民政府各位副主席的亲切问候以及题词、锦旗、条幅、绸缎、布匹、药品、盐巴、茶叶、食糖、

---

① 王连芳主编：《云南民族工作的实践和理论探讨》，参见《云南回族50年》，云南大学出版社2003年版，第194～196页。

② 云南省编辑组等：《中央访问团第二分团云南民族情况汇集》（上），民族出版社2009年版，第221～222页。

针线等各种礼物赠送给各少数民族。同时访问团中的医疗队、文工队、电影队、摄制组等，也给少数民族提供了热情的服务和帮助。另外，一些专门从事民族语文、社会历史、文学艺术、考古发掘等的民族工作者以及作家、记者和艺术家等，共同参加了访问团的工作，收到了较好效果。这些都充分体现了党中央对各民族的深切关怀和尊重，突出了民族平等的原则，疏通了中央与地方边疆的关系，并促进了民族团结，增强了各民族人民对祖国的向心力和凝聚力。

三、云南回族地区的“清匪反霸，减租退押”

新中国成立初期，云南社会政治情况异常复杂，除国民党特务机关有计划地安排了许多潜伏特务外，内地各省的不少特务、土匪和散兵游勇也纷纷溃逃于滇；国民党第8军、第26军在被歼灭过程中，有少部分被歼残军携带轻重武器分散在云南落草为匪；农村中封建势力强大，不少地主和少数民族上层也拥有武器，解放后一部分人也沦为土匪。据不完全统计，1950年上半年内，全省共有250余股较大的土匪，匪徒一度多达10万余人，他们在帝国主义和国民党反动派的指使下，采用公开的武装暴乱与隐蔽的特务活动相结合的形式，烧杀抢掠、放毒暗杀、破坏生产、破坏交通，活动十分猖獗。不少区、乡政府频遭袭击，新平、西畴、易门、广通等数座县城一度被土匪攻占，全省通往省外的公路交通也曾数度被截断，仅1950年上半年之内，全省就有600多名中共干部死于匪手……①

为了巩固新生的革命政权，安定社会秩序，彻底剿灭土匪就成为当务之急。1950年12月25日，云南省第一次各界人民代表会议在昆明召开，中心议题为：清匪反霸，减租退押，发展生产。驻滇解放军积极落实会议精神，紧紧依靠各族人民群众，贯彻党中央制定的“军事打击、政治瓦解、发动群众，三者必须紧密结合”的方针，实行了“镇压与宽大相结合”的政策，将军事进剿、清匪反霸、减租退押、发动群众等各项工作结合起来，掀起了一场新的革命风暴。在政治上获得彻底解放的回族劳苦人民，以高昂的政治热情积极投入到清匪反霸、减租退押、土地改革等民主革命运动中。

在寻甸回族彝族自治县，自1950年3月县人民政府成立后，原国民党政府

① 高发元主编：《云南回族50年》，云南大学出版社2003年版。

中的少数乡、保长，乡村恶霸，不满人民政府按占有土地征粮的政策，组织了武装暴动，攻打区、乡人民政府。在广大回族和其他各族群众的大力支持协助下，县公安局配合曲靖军分区独立营、楚雄军分区基干团，历时7个月经过大小数十次战斗，基本平定了暴乱。随后，县人民政府于1951年成立了清匪委员会，在全县开展了大张旗鼓的清匪反霸的群众运动。至年底，全县共处理各种罪犯1 359人，收缴电话机1部、机枪1挺、步枪31支、短枪35支；公审处决196人，其中匪首、惯匪100人，恶霸89人，特务3人，白洋道头目4人。全县至此基本肃清了土匪。

在巍山彝族回族自治县，回族人民在县人民政府的领导下，积极开展了清匪反霸、减租退押斗争。在下关至巍山的途中，盘踞着武装土匪杨凯臣部，有固定匪徒30余人，时聚时散的党羽则分布在各村。这些匪徒抢劫村庄和游击行人，捆绑吊打群众、奸淫抢掠、杀人越货，无恶不作。解放前历届政府均与这股土匪互相勾结，人民深受其害。在清匪反霸斗争中，巍山回族人民积极参加了消灭土匪武装的战斗。在分区政府工作的回族干部马一骐、朱状先等同志不但亲自参加战斗，还广泛动员回、汉、彝三个民族的群众大力协助。回族村子小围埂、百沙村的不少回族青年在马永胜等人的带领下，积极配合县公安队行动，他们日夜监视匪部动向、侦察匪情，甚至以大无畏的献身精神深入虎穴，了解敌情，以便为县公安队带路。战斗打响后，很多回族青壮年农民都参与了县公安队与土匪的战斗。永建地区各村回族，也积极配合县公安队歼灭这股土匪。在全县人民的配合下，最终除掉了这股为患多年的土匪。

在巍山回族地区的清匪反霸斗争中还粉碎了回辉登地霸忽亮先、忽润龙父子的未遂暴乱。①

在清匪反霸中，洱源县士庞村、三枚村及永平县曲硐乡等地回族，也为剿灭当地土匪贡献了自己的力量。

在滇中，昆明附近的安宁、易门、禄丰、昆阳等地匪患突出。土匪裹胁群众，发动暴乱，攻陷易门县城，残杀革命干部群众百余人，拦截滇缅公路过往车辆，袭击公安执勤部队，气焰十分嚣张。他们还成立了五花八门的“抗粮队”“抗粮委员会”“自救同盟会”等各种组织，反抗共产党领导的各级政权组织。与此同时，活动于宜良、澄江、晋宁地区的土匪，以宜良的草甸为中心，出没于

① 参见马绍雄主编《巍山回族简史》，云南民族出版社2000年版。

以上各县，袭击中共党政机关，劫车劫粮。活动于昆明至沾益沿线的土匪，抢劫车辆、断绝交通，严重威胁着昆明市的安全。为尽快平息匪患，昆明警备司令部派出第37师剿匪，解放军每到一地，凡有回民居住的村落，如呈贡回回营、晋宁县双龙湾回族村、海口里仁回族村、澄江县华光回族村都大力支持解放军剿匪，为解放军带路、侦探敌情，为解放军救护伤员，等等。海口里仁回族村的广大回族群众还积极配合人民政府和解放军对称雄一方的恶霸"小脚皇帝"杨寡妇等黑恶势力进行了坚决斗争；帮助人民政府顺利完成了征收公粮的任务。在回、汉等各族群众的通力协助下，经过大小400余次战斗，解放军最终歼灭土匪3 000余人，至1950年底，昆明周边地区的土匪基本被肃清。

在滇南，通海县纳古回族乡，一支主要由回族子弟组成的"中国人民解放军滇桂黔边区纵队滇中九团二营三连（回族连）"，曾多次作为主力部队与土匪展开激战、围剿土匪。在沙甸，回族青年马开仁、李倍增、马瑜等7人报名参加"边纵十支队"赴文山剿匪，组成"中共文山地委丘北工作队"（队长马开仁、副队长李倍增），积极配合解放军在丘北剿匪，为滇南地区的清匪反霸工作做出了贡献。

在回族较集中的文山州（当时是文山专署）砚山县，于1950年3月开展清匪反霸斗争（至1951年底结束）。1951年3月，镇压反革命运动在全县开展。全县妇女干部积极配合县区、乡村以及十三军所派干部深入群众，深入村寨，调查研究，了解情况，召开各种形式的会议，发动广大妇女开诉苦会，诉苦追根，启发妇女的阶级觉悟，进行清匪反霸、减租退押的斗争。

1950年，砚山县人民政权成立后，由于各级机构人员成分十分复杂，以致部分具有反革命活动行为的人混进了国家机关内部。据统计，1950—1951年底，全县有各类反革命骨干1 264名，其中土匪1 002名，恶霸28名、反动党团骨干98名、反动会道门骨干81名、特务4名、国民党残军23名、反动官吏28名。这些反动力量对新生的人民政权构成了严重的威胁。为巩固新生的人民政权，1951年，中共砚山县委、县人民政府认真贯彻执行全国第四次公安工作会议精神，坚决有效地清查和镇压反革命分子，并组成了以公、检、法为主体的党政、政法、民兵三结合的50个搜捕小组，432名执法人员，在全县配合解放军进行剿匪和镇压反革命，并成立行动指挥部，统一负责全县镇反工作，各区成立小组，配合解放军剿灭土匪武装和反革命武装。1951年3月，结合全县土地改革运动，继续打击、镇压反革命组织。全县打击反革命分子1 055名，其中，处决332名、关押511名、交群众管制53名、交押病死159名，共缴获各种枪支112支、子弹1 410发、手榴弹26枚、大小刀具1 168把、大烟289两、旧军官委任状26份、黄金22.6两、白银101枚、三七15.65公斤等大批物资。①

1950年初，文山全县获得了解放。在党和政府的领导下，回族较集中的茂克掀起了轰轰烈烈的减租退押、清匪反霸、镇压反革命运动，扫除一切社会障碍，为人民民主专政政权的建立奠定了坚实的社会、思想和组织基础。继而开展了土地改革运动，彻底打垮了千百年来压在广大人民群众头上的“三座大山”。过去缺田少地、缺房少粮、缺衣少被的贫苦群众，分得了田地、房屋、大牲畜、大农具等生产、生活资料，人民安居乐业。生产关系的改变调动了各方面的积极性，各行各业方兴未艾，经济繁荣昌盛，物价平稳，人民生活蒸蒸日上。马帮运输业长期存在的不安全因素得到消除，个个扬眉吐气，争先恐后地为国计民生、物资调运贡献力量，彻底改变了缺衣少食、饥寒交迫的历史。②

在清匪反霸斗争中，回族地区涌现出大量的革命英雄，他们为新中国的巩固和发展抛头颅、洒热血，不惜献出宝贵的生命。如沙甸回族林仁昌，同解放军一起进驻文山剿匪，1950年4月12日从驻地麦地冲往山区二道沟进发途中被土匪包围，众多土匪占据两侧高山有利地势，一边向边纵队员射击，一边高喊“活捉共匪”。林仁昌顽强阻击土匪，掩护同志突围。突围成功，多数同志脱险。林仁昌和另一同志壮烈牺牲。据当地目睹群众说，林仁昌脚部负伤被土匪抓获，他坚强不屈，大骂土匪，被土匪割去舌头、下身，被凌辱至死。③

据不完全统计，在剿匪斗争中，仅寻甸籍壮烈牺牲的回族英雄就有寻甸羊街人马永策、城关上古城人马贤光、仁德玉屏人保明宽、柯渡丹桂村人马米科等。

清匪反霸的胜利，极大地稳定了社会治安，巩固了新生的革命政权。

在此基础上，回族农村和内地各民族农村一样，广泛开展了减租退押运动，即减去地租的25%（简称“二五”减租），退回农民原交给地主的押金和契纸。

各地回族农村政权认真贯彻中共西南区《减租暂行条例》，开展了查田定产工作，借以查清地主、富农的经济家底，并以各户占有土地及产量情况做依据，进一步开展征收公粮的工作，使新政权在财政经济上的困难开始有了好转，确保了各级政府财政经济的来源，同时，初步达到了削弱封建经济、改善农民生活、

---

① 砚山县志编纂委员会：《砚山县志》，云南人民出版社2000年版。

② 参见《茂克回族简史》（内部印刷）。

③ 马绍善主编：《沙甸的昨天、今天》，云南民族出版社1993年版。

恢复发展生产的目的。如在巍山彝族回族自治县，全县有 9 443 户农民减租，收入稻谷 156. 8 万斤；分配了减租折款，合计 21 114 户，29. 6 万多元；全县退押黄金 51. 87 两，白银 22 879. 21 两，银元 16 883 元，半开 12 878. 95 元，折合人民币 312 873. 47 元，分配给 1 693 户农民，减租退押的主要受益人为雇农、贫农。在寻甸回族彝族自治县，全县为农民减去地租 9. 85 万公斤，退回押金和收缴的罚款共计旧人民币 50 多亿元。各回族乡村根据工作队调查后掌握的租佃情况，召开村民大会，由各户自报租佃关系，由农协会组织农民清算地主收取的押金（包括除地租外的劳役、草料等），按“二五”减租的要求，重新签订租佃契约。对少报租押的地主则处以罚款。减租退押工作结束时，各回族乡村的贫雇农等都减去了大量地租，退收了大量押金，缴获了大量罚款。

清匪反霸、减租退押运动的开展和完成，使贫雇农为主体的农民阶级首次从地富阶级手中夺得了“胜利果实”，提高和鼓舞了他们的积极性和斗争热情，培养了他们对共产党和解放军的阶级感情，锻炼出一批勇于开展阶级斗争的骨干和积极分子，为下一步的土地改革运动创造了良好条件。

四、云南回族地区的土地改革

进行土地改革就是进行生产关系的根本变革，废除几千年来的封建制生产关系，建立社会主义的生产关系。所以，中国共产党把土地改革作为彻底完成民主革命的主要任务，同时也是中共七届三中全会提出的争取财政经济情况根本好转的首要条件，土地改革形成了大规模的农民群众运动，在全国各地轰轰烈烈地开展起来。

云南是多民族的边疆省份，由于经济的、社会的和历史的原因，各民族、各地区发展极不平衡，情况十分复杂。在 1950 年至 1952 年的国民经济恢复时期，云南边疆从疏通民族关系入手，加强对敌斗争；内地则在清匪反霸、减租退押的基础上开展土地改革运动。1951 年 11 月 22 日，云南省第一届第二次各族各界人民代表会议开幕，云南省人民政府土地改革委员会主任于一川作了《为全省 1952 年底基本完成土地改革任务而斗争》的报告，这标志着云南全省土地改革运动的开始。全省第一批进行土地改革的有昆明、宜良、呈贡、曲靖、晋宁等 5 个县。

云南在土地改革中实行了分类指导的原则，分类分批地进行。云南回族社会同汉族社会一样，在新中国成立以前大多早已进入封建地主制经济发展阶段，其土地改革的政策和步骤与经济发展水平较高的内地坝区同步；少数居住在边疆的回族则与当地民族相同。

在云南回族地区，在各级党组织和政府的领导下，土地改革的各项准备工作和条件已基本具备：革命战争在中国大陆和云南全省已经取得胜利；统一的各级革命政权已经建立；在农村进行的清匪反霸斗争和减租退押运动，粉碎了敌对阶级的破坏和复辟活动，削弱了地富阶级的经济势力；建立了农民协会、青年会、妇女会、儿童团，组织了民兵组织，在清匪反霸、减租退押的运动和斗争中，培养了一批回族农民积极分子；学习和借鉴了老解放区的土地改革经验。所有这些条件，为回族地区顺利开展土地改革运动奠定了坚实的基础。

在回族地区的土改中，坚持工作队的组成以本民族干部为主，本族地主由本族农民说理斗争，汉族农民不分回族的房屋等政策。广大回族人民在土改中分到了田地，从封建地主阶级的桎梏中解放出来，解放了生产力，从根本上改善了民族关系，增强了民族团结，并打破了封建宗法、宗族观念和等级观念。

在昆明，据 1952 年对昆明地区土地、人口调查的不完全统计：占农村人口总数不到 10% 左右的地主、富农占有近 60% 的土地；而约占农村人口总数 90% 的贫雇农和中农，只占有 40% 的土地。

1951 年 10 月 26 日，昆明市人民政府发布布告，决定 1951 年冬至 1952 年春在昆明市、县实行土地改革，并成立市、县土地改革委员会，方章任主任委员，张毅任副主任委员。昆明市、县所辖的海口里仁、西山区马街、黄土坡、呈贡县回回营等回族乡村动员起来参加了土地改革运动。呈贡回回营的土地改革还由省农会派来 5 名回族干部做土改工作队员参与领导土地改革运动。

1952 年，昆明“回联”首先带头将分散在市郊的数百亩土地（“丙辰之变”殉难者绝业），连同全部地契凭证交给所在农会处理。土地还到农民手中，改变了土地所有制的形式。经统战部门指示，“回联”所有在市区内的房地产全部保留，仍由“回联文教资产管理委员会”管理，收入全部用于发展回族文教事业，提高回民群众的素质。

“回联”动员回族地主、富农、小土地出租者积极参与“土改”，在减租退押、土改中认真退赔，争取回族群众的宽容和谅解，经有关部门批准，在发给回族身份证时，按土改条例的规定对回族的地、富分子给予一定的照顾。

在今巍山县，1952 年 2 月 9 日至 2 月 24 日召开了全县第一次回族农民代表会议，到会代表52人，通过学习土地改革的有关法规和文件，到会代表纷纷表示拥护土地改革运动，并做出了关于开展土改的《蒙化县第一次农民代表会议决议》。接着在回族较集中的永平乡、永胜乡等开展了轰轰烈烈的土地改革运动。

解放前，巍山回族两极分化十分突出。回族因信仰同一宗教，在民族歧视政策下，对外需要团结才能坚持信仰，保持本民族的风俗习惯。但在私有制为基础的阶级社会里，巍山回族同样存在着剥削与被剥削、压迫与被压迫，存在着阶级差别和阶级斗争。解放前的巍山回族经济活跃，由于生产资料为私人占有，商品经济虽已出现，但不能超脱旧中国农村封建经济而独立发展，整个社会经济仍然是旧中国农村封建经济的一部分，少数富户既是地主，又是马帮的大锅头，广大回民不仅作为佃户受地主、富农剥削，而且作为赶马人，又受地主大锅头的剥削和压迫。

巍山回族的阶级状况和土地占有情况有着特殊的历史背景。杜文秀领导的回民起义失败后，回民的财产被没收，清末到解放前的70多年间，回族中有少数人赶马经商积攒了财富，有的暴富之后想在农村购置田地等产业，但这时回族村子周围的土地也被他人占有，无法兼并，只能到远离回族村庄的地方，甚至到山区兼并，如回辉登忽亮先、忽超龙等户均在马鞍山乡置有山场，在白辉庄置有300多亩田；东莲花马如骐在罗马庄置有400多亩田，均租给当地汉、彝族农民耕种。土改时，按政策也就分给了当地原耕种的农民。以土改时回辉登的阶级状况和土地占有情况来看，全村土改时共有420户，其中划为地主的64户，富农及小土地出租者29户，中农81户，贫农210户，雇农10户，其他16户，全村共有耕地2 250亩。占全村总户数15%的地主占有大量土地，而占全村总户数50%左右的贫农仅占有3%的土地，雇农没有土地。说明解放前的回辉登，土地高度集中在地主阶级手里，两极分化比较明显，就其生产方式，仍是以地主阶级封建剥削的土地所有制为基础的。广大贫苦农民无地或少地，处在被剥削的境地，土地改革为巍山广大回民所拥护。

巍山回族地区的土地情况还有一个历史原因而不同于其他民族和地区，清末杜文秀领导的回民起义失败后，回族人民惨遭屠杀，房屋、土地等财产被没收，称为“叛产”，其中一部分用来开办学校，称“义学田”，民国以后称“教育局田”。后来，少部分回民为了安身立命，不怕艰难困苦，不怕风险，在赶马经商中赚了钱，又买回部分土地，而广大回民只能靠租种“教育局”田，成为佃户。据1952年土改前永平乡的调查情况，当时全乡有6个回族村，1个回、汉杂居村，5 个汉族村，1 个彝族村，有回族763 户，土改前全乡共有土地6 562.56 亩，其中“教育局田”（即“叛产”田）就占去3 021.67 亩，占全乡耕地面积的46%，可见永平乡广大回族农民都是“教育局田”的佃户，而回辉登土改前租种的“叛产”田，除“教育局田”外，还有属蒙化忠烈祠、宾川鸡足山寺和大理药王寺的，巍山广大穷苦回民都成了他们的佃户，其中，小围埂集体凑足钱向丽江教育局买回部分土地。在新中国成立后，伟大的土地改革运动，使广大贫苦回民终于实现了从杜文秀革命失败后至解放前70 多年间梦寐以求的愿望。土地改革，使原租种“教育局田”的广大贫苦回民佃户分得这部分原本属于回民而又被作为“叛产”的土地，真是“千年铁树开了花，回民土地回老家”。许多回民感激地说：“只有在毛主席共产党的领导下，回民才真正翻了身，实现了70 多年以来几代人的愿望，回民永远忘不了共产党的恩情。”

巍山回族由于历史原因，人多地少，只能半农半商，赶马走“夷方”，或从事手工业及做小生意，即便是贫农有的也养有一两匹马，农闲时搞短途驮运或参加地主马锅头垄断的大马帮搞长途运输，因此，在土改中，经广大回民讨论，制定了相应的政策，规定一户养马两匹者，减少该户一个分田人口，把留出的土地分给贫苦农民，养马户以运输经商中的收益作为弥补。如回辉登土改时约有2 000人口，其中就有100 人左右因养马两匹没有参加分配土地，贫农朱介祥家当时有6 口人、养马两匹，只有5 人参加分配土地。永平乡的小围埂村有200 户左右，其中有60～70 户养马两匹以上，养的马越多，分到的土地就越少，土改后全乡人均分地0.56 亩，而小围埂人均只在0.5 亩。

巍山回族全民信仰伊斯兰教，有特殊的风俗习惯，在土地改革中，党和政府制定了相应的政策和措施。一是派到回族地区的土改工作队员必须有回族同志。二是正确处理清真寺的寺产田。土改前清真寺都有一部分寺产田，其收入作为办“四大节”费用及阿文学校“吾师台”（老师）的工资等，按土改时政策规定，凡属寺产土地及宗族祠堂土地一律都纳入土改进行分配，但对清真寺的寺产田，只征收多余部分。当时永平乡共有7 个清真寺，土改后各清真寺共保留土地93.71 亩，占全乡土地面积的1.6%。永胜乡当时共有4 个清真寺，据有关材料记载，回辉登清真寺留30 亩，其余各清真寺留10 亩、18 亩、15 亩不等。征收清真寺多余的土地只能分配给回族农民。三是凡没收的回族地主的房屋，只能分给回族的贫苦农民，不准分给其他民族，在分配没收地主财产的胜利果实时，凡属回族宗教服饰、礼拜用的地毯、洗脸用的铜壶等一律只分给本民族的农民。四是对地富出身但又受到当地回族人民尊敬的“吾师台”与其他剥削阶级家庭成员区别对待，如回辉登清真寺执教的宝殿魁“吾师台”，土改时为避免其受到冲击，就让他住到清真寺中，还让他出席县及专区的各种座谈会，其他受保护的“吾师台”还有米正泰等人。①

1952年夏，昭通专区分期分批进行了土地改革，回族聚居的鲁甸县被选为昭通全地区土地改革运动的试点之一。工作组进入回族地区后，根据回族的民族特点、风俗习惯，对各阶层群众进行了深入细致的政策教育，并且结合实际宣布了一些特殊规定，诸如：依照《土地改革法》组建土改工作队，回族地区的土改工作队主要由回族组成，工作队员必须遵守三大纪律八项注意，尊重回族宗教信仰、风俗习惯；划分农村阶级成分必须严格执行《划分阶级成分的决定》，重申伊斯兰教的阿訇是回族中的宗教人士、知识分子，阿訇的阶级成分必须以解放前三年的经济收入方式决定，达到什么阶级就是什么阶级，阿訇本身不是划阶级的标准和依据，阿訇的政治地位必须以他本身的政治取向来决定，宗教上层人士必须采取团结、保护的政策，做好回族中开明人士的工作，加强统战工作；进行清算斗争阶段，回族中的地主由回族进行说理斗争，斗争回族地主时不得使用武斗、刑讯逼供，不得使用影响民族团结的语言；分配土地时，原则上回族地主的土地尽先分配给回族农民，多余部分可分配给其他民族，但必须征得回族人民的同意；回族地主浮财中有关宗教、民族的物品不分配给其他民族，地主多余的房屋也不分配给其他民族；清真寺的土地是否参加土改问题，由有关经济区回民决定。②

土地改革使无地、少地的农民都分得了一份土地。鲁甸桃源80%的贫农每人分得440～480斤产量的土地，40%的中农也分得了一份土地。地主、富农（包括其子女）人均分到的土地和贫农、中农一样，没有出现“扫地出门”“分坏田坏地”等情况，对于将他们改造成为自食其力的劳动者产生了良好的效果。

土改以后，昭通回族农民有了土地、籽种、肥料和农具，生产积极性空前高涨，往常的晚栽晚种、点白籽、种而不耘，甚至土地抛荒的现象大大减少。加上政府的支持指导和风调雨顺，两三年间，小农经济的优越性得到淋漓尽致的发挥，所有的回民社区生产呈现一派欣欣向荣的景象。到互助组和初级农业生产合

① 马绍雄主编：《巍山回族简史》，云南民族出版社2000年版。
② 李正清：《昭通回族文化史》，云南大学出版社2008年版。

作社期间，政府因势利导，将单家独户的小农经济引入“集体化”道路，进行生产关系的改造。①

在玉溪，1952 年 1 月，文明乡与小街、由义、石邑等乡为河西县第二批土改的乡展开土改工作。文明村 1949 年全村有 236 户 1 016 人，阶级构成是：地主 32 户，占总户数的 13.6%；富农 5 户，占 2.1%；小土地出租 9 户，占 8.1%；中农 17 户，占 5.1%；下中农 22 户，占百分之 9%；贫农 144 户，占 62.1%。全村耕地 2 400 多亩，地主、富农占 1 840 亩，占 76.6%；大牲畜 270 多头，地主、富农占 82.9%。众多的农民少田少地，缺乏牲畜、农具，靠帮地主、老板赶马、做工和租种地主的田地来取得家庭所需生活资料。1949 年解放后，1950 年下半年成立了农会，村农会根据上级的布置开展了减租退押活动。1952 年初，根据《中华人民共和国土地改革法》和中共云南省委和玉溪地委、河西县委的布置，建立了文明乡人民政府，在土改工作组的帮助下，进行土地改革。在土改中除了与汉族地区执行同一政策、步骤外，照顾到回族村的特殊性，土改斗争地主时，依靠回族干部和群众；清真寺原有 100 多亩土地，分配给回族贫苦农民；阿訇除参加生产外，给予适当生活补助；村中多余的土地和地主财产等，也分配给其他村的佃户。1952 年末全村完成了土地改革，实现耕者有其田。

1952 年 3 月，峨山县大白邑乡人民政府领导当地回族群众参加了峨山县第一批土地改革。土改前大白邑村已发展到发达的封建地主经济阶段，地主阶级人数虽少却占有大量土地，地主 17 户 116 人，占全村总户的 7.5%，却占有 410.2 亩土地，占全村土地总面积的 50%；富农 9 户 49 人，占 4%，占有土地 33.27 亩，占全村总面积的 4%；中农 29 户 191 人，占 12.8%，占有土地 104.90 亩，占全村总面积的 13%；贫农 129 户 562 人，占 57.3%，占有土地 91.17 亩，占全村总面积的 12%；公田（清真寺田和家庭田）154.48 亩，占全村总面积的 18%；雇农 41 户 135 人，一无住房，二无土地。地主平均每户占有土地 27.34 亩。是年 5 月，土改结束，10 月，由土改复查工作组进行复查。

同年 3 月，昆明、呈贡、玉溪、澄江、峨山籍回族干部 13 人参加峨山县斗门、文山、安居、亚尼、大西、七溪、塔甸、大白邑、厂上、富泉、石泉等 11 个乡的土地改革和土改复查工作。②

---

① 李正清：《昭通回族文化史》，云南大学出版社 2008 年版，第 46～47 页。

② 《峨山彝族自治县回族志》，云南民族出版社 1996 年版。

在文山专区，砚山县于1950年9月开始首批土改试点工作，整个土改分两批进行。1952年6月，全县还组织了100余名干部到文山县参加中共文山地委领导的土地改革试点工作，至1953年7月结束。

1952年，在土地改革运动中，为使各族妇女积极投入土地改革运动，中共砚山县委对135名积极分子进行历时15天的培训。据不完全统计，全县145名妇女干部参加土地改革。在土改中，凡是历史上有公产的，其土地给予一定保留，使清真寺的宗教活动能够正常开展。这些做法得到了广大回民群众的欢迎和赞赏，回族人民由衷地感激共产党无微不至的关怀。

经过土地改革，废除了封建地主所有制，广大贫苦农民翻身做了主人，分得了土地、房屋等生产生活资料，实现了耕者有其田的夙愿。政治上获得解放的广大回族贫苦农民分到了土地，改变了解放前那种两极分化日益突出，多数回族群众挣扎在饥寒线上的状况，生产发展，人民生活改善，宗教生活正常，一切都显得欣欣向荣。

在各回族地区，整个土地改革运动始终贯彻执行了中共中央制定的土地改革的总路线和总方针："依靠贫雇农，团结中农，孤立富农，有步骤、有分别地消灭封建剥削制度，发展农业生产。"全省回族地区的土地改革基本上经历了以下阶段。

第一阶段：组建土地改革工作队，深入农村发动群众。云南各地组织了由广大机关干部、知识分子和各民主党派成员组成的土地改革工作队深入农村，访贫问苦，宣传政策，发动群众，培训土改积极分子，成立农民协会，组织阶级队伍。土地改革是一场史无前例的革命运动，又是一场急风暴雨式的激烈的阶级斗争，只有充分发动群众，才能取得斗争的胜利。发动群众积极参加土地改革的重任就落在了土地改革工作队身上。1952年2月11日，仅昆明市一地就派出大、中、小学教员2 000余人下乡参加土地改革工作。

当时参加土改工作队到回族地区沙甸鸡街（当时属蒙自专署）进行土改，现年90岁高龄的回族老人纳荣光回忆说：

> 1951年，在省委、省土改委员会的领导下成立了省土改下乡工作大队，号召有关知识分子参加土改工作，当时我在昆明回族联合会工作，"回联"推荐我到土改工作队。"回联"分到了两个名额，后来只批准了我一个。我报到后被编到第五大队，大队长是马曜，副大队长是

王旭，分队长是高国泰，我就在高国泰分队。成员有云南大学法律系的教师和四年级的学生，以及民革、民盟的成员，还有其他几个中学教师。云南民族学院的纳训（《一千零一夜》的翻译者）和我在一个分队。我们在青云街某教师宿舍学习。在胜利堂听了两次于一川、郑伯克关于土改政策的报告，在云大礼堂开过两次会议，并发给有关土改文件的材料，又去北郊苍竹乡参加现场的试点学习，在苍竹乡的斗争揭发中受到现实教育：一个六七十岁的地主婆对土改工作不满，把小刀拌在牛饲料中给牛吃，把牛弄死。十月份我们乘火车去蒙自，住在专署招待所。第一阶段的工作在蒙自展开，县委派了一位姓年的干部来指导我们工作，我们有一个组分在鸡街工作，我和纳训都在这个组，组长是区政府一个叫王平的。我们首先走访贫雇农，召开贫雇农会，组织他们学习，宣传党和国家的土改政策，启发鼓励贫雇农的积极性，让他们当家做主，成立农会，掌握政权，继续划分阶级成分，分土地。当时鸡街的大地主周励斋占有大量的土地，并办有一个大酒厂，在昆明还有很多产业（据说当时昆明万钟街资源委员会办公的房子就是他家的），另外好几个县都有他家开设的商号。最初群众揭发他的罪恶时他闭口不说话，拒不交代罪行。我们通过外围调查时，启发他的小老婆，从中得到很多线索，并利用这些线索激发他，同时反复对他讲政策，最后他不得不交代了他的罪行。由于其罪恶极大，不杀不足以平民愤，最后被镇压了。鸡街的工作完成后我们去了沙甸，沙甸有一个恶霸地主是原伪区长王世琦，他不仅占有大片的好土地，还贩卖大烟、枪弹，放高利贷等。在沙甸他说了算，并有命案，群众对他的仇恨很深，后来也被镇压了。以后我又被派去石岩寨，住在小学校里。有一次有人从房顶上用枪射击我们，可是没射中。继后我又去了马房乡、倘甸、大屯等乡工作。在蒙自六个多月，土改胜利完成后，于1952年随工作队返回昆明，各回原单位。我被推荐到省供销社工作。通过土改，我受到了很大的锻炼，提高了认识和政策水平。土改对刚建立不久的新中国来说是一件大事，是项政策性很强、意义很深远的工作，也是一场没有硝烟的战斗，地主恶霸、土匪和反动分子随时都会出来与你较量，土改工作队员随时都有生命危险。

巍山彝族回族自治县的土地改革运动不但有省委、地委派来的土地改革工作队帮助和指导工作，县委还派出了700多人的土地改革工作队深入农村。

寻甸回族彝族自治县全县分两批进行土地改革，为广泛发动群众，在每个小乡（相当于一个村）都派有3~5人的土地改革工作组。土地改革工作队深入回族农村，大张旗鼓地向群众宣传共产党关于土地改革和镇压反革命的方针政策。工作队在各回族乡村不断召开群众大会，宣讲旧土地租佃制的不合理性，发动和鼓励群众与地主、富农做斗争。工作队广泛开展阶级和阶级斗争教育，运用大会、小会、个别串联的方式，大力宣传土地改革运动的政治意义及有关政策，激发群众对地富分子的阶级仇恨，提高群众对土改的认识。各回族乡、村在土地改革工作队的领导下，以“动员会”“诉苦会”“访贫问苦”“扎根串联”“回忆对比”等多种形式，层层掀起发动群众的高潮，逐步形成了一批以贫农、雇农为核心的向地富阶级发动猛烈斗争的土地改革积极分子，这支队伍成了土地改革运动的主力军。

第二阶段：划分农村阶级成分，组织群众斗地主、富农。在上级土地改革工作队的领导下，根据1950年发布的《中央人民政府政务院关于划分农村阶级成分的决定》，全省各回族乡、村在登记各户土地、劳动力的基础上，首先由土地改革工作队调查掌握阶级情况，对阶级成分分析排队，再通过贫雇农代表讨论，揭发地富分子的发家史和现行活动，随即划定地主阶级成分；其次是划定富农、小土地出租者成分；最后，经过自报公议，评定农民内部成分，即雇农、贫农、中农等。划分阶级成分的时候，是靠所谓“三把尺子”来衡量的，这三把尺子即土地占有情况、劳动情况、是否剥削。

全省各回族乡、村不但划出了一批占有土地、不从事主要劳动的地主，而且对已破产的地主，有劳力但仍不从事劳动，生活水平超过中农者，或对租进或买进大量土地，自己不劳动还租给别人，靠收租为生，其生活水平超过一般中农者，或代地主管家收租者即所谓“二地主”“二东家”，都统统将他们划为地主。如寻甸回族彝族自治县，土地改革时有回族人口5 099户，划出地主444户，占总户数的8.7%；划出富农163户，占总户数的3.2%。两项合计，地富分子占总户数的11.9%，共计607户。全县划出的回族中农948户，占回族总户数的18.6%；划出贫农3 395户，占总户数的66.6%；其他成分153户，占总户数的3%。又如永平县土改时全县共有回族人口1 169户，其中被划为地主的有83户，占总户数的7.1%；被划为富农的有71户，占总户数的6%；被划为中农的有

242 户，占总户数的 20.7%；被划为贫农的有 664 户，占总户数的 56.8%；被划为雇农的有 80 户，占总户数的 6.8%；划为其他成分的有 29 户，占总户数的 2.4%。再如沙甸，土地改革时共有回族人口 3 928 人，合计 931 户，被划为地主的有 51 户 337 人，占总人口的 8.6%，占总户数的 5.5%；被划为富农的有 31 户 205 人，占总户数 3.3%，占总人口的 5.2%；被划为中农的有 188 户 1 064 人，占总户数的 20.2%，占总人口的 27%；被划为小土地出租的有 13 户 41 人，占总户数的 1.4%，占总人口的 1%；被划为贫农的有 318 户 1 288 人，占总户数的 34.2%，占总人口的 32.8%；被划为雇农的有 279 户 787 人，占总户数的 30%，占总人口的 20%；被划为其他成分的有 51 户 206 人，占总户数的 5.5%，占总人口的 5.2%。

划定阶级成分之后，全省各地的回族农民在土改工作队的组织下与地富分子展开了面对面的斗争，各回族村都多次召开斗争大会。

据文山州原人大副主任、现年 89 岁的田顺喜老人回忆：文山的土地改革是从 1952 年开始的，茂克是回族的重点地区，当时茂克的大地主是保国志，同时也是清真寺的大管事，在土改中被斗致死。迷法村人马正鹏是赶马出身，后参加了滇纵，并入 32 团，解放后不愿归并解放军，自己拉着一帮人，带着枪离开部队回到茂克。一回到家就在镇压反革命时被枪毙了。解放初期，田心、茂克等地的回族因听信谣言纷纷投奔土匪。镇反时文山许多人被杀，回族被杀的不多，茂克一个回族副乡长被杀。1952 年，王连芳同志带着民族工作队来文山传达中央有关民族政策，土改逐步转入正轨。①

第三阶段：没收征收土地财产，分配发放胜利果实。这一阶段主要是没收地主、征收富农的土地及牲畜、农具、粮食、钱财作为“胜利果实”，分配发放给贫雇农等农民。以寻甸回族彝族自治县为例，其没收征收、分配发放土地财产的具体政策和措施是：没收全部地主及工商业资本家在农村出租的土地，征收了富农、小土地出租及公、学、寺、庙出租的土地，经过“查田定产”后，以乡为单位，在原耕种的基础上，以定产数抽多补少，抽肥补瘦。同时对没收地主的牲畜、房屋、农具、“浮财”，按先无后缺分配。② 在土地改革中，寻甸回族彝族自治县全县共没收征收土地 37.3 万亩，瓦房 19 840 多间，草房 2 450 多间，以及

① 参见笔者与田顺喜的谈话记录。

② 云南省寻甸回族彝族自治县县志编纂委员会：《寻甸回族彝族自治县志》，云南人民出版社 1999 年版，第 364 页。

耕牛、马匹、家具、粮食、烟土、白银、枪支等财产。分配给各民族农民的胜利果实，折合人民币630多万元。

在回族乡村的土地分配中，再一次贯彻了上级确定的贫雇农政治优势和经济优先原则；土地和好地先分给贫雇农，后分给中农，坚决照顾贫雇农；在“浮财”分配中实行“填坑补缺”，多分给贫雇农，使贫雇农得到真正的大的实惠，亲身感受到共产党给他们带来的政治解放和经济利益，坚定了跟着共产党闹革命的信念和决心。如回族聚居的沙甸，全乡在土改中共没收地富的土地4 408亩，牛104头，瓦房112间，牛马厩28个，犁40张，锄头187把，家具1 000多件，黄金28斤，白银56.5斤，大烟293斤，银元4 425个，半开19 314个，浮财46 000多元。① 这些土地、牲畜、房产、农具、家具、黄金、白银、钱财等优先照顾贫雇农。在腾冲县回族农民较集中的乌索坝，“土改时农民都分得了许多胜利果实，如田地、房子、耕地、生产工具等。尖嘴山（回族村）每人分得田11亩，马云芳分得地主房子，把它拆来建了正厅三间瓦房。葫芦坝马上兴家自有田1.2亩，租入云峰寺田34.5亩，解放后，田归佃耕者得，故分得田34.5亩，又分得牛一头，驮马一匹，小型农具如犁、耙、锄头等若干”②。

土地是农民最重要的生产资料和衣食住行的源泉，是农民赖以生存与繁衍的命根子。地富分子的土地等生产资料被没收和征收，使他们失去了占优势的经济基础和积累财富的手段。而贫农和雇农无偿地得到从地富分子那里没收或征收来的土地、牲畜、农具、房屋等胜利果实，这就彻底改变了贫雇农的经济地位，从根本上极大地提高了贫雇农的经济实力，贫雇农也因此实现了阶级地位的根本性变化，而且这种变化在历史上是空前的、翻天覆地的。由此，以贫雇农为主体的农民阶级，成为共产党领导的农村政权的根本依靠力量和经济基础，成为当时所强调的无产阶级与地主资产阶级进行你死我活的阶级斗争的主力军，为巩固新生的革命政权、为抗美援朝战争的胜利做出了巨大贡献。

当然，土地改革中的没收征收地富土地财产，分配发放胜利果实给贫雇农等工作，并非一帆风顺，作为土地改革中的一个阶段和关键环节，斗争是相当尖锐的。在没收征收活动中，地主、富农，甚至中农等，隐瞒财产和分散转移财产的情况层出不穷。为此，土地改革工作队发动贫雇农对地主、富农等进行反分散、

---

① 参见《红河回族简史》，第51页。

② 云南省编辑组等：《云南回族社会历史调查》（一），民族出版社2009年版，第70、57、54页。

反隐瞒、反违法、反破坏的“四反”斗争。同时，土地改革工作队还针对群众中普遍存在的模糊认识，如“斗地主不合教义”“白钱白米吃不得”（指没收分配地富土地财产）① 等议论展开教育，宣讲土地改革的政治意义，推动了土改工作。

按土地改革政策规定，凡属寺产土地及宗族祠堂地一律都纳入土改进行分配，清真寺的寺产田也未例外。在巍山彝族回族自治县，征收到的清真寺占有的土地，仅限于分配给缺田少地的回族农民。

土地改革前，云南回族农村的清真寺大多都有一部分寺产田，属于整个村子的公产田，寺产田一般是通过多年，甚至几百年清真寺利用自身的公共积累购买的。寺产田通常租给回族农民租种，其收入作为举办回族节日（开斋节、古尔邦节、圣纪节）庆典活动的经费及阿文学校教师和阿訇的报酬以及学生（海里凡）的吃住费用补贴等。清真寺寺产田被征收后，给清真寺的自养、回族节庆活动的开展、阿文学校的教学等一系列工作带来了很大的困难。

第四阶段：总结复查土改情况，整顿加强农村政权。复查土地改革开展的情况和总结土地改革的经验教训，查漏纠错，颁发土地证等是土地改革最后和完成阶段。根据中共中央的要求，这一阶段的工作要以阶级斗争为中心，进一步深入揭发地富阶级剥削农民的罪行，继续开展严厉镇压反革命的活动。为此，各县将驻扎在各乡村的土地改革工作队收回县委机关进行统一整训。针对一些干部和土改积极分子中存在的“土地到家，斗争结束”的松劲、换班思想，进行教育。整训结束后，土地改革工作队再次下乡进村，对土改工作进行复查总结。

云南回族地区的土改复查工作分三步进行：一是查田查分，处理遗留问题；二是丈量评产，颁发给农民土地所有证；三是整顿加强农村政权，促进农业生产发展。

在复查工作中，通过进一步调查研究，从各乡村实际情况出发，不同情况，采取不同做法、不同处理，纠正了一部分错划成分，对一些贫农划成中农、中农划为富农、富农划为地主的情况做了改正，重新划定了新的阶级成分。

丈量土地结束后，各地回族农村以乡为单位，举行隆重的颁发土地证大会，各地将新政府印制的土地所有证颁发给获得土地的农民，将封建的旧执照、旧纸契付之一炬。领到土地证的农民欢欣鼓舞，更加热爱共产党，热爱新中国。

---

① 云南省编辑组等：《云南回族社会历史调查》（一），民族出版社2009年版，第70、57、54页。

巍山彝族回族自治县县委培训大批工作队下乡后，又召回763人整训了一个月，总结土改经验教训，纠正侵犯中农利益和强迫命令的作风，强调紧紧依靠贫雇农，巩固团结中农，中立富农，有步骤有分别地消灭封建剥削制度，鼓励农民积极发展生产。① 腾冲县第五、六区回族聚居区，土地改革由土改工作队指定的"回联"出面主持，第五、六区的回联分会主席是资产阶级，贪污胜利果实，1952年年底，被回族群众拉到清真寺批斗，1953年判了他五年徒刑。② 类似贪污胜利果实的情况在各地都有。还有一些在工作队或农会掌权的人接受贿赂，帮助真正的地主、富农改变阶级成分，即降低阶级成分，如将有的地富改为贫下中农等。为此，各回族乡、村在整顿和加强农村政权的工作中，清查和撤换了一些不良干部，改选了一些不合条件的农会代表和大、小组长，对土地改革中涌现出来的一些积极分子则吸收加入共产党或共青团组织，作为整顿健全乡、村政权组织的骨干力量。在此基础上，各回族乡、村统一建立健全了在中国共产党领导下的包含各种组织机构的新的农村政权组织。如巍山彝族回族自治县于1950年10月召开了全县第一次农民代表会议；1951年至1952年10月，在减租退押、土地改革中，召开了第三次至第九次农代会，会员发展到6万余人，全县成立了54个乡农协会，360个分会。寻甸回族彝族自治县于1950年9月召开第一届农民代表大会，选举产生了第一届农协委员会。③

土地改革运动结束后，一批回族乡及乡人民政府相继在云南回族农村成立，如呈贡县于1952年在回回营成立回族乡，同时发展了第一批共产党员2人；1953年玉溪县大营、桃源两个回族村联合成立乡人民政府；峨山县文明村原属河西县管辖，1952年正式成立了河西县文明乡人民政府，下辖两个村政权；1952年昭通大关县打堡、龙堡两个回族村合并成立打堡乡；1952年成立的河西县纳古乡下辖纳家营、古城两个回族村；1952年沙甸改为乡，同时召开第一届乡人民代表大会，选举产生了第一届乡人民政府；等等。

各回族乡还按照上级统一要求，成立了乡人民武装自卫队，作为农村人民民主专政的支柱。

各回族县、乡还召开了妇女代表会，相继建立了农村妇女组织——妇女委员

---

① 云南省巍山彝族回族自治县志编纂委员会：《巍山彝族回族自治县志》，云南人民出版社1993年版，第600页。

② 马绍美主编：《沙甸的昨天、今天》，云南民族出版社1993年版，第86页。

③ 高发元主编：《云南回族50年》，云南大学出版社2003年版。

会。1951 年 5 月，寻甸回族彝族自治县召开了全县第一次妇女代表大会，到会代表 91 人。会上发动妇女解放思想，积极投入反封建斗争、清匪反霸、减租退押等运动。1952 年 4 月、9 月相继召开第二、第三次县妇女代表大会，发动妇女参加土地改革。土地改革后期，在全县各区乡都建立和健全了妇女组织。在巍山彝族回族自治县，1951 年 7 月召开了全县第一届民主妇女代表大会，建立了县民主妇女联合会，发动妇女积极投入土改等政治运动和参加禁止缠足等社会活动；历史和习惯上主要从事家务劳动的回族妇女，在妇女组织的动员下，进入田间从事农业生产劳动。

各回族县、乡还建立了中国新民主主义青年团（后改称“中国共产主义青年团”）基层团组织。1951 年 5 月，寻甸回族彝族自治县在县城召开全县团员代表会议，到会代表 136 人，会议发动青年积极投入征粮、清匪反霸和土地改革运动；到 1952 年底土地改革运动结束时，在全县 153 个小乡中，有 150 个乡建立了团组织。在巍山彝族回族自治县，1952 年 2 月先在第一批土改的 5 个乡建立了 5 个团支部，到年底在各乡建立了 50 个团支部，全县共发展团员 1 340 人。在各回族乡，土地改革运动结束时大多都建立了团支部，在各团支部的领导下，各乡村学校还先后建立了少年先锋队组织，其任务是读书识字、站岗放哨、监视阶级敌人、参加唱歌跳舞等各种活动。①

随着共产党农村基层政权的建立健全、共产党领导下的各种群众社会团体的相继成立，土地改革运动最后阶段的任务已全部完成，标志着土地改革运动已经全部结束。

作为一次史无前例的革命运动，作为一场急风暴雨式的阶级斗争，土地改革运动使中国农村，包括地处边疆的云南回族农村发生了翻天覆地的变化，沿袭了两千多年的封建土地制度被彻底摧毁，贫雇农们取代地主、富农成为土地的新主人。以贫雇农为主体的农民阶级成为共产党领导的各地农村政权的依靠力量，进一步巩固了无产阶级专政，巩固和强化了新生的革命政权和社会主义制度。

在云南回族农村，土地改革运动同全国、全省一样，成效巨大。一方面是因为坚决贯彻执行了中共中央关于土地改革的大政方针；另一方面是因为不少乡村注意到了民族宗教的特点，在政策措施上坚持了“慎重稳进”的方针和原则：土地改革工作队中有回族同志参加；尊重回族的宗教信仰和风俗习惯；斗争回族

① 高发元主编：《云南回族 50 年》，云南大学出版社 2003 年版。

地主以回族农民为主，汉族农民不斗回族地主；汉族农民可以分回族地主的土地，但不能分回族地主的房屋，也不能分回族在举行宗教活动时穿戴的衣帽、使用的地毯、洗脸的铜壶等，汉族农民可以分到一般的“胜利果实”；清真寺的土地，除留一部分给阿訇耕种外，要分给汉族农民耕种必须取得回族群众同意；对回族地主中的宗教上层人士给予区别对待，避免冲击；对回族中地主兼工商业的人，保护其工商业的部分；等等。

在滇西地区，土地改革还解决了杜文秀反清起义失败后被官府作为“叛产”“逆产”没收的土地问题。广大回民高兴地说：“土地终于回老家了。”少数杂居在边疆傣、藏等民族地区的回族农民，与当地民族一道，实行了和平协商土地革命，废除了封建领主制度后，逐步走上了互助合作的道路。

到 1952 年底，全省 95 个县市，1 208 万人口的内地广大地区胜利完成了土地改革任务。至 1953 年底，全省内地县包括缓冲区共 104 个县 1 个市，9 286 个乡，1 477 万人口的地区全部完成土改。全省基本上同时完成了国民经济恢复时期的各项任务，同全国一起步入第一个五年计划时期。

五、云南回族地区城镇的民主改革和“三反”“五反”运动

新中国成立初期，为维护和巩固新生的革命政权，中国共产党领导全国各族人民进行了一系列的民主改革运动，大力恢复组织生产，发展经济，以保障人民的生活及抗美援朝的胜利；在广大农村开展了轰轰烈烈的土地革命运动，发动群众，分田分地，减租退押。广大农民有了自己的土地，欢天喜地，生产积极性得到了空前提高，积极拥护和支持新生的革命政权。

1951 年底至 1952 年底，根据当时的形势，在中央的统一部署下，全国城镇先后开展了反贪污、反浪费、反官僚主义的“三反”运动和反行贿、反偷税漏税、反盗骗国家财产、反偷工减料、反盗窃国家经济情报的“五反”运动。回族是祖国民族大家庭中的一员，与祖国同呼吸共命运，共同经历了政治的风风雨雨，在城镇民主改革及“三反”“五反”运动中，云南回族地区及城镇党政机关中的回族干部群众、回族知识分子、回族工商业者以及回族宗教界人士都积极地参与了这一运动。

由于“三反”“五反”运动是一次全国性的且主要是在中心城市开展的政治运动，回族作为社会的一个群体和民族家庭的一员，与全国人民和其他民族一

样，经历了运动的整个过程，承受了运动所带来的激奋、喜悦、痛苦、收获和教训。同时，由于自身的特点，在运动中也表现出自己的特殊性。

（一）城镇的民主改革

城镇的民主改革，包括镇压、清查反革命分子；对知识分子的思想改造；对旧的教育科学文化的改造；整党和“三反”“五反”。

新中国成立初期，要恢复发展国民经济，需要安定的社会环境。因此，就全国来说，在农村开展土地改革的同时，党和政府领导全国人民大张旗鼓地开展了镇压反革命的运动。城镇也不例外，1950 年 10 月10 日，中共中央发出《关于镇压反革命活动的指示》后，在全国很快掀起了大规模的镇压反革命的群众运动。第三次全国公安会议后，镇压反革命在社会上转入处理阶段，在军政机关即“中层”和党内即“内层”开始清查反革命分子，在党员干部中开展坦白运动。巍山、寻甸、昭通、个旧、玉溪、昆明等回族较多的地区均不同程度地开展了镇压反革命运动，打击了反革命分子的嚣张气焰，保证了回族地区民主改革的顺利进行。镇压反革命运动至 1952 年底结束。

对知识分子的思想改造。旧中国的教育科学文化十分落后，学校数量少，设备简单，内部结构很不合理。从旧社会过来的知识分子，大多数出生于地主阶级或资产阶级家庭，长期受着封建主义、资本主义甚至帝国主义的教育影响和熏陶，他们大多生长在城市，对他们进行思想改造就成为新中国建立初期民主改革的一项重要内容。周恩来总理指出：“由于过去教育制度所造成的知识分子一般存在着学用脱节与缺乏为人民服务的观点的严重缺陷，致使国家需要录用他们时发生很大困难。”① 因此，如果不对这种反映半殖民地半封建特点的教育科学文化事业进行改造，就会给新中国的教育科学文化事业造成巨大障碍。对旧有的教育科学文化事业的改造，首先是对知识分子的思想改造。1951 年 9 月，周恩来在北京、天津高等院校作《关于知识分子改造的问题》的报告，提出知识分子要解决立场和态度问题，要从民族立场到人民立场，要进一步站到工人阶级的立场上来；在政治上要有明确的态度，分清敌、我、友的界限。同年 10 月，毛泽东在政协第一届全国委员会第三次会议上的开幕词中指出：“思想改造，首先是各种知识分子的思想改造，是我国在各方面彻底实现民主改革和逐步实现工业化的

① 转引自何理：《中华人民共和国史》，档案出版社 1989 年版，第 45 页。

重要条件之一。”① 11 月，中共中央发出《关于在学校中进行思想改造和组织清理工作的指示》，要求有计划、有领导、有步骤地在一至二年内，在所有大中小学的教职员和高中以上学生中，普遍地进行初步的思想改造工作，并在此基础上，在所有学校的教职员和专科以上的学校中，组织忠诚老实交代历史的运动，清理其中的反革命分子。此后，思想改造的学习运动从教育界扩展到文艺界和整个知识界，到 1952 年秋基本结束。我省各大专院校、中小学中的回族教职员工及文化、科研事业单位中的回族知识分子也同其他知识分子一样在思想改造的运动中自觉地接受教育，向组织忠诚老实地交代了自己的历史。

知识分子的思想改造运动在当时是必要的，也是有成效的，但在运动中存在着要求过急过高、方法简单的倾向，致使一部分知识分子的情感受到了伤害。

在对知识分子思想改造的同时，对旧有的教育科学文化事业进行了改革。毛泽东在中国共产党七届三中全会上指出：“有步骤地谨慎地进行旧有学校教育事业和旧有社会文化事业的改革工作，争取一切爱国的知识分子为人民服务。”② 1951 年 10 月 1 日，中央人民政府公布了《关于改革学制的决定》。新学制实施后，小学学制取消了初小和高小的分段制，实行五年一贯制。这就保证了城乡一切劳动人民的子女都能够受到完全初等的教育；新学制确立了各种形式的干部学校、补习学校和训练班的地位，从而保证了对工人、农民的教育和对旧知识分子和一般工作人员的再教育；新学制还确定了国家建设需要的各种技术学校在整个学校系统中的地位，并建立了相应制度，使各种技术学校相互衔接。为了适应国家建设的需要，1952 年 6 月至 9 月，中央教育部对全国高等院校进行院系调整工作。通过调整，我国高等教育同国家建设需要结合起来，初步改变了过去教育与实际脱节及院系重复的现象。同时在各类学校进行了教育内容和方法的改革。对旧的教育科学文化事业的改革，改变了旧中国半殖民地半封建的文化教育制度，为新中国文化教育事业的发展奠定了基础。

以上是全国的整体情况，就云南回族地区和回族人民来说，在各种政治风雨中始终与党和国家同呼吸、共命运，积极投身并参与了上述运动。在城镇的各项民主改革中，回族干部、职工，回族的科学文化界人士、知识分子及回族学生，同样怀着满腔的热情，积极地拥护党和政府的各项方针政策，在民主改革的各项

① 《毛泽东选集》第 5 卷，人民出版社 1977 年版，第 49 ~ 50 页。
② 《毛泽东选集》第 5 卷，人民出版社 1977 年版，第 19 页。

运动中，自觉地接受教育，改造自己，使自己的思想觉悟和知识水平适应社会主义建设的需要。有的在校回族学生主动报名参军，支援抗美援朝，用实际行动报效祖国；有的出生于地主或资产阶级家庭的知识青年毅然决然走出家庭，与家庭决裂，放弃优越的物质生活和享受，投身于社会实践或参加革命工作。

1952 年 12 月 31 日，昆明市文教局宣布将以招收回族学生为主的“私立明德中学”改为昆明第十三中学，经费由国家核拨、管理。至此，学校逐步走向正轨并得以发展。

在城市民主改革中，昆明市在回族较为集中的街道发动群众，组织学习，安排失业人员就业，打击各种社会恶势力。对有吸毒、贩毒、赌博及其他恶习的回族市民，进行帮助教育，使其提高认识，自觉地克服、戒除和抵制各种恶习。对少数经帮助仍不悔改的顽固分子进行了强制戒毒和打击。

土地改革、镇压反革命和其他各项民主改革（包括城镇民主改革）巩固了新生的革命政权，为国民经济的恢复和发展创造了条件。

（二）“三反”“五反”运动

新中国成立之后，中国共产党成为执政党，面对权力、金钱、美色的诱惑，有些干部经受不住考验，思想迷惑，开始腐化堕落，在资产阶级腐朽思想侵蚀下，党政机关、行政事业单位、人民团体和经济部门中滋长着贪污、浪费、官僚主义现象。这不仅给当时的经济建设造成重大损失，也严重地从政治上、思想上腐蚀了少数干部。1951 年 11 月 30 日，中共中央根据同年秋季全国工农业战线开展的爱国增长运动中揭发出大量的贪污、浪费现象和官僚主义问题，向全党指出：“必须严重地注意干部被资产阶级腐蚀发生严重贪污行为这一事实，注意发现、揭发和惩处，并须当作一场大斗争来处理。”① 12 月 1 日，中共中央做出《关于实行精兵简政，增产节约，反贪污、反浪费和反官僚主义的决定》，把反贪污、反浪费、反官僚主义作为贯彻精兵简政、增产节约这一中心任务的重大措施，要求采取自上而下和自下而上相结合的方法，普遍地检查贪污浪费现象，并要求全国从中央到地方，在党的领导下，分为党派团体、政府、军队三个系统，成立各级检查委员会，由首长负责，亲自动手，开展这场斗争。12 月 8 日，中

① 廖盖隆主编：《中国共产党历史大辞典》（社会主义时期），中共中央党校出版社 1991 年版，第 17 页。

共中央又发出《关于反贪污斗争必须大张旗鼓地去进行的指示》。从此，一个以反贪污、反浪费、反官僚主义为内容的“三反”运动在全国大规模地开展起来。

1952年元旦，毛泽东在元旦团拜会上号召：“我国全体人民和一切工作人员一致起来，大张旗鼓地，雷厉风行地，开展一个大规模的反对贪污、反对浪费、反对官僚主义的斗争!”① 1月4日，中共中央又发出《关于立即限期发动群众，缩短学文件的时间，召开干部会，限期展开斗争的通知》。此后，“三反”斗争迅速进入一个群众性的检查和揭发高潮。中共中央为了加强对运动的领导，成立以薄一波为主任的中央增产节约检查委员会来领导全国的“三反”运动。

从1952年4月开始，“三反”运动进入核实定案处理阶段。中国共产党和人民政府的各级地方组织，根据中共中央和中央人民政府所规定的关于“严肃与宽大相结合”和“坦白从宽，抗拒从严；一般从宽，恶劣从严”等方针政策，对于在运动中揭发出来的犯有贪污、浪费错误的人员，分别做了处理。

“三反”运动最初是在党政机关、人民团体中进行，后在中央的统一部署下，宣传文教部门、大专院校、工矿企业、商业等各界都开展了这一运动。在整个“三反”运动期间，特别是在高潮时期，一些地区和单位曾发生逼供信现象，误伤了好人，斗争面过大，但在定案处理过程中基本上得到了纠正。

1952年12月25日，中共中央批转了安子文关于结束“三反”的报告，至此，“三反”运动宣告结束。

云南省于1951年12月25日在省军政委员会、省人民政府、省政治协商委员会举行的联席会议上做出了开展“三反”运动的决议，同时成立了云南省爱国增产节约委员会领导这一运动。12月31日，成立了“昆明市节约检查委员会”，潘朔端任主任委员，丁荣昌为副主任委员。1952年1月3日，昆明市召开了市级机关工作人员代表会，机关的“三反”运动随即开展。1月4日，发出《关于限期发动群众开展“三反”斗争的指示》，市属国有企业的“三反”运动于2月1日开始。机关和企业行政人员脱产半个月，集中时间搞运动。整个运动到6月底结束，经历了四个阶段。第一阶段：广泛动员、坦白交代、检举揭发。第二阶段：围攻“大老虎”[贪污数额上千万（旧币）的]。第三阶段：追赃定案处理。第四阶段：思想建设，整党建党。此后，以省会昆明为中心，全省主要

① 廖盖隆主编：《中国共产党历史大辞典》（社会主义时期），中共中央党校出版社1991年版，第17页。

城镇和内地城镇先后轰轰烈烈地开展了“三反”运动。

回族较多或较集中的巍山、下关、大理、寻甸、昭通、个旧、玉溪、河西(通海)、文山、砚山等地县亦在党政机关，文化、教育等事业单位不同程度地开展了这一运动。

寻甸县于1952年1—7月在全县党政机关、事业单位开展了“三反”运动。运动分四步进行。第一步：宣传教育，自我检查，相互帮助。在反官僚主义方面，县长首先代表县政府做了检查。在反贪污方面，参加运动的456名干部中自己交代和被检举有贪污行为的有189人，占42%。在浪费方面，各单位都做了清查，县委、县政府机关和卫生院三家，共浪费财物合计金额为125亿元（旧币）。第二步：打“老虎”（贪污分子）。斗争中列为“大老虎”的有48人，贪污金额为2 996亿元（旧币）。第三步：追赃定案。当年年底退赃1. 34亿元（旧币），给予行政处分19人，交单位管制使用5人，判刑4人，由公安局处理7人。第四步：思想建设。全县各单位召开干部职工会进行总结，认识这次运动的必要性，加强全体干部的思想建设。

巍山县于1952年初在全县党政机关，宣传、文化、教育等事业单位中开展了“三反”运动，回族干部、职工等知识分子积极投入了这一运动。

文山、砚山等地县也于1952年初开展了“三反”运动。

1952年6月9日，全省召开省、市级机关干部大会，周保中作《巩固“三反”斗争胜利，开展思想建设》的报告。昆明市成立了领导小组，由黎韦负责，统一领导全市的思想建设，领导干部带头进行民主补课，对“三反”运动进行总结。至此，“三反”运动结束。

在“三反”运动中，揭发出大量的不法资产阶级分子拉拢腐蚀干部，向社会主义进攻的事实。他们不服从党和政府的法令，采取极其卑劣的手段，破坏抗美援朝，破坏国家经济建设和国防建设，采用“拉进来”和打出去的办法，向国家各政府机构内部派遣他们的代理人，大肆进行行贿、偷税漏税、盗骗国家财产、偷工减料和盗窃国家经济情报的活动。为了打击不法资产阶级的破坏活动，1952年1月26日，中共中央发出了《关于在城市中限期展开大规模的坚决彻底的“五反”斗争的指示》，要求“在全国一切城市，首先在大城市和中等城市中，依靠工人阶级，团结守法的资产阶级及其他市民，向着违法的资产阶级开展一个大规模的坚决的彻底的反对行贿、反对偷税漏税、反对盗窃国家财产、反对偷工减料和反对盗窃经济情报的斗争”①。2月上旬，“五反”运动首先在各大城市展开，并很快掀起了高潮。在“五反”运动中，各地大张旗鼓地开展宣传活动，揭露不法分子的“五毒”行为，同时，进行调查，搜集材料，对私营工商业户分类排队，确定重点。抽调国家干部和工人、店员中积极分子组成“五反”工作队，进驻私营厂店，依靠工人，团结店员，争取和团结守法的资本家及其家庭，组成以工人阶级为主体的包括守法资本家在内的“五反”统一战线，向不法的资本家开展面对面的说理斗争。在党的政策的感召下，在声势浩大的群众攻势下，大多数不法资本家坦白公布了自己的“五毒”行为。在运动中，中央及时地纠正了一些地方发生的逼供信等现象，并对具体的方针和政策做出了明确的规定。

1952年3月以后，“五反”运动转入定案处理阶段。根据对全国大城市工商户的审查和处理结果，守法户、基本守法户、半守法户和半违法户共占95%左右；严重违法户和完全违法户占5%。对于在运动高潮中曾经发生的扩大化问题，在定案处理中已基本得到纠正。这样就团结了工商界的绝大多数，孤立了少数，集中打击了极少数，保证了整个运动的健康发展。1952年12月25日，中共中央批准了廖鲁言《关于结束“五反”运动和处理遗留问题的报告》，“五反”运动宣告结束。

在中央的统一部署下，云南于1952年初以昆明为中心，在全省主要城镇开展了“五反”运动。昆明、大理、玉溪、个旧等城镇的回族工商业主（者）响应党和政府的号召，积极踊跃地投入这一运动。

省会昆明市的“五反”斗争，从1952年1月10日开始到8月7日宣布结束，历时7个月，分三个阶段进行：

第一阶段，主要是搜集材料，分析情况，为运动做准备。第二阶段，从3月10日起运动全面展开。由省、市机关，部队和学校抽调干部、学生1 800名，分别组成工商、工会、轻工业工作大队及检查大队，深入群众，推动运动的开展。全市资本主义工商业主、工人、店员27 000多人和2 000多名高级职员中，85%以上的人都发动起来同不法资本家进行面对面的斗争。5月底，全市工商业主中的绝大部分都交代了问题，获得通过。第三阶段，从6月开始，进入处理结束阶

---

① 廖盖隆主编：《中国共产党历史大辞典》（社会主义时期），中共中央党校出版社1991年版，第17页。

段。全市16 539户工商户中守法户为4 023户，占24.3%；基本守法户10 595户，占64.1%；半守法、半违法户1 571户，占9.5%；严重违法户255户，占1.54%；完全违法户95户，占0.54%（其中刑事处分27户，占0.16%）。

在“五反”运动中，党对民族资产阶级和民族工商业主（包括回族资本家和工商业主）充分体现了又团结又斗争的政策，对少数不法资本家的处理，体现了严肃与宽大相结合的方针，既消除了少数工商业主反社会主义的破坏行为，又有利于民族经济的恢复和发展。

云南回族具有经商的历史传统，加之大分散、小聚居的居住特点，解放前在全省的许多城镇，已形成了一定规模的由回族经营的采矿、冶炼、五金制造、皮革、饮食、屠宰、客栈等行业，这些行业的形成，既产生了本民族的工商业主，又为产业工人的发展提供了条件。但由于云南回族自清代迄至国民党统治时期，始终遭受统治者的民族压迫和歧视，回族的工商业并未得到应有的发展，真正成为资本家的人数并不多，更多的是小商业和小商贩。

解放后，党和政府极为重视对少数民族干部的培养使用，一大批回族干部逐步进入国家机关的各个部门。同时，国家有计划地在回族地区招收了一批回族技术工人，产业工人的数量不断增加，一些回族学生和先进积极分子被吸纳到各级党政机关和企事业单位工作。加之历史的原因，云南城镇回族人口有了较大的增加。他们在以“三反”“五反”为中心的城镇民主改革中自觉地接受教育并积极地投身于这一运动之中。

以省会昆明市为例：据解放初期的调查，昆明城区的回族共计12 200余人，主要居住在五华区的顺城街、靖国新村、复兴村、东寺街及金碧路；盘龙区的金牛街、珠玑街和北河埂，少数分散在其他街道；西山区、官渡区亦有分布。除少量工商业主外，无职业者居多。1952年劳动就业部门有关回民的登记资料显示：失业、半失业的800余人，先后接受救济的回族1 670余户，占全市回族户数一半以上。在职业分类中，据昆明市委统战部1954年的调查统计，工人520户，2 191人；自由职业者116户，428人；摊贩235户，1 060人；手工业者104户，522人；服务业41户，206人；饮食业50户，269人；坐商83户，424人；农业企业58户，275人；其他53户，190人。① 其中工商业者500余户，约占全市

① 宋恩常：《解放初期昆明回族社会经济调查》，载《云南社会历史调查》（一），云南人民出版社1985年版，第76页。

工商业总户数的10%，多数是小本经营的小商贩和服务业、饮食业和家庭作坊的手工业者；少数的回族资本家在帝国主义、封建主义、官僚资本主义的压迫排挤下，艰苦创业，举步维艰，在夹缝中生存发展。解放后，他们大多数人拥护中国共产党的领导，服从遵行国家的政策及法令，合法经营，积极参与各项社会政治运动，特别是在“三反”“五反”运动中，受到深刻的教育和锻炼，增强了爱国主义观念，进一步树立了合法经营、依法纳税的思想，社会主义觉悟明显提高。

解放初期，在全市的统一部署下，在回族较为集中的街道和地区，进行了禁毒、禁赌及整顿社会治安和社会秩序等工作，建立街道基层政权，安排失业人口就业。在以“三反”“五反”为中心的城市民主改革中，在机关和企事业单位工作的回族干部职工及工商业者都响应党和政府的号召，积极投身这一运动，在运动中自觉地接受教育。广大回族干部职工从他们自身的成长经历中体会到了党和政府对他们的关心和帮助，对共产党有着深厚的感情。他们拥护中国共产党，热爱社会主义，在各自的岗位上努力辛勤地工作，兢兢业业，忠于职守，自觉地抵制封建主义和资产阶级腐朽思想的侵蚀或诱惑，清正廉洁。在“三反”运动中，他们在“忠诚坦白”的自我教育下，提高了对“三反”运动的认识，提高了社会主义的思想觉悟，分清了大是大非，树立了廉洁奉公的思想，成为单位的骨干和运动的主力，有的还加入了党组织。极少数有贪污行为或其他问题的回族干部职工有的自觉地做了坦白交代，承认了所犯的错误；有的在群众的检举揭发下被迫做了交代，在运动中受到批评或斗争，自觉或被迫地做了改正退赔。对其所犯的错误，有关单位和部门按有关政策做了相应的处理。

在“五反”运动中，昆明、大理、下关等城市的回族工商界人士积极地参加了这场运动，通过学习教育，提高认识，自检自查，找出问题。多数回族工商界人士、私营业主是拥护共产党的，是热爱社会主义的，他们遵纪守法，合法经营，依法纳税，清清白白地做人做事。少数犯有“偷税漏税”或其他“五毒”行为的，首先是进行自检自查，然后是互相检举揭发。通过自查、互查和政府机关派人检查，凡是犯有“五毒”行为或其他问题的人或事都暴露出来，受到了清查。对问题一般、情节不严重的以补交税款、退赔等做了处理；少数问题严重，影响恶劣，甚至违反国家法律的则受到了严惩。

（三）回族宗教界的“三反”“五反”运动

在“三反”“五反”运动中，在城镇回族内部及宗教团体中也按照有关精神进行了以清理清真寺寺产为主要内容的民主改革运动。其中昆明较为典型。

昆明回族联合会是全市回民的群众组织，是“清水衙门”，本不属于这次运动的重点，当时一部分在回族群众中有一定影响的知识分子站出来，希望趁此机会为本民族文化教育事业的发展做出自己的贡献。1952年8月，根据群众的反映和运动的需要，在省委统战部的领导下，罗大云、马天寿等同志受命到清真寺宣传动员、发动群众，组织回族元老及有关人士学习党的统战政策、民族政策和“三反”“五反”的文件精神，提高大家对运动的认识，进而改造思想，进行民主改革。同时，经云南省委统战部批准，在南城清真寺成立了由回族上层、宗教人士、阿訇、教师、工人、青年学生等各方面代表参加的“昆明回族‘三反’运动检查委员会筹备领导小组”。组长马绍祖，领导小组下设秘书、专案、材料、简报、保卫等组，各有专人负责。参加单位有“回联”、明德小学、各坊清真寺教长、阿訇、管事以及各界人士代表300余人，可以说是解放初期昆明回族穆斯林具有广泛性的群众组织。“检委会”的基本任务是结合“三反”“五反”运动，进行以清理清真寺寺产为中心的回族内部的民主改革，并指导和负责运动的具体工作。①

清理寺产，是每个回族穆斯林都关心的大事。清真寺的寺产历史上先后由“清真公会”“回教俱进会”“回教协会”“昆明回联”管理过，统一收入与开支。对此进行彻底清理，公开账目，开源节流，符合广大回族穆斯林的愿望。

为此，“检委会”通知凡健在的历届管理人员，都须前来说清问题。先后前来说清问题的有十多人，他们都是当时在军政工商界有影响的回族头面人物。其中有民主人士马伯安、“回联”总干事马继武、昆明市原民政局局长金荣生等。当时称他们为大老虎，将他们禁闭在大殿后的教室里。

据时任“昆明回族‘三反’运动领导小组”成员，现已89岁的桂希禹老人回忆，随着运动的深入和情况的变化，领导小组的成员最后只剩下马绍祖（时任明德中学校长）、桂希禹（云师大附小教师）、李兴成（工人）等三人。罗大云、马天寿负责上传下达、联系等工作。领导小组在南城清真寺组织回族宗教人士和群众学习，发动号召大家勇敢地站出来检举揭发问题。经过一个多月的动员学习，广大回族群众的觉悟大大提高，情绪激昂，纷纷出来检举揭发所谓的“封建把头”贪污、挪用公款，占用寺产的问题。许多阿訇和宗教人士也踊跃地投入了

① 昆明市宗教事务局、昆明市伊斯兰教协会编：《昆明伊斯兰教史》，云南大学出版社2005年版。

运动，积极配合组织，清查了清真寺产、财物等收支情况。从群众揭发出来的许多问题来看，回族内部确实存在着某些“把头”通过变卖寺产，损公肥私、侵吞公产、侵犯回族群众利益的事实。如在变卖复兴村大片回族公众土地建明德中学校舍时，某些人就从中谋利；再如马彩亭捐赠给明德中学做教育基金的10万元被挪用一事；等等。涉及上述问题的达10余人之多。① 回族群众对此很关注，也很气愤，要求对这些“大老虎”进行彻底清算。根据有关政策，对涉案人员进行了经济追赔、没收房产等处理，对房产一时赔退不了的，也重新签约，确定租约关系。通过整顿清理，把寺产、财务重新登记入册，交由新的寺产委员会管理。人民当家做主的思想深入回族人心，他们自觉管理宗教内部事务，为以后人民政府对回族事务的管理创造了有利条件。之后，对民族宗教团体进行了改造。当时的“回族联合会”协助政府贯彻党的民族政策和宗教政策，在回族中开展“三反”“五反”民主改革运动中起了积极的作用。

当然，由于历史的原因，情况不明且复杂，群众情绪难以控制，加之政策水平的限制等多种因素，运动中出现了扩大化、定案不准的事例和一些过火行为。事后，省民委还专门召开了座谈会，让有关人员提意见，出出气，并对群众的过火行为表示歉意。

在昆明回族中开展的“三反”运动于1952年10月30日召开的大会上宣布结束。

“三反”“五反”运动主要是在城镇中进行，云南其他地区的回族宗教界在三反”“五反”运动中涉及不多，有的自觉不自觉地都参与进去，在不同程度上或多或少受到一定的影响和牵连，表现出不同的特点。

党的十一届三中全会以后，根据省委的有关精神，1992年，昆明市委统战部正式下文，对“三反”中马德明（伯良）、马逢春、马德辉、马伯安、木逢春、马继武、金荣生、马启富、杨月樵等人被没收的私人房产及财物给予赔退或适当补偿。②

通过“三反”“五反”运动，城镇的广大回族干部职工、知识分子、工商界人士受到了一次社会主义思想的深刻教育，批判和冲击了损人利己的资产阶级腐

---

① 以上资料见《昆明“三反”检举材料》（一），市档案馆，全书号19，目录号1，案卷81；桂希禹《浮生忆迹》，铅印本，1995年版。

② 省委办公厅云办复1991年5号文，中共昆统（1992年）35、36、37、38、50、51、52、61、64号文。

朽思想，树立了社会主义合法经营、依法纳税的商业道德意识。

关于“三反”“五反”的情况，需要说明的是：就全国全省来说，有关文件、指示、通知多，面上的资料多，容易找。但具体到一个地区，尤其是一个民族，资料就很少很少了，即便有一点也很难找到，或难以证实。这是因为：第一，“三反”“五反”是一次全国性的且主要是在中心城市开展的政治运动，涉及各行各业及社会生活的各方面。由于经济的、社会的、历史的原因，回族与其他少数民族一样，其政治生活及经济活动主要在农村，与城市联系较少，尽管回族较之其他民族来说居住在城镇的人口多一点，但那也只是相对而言，并未形成自己独立的政治或经济主体，都是中华民族大家庭的一员。“三反”“五反”作为一个政治运动并未特指或区分哪个民族，就一个民族或个体来说，它（他）只是作为社会群体的一部分或中国公民的一员自觉或不自觉地参加运动的，除特殊情况外，其所经历的事情与全国人民是一样的。第二，由于众所周知的原因，“三反”“五反”时的当事人大多过世，后辈或亲属对当时的情况知之不多，即便略知一二，也都心有余悸或对“三反”“五反”持不同看法而颇有微词。以上原因使得我们在查阅、调查了解回族在“三反”“五反”运动中的情况和所涉及的事例时面临较大困难，即便有一两个线索，也因许多问题难以证实而不得不作罢。这就使得我们在写这段历史时地表现了面上的情况而少实例，实属遗憾和不足。

（本文的内容和资料主要来自笔者参与撰写并任执行副主编的《当代云南回族简史》，云南人民出版社 2009 年版）

红河州回族地区的小康社会建设

党的十六大提出了全面建设小康社会的宏伟目标，我国社会主义现代化建设翻开了崭新的一页。在农村，全面建设小康社会是从“生产发展，生活宽裕，乡风文明，村容整洁，管理民主”为目标的社会主义新农村建设开始的。红河回族地区的干部、群众和广大的穆斯林一道热烈响应，积极参与，在新农村建设和小康社会建设中做出了新的贡献。

一、民族团结、和谐社会及平安村寨建设

民族团结、社会和谐、村寨平安是小康社会建设和新农村建设的重要内容和根本保证，因此，红河回族地区的各级党委、政府和广大的回族穆斯林都高度重视民族团结、社会和谐稳定、村寨平安建设工作，并将这一工作放在首位。

（一）民族团结互助的优良传统

红河州是一个多民族聚居区，红河回族人民在与当地各族人民共同开发边疆、建设红河的历史发展中，建立和形成了团结、互助、友好的民族关系，这种优良传统世代相传，延续至今，不断得到巩固和发展。

在民族关系方面，长期以来，红河回族穆斯林与当地汉、彝、哈尼、壮、傣等各族人民在共同开发边疆、建设红河的历史进程中，团结合作、和睦相处、友好往来、互相学习、互通有无，甚至相互通婚联姻，繁衍后代，建立了深厚的友谊，形成了休戚与共、生死相依的血肉关系，这种关系世代相传，发展至今。

在现实的经济活动和社会生活中，回族人民以国家利益和中华民族的整体利益为前提，民族关系得到进一步的巩固和发展，建立了各民族谁也离不开谁和平等、团结、友好、互助、进步的社会主义新型民族关系。民族团结成为红河回族穆斯林与其他民族的历史传统和当代民族关系的重要维系。

红河回族许多村寨虽然以回族为主体，信仰伊斯兰教，但还分布有汉族和彝族村寨，此外还共同生活着哈尼族、傣族、壮族和其他民族，但自古到今，这些回汉、回彝等多民族杂居的社区从未发生过大的民族纠纷和民族矛盾，民族关系和谐，社会稳定。

沙甸是一个以回、彝、汉为主的多民族聚居区。2008 年，沙甸全区辖4 个乡（沙甸回族乡、新沙甸回族乡、金川回族乡和冲坡哨彝族乡），11 个自然村（其中，9 个回族村，2 个彝族村），30 个村民小组。2008 年末全区总人口 14 813 人，千人以上世居民族有回族和彝族，其中回族 12 324 人，占总人口的 85%；彝族 1 272 人，占总人口的 8.7%。此外，还有近 4 000 人的流动人口。在长期的民族交往中，沙甸的回族与汉族、彝族及其他民族形成了世代友好的关系。

开远大庄也是一个以回族为主体的多民族聚集区，是云南回族村寨开化较早的地区之一，其历史悠久，经济文化发达，回、汉、彝等民族杂居。早在明代万历年间，清真寺周围就有回、汉民族居住，因信仰和生活习惯不同，不时也有民族矛盾和摩擦产生。清朝咸丰、同治年间，清政府挑拨民族关系，制造民族矛盾，以达到“聚众杀回”目的，地方反动官吏组织民团对境内回族进行屠杀，激起了彝、壮等民族的同情，大庄都比村彝族头领马洪组织彝族群众，羊街丫口村的壮族老人马敏为大庄回族不受屠杀，骑马及时赶到大庄报信，使大庄做好防备，最终组成了以大庄回族为主体，联合彝、壮等兄弟民族的回彝联军，抵抗清政府对大庄的屠杀。彝族首领马洪在都比与清军同归于尽，坚持反清斗争 18 年，这一可歌可泣的民族团结史在开远一直传为佳话。民国初年，滇越铁路通车后，交通四通八达，商贾云集，因大庄矿产资源丰富，省内外能工巧匠涌进大庄，各民族同住一条街，居家只隔木板壁，“各行其教”，保持各自民族的宗教信仰，和睦相处，协力相助，共谋发展，为大庄的发展奠定了基础。

总之，在红河回族地区，回族与相邻民族团结、互助的优良传统是在长期的历史发展中形成的，始终是民族关系的主流。

（二）民族平等、团结、互助、进步的当代民族关系

新中国成立后，党和国家在民族地区实行了一系列政治上平等、经济上发展，旨在帮助少数民族发展生产、改善生活的民族宗教政策。在中国共产党的领导下，红河回族人民与各族人民一道积极投身于人民政权的建立和巩固、土地改革、民主改革、社会主义改造，以及反右斗争、“大跃进”、人民公社运动和社

会主义建设之中，历经了曲折的发展历程。党和政府全面贯彻民族平等政策，先后通过疏通民族关系，消除了民族隔阂，加强了民族团结。回族人民和其他民族一道，充分享受到了民族平等和当家做主的权利。红河回族人民与各兄弟民族一样，进入了一个民族平等、团结友爱、互助合作的新时代，走上了民族发展和繁荣的社会主义道路。

1966年至1976年“文化大革命”时期，极“左”路线盛行，红河回族地区同全省回族地区一样，其政治、经济、文化和社会生活遭受到新中国成立以来最严重的挫折和损失，党的民族宗教政策遭到践踏，大批回族干部被打倒，宗教人士受到冲击，回族穆斯林的宗教信仰、宗教生活和风俗习惯得不到保障，回族人民的生产、生活遭到最严重的破坏，最终导致了“沙甸事件”等惨案的发生，在回族地区造成严重后果。回族地区的民族团结也受到了一定的影响，经受了历史的严峻考验。

1978年党的十一届三中全会以后，党的实事求是的思想路线和政治路线得到恢复，红河回族地区通过拨乱反正，纠正“左”倾错误平反冤假错案，党的民族宗教政策逐步得到贯彻落实。回族穆斯林的政治生活和宗教生活得到保障。红河回族地区的政治、经济、文化教育、社会生活等各项事业都得到全面发展，回族地区发生了翻天覆地的变化，红河回族与其他民族平等、团结、互助、进步的社会主义新型民族关系得到确立和发展，回族穆斯林正以前所未有的热情和精神风貌投入到社会主义建设各项事业之中。

在沙甸、大庄、培德这些回族经济文化都处于强势地位的地区，从来都没有发生过强迫回族聚居区内的其他少数民族信仰伊斯兰教的情况。清真寺注意引导和培养和谐的社群关系，在日常讲经、宣教中，依据《古兰经》《圣训》的精神，倡导各民族一律平等，要求信众克服狭隘的民族观，并带头积极参与到帮助其他民族的公益事业中。回族盖房、结婚、过圣纪节都要请周边的汉族同胞和当地政府的汉族干部来参加，汉族遇到困难回族也会主动去帮助。沙甸还开展了为冲坡哨乡彝族高龄老人献爱心、帮助彝族建新房的系列活动。为此，当地的少数民族群众深有感触，就如沙甸的彝族群众所说：“我们和沙甸回族隔得不远，但生活习惯不同，平常在生活上交往不是很多，这几年回族的经济发展很快，生意做得很好，他们很聪明，在我们这里盖了很多厂，我们彝族很多人都去给他们打工，有了工资，生活比过去好过多啦。有的人还入了股，参加分红。他们还给我们修桥修路，帮我们盖房子。还送东西给我们的老人和困难的人家。回族还是好处呢，我们的关系很好，就是吃的不一样。我们从来没闹过矛盾，有事大家都会帮忙，以前我们给他们帮工做农活，现在种地的人少啦，都去打工了。”① 因此，在沙甸开展民族团结进步创建活动具有示范带头作用，对加快全州经济社会事业发展具有重大意义，对维护社会和谐稳定更是至关重要。为此，红河州各级党委、政府和有关部门，以及沙甸区党委、政府围绕民族团结这条主线做了许多实事，开展了许多活动。沙甸区委、区公所十分珍惜这来之不易的大好局面，积极推动民族工作新发展，开创民族工作新局面，牢牢把握各民族“共同团结奋斗、共同繁荣发展”这个主题，把开展民族团结进步创建活动，作为构建社会主义和谐社会的重要内容和重要举措，努力使“三个离不开”和民族大团结的思想深深扎根，为促进民族团结进步出实招、办实事。

2010 年 9 月 20 日中秋佳节即将到来之际，沙甸区委、区公所、沙甸大清真寺召集沙甸辖区内的 10 所清真寺和一所阿拉伯语学校，以及 4 个小乡的书记、乡长，沙甸企业界的领导，同时邀请鸡街镇党政领导及 16 个村委会、居民委员会的领导，在沙甸区公所召开以民族团结和谐发展为主题的座谈会。省政协副主席、沙甸大清真寺教长马开贤和个旧市有关领导亲临座谈会并做了热情洋溢的讲话。座谈会上，沙甸民营企业创源公司还与鸡街镇的一个村委会达成了帮扶协议。

2011 年 6 月 1 日，为隆重庆祝“六一”儿童节、建党 90 周年，讴歌党的丰功伟绩，歌唱家乡 30 年来的巨大变化，培养师生对党和伟大祖国的真挚感情，做好新形势下的青少年工作，加强青少年民族团结教育，团州委、州教育局、州妇联、州民宗委、州关工委、州少工委、中共个旧市委、个旧市人民政府在沙甸大清真寺广场举行红河州少先队喜迎建党 90 周年“红领巾心向党民族团结共成长”主题教育活动启动仪式。州委、州政府、州人大、州政协有关领导出席活动启动仪式。通过“快乐手拉手”“相识晚会”、民族大联欢等活动，在全州各族少年儿童的心中牢固树立了“汉族离不开少数民族，少数民族离不开汉族，各少数民族之间互相离不开”的民族意识，让全州各族小朋友感受到了党的伟大和祖国大家庭的温暖。

2011 年 9 月 8 日上午，鸡街镇、沙甸区在沙甸区公所召开推进民族团结进步创建活动座谈会。个旧市政协，市委统战部，市民宗局以及沙甸区，鸡街镇党政

① 访谈时间：2010 年 9 月 26 日；被访谈人：LZS，男，58 岁，彝族。

领导，鸡街镇16个村委会，2个居委会的书记，主任以及沙甸区宗教界人士近100人参加了座谈会。座谈会上，市民宗局、沙甸企业界代表、沙甸商会、沙甸大清真寺管委会等有关领导先后围绕“加强民族团结、共创和谐家园”的主题作了发言，畅谈了创建沙甸地区民族团结示范区建设的重要性和加强民族团结的切身感受。沙甸的民族关系正如沙甸区区长林鹏所说：“鸡街、沙甸历史以来就是山连山、水连水，人相连、路相连。鸡街、沙甸两地的各族人民在党正确的路线、方针、政策的指引下，通过这几年的发展，呈现出经济繁荣、社会进步、宗教和顺的大好局面，这跟有个好的邻居是分不开的，同时，沙甸地区的民族团结进步示范区的创建活动对鸡街、沙甸也是一个历史性的机遇，我们要不遗余力地把这个事情做好，希望以后两家加强沟通、取长补短，共同来促进这个地区的稳定、和谐和发展。”

新中国成立后至1958年，开远大庄部分汉、彝、苗族人口编入回族生产队，同劳同酬，同在一个大食堂吃饭。这一时期内，虽然农村生产力不发达，人多土地少，群众生活困难，但大家都相互理解，同舟共济，共渡难关，各民族关系较好，未发生过民族纠纷，体现出大庄回族与兄弟民族的感情。

“文化大革命”中，由于极“左”路线干扰，地方政府在执行党的民族宗教政策上出现偏差，给大庄带来政治灾难，大庄大多数回族及部分汉族被极“左”路线推向对立面，“沙甸事件”中，大庄成为重灾区，严重影响了党群关系、军民关系和群众之间的团结，但是大庄的民族团结总体上是正常的。

进入改革开放新时期以来，随着经济的迅速发展，回族地区的民族团结出现了新问题和新情况，民族团结和民政工作面临着新的考验和挑战。大庄乡（村）党委、政府认识到，搞好民族关系，加强民族团结，推动民族地区经济发展和社会进步，促进社会和谐，事关国家的长治久安和社会主义现代化建设事业全局。大庄民族团结工作在党委政府的领导和重视下做得有声有色，取得了不菲的成绩。

1983年10月，大庄附近的瓦白白苗族村发生火灾，虽然大庄回族没有及时赶去灭火救灾，但时任乡长马慈明用广播将苗族村发生的火灾灾情向广大社员作了介绍，并以乡政府的名义动员各家各户伸出援助之手捐款捐物，在20世纪80年代农村经济不发达、社员的生产生活处于困难时期，大庄的广大回族群众捐款2 200余元、粮食700多公斤、各种衣物130余件，体现了“一族有难，各族相帮”的民族兄弟情。

1984年，35周年国庆，大庄驻军35419部队，附近桃树大队7个村的彝、苗等民族自发组织花灯队、狮子队到大庄联欢，各民族军民欢聚一堂。大庄乡宰牛两头，热情招待解放军和各村来宾，使大庄与附近村寨各兄弟民族关系、军民关系更进一步加强。由于民族团结工作扎实有力，促进了大庄的社会稳定，经济得到发展，党群关系、军民关系和民族团结工作得到了省、州、市党委政府的表扬，1984年大庄回族乡被国务院授予“全国民族团结进步先进集体”荣誉称号。

20世纪90年代以来，随着改革开放政策的大力推进，农村经济改革的进一步深化，大庄的部分回族人家，发扬勤劳智慧的创业精神，从农业一线转移到二、三产业上来，走出大庄进入山区找矿开矿。大庄马明祥在羊街乡黑那泥村开办煤矿（后与大庄煤矿整合）。在煤矿得到发展的同时，10多年来，不忘当地少数民族村寨的关心支持，共为黑那大寨、小寨两村先后投资180多万元，对村道路，村民用电，村小学球场、课桌、教室，部分农田水利设施，人畜饮水工程，村公用房等进行改造修缮，对村民的生活用煤给予支持，减少了森林的砍伐，生态环境得到有效保护，使少数民族山区村寨的基础设施、生活环境得到改善。村民们说：“近年来我们村的变化相当大，是上级的好政策，同时大庄的回族企业家给我们的关心和支持太多了，如果不是他们在我们村开办煤矿，我们村没有这么大的变化。”

大庄回族马能祥、李永为、杨应周、赵聪龙等及大庄煤矿在碑格乡开办煤矿，先后赞助160余万元，对碑格乡落波洞、架吉等6个自然村的乡村道路、人畜饮水工程、烤烟用煤、环境整治、山区小学教育等给予有力支持。近年来，在开远市全面开展的新农村建设中，大庄回族纳铁志先后支持大庄江头村、龙溪村、三转湾和羊街乡塘子头、长林寨等彝、壮民族村各种沙石料700多吨，有力地支持了新农村建设。

2008年5月12日，四川汶川大地震，牵动着红河州回族人民的心，一方有难，八方支援，建水城区、回龙馆驿等地的清真寺发起捐款活动，共捐款16.42多万元，支援灾区重建家园。开远大庄清真寺利用“主麻”天，诵读《古兰经》首章，为地震灾区祈祷；大庄村委会利用广播动员广大村民捐款捐物，广大穆斯林捐款81 000元及部分衣物支援灾区；另外，还有部分回族群众直接汇款到四川省都江堰市清真寺，帮助灾区渡过难关。

在建水培德村，民族团结深入人心。在作为民族团结示范村的培德，干部群众积极做好民族团结的宣传工作，把民族团结的思想传达给每个人，使每个人都有团结的心，都有共同创建美好家园的思想，使培德的各民族更和谐生活，更加稳定发展。2010 年，培德和全州其他地方一样，遭遇了百年大旱。培德村不等不靠，广大党员干部积极行动，连夜调来一台挖机，新挖 8 个沙塘，修复水渠 8 000多米，由团结水库、绵羊冲水库引来 40 多万方的水，使 4 000 亩大春作物及时栽下，并于灾年获得了丰收。培德引来的水不仅流进了本村人的田里，还放进了附近村民的田里。在灾难面前，培德奏响的是民族团结的乐章。

（三）和谐社会、平安村寨建设

良好的社会治安环境，文明的乡风，和谐的人际关系，是社会主义新农村建设的又一基本要求和重要保障。回族地区政治与经济相互依赖、相互制约、相互作用的大量事实表明，离开了政治文明的建设，物质文明建设也难以顺利进行。随着党中央、国务院一系列政治体制改革和法制建设政策的宣传贯彻，红河回族地区基层民主政治和法制建设工作逐步走上正轨并得到不断加强。特别是“受沙甸事件”影响的沙甸、大庄、馆驿，至今仍遗留有许多社会问题。在省、州、县、区各级党委、政府的领导和各级伊协、清真寺长期不懈的努力下，把社会治安作为工作的重中之重，始终坚持“一手抓社会治安，一手抓经济发展”的工作方针，把法制法律宣传教育贯穿于社会治安工作的始终，把社会治安综合治理与加快经济发展、加强基层组织建设和民主法治建设相结合，通过多年的努力，基本上制止了重大刑事犯罪，建立了“无毒社区”“无毒村寨”和“民主法制示范村”，回族村寨的社会治安状况根本好转，树立了回族穆斯林的良好形象。

个旧市沙甸区从 1992 年开展“收枪打毒”专项斗争以来到新农村建设，一直坚持强化治安、依法治区、维护安定团结的工作。对群众反映强烈、久禁不绝、要求给予严厉打击的吸毒、贩毒、偷盗、抢劫等犯罪活动，采取“社会治安社会管”的办法，组建了治安联防队，开展全天候的执勤巡逻和严密监控，使犯罪分子没有可乘之机，有效弥补了警力不足问题。同时与清真寺的管事、阿訇及沙甸和社会各界知名人士密切合作，利用学校、清真寺及各种群众活动场所，从民族、宗教等各个角度开展宣传教育，对预防和减少各类犯罪、确保群众安居乐业起到了很大的作用。沙甸干部群众都说，没有长期的平安、和谐、稳定，就没有沙甸经济、社会的持续、健康发展。

开远市大庄回族乡在社会主义新农村建设中，积极创新加强社会主义新农村精神文明建设和新型农民培养的新思路、新办法，启动了措施实在的“乡风文明工程”。其主要内容是：印制了一批宣传社会主义新农村建设、社会主义荣辱观、和谐社会、科学发展观、公民道德规范等的册子；开办了社会主义荣辱观宣传栏；开展了文明站所、文明服务星、文明村、文明学校、五好文明家庭、好婆媳等评比活动；开展了以“弘扬乡风文明”为主题的文艺巡回演出；开展了“科技文化法律”下村活动；建设了四个文化长廊；开展了有关演讲比赛；举办了新农村建设培训班；开展了以“科学发展，共建和谐”为主题的新农村建设专题座谈会。大庄乡启动“乡风文明工程”旨在培养一批知荣明耻、知法懂法、知情懂礼的文明乡民，为大庄乡新农村建设提供良好的社会环境和人才保证。

在建水培德，法制宣传从学校抓起。对阿语学校及明德小学的学生做好法制宣传工作，把法制思想贯穿在学生的学习中，使他们在学校就接受到法制教育，以提高学生的整体素质。同时，他们还利用广播对村民进行法制宣传，通过宣传学习法制，提高了村民的法制理念，社会秩序得到有效控制，社会更加和谐稳定。在治安方面，培德村委会积极做好监督工作，并积极配合公安机关做好缉拿犯罪分子的工作。在2011年上半年，村两委共同缉拿贩毒及有其他犯罪行为的犯罪分子40余名，为百姓扫除了一定的祸患，为百姓的生活奠定了安稳的基石。

（四）加强民主化管理，创建和谐清真寺

回族地区的清真寺不仅是宗教场所，也是回族伊斯兰文化和民俗传统的教育基地。在社会主义新农村建设中，为了把清真寺的民主管理工作不断推上新台阶，使各地清真寺的管理和教务活动走向制度化、规范化、民主化与服务化，把清真寺建设成为展现广大穆斯林精神文明风貌的窗口，宣传党和国家法律法规以及各项方针政策、引导穆斯林群众爱国爱教、维护民族团结和社会和谐的讲台，以及回族穆斯林群众进行正常宗教活动和培养宗教接班人的场所，在云南省伊协和中国伊协《关于开展和谐清真寺创建活动》的倡议下，红河州广大的回族穆斯林积极响应，开展了创建“和谐清真寺”活动。

在创建“和谐清真寺”的活动中，红河回族地区各村寨都把搞好清真寺的民主管理作为首要工作来抓。阿訇是穆斯林群众的楷模，担负着教学、宣教及服务的职能，各地清真寺管理委员会都十分重视对阿訇的选择聘任，并对“宗教教职人员素质好”提出了明确的要求。各地清真寺依法开展宗教活动，办好经堂教育，坚决反对和制止利用清真寺进行非法和违法活动。同时兴办好清真寺的自养事业，搞好清真寺和周围的环境卫生。

在沙甸，各清真寺利用宗教节庆、讲经、经堂教学、学术研讨和民俗文化生活等各种活动，对广大穆斯林群众进行虔诚守信、爱国爱教、遵纪守法、文明经营、互助和谐的宣传教育，以回族特有的方式积极参与新农村建设。沙甸大清真寺通过不断加强自身建设，在爱国爱教、知法守法、团结稳定、活动有序、教风端正、管理规范、安全整洁、服务社会等方面表现突出。在大清真寺的带动下，各清真寺向广大的穆斯林提出了要走“五道”的要求：走爱国爱教的康庄大道，走两世兼顾、齐抓共建的幸福大道，走重视科学技术教育的光明大道，走遵纪守法的平安大道，走团结稳定的和谐大道。“五道”的提出，极大地促进了沙甸宗教文化与社会主义精神文明建设的和谐，促进了穆斯林宗教生活与经济生产的和谐。为此，沙甸大清真寺先后被评为“红河州精神文明模范清真寺”。2010 年 12 月，沙甸大清真寺被中共中央统战部和国家宗教事务局授予“首届全国创建和谐寺观教堂先进集体”荣誉称号。

二、统筹规划、全面建设、科学发展

社会主义新农村建设是一项复杂艰巨的系统工程，统筹规划、全面建设、科学发展既是新农村建设的必要前提，也是新农村建设的目标。红河回族地区的党政领导把社会主义新农村建设的规划作为必不可少的重要工作来抓。规划从实际出发，立足现实，放眼未来，把近期的利益与长远的利益结合起来，既有明确的目标和任务，又有实现目标和任务的步骤、方法和措施，开始实施就取得了可喜的成绩。

个旧市沙甸区是一个工业化发展较快的乡镇，全区一万多人口，大部分从事工业、商业和运输业，工业产值占总产值的 90% 多，2007 年社会总收入 105 000 万元，人均纯收入 5 880 元，实现税金 16 800 万元。沙甸区的社会主义新农村建设具有工业化和商业化、城镇化和前瞻性极强的特点，其规划的主要内容是：社会总收入以 2005 年为起点，到 2018 年社会经济总收入可翻一番，达 20 亿元左右。年人均收入大大提高，社会保障体系比较健全，社会就业比较充分，经济文化繁荣，家庭生活富裕，沙甸全面进入小康并达到国内发达地区水平。其大体做法是：

（1）从现在至 2013 年左右，对现有企业进行进一步的提升、改造，加强其科技含量和环保设施；在此基础上扩铅、增锌以及加大铜的生产能力，并进一步充实科技生产内涵，组建经得起市场考验及国家有色金属工业发展检验的、以铅业为主的大集团上市公司，为立足有色金属工业产业，转型商贸，上旅游业夯实经济基础。现在已经开始动工的穆斯林大街，是个开蒙中心片区——经济开发区的重要组成部分，也是沙甸产业结构调整最大的基础工程。大街建成，转型商贸业便可以开始实施。新设计的沙甸大清真寺，占地面积 80 余亩，建筑面积 2 万多平方米，现在已破土动工。沙甸大清真寺建成后，将会成为中国穆斯林民族宗教文化旅游的一个新的亮点。第二阶段的工作主要是依托穆斯林大街和城镇新区促商贸、上旅游业。

（2）结合沙甸位于个开蒙城市群中心的区位优势，建设沙甸穆斯林经济开发区。红河州政府及个旧市政府已批准该项目。沙甸经济开发区按“一街三区”的内涵建设，即穆斯林大街，工业区、商贸区和民族文化区。穆斯林大街起到贯穿三个区的骨架作用，是沙甸经济开发区的标志项目及核心工程。通过建筑特色体现穆斯林人文风貌；通过市场建设促进沙甸产业结构调整，从而带动饮食业、加工业和商品贸易的发展；通过吸引公司及厂矿企业投资建盖经营场所，引进流通机制，形成现有的冶炼企业的市场——矿产品及有色金属交易市场；通过民族文化中心（沙甸大清真寺）的建设和穆斯林广场的兴建，形成弘扬民族文化的氛围。工业区：现有的乡镇企业已经形成了“沙甸冲坡哨工业区”、鸡街镇的黑神庙坡第二工业区，现已在对这两区的企业进行提升改造和污染整治。这两个区已具备 15 万吨粗铅冶炼能力，12 万吨电解铅能力，已成为沙甸穆斯林经济开发区、穆斯林大街建设的坚强后盾。商贸区：通过穆斯林大街的启动，在将云沙针织厂改造为物资集散市场的基础上，在昆河公路至沙甸河的片区扩建相应的市场规模，建立建材、木材、五金、交电批发市场，使之逐步形成连接个开蒙为一体的名副其实的中心区，成为滇南的物资集散中心。民族文化区：通过穆斯林大街的建设，带动民族文化体育中心及穆斯林广场的建设，加上以销售穆斯林用品、日用百货为主的步行街的形成，使该区成为具有浓郁的穆斯林气息的休闲、旅游的中心地段。

在新农村建设中，建水培德村委会根据自己的实际情况，制定了详细的工作计划和安排：

（1）党风建设持续开展，工作能力不断提高。2011 年上半年，通过对杨善洲先进事迹及先进个人的学习，更加坚定了党员忠诚于党的信念，提高了党员的党性修养，提高了工作能力。在下半年的时间里还将不断学习，把人民的心紧紧地同党联系在一起，通过自己的努力为社会、国家尽力。同时，村委会将对党建活动室进行改造，改善党员活动室的硬件条件，为党员的活动开展提供有力的保障。

（2）民生建设不断扩展。在下半年的工作中，培德村将会对一组、二组的两个水塘进行改造，以保证大春生产。同时，将会对二组500米的道路，三组1 900米的道路，五组800米的道路，六组600米的道路，小回龙的300米道路进行相应的硬化与道路的改造，以保证村民生产生活的便利；对宗教、娱乐活动室进行规划，改善活动室的基本设施，以保证村民活动及相关活动的正常开展；对培德的六口古井进行保护，使珍贵的文物得到有力的保护，让回族的文化得到传承，同时成为培德另一道亮丽的风景线。

（3）环境卫生建设不断加强。绿化工程已经在紧凑的施工中，并且部分工程已经完工，但是我们还将继续对一些街道及场所的绿化进行施工，使培德的整体环境不断改善。同时，对于培德垃圾的问题，也将加大力度，进行规范的处理及定期的回收，使垃圾无处去、街道脏乱的现象得到改善，使培德的环境更加优美。同时，我们将不断改善环境，为临安镇申报生态文明镇做好准备。

（4）法律宣传逐步到位。对于培德的治安及社会秩序，我们将进行大力的法制宣传教育，使法律深入人心，同时让每个人知法懂法。对于犯罪行为将会不断地进行监督，加大力度打击各类犯罪行为，使社会治安得到有力的监督，社会秩序得到改善。

在新农村建设中，建水馆驿村认真贯彻落实科学发展观，狠抓村域经济的快速发展，围绕本地独特优势，大力发展种植业、运输业和养殖业；以村容村貌整治为突破，改善人居环境；以农田道路、五小水利建设为重点，改善生产生活条件；以发展种植、养殖、运输业为支撑，发展经济；以民族团结、培训教育和文明创建为手段，积极开展“富、靓、智、乐、和”五进农家活动，创建了生活富裕安康、生活风尚文明、生活习惯卫生、村庄环境整洁、人与自然和谐、服务网络健全、民主法治进步、社会安定有序的社会新风尚，实现了两个文明建设的快速发展。他们的具体做法是：

（1）以结构调整为主线，培植全村优势产业，促进全村生产发展。一是稳粮调结构，进一步巩固洋芋产业，大力发展冬季农业；二是建立优质肉牛养殖基地，大力发展畜牧养殖业；三是加快发展农家乐、伊斯兰教文化，努力实现农民收入的多元增长；四是重点扶持馆驿干巴、糖果加工业，培植村优势产业；五是大力发展运输业，培植支柱性产业；六是引导农民向非农产业转移，增加农民收入。

（2）以文明创建为载体，倡导农村新风尚，提升农村文明水平。一是大力实施农民教育培训工程，积极培育造就有文化、懂技术、会经营的新型农民；二是繁荣全村文化事业，积极引导农民开展健康向上的文化活动，满足农民群众多层次、多方面的精神文化需求；三是加强社会公德和家庭美德教育，倡导健康文明的新风尚，逐步形成农村新风貌。

（3）健全机制，扩大农村基层民主，强化农村基层组织建设。一是加强基层组织建设，坚持制度、阵地和组织建设相结合，党的领导与民主法治相结合，依法管理与制度创新相结合，建立农村管理新架构，健全农村管理新机制；二是加强民主政治建设，强化农民在决定农村重大问题上的知情权、参与权、决策权，使重大决策民主化、科学化；三是加强农村法制建设，建立为民服务的长效机制、矛盾纠纷排查的调处机制、治安防范的应对机制，努力构建民主法治、公平正义、诚信友爱、充满活力、安定有序、人与自然和谐相处的农村社会新秩序。

（4）加强领导，狠抓落实，形成建设社会主义新农村的强大合力。一是加强领导，形成合力，成立新农村建设领导小组，统筹安排、决策新农村建设行动的重大事宜，研究、协调、解决工作中的重大问题。二是做好规划，分步实施。按照统筹经济社会协调发展的要求，吃透上情，摸清下情，层层制定各小组新农村建设规划，明确奋斗目标，做到规划到点面结合、发展规划与小康村建设规划和土地利用总体规划等相衔接，提高规划的科学性和可行性。三是宣传发动，营造氛围，全面动员，广泛发动，使农民成为新农村建设的主体。四是做好“一事一议”工作，真正发挥农民建设新农村的主体作用，切实享受有关的优惠政策，实实在在地解决一些实质问题。

三、扶贫、社会保障和公益慈善事业建设

（一）扶贫与社会保障

以人为本，消除贫困，建立和完善农村社会保障，使人们衣食无忧，病有所医，老有所养，是全面建设小康社会的基本要求，也是社会主义新农村建设要着

力解决的问题之一。在社会主义新农村建设中，扶贫与社会保障备受群众关注，进展较快，尤其是医疗保障有了较大发展。红河回族地区在社会主义新农村建设中一方面抓生产、抓扶贫，一方面抓社会保障，两个方面都取得了明显成效，尤其是医疗保障有了突破性进展，全州回族地区的大多数回族群众都参加了医疗互助。

在红河回族地区，除了政府主导扶贫和帮助完善社会保障外，民间也积极开展多种形式的扶贫和社会慈善事业活动，这些活动并不只局限在回族内部，而是惠及其他民族的老人、妇女和儿童，并取得了卓有成效的结果。沙甸的马凤芝、闻正光便是其中较为典型的代表。

沙甸的马凤芝一家几年来靠党的政策劳动致富，但致富不忘家乡建设，致富不忘扶贫帮困。不论是捐资助学、救济贫困老人，还是建设学校、修桥补路；也不论是回族同胞，还是彝族兄弟姐妹，只要让马凤芝知道他们身陷困境，就会得到她的资助和帮扶。只要得知老人生病住院，马凤芝就会像亲人一样前往看望。更为可贵的是，马凤芝同志还定期供养100多名困难老人，她的这种助人为乐的高尚行动，赢得了人们的普遍赞誉，同时也为大家做出了敬老、助老、爱老的表率。2011年1月，全国“孝亲敬老之星”表彰会在北京举行，马凤芝同志荣获全国敬老爱老助老主题教育活动“葆春杯孝亲敬老之星”。之后在云南省老龄办等6个部门组织的敬老爱老助老活动中，马凤芝再次被评为“孝亲敬老之星”。

新型农村合作医疗（以下简称新农合）是党和政府为解决农村群众看病难、看病贵问题而实施的一项民心工程。2007年，沙甸区新农合的参合率为80%，还有20%符合参合条件的农村群众没有加入新农合，沙甸光博电冶厂厂长闻正光及夫人知道这一情况后，主动提出要为沙甸区所有符合参合条件的人代交每人每年10元的参合费，2008年沙甸区参合人数12 776人，闻正光夫妇代交参合费127 240元，参合率105%；2009年参合人数13 249人，代交参合费132 440元，参合率105.84%；2010年参合人数13 987人，其中有一部分参合人员是户籍不在沙甸的清真寺阿訇、学生和常年居住在沙甸的外来人员，代交参合费131 890元，参合率达到了112.8%。三年来，闻正光连续为沙甸区村民交纳参合费近40万元，使部分贫困村民（包括彝族和其他民族）受益。

建水县临安镇培德村村委会把村民的基本生活问题作为工作的重点。村领导带头积极为老百姓谋福祉。在2011年上半年，在上级领导的大力支持下，村里积极做好困难户的生活问题，为困难户提供生活基本物资，如大米、粮油及一定的生活补助。对那些身患残疾、生活不便、无亲戚照顾的老人，村里还积极组织各小组长提供基本信息，做好他们的生活补助及精神慰问，让生活困难的群众感受到党和政府的关心和温暖，也体现了回族穆斯林扶贫济困的传统美德。

（二）公益慈善事业

红河回族历来有扶贫济危、帮困助难、助人为乐的传统美德，广大回族穆斯林积极为社会教育、助学、赈灾、慈善事业等做贡献，献出了自己的爱心。

在沙甸，每当“六一”儿童节来临。回族穆斯林群众都会主动到个旧儿童福利院看望慰问福利院的儿童，并送去爱心。2007 年 5 月 20 日，沙甸回族穆斯林又向个旧儿童福利院捐赠了价值 1. 2 万元的电冰箱、洗衣机等电器和价值 2 500元的儿童书籍，为孩子们迎接“六一”儿童节带去了节日前的第一份喜悦，让他们感受到祖国大家庭的温暖，与其他儿童一样过上一个愉快的节日。

十一届三中全会以来，沙甸的经济得到快速、健康发展，王正洪、马灵芝、王丽霞、王丽娇、马又新、马孟英等一批有识之士致富不忘家乡的教育事业，积极捐资助学，继承和发扬尊师重教的优良传统，教育事业取得了可喜的成绩。

个旧市青年助学协会是一个非营利的穆斯林民间公益社团，原来叫沙甸青年助学协会，是由王黎萍、马旭东、马文招、马坤和林灿良组建发起的，沙甸企业家马本初捐款 10 万元作为启动资金，经个旧市民政局于 2007 年 6 月注册登记，批准成立。其宗旨是让有进取心的穆斯林困难家庭学生实现自己的求学理想。协会向在全国高校就读的穆斯林大学生、研究生提供无息借款（包括高中、中专困难学生以及其他兄弟民族品学兼优的贫困大学生），待其毕业后逐渐偿还本金，并根据学习成绩，参照国家奖、助学金评审办法对沙甸穆斯林学子进行择优奖励。协会成立以来，得到沙甸回族群众的大力支持，得到沙甸各界捐款 70. 2 万元，分别向个旧市、蒙自县、丘北县的回族、苗族、汉族、壮族、彝族、布依族等族的 83 名贫困大学生、中专生、高中生提供了每人 2 000 ~ 6 000 元的无息助学借款，共发放无息助学借款 37. 5 万元，受到了受助人和社会的好评。蒙自县文谰镇袁秋香同学是单亲家庭，家里经济非常困难，她以 603 分的好成绩考取重庆大学，得到了协会 6 000 元的无息助学借款。她拿到借款后激动地说：“沙甸青年助学协会是我们困难大学生的家。我一定好好学习，决不辜负沙甸穆斯林对我的帮助。”鸡街镇小芭蕉村委会付学英家的两个孩子 2006 年分别考取了西北民族大学和河南科技大学，哥俩第一年的学费已经让家庭变得一贫如洗，正当付家为2007年学费犯愁之时，沙甸青年助学协会的名誉副会长、沙甸区委副书记王黎萍得知了这一情况，便与马坤和林灿良一起为他们送去了10 000元的爱心无息助学借款，付学英一家感动得热泪盈眶。丘北县回族大学生马存志同学拿到无息助学借款后也说："沙甸青年助学协会是困难大学生的家。大学期间，我一定会努力学习，自强不息。工作后一定按时归还借款，并且一定要争取捐资给沙甸青年助学协会，让爱心传递。""5 000～6 000元无息助学借款，不可能让人变得富有，却可以让一个有追求的年轻人行囊充实，迈出人生关键的一步。"发放仪式上，协会会长马本初朴实的话语，让学子们感动不已。

2008年"5·12"四川汶川大地震发生后，无家可归的灾民、废墟下被掩埋的生命、不断上升的悲剧数字牵动着每一个沙甸穆斯林的心。大家纷纷以不同方式向灾区人民伸出援助之手，伊斯兰所推崇的帮困济贫的美德在沙甸穆斯林身上得到了实实在在的体现。在沙甸大清真寺，做完礼拜的穆斯林群众在阿訇带领下为灾区群众虔诚祈祷后，纷纷伸出援助之手为灾区捐款；同在一片蓝天下，奉献不仅仅是成人的权利，在小学，孩子们在为灾区遇难的同胞默哀三分钟后纷纷把自己积攒的零花钱投入募捐箱；大清真寺幼儿园的孩子们用稚嫩的小手把自己积攒的1元、5元、10元、20元、50元、100元……投入了捐款箱；在沙甸十字街，由沙甸区委区公所组织的募捐活动同样得到了群众的积极响应，在《爱的奉献》的歌声中，买菜的家庭妇女，过路的老人、孩子，甚至残疾人和附近工地的民工纷纷把代表自己爱心的捐款投到募捐箱中，尽管他们中的一些人本身也很困难，但面对需要帮助的人，他们依然慷慨解囊，奉献自己的绵薄之力。来自省内外的沙甸特格瓦阿语学校的师生也纷纷把自己的生活费捐给了灾区；个旧十三中的学生也在老师的带领下排队来为灾区人民献爱心，这一活动也给这些大孩子们上了生动的一课，使他们受到了良好的爱心教育。沙甸区私营协会也积极向各私营企业发出向灾区人民献爱心的倡议，从53家企业募集到的爱心款高达65万元，另有三家企业在第一时间向市红十字会捐款18万元。一时间，八方爱心汇成爱的海洋，一份份捐款汇聚成一股力量，表达沙甸穆斯林对灾区人民的关心和支持。

2010年，面对百年不遇的严重干旱灾害，红河州回族学会和沙甸穆斯林志愿者协会积极响应并参与到抗旱赈灾的行动中来，于3月21日使用所捐善款，购买了50L水桶100只、25L水桶200只、学生文具和矿泉水，并且将水桶灌满水送到鸡街镇绿荫塘苗族村灾区去，绿荫塘84户苗族同胞每户可以领到三桶水，剩余的捐给学校。在捐赠会上，沙甸穆斯林志愿者代表说道："沙甸和绿荫塘是邻居，是民族兄弟，兄弟姐妹有困难，我们当然要伸出援手，尽一点自已的力量，每户三桶水对于这样大的灾害可以说非常非常渺小，但它确实寄托了我们沙甸回族同胞对灾区苗族同胞的牵挂和关注，希望灾区的苗族同胞乐观坚持，让我们携起手来团结一心合力抗旱，众志成城赢得抗旱救灾的最后胜利。"

四、村容村貌、环境卫生和城镇化建设

（一）村容村貌、环境卫生建设

人与自然和谐发展是和谐新农村建设的重要任务。红河回族地区，普遍存在人多地少、资源不足问题。自清末以来，回族地区先遭咸同惨案，家毁人亡，深受背井离乡之苦，后遇兵灾匪患，面临连年不断之难。20 世纪 50 年代以来又受"大跃进""文化大革命"等运动的影响，加之人口过快增长，人与自然的矛盾日趋加剧。近年来，由于乡镇企业、农民建房、各项开发和社会公共设施用地及用水快速增加，排污严重，对环境和各类资源的压力日益加大，造成了人与自然、生产与生活、建设与环境、发展与保护的关系日趋紧张，并深藏危机。广大干部和群众面对日趋严重的环境问题痛心疾首、忧心忡忡。解决农村环境问题成为红河乃至全省回族地区，尤其是乡镇企业较发达的回族社区经济社会发展中一项紧迫而又艰巨的任务。为此，在各级党政部门的领导下，在回族干部和回族群众的支持配合下，许多回族乡镇已采取了各种措施，关闭、转移、停办了一些高污染、高消耗、高噪音的企业，回族地区的环境、生态、资源逐步得到恢复和保护。目前红河回族地区城镇化建设的步伐越来越快，正在向城镇化发展目标迈进。在新农村建设中，沙甸区在重点整治厂区工业污染的同时，在居民区深入开展全民爱国卫生运动，组建了一支十多人的环卫队，配备了垃圾车，修建了四十五个垃圾坑，三十三个不锈钢垃圾桶；主要街道卫生责任到人，致使沙甸的街容镇貌焕然一新。几年来保持了市级"卫生先进乡镇"称号。

在新农村建设中，大庄乡政府（现村委会）1980 年自筹资金，组织的村容村貌，基础设施建设，在修建水泥道路，安装自来水，民用电网改造等方面，乡政府领导结合大庄实际，统筹安排回族居住区域与汉族居住区域同步进行，对个别确有困难的汉族人家给予照顾，体现了回汉民族亲如一家，使大庄回汉杂居村

的村容村貌焕然一新，生活环境得到改善，民族团结、精神文明建设得到加强。

建水县临安镇培德村虽说一部分人先富了起来，盖起了楼房，但村里整体规划差，过去让人一提起就摇头，村里污水横流，垃圾乱倒，村民长期以路为市，影响出行。在新农村建设中，在村党支部和村委会的领导和全村广大回族穆斯林的积极支持配合下，从2010年底至2011年6月，培德村共投资200多万元用于水利、沟渠、道路、民房、绿化等新农村建设项目，完成了15个工程建设项目。

培德村老学校原在村子中间，校门口就是农贸市场，交通混乱，噪音嘈杂，不利于学生学习，建盖新学校已是迫在眉睫的事。在村委会的领导下，经过上下协调，村民集资，老板捐助，投资200多万元在村外建起了新的学校。接着又在老学校的旧址上建盖了农贸市场。过去农贸市场一直占道经营，影响交通，也影响村容村貌。如今，规范的农贸市场内，商品应有尽有。高大的绿色顶棚，免除了人们的日晒与雨淋。过去南庄河流经培德村北，河两岸是四、五、六、七组的田地，雨水季节，由于河堤泥土松弛，经常溃坝，淹没庄稼，严重时颗粒无收，平时也多会减产。河上也仅有一座古老的石桥，不仅不能通汽车，连人也要小心行走。过去村民没有办法，只好趟着齐腰深的河水到对岸去收庄稼。如今汽车都可以稳稳地在上面跑。同时，新建了两座新桥，一座钢板桥叫张家顺桥，一座水泥桥叫民心桥。如今的培德村运输业兴旺发达，70%以上的人家住上了新房，村里村外焕然一新。苍翠的山，清亮的水，金黄的稻田，绿色掩映中错落有致的农家别墅，好一派欣欣向荣的风光。步行在村间马路上，新修的水泥路通向一户户设计新颖别致、干净整洁的农家小院。村外，密密麻麻的田埂，已被纵横交错的可通行汽车的道路替代了，三面光的沟渠延伸到每家的田头。无论是远望还是近观，培德村展现出的新景，和谐宜人，充满活力。近两年，村里修建了两个活动室，闲暇时刻，村民在这里娱乐、健身。村里还组建了联防大队，昼夜巡逻，以确保家家户户过上祥和的好日子。近年来，全村没有发生一例刑事案件，民族团结和谐，村民生活的幸福指数上升，感受到了新农村建设给他们带来的实惠，是著名的宜居之地。让村民像市民一样生活，是培德村的奋斗目标。

在新农村建设中，培德村委会还做了以下工作：

（1）领导班子整体素质不断加强。在不断学习上级有关文件精神的基础上，两委班子统一思想、统一认识，不断加强班子建设，提高班子的整体素质。统筹部署、分工合作，实施目标管理考核，村干部实行责任分工到片、管理到人的制度，工作机制逐渐规范，整体的工作能力、实践能力得到提高。在学习杨善洲同志的先进事迹活动中，两委班子成员及各小组长认真学习和思考，根据培德村的实际情况，寻找适合自己发展的路子，以民为重，加强民生建设与基础建设，为百姓谋福祉。

(2) 党建工作开展不断深入。抓住以党小组为骨干，以党员为示范，以各项协作为推动力，发挥各级组织的积极性和重要性的作用，以培养人才，维护稳定，增强村民法制教育为重点。以规范制度为抓手，通过建立党内监督制度、"村务、财务"双公开制度等，增强了村务公开的透明度，融洽了干群关系。通过开展创建"五好"基层党员组织活动，增强班子建设。在党总支书记的领导下，积极开展党员学习活动，丰富党员生活。

(3) 民生工程建设持续开展。为积极响应上级民生工程建设，培德村大力开展民生建设，坚持以人为本，贯彻落实科学发展观，切实保障公民基本权利，提高生活水平，重点关心弱势群体，采取的一系列积极政策举措，做到立党为公、执政为民。

(4) 教育宣传工作逐步落实。百年大计，教育为本。培德村委会十分重视教育，并积极做好教育工作，对明德小学的教育高度重视，为学生创建良好的学习环境，对老师进行定期的交流，并进行监督与反馈，实地考察，在不断的监督与反馈中解决教育中存在的问题以便及时地提供解决的方案。现在，明德小学的校风校纪不断地加强，学生学习的积极性不断提高。

(5) 卫生工作持续开展。培德作为省级、州级文明卫生村，会定期进行卫生大扫除，坚持不断地搞好卫生，为村民提供整洁卫生的环境。同时，绿化工程也在不断进行中，现在村内的主街道已被装点得焕然一新，家家门前都有花坛，道路两旁绿树成排，培德的村容村貌得到极大的改善。

曲江镇馆驿村在新农村建设推进过程中，紧紧依靠上级组织，牢牢团结全村村民，不断摸索，不断改进，不断创新，走出了一条符合实际的新农村建设之路，使全村群众生产生活条件有了很大的改善，村容村貌、居住环境有了很大改善，新农村形象已成雏形，呈现出了民族团结、社会稳定、人民安居乐业欣欣向荣的景象。2004 年被州委、州政府命名为社会治安综合治理先进单位；2005 年被州司法局命名为全州人民调解先进单位；2006 年被州委、州政府列为民族团结示范村，被县委评为先进基层党组织，被县政府列为社会主义新农村建设示范村；2007 年、2009 年被镇党委评为先进党组织；2008 年被县委评为先进基层党组织；2010 年被评为县民族团结进步模范集体。

（二）城（村）镇化建设

城（村）镇化建设是新农村建设的重要内容和发展方向。加快回族地区小城镇建设，有利于乡镇企业集中发展；更大规模地转移农业富余劳动力，增加农民收入，促进农村产业结构和农村市场经济的发展，带动农村经济、社会的进步和城乡一体化发展，引导农民向小城镇转移，是缩小城乡差别的必由之路。红河州回族地区以“滇南中心城市”战略为契机，稳步推进小城镇建设，成效显著，为走中国城镇化道路迈出了坚实的步伐。

1. 沙甸的城镇化建设

沙甸地处滇南中心城市的中心区域，具有较强的区位优势和广阔的市场。根据滇南中心城市建设的发展思路，建一条“穆斯林大街”，该街以伊斯兰建筑风格为标，以商贸为本，集商贸、民族文化、休闲旅游为一体，通过建设“穆斯林大街”，建立大市场，寻求大发展，促进商贸业在沙甸的新区发展壮大，带动民族用品贸易、清真餐饮业、食品加工业等第三产业全面发展，形成新的经济增长点。“穆斯林大街”的建设主要以沙甸的新区建设为依托，本着统一规划、合理布局、分期开发的原则，逐步把“穆斯林大街”建设成以工业、商贸为主体，服务业和社会公益事业相配套，基础设施较为完善的新型经济开发区。

为了使“穆斯林大街”建设尽快得以实施，省建设厅把沙甸列入省级中心城镇。中心小城镇在沙甸的建立，为沙甸的全面发展带来新的机遇，在中心小城镇内配套相应的优惠政策，吸引了各项产业在此聚合，特别是通过发展小城镇带动第三产业，使沙甸从单一的“有色产业”向商贸拓展，从有烟工业向无烟工业过渡，使治理环境污染真正达到“治本”的目的。通过中心小城镇的建设，加快实现沙甸区“抓机遇、促商贸、治污染、上旅游”的发展思路，从而保持沙甸的长期稳定，在红河州建立一个各项事业兴旺发达的穆斯林城镇。通过有效推进沙甸新区的城市化步伐，达到发展小城镇，促进农村社会进步，使沙甸在红河州率先实现全面进入小康社会的最终目标。在省、州、市各级领导的关心和支持下，沙甸区的城镇建设工作得到了迅速开展，现已完成了全区总体规划，2003年完成“穆斯林大街”的设计，2004 年完成正道路的路政及桥梁设计，已投入使用的“穆斯林大街”及贯通沙甸南北的正道路、迎宾大道已然成为沙甸一道新的风景，沙甸区重点工程沙甸大清真寺于 2005 年动工，2010 年 8 月投入使用，和谐广场已经进入收尾阶段；沙甸区党政办公大楼 2009 年 2 月投入使用。新农村示范区“星月民居”的建设，和谐广场的建设，派出所、司法所办公楼，危房改造，川兴路、和平路、河滨路工程建设于2010年已经基本完工。穆斯林商贸城已处于建设阶段，四星级宾馆已选定开发商，人工湖已完成设计。沙甸回族医院、回族文化馆、回族文体中心、和谐广场等以及民间个人投资建设的商务民用项目正在积极筹备建设当中。

沙甸标志性建筑——沙甸大清真寺是中国以及东南亚地区伊斯兰教最具代表性的清真寺和沙甸的标志性建筑，同时也是“中国·沙甸回族文化旅游小镇”景区中集宗教活动、民族宗教文化交流、休闲及观光旅游为一体的核心区域。

沙甸社会主义新农村示范区——星月民居具有浓郁的穆斯林特色，是穆斯林居住的理想家园，总投资约1.5亿元，占地17.6公顷，总建筑面积11.69万平方米，规划入住416户。该项目目前已竣工并投入使用。

沙甸计划2010年以前完成新区1.5平方公里的建设，2011年开始启动老区的改造，到2020年沙甸将建成一个3万人左右的中国西南穆斯林重镇。

2. 建水、开远等回族地区的城镇化建设

随着各地的小城镇建设的推进，也促进了建水县回族地区小城镇建设的步伐。建水许多回族村寨兴起了乡村道路等基础性建设，目前建水县进村道路硬化的有7个村，村内道路硬化的有15个村，全部街道硬化的有4个村。临安镇培德村委会把让村民像市民一样生活作为自己的奋斗目标，在村委会和全村群众的努力下，过去进村的又脏又乱的狭窄小道如今变成了干净、整洁、通畅的水泥大道。道路两旁绿树成荫、鲜花盛开。大多数人家住上了新房，村里村外焕然一新。近两年，村里修建了两个活动室，闲暇时刻，村民在这里娱乐、健身，过着城镇人一样的生活。

开远大庄乡、蒙自草坝镇一些回族村寨也在城镇化建设方面、道路方面投入了大量的人力物力，有的村基本实现了村内外道路的硬化，正朝着城镇化发展方向而努力。

（本文的内容和资料主要来自笔者参与撰写并任执行主编的《红河回族概览》，云南民族出版社2012年版）

云南宗教及其文化状况与特点

一、云南宗教及其文化状况

云南省地处祖国西南边陲，与缅甸、老挝、越南等国接壤，是一个多民族的边疆省份，除汉族外，有55个少数民族成分，全省总人口为4 596.6万人，少数民族人口为1 533.7万人，占全省总人口的33.37%；人口在5 000以上的世居少数民族有25个，其中有16个少数民族跨境而居，有15个特有少数民族，是全国少数民族成分和特有少数民族最多的省份。[①] 同时，云南还是全国宗教种类最多和宗教形态最完备的省区，每个民族都有自己的宗教信仰和宗教生活，有的民族几乎全民信教（如回族、藏族和傣族）；云南境内除了有各民族形态丰富多样的传统宗教（原始宗教和民族民间宗教）外，佛教（包括汉传佛教、藏传佛教和南传上座部佛教）、道教、伊斯兰教、基督教和天主教均有传播和发展。目前，云南全省有信教群众450多万，占全省总人口的1/10左右；有宗教意识和宗教情结的人就更多。其中，信仰佛教的有282.4万多人，信仰道教的有16.3万多人，信仰伊斯兰教的有64万多人，信仰基督教的有58.5万多人，信仰天主教的有4.3万多人。信教群众每年都有上升趋势，近几年有的地区出现宗教热，特别是汉传佛教和基督教的信众增加较快。截至2008年，全省有宗教教职人员14 619人，正式登记的宗教活动场所有5 738处，各民族宗教界人士、信教群众绝对数和人口比，以及宗教活动场所数均在全国各省区中位于前列（截至2012年9月。全国经批准开放的宗教活动场所总数为14万处，宗教团体为5 500

① 据云南省统计局、云南省第六次全国人口普查办公室2011年5月9日公布的《2010年云南省第六次全国人口普查主要数据公报》和云南省民族事务委员会、云南省统计局联发的《关于规范使用少数民族称谓和云南省少数民族数据的意见》（云族联发〔2003〕8号）。

个①)。

云南丰富多样的自然环境、生物资源和悠久的人文历史，形成了云南丰富多彩的民族文化与宗教文化相融并存、多元共生的现状和特点。

(一) 佛教及其文化

佛教是世界三大宗教之一，起源于古天竺（古印度），约于公元 1 世纪两汉交替时逐渐从印度传入我国内地，迄今约有 2 000 年历史，在我国影响广泛，信徒众多。佛教传入我国后，与我国本土文化互相融合，成为我国的主要宗教之一。

佛教大约于公元 7 世纪从印度、缅甸、西藏和中原多路传入云南，迄今已有 1 300 多年的历史。佛教在云南多元多流，教派繁多，宗教文化内容丰富，地方民族特色浓厚，在中国佛教中具有极为重要的地位和广泛影响。

佛教按所用经典的语系，分为梵文经典系佛教（又称印度密教和云南阿吒力教)、汉文经典系佛教（又称汉传佛教或汉地佛教)、巴利文经典佛教（又称南传上座部佛教，俗称小乘佛教)、藏文经典系佛教（又称藏传佛教，俗称喇嘛教）四大派系。云南是我国唯一一个同时拥有汉、藏、巴利三语系佛教传播的省份，这在我国佛教乃至世界佛教中是十分独特的，显示出云南宗教形态的多样性和独特性。

1. 云南阿吒力密教（梵文经典系佛教）

阿吒力属印度密教，是公元 7 世纪以后印度大乘佛教一部分派别与婆罗门教相结合的产物。约于公元 7 世纪末至 8 世纪初经缅甸北部传入云南大理洱海地区，为白、彝、汉等民族所信仰。

印度密教阿吒力传入云南后，与当时的南诏、大理封建统治阶级紧密联系，融神权与封建地方政权为一体，并把儒家思想与佛教结合起来，成为封建统治阶级安邦定国的思想基础。随后经过长期的传承演变而成为云南独有的一个佛教派别，并形成了它的一系列特征，具有浓厚的地方民族宗教色彩。

元明两代，阿吒力密教的宗教地位和政治地位逐渐衰颓，到康熙时，被作为邪教对待，禁止其传播发展。到民国时仍有组织和活动，但规模和作用已大大衰落，其寺庙和教徒多被汉传佛教的禅宗派所融合，成为禅宗的附庸，仅在民间有

① 参见《中国宗教》2012 年 10 期，第 10 页。

残余变种流传。新中国成立后，云南阿吒力密教基本衰亡，已无宗教组织和庙宇，僧侣已演变为类似居士的信徒，只在农村有少量的念经活动。而今，阿吒力密教在云南已成为历史宗教。但由于阿吒力密教在云南大理白族地区长期存在，在白族民间留下不少用汉文书写但又夹杂着白语的经典，成为研究云南佛教史的珍贵资料。

2. 汉传佛教（汉文经典系佛教）

云南虽然地处我国西南边陲，但汉传佛教的传入时间却很悠久，分布广泛、信仰人数众多。汉传佛教约在公元 7—8 世纪之间分别从中原和蜀地（今四川）传入云南，为汉族及接受汉文化较早的一些少数民族所信仰。唐宋时期，云南汉传佛教在全国都有很高的声誉和广泛的影响，大理曾被称为“妙香古国”。至宋、元、明时期达到鼎盛，特别是昆明和大理地区，曾一度成为云南汉传佛教的胜地。清代以后，由于战乱和经济萧条等原因，云南境内的汉传佛教逐步衰落。新中国成立后云南汉传佛教的僧尼多数已还俗，“文化大革命”时受到冲击，寺庙受到破坏，僧尼被迫还乡还俗，宗教活动被迫停止，直到 1978 年十一届三中全会后才逐渐恢复起来。信徒主要是汉族，并对白族、纳西族等民族有一定影响；主要分布在大理、保山、楚雄、昆明、红河、曲靖和昭通地区。现全省约有信徒 120 万人。

云南汉传佛教的宗派主要是密宗和禅宗，也有净土宗、律宗、天台宗流传。云南汉传佛教宗派众多，这在全国其他省区也是少见的。云南汉传佛教寺、塔始建于唐代。晚唐以后，特别是宋、元、明时代庙宇极多，出现“无山不寺，无寺不僧”的盛况。清代，汉地佛教在云南逐渐衰微，但仍有不少寺宇。新中国成立以后，云南汉传佛教的主要寺宇得到修复，并被开辟为旅游文化景观，其中最具代表性的有昆明的圆通寺、筇竹寺、华亭寺和宾川鸡足山的祝圣寺。云南境内著名的佛塔有大理崇圣寺三塔和昆明东、西寺塔。云南汉传佛教的名山圣地、寺、塔、经幢、石窟造像等都是云南民族文化的重要资源。

在云南汉族地区，汉传佛教与道教、儒教相融合，具有三教合一的特色。在云南少数民族地区，汉传佛教的思想观念及文化与少数民族的原始宗教及民族民间宗教信仰相融合，形成了佛、巫合一的文化形态，具有鲜明的民族特点和地方特色。如云南澜沧拉祜族的汉传佛教文化与拉祜族民间信仰的至上神厄莎、弥勒佛有机融合在一起——祈福消灾找至上神厄莎，生育健康找弥勒佛，十五、三十烧香点蜡纳福辟邪。许多少数民族的节日，还融合了道教节日的某些内容，具有佛、道合一的特征。

云南汉传佛教的节日较多，主要有如来会、浴佛会、观音会、地藏会、普贤会、弥勒会、龙华会、盂兰盆会等，影响较大的有鸡足山香会和大理观音会等，其中观音会是云南汉传佛教节日中最具群众性的节日。此外，云南许多民族都特别崇奉观音菩萨、弥勒佛、天神等，关于祈福、消灾的节日活动也特别多，由此形成了许多地方性的庙会文化，如弥勒会、大理鸡足山香会、孃孃会、盘龙寺庙会等。

3. 南传上座部佛教（巴利文经典系佛教）

南传上座部佛教属于佛教的南传系统，由印度向南传入斯里兰卡，再传到缅甸、泰国、柬埔寨、老挝等国，约于公元8世纪从缅甸传入我国云南西双版纳地区，13世纪得到发展，现主要分布在云南西双版纳、德宏、普洱、临沧和保山等地，为傣族、布朗族、德昂族、阿昌族及部分佤族所信仰，其中傣族全民信仰南传上座部佛教，目前约有110万信众。在我国，南传上座部佛教是云南独有的佛教派别。

就语言系统来说，南传上座部佛教属于巴利语系佛教，使用巴利文大藏经；就教派来说，它自称属于早期佛教的上座部系统，因此也称为“南传佛教”“巴利语经典系佛教”“上座部佛教”。此外，由于它属于大乘佛教兴起前的早期佛教派系，因此被后起的大乘佛教贬称为“小乘”，虽然这一称呼现在已无贬义，但其信徒从感情上仍然接受不了，所以一般不用此称呼。

在云南，信仰南传上座部佛教的村寨都有佛寺与佛塔。傣族地区的佛寺可分为若干等级，有统领全区的总佛寺，总佛寺下有各版纳和勐的中心佛寺，中心佛寺下又有各村寨的佛寺。寺院掌握着文化教育大权。传统上，傣族的男子在幼年时都必须出家一段时间，到寺院接受佛教教育，学习佛经和有关的宗教文化知识。在寺院学习的时间不等，有三年五年，也有七年八年，到了接近成年时，就为其举行一定的宗教仪式，还俗为民。也有少数留在寺里，成为僧人。佛寺里有大量的傣文佛经，最古老的佛经是刻写在贝叶上，称为贝叶经，较近代的抄写在棉纸上。经书数量浩繁，据说有八万四千卷。其内容除佛经外，还有大量的神话传说、民间故事、历史文献、天文历法、医药、数学等。佛教对傣族文化的发展做出了重要贡献，为傣族社会培养了大批的本民族知识分子。

傣族地区佛寺与佛塔的建筑风格具有鲜明的南传上座部佛教特点。西双版纳的佛寺一般为宫殿式建筑，德宏地区的佛寺有宫殿式、干栏式和干栏宫殿混合式三种，其中著名的佛寺、佛塔有：曼阁佛塔、大勐龙佛寺、菩提寺、景真八角亭、曼飞龙笋塔、姐勒塔等。

云南信奉南传上座部佛教的地区有许多佛教节日，这些佛教节日又与民俗节日融合在一起，既保留着南传上座部佛教的传统仪轨及习俗，又是傣族等民族的传统节日，因而具有较为广泛的群众基础和丰富的内容。如浴佛节（泼水节）、关门节、开门节、雨安居、翁瓦萨、献经节、塔摆、赕白象、做帕戛等。

南传上座部佛教在云南长期的传播发展过程中，与傣族、布朗族、德昂族、阿昌族及佤族等滇西南的少数民族文化、社会生活和风俗习惯逐渐融合，对当地民族的社会、文化、艺术、教育产生了极其深远的影响，以至于形成了以傣族为代表的，在道德心理、风俗习惯、文字教育、天文历法、医学卫生、绘画建筑、音乐舞蹈等方面别具特色的佛教文化圈，成为云南民族传统文化的重要组成部分。

4. 藏传佛教（藏文经典系佛教）

藏传佛教是藏族全民信仰的传统宗教，以西藏为中心，约于公元7世纪从西藏传入云南迪庆、丽江等地区，为藏族、纳西族和普米族所信仰。11世纪以后有较大规模的发展。藏传佛教在云南的传播和发展大致经历了四个阶段。第一阶段：吐蕃时期的初传阶段；第二阶段：宋末至元时的正式传入阶段；第三阶段：明朝时期；第四阶段：清代。在蒙古和硕特部以及清王朝的大力支持下，格鲁派（黄教）日益兴盛，而其他各派则日渐衰落。清代以后，云南的藏传佛教总体没有大的变化。新中国成立后，迪庆废除了政教合一的统治制度，废除了寺院经济及上层僧侣的特权，寺院内的僧侣逐渐减少，宗教活动总体处于平稳、正常状态。藏传佛教在“文化大革命”中受到冲击，十一届三中全会以后逐渐恢复起来。在今云南境内主要传播于迪庆藏族自治州的中甸县（今香格里拉县）、德钦县和维西县，怒江傈僳族自治州的兰坪县、福贡县和贡山县以及丽江市的古城区、宁蒗县，除藏民全民信仰外，迪庆州南部的傈僳族、怒江州北部的怒族以及丽江地区的纳西族（含摩梭人）和普米族中也有信众，约有18万多人。目前，藏传佛教在民间活动的规范性较差，一些特殊的修行方法在民间逐步流传并出现了向藏区以外地区流传的扩大化倾向。

藏传佛教各教派是“后弘期”的产物，从11世纪中叶开始，藏传佛教各教派也随着“后弘期”各教派的形成而传入云南境内，最早传入云南的是宁玛派（红教），随后依次为噶举派（白教）、萨迦派（花教）和格鲁派（黄教）。早期以宁玛派和噶举派分布最广，信众最多。到清初，格鲁派因受到封建统治者的支持而迅速传播。

云南著名的藏传佛教寺院有松赞林寺、东竹林寺、来远寺以及指云寺等。藏传佛教对滇西北各民族的社会、文化、生活和政治都产生了较大的影响。

云南藏传佛教文化以藏族文化和佛教文化为主，包含和融合了藏族苯教文化、纳西族东巴文化、摩梭人的达巴文化和普米族的汉归文化，其中苯教是藏文化的根基。苯教是云南藏族信仰的原始宗教，其中就包含有神山崇拜和人与自然和谐共处的朦胧意识。佛教传入云南藏区后，佛教的行善惜生、因果轮回等观念与藏族的原始宗教相结合，形成了以山神崇拜为核心的生态文化。这种文化认为，动植物都是有生命的，狩猎、砍树是杀生的行为，要进行严格的控制。动植物多了，家畜与人的疾病将大大减少。在众多活动及禁忌中，每年正月初一至十五，所有的藏族都要种树，因为他们认为，种一棵树可以延长五年寿命；反之，损一棵树，就要折寿五年。生孩子时请喇嘛取名，生病时请喇嘛祛病，喇嘛都会叫你去种树。藏族人民具有的以神山崇拜为核心的包括保护寺院周围自然环境的生态保护意识和行为，使得中甸和德钦的大面积森林植被幸免于新中国成立后由于经济建设和林权变动引发的几次毁林高潮而得以保存下来，也才使迪庆州至今仍然是生物多样性的富集地和云南生态环境保护得最好的地区之一。①

（二）基督教及其文化

基督教与佛教、伊斯兰教并称世界三大宗教。它最初起源于公元 1 世纪的巴勒斯坦，后逐渐流传于罗马帝国全境。基督教包含罗马公教、东正教及新教三大派别，但由于历史的原因，在中国的基督教通常仅指三大派别之一的新教，将罗马公教称为“天主教”。

基督教（新教）于 19 世纪后期从缅甸和四川等地传入云南，最早在大理开办教会，后传播到昆明、昭通、东川等地。主要集中在较偏僻的少数民族地区，教徒多为傈僳族、苗族、拉祜族、景颇族、佤族、哈尼族、彝族等少数民族及部分汉族，少数民族占绝大部分。就基督教的影响及特点而言，在中国，特别是在内地，基督教在思想观念、文化传统、伦理道德等思想文化领域，与中国传统的儒学结成同盟，借助儒学推广福音；但在西南地区，特别在云南，基督教主要是

---

① 郭家骥主编：《生态文化与可持续发展》，中国书籍出版社 2004 年版，第 70 ~ 71 页。

与少数民族的传统生活习俗、民族文化相结合，从而对云南少数民族的社会生活和精神生活产生影响。

基督教在云南少数民族社会的传播过程中，通过传教士创制少数民族文字布道，使得云南部分信仰基督教的少数民族能运用文字与外部交流、从事本民族的文化教育活动。传教士们以拉丁字母拼写方法为基础，以少数民族语音为依据，创制适合少数民族语言和发音习惯的传教文字。借推广使用少数民族文字之机，他们开办培训班，翻译出版宗教书刊，在少数民族中产生了极大的影响，从而使基督教在云南得到了较快的发展。自20世纪以来，基督教传教士们在云南先后创制和推广使用了十余种少数民族文字，其中以苗文、景颇文、傈僳文、拉祜文等影响较大。

此外，基督教传教士还通过医药布道，使少数民族开始接触到现代医药卫生观念，引起了信教群众卫生健康观念的重要变化。在医疗卫生较差的少数民族地区，传教士们开办了医院和许多施药点，通过治病救人、施药行善的方式使人们接受基督教。虽然医药传教具有明显的宗教目的，但对少数民族的生命观、医药卫生观产生了深刻的影响。

云南基督教派别虽然繁多，但影响最大、分布最广并最能体现云南基督教活动概况的，当属内地会、循道公会、浸会、五旬节派教会和安息日会等五大派别。中国基督教会因为直接源出西方教会，因此在新中国成立前夕，云南基督教各宗派在外国差会的控制下四分五裂，彼此攻击。新中国成立后，中国基督教掀起了摆脱帝国主义控制的“三自”（自治、自养、自传）爱国运动，彻底摆脱了外国势力的控制，奉行独立自主、自办教会的宗旨和“三自”方针，摒弃了门户之见和教派之争，完成了基督教在中国的划时代转变。在中国基督教“三自”爱国运动的推动和影响下，云南基督教会积极响应，在礼仪和信仰上大力提倡互相尊重、打破宗派界限，从而加强了各宗派间的联合，1958年后原来的各宗派不复存在。

“文化大革命”时基督教受到冲击，宗教活动被全面禁止，所有教堂均被关闭。十一届三中全会以后得到恢复，进入新的发展阶段。近几年来有较大发展，特别是在傈僳族和部分苗族、景颇族等民族中，初步完成了基督教与民族传统文化生活相融合的历史转变，并融入人们的世俗生活和文化传统中，逐步改变了人们传统的生活习俗、宗教信仰和传统婚姻，对少数民族地区的社会生活产生了较大而深远的影响。“三自”爱国运动使广大基督教徒高举爱国爱教的旗帜，坚持独立自主自办教会的方针，积极参与社会主义建设，为和谐社会以及边疆安定做出了积极的贡献。

基督教在我省边远少数民族地区具有较大的影响，现全省约有50多万信徒，85%以上的信徒主要分布在昆明、普洱、怒江、德宏、迪庆、楚雄、临沧和昭通等州市。目前，基督教的影响和范围不断扩大，局部地区甚至出现了过热发展的现象，特别在省会昆明，随着信众的不断增多和城市的扩大，原有的教堂数量和分布格局远远满足不了信众的需要，加之宗教渗透等原因，公开或隐蔽的家庭教会逐渐形成并有所发展，宗教活动的规范性较差。

（三）天主教及其文化

天主教是基督宗教三大派别之一。云南天主教教区，最早设立于1696年。天主教传入云南的时间要比基督教早得多，但是它的发展却比后期传入的基督教迟缓，影响范围也不及基督教。

据零星资料记载，早在8世纪（唐代）前后和13世纪（元代），就有天主教在云南开展活动，当时称为“也里可温”，但未能流传下来。此后，天主教于17世纪前后再次进入云南。早期云南的天主教一部分是四川天主教徒和随明永历皇帝迁居昆明的随行人员中的天主教徒。最初天主教主要集中在川滇两省交界的大关、盐津等偏僻山区的彝族和苗族地区传教，后逐步扩散到滇西白族地区和西部边疆的少数民族地区。1950年以后，由于外国传教士的离境，天主教的活动逐渐消沉。“文化大革命”时，宗教活动被全面禁止，所有教堂被占用，天主教活动归于沉寂。十一届三中全会以后得到恢复。

目前，云南天主教的分布基本与新中国成立前相同，没有新增的地区和教堂，全省开放的教堂约55座，信徒8万余人。主要分布在昭通、曲靖、昆明、大理、迪庆、怒江、德宏、文山、红河等州市。云南天主教信徒大多是少数民族，其中主要是彝族、苗族、藏族、景颇族，其次是傈僳族、怒族、白族、纳西族、拉祜族、佤族和少数汉族。其信徒的发展主要是信教家庭子孙的延续，其次是教徒聚居地区的人们受环境影响而入教。因此，其民族构成比较稳定。

天主教在云南传播发展的过程中，不可避免地与云南不同民族的传统观念、传统宗教、传统文化以及传统生活方式发生冲突、摩擦、调适与融合，逐渐形成了具有云南特色的天主教文化，其最为突出的表现则是建筑风格的融合。云南天主教堂多采用哥特式建筑形式，在本土建筑风格较强的民族地区还融入了当地元素，但在建筑的某些显著部位，例如整体轮廓、门窗等处还是凸显出天主教堂的传统建筑风格。其中最具代表性的当属大理城内的圣心堂。教堂使用木质构架，雕梁画栋、斗拱飞檐，极富白族传统民居特色，但在门窗设计中保留了哥特式拱顶造型，从而使哥特式造型与白族传统建筑完美融合起来。

基督教、天主教一开始传入云南就主要是在少数民族地区传播，因此特别重视与当地少数民族的文化和生活习俗相结合，尤其对苗族、拉祜族、佤族、彝族、景颇族、傈僳族、怒族、哈尼族等少数民族的宗教信仰、生产生活方式、医疗卫生、文化教育产生了深刻影响，由此形成了具有显著民族特征和地方特色的宗教信仰的民族化。

（四）伊斯兰教及其文化

伊斯兰教是公元7世纪初由穆罕默德在阿拉伯半岛创立的一神教。于公元7世纪中叶开始传入我国，为我国的10个少数民族所信仰，在蒙、藏、白、傣等民族中也有少量流传。

云南是我国伊斯兰教传播较早和较广的地区之一，民间历来就有唐代传入的说法，较之文献记载约早600余年。在云南，回族是信仰伊斯兰教的主体民族，也是伊斯兰文化的主要传承者，伊斯兰教和伊斯兰文化就是由于有了广大回族穆斯林的吸收、接纳、传播和实践而不断地发展。据有关史料记载，回族先民进入云南始于唐宋时期，即阿拉伯和波斯人入滇经商，而大批回回人迁入云南则在元代。13世纪中叶以后，回族先民开始大量移入云南，迄至18世纪初的500余年间，历史上共经历了三次移居云南的高潮。第一个高潮是在元代：13世纪东迁来云南的西域回回（信仰伊斯兰教的中亚各族人及波斯人和阿拉伯人）是云南回族的主要来源。元宪宗三年（1253年），忽必烈、兀良合台率十万大军南下平定大理国，其中就有不少西域回回军士，他们在云南各地征战、屯田、制造兵器，开拓边疆，娶妻生子，落籍云南，是回回穆斯林入滇之开端，也是伊斯兰教传入云南之始。特别是元赛典赤·赡思丁主政云南时期，其部下、亲属及后裔大量移居云南，后代繁衍昌盛。第二次高潮是在明代初期：大量回回士兵、商人、工匠进入云南。明洪武十四年（1381年），明太祖朱元璋命傅友德、蓝玉、沐英（回族）率30万大军征云南，云南平定，回族将领沐英镇守云南，随沐英而来的大量回回军士亦落籍云南。沐英治理云南九年，从外地来滇的军民四五十万，其中不少是回回穆斯林。后明军“三征麓川”，其中也有不少江南、陕甘回回随之入滇落籍，这对云南回族穆斯林的发展和伊斯兰教的进一步传播有着十分重要的意义。第三次高潮是在清代初期：清初，在各地的反清斗争中，南明桂王退入云南，随之转战的湖广一带的回族穆斯林相继落籍滇西的保山、腾冲地区，形成明、朱回族大姓。到雍正时期，清政府在滇东北少数民族地区推行“改土归流”，在频繁用兵征战中，河北、山东和四川等地的许多回回士兵随回族将领哈元生、冶大雄、许世亨、哈国兴在川、滇、黔三省交界地区驻防，最后在滇东北地区落籍……随着大批回族穆斯林不断迁入云南，经过元明清三代的发展，到了清朝中叶，云南的回族穆斯林已达 80 余万，成为仅次于西北的第二大回族聚居区。但在清后期，由于清政府采取民族压迫和民族歧视政策，对伊斯兰教和回族穆斯林进行残酷的镇压，经过清“咸同之变”（1856—1874 年）的屠回惨案后，云南回族穆斯林的人口锐减至十余万人，省会昆明也仅存 2 万余人。清真寺被毁，云南伊斯兰教处于衰颓状态。辛亥革命后，伊斯兰教有所发展，但直到 20 世纪 50 年代初期，云南的回族穆斯林才增至 21 万余人。在其分布、居住环境和社会经济及文化等方面，基本与历史上的状况相同。新中国成立后，云南伊斯兰教得到平稳发展。“文化大革命”时期，云南伊斯兰教同样受到严重冲击，清真寺被关闭，宗教界人士受到批斗。十一届三中全会后逐步得到大恢复。经过新中国成立后 60 年的发展，现在云南回族人口约 70 万人，全省各州（市）县都有回族穆斯林分布。

云南的伊斯兰教派大多是逊尼派哈乃斐学派中的格底目，少数属哲赫林耶和伊赫瓦尼等。格底目自称老派、老教、正统派。“哲赫林耶”系阿拉伯语的音译，意思是“公开的”“高声的”和“响亮的”。该教派的创始人是甘肃阶州（今武都）人马明心，于清乾隆年间传入云南，教民主要分布在通海古城、大回村，墨江县的玫联镇和回辉村，弥勒县的竹园和小寨，个旧沙甸的川方寨，华宁县的盘溪镇，峨山县的文明村，昆明有少量分布。全省共有教民 1 万余人，昆明大约有四五百人。“伊赫瓦尼”系阿拉伯语的音译，意为“兄弟”，是伊斯兰教派别之一。因该派产生的时间较晚，故又被称为“新派”；又因其主张“遵经革俗”，又被称为“遵经派”。该派是在 19 世纪末期由甘肃河州（今临夏回族自治州）东乡果园村东乡族著名阿訇马万福（又称马果园）创立的。伊赫瓦尼派在教义上信守逊尼派教义，教法上遵奉哈乃斐学派学说。传入云南的伊赫瓦尼派是 20 世纪 20 年代初由几位赴西北在马万福帐下学习归来的阿訇学者倡导的，现全省约有信众 1 万余人，主要分布在昭通市、鲁甸县、个旧沙甸、开远以及昆明市个别街巷。

近年来，随着朝觐和出国留学、经商人员的不断增多，受阿拉伯地区和伊斯兰国家的影响，云南有的回族地方出现了持“瓦哈比”观点的穆斯林（当地称“新观点”或“三抬手”）。

云南伊斯兰文化在经历了元、明、清、民国到新中国的历史演变和发展，在与汉文化和相邻民族的交往互动中，吸收、融合了以儒家思想为主体的汉文化以及相邻民族的文化，形成了以伊斯兰文化为基本特质和内核的，具有中国特色和地域特色的复合型文化，并随着历史的发展和社会的变化而不断发展和创新，有机地融入到中华文化之中，成为中华文化和云南民族文化的重要组成部分，是中国化和本土化了的伊斯兰文化。

云南伊斯兰文化的内容十分丰富，包括伊斯兰教的宗教理论思想、宗教经典、宗教教育、文学艺术、音乐舞蹈、美术建筑、文物古迹、民风民俗和科技成果等有形和无形的形态。

清真寺是伊斯兰教聚众礼拜、进行宗教活动、处理教务和举办宗教教育的场所，也是穆斯林经济、文化的集中体现，伊斯兰文化的许多元素，诸如建筑、雕刻、绘画、书法，以及审美观和美学理念等都在清真寺得到集中反映。云南清真寺的建筑形式既保存了阿拉伯地区伊斯兰教的建筑风格，又有与其杂居的其他民族的建筑元素，还带有浓厚的中国传统建筑的特点。云南境内现存的著名的清真寺有昆明市的顺城清真寺、南城清真寺、永宁清真寺，以及寻甸回族彝族自治县柯渡镇的回辉村清真寺和昭通市鲁甸县的拖姑清真寺等。个旧市沙甸大清真寺是云南目前投资最多、规模最大、影响最广的清真寺。

伊斯兰教的经堂教育是伊斯兰文化的重要内容，云南伊斯兰教的经堂教育有其悠久的历史传统，并代代延续，传承至今。在云南回族地区，有条件的清真寺都办有不同层次的经堂教育，为传承和发扬伊斯兰文化培养了大批人才。

云南回族穆斯林的风俗习惯既和伊斯兰教有密切的联系，同时又受汉文化或相邻民族的影响，带有鲜明的宗教特色和地方特色。回族穆斯林从出生、结婚到丧葬都有自己独特的仪式和风俗习惯，有的既是宗教的内容（如出生取经名、结婚念“尼科赫”、丧葬要站“者那则”等），又是回族的传统习惯。主要节日有开斋节、古尔邦节、圣纪节，有些地方还举行姑太节、亡人节。

云南伊斯兰文化还有一个显著特点，即伊斯兰教在云南的传播过程中，除吸收了汉文化外，杂居在其他少数民族地区的部分回族穆斯林还不同程度地接受了当地民族的文化，在语言、服饰等方面与当地邻近的少数民族基本一样，但仍保留着伊斯兰教信仰和回族的饮食习惯。所以，云南的伊斯兰文化不仅在回族聚居区得到传承和集中体现，就是在边疆民族地区也有传播和发展，形成了内容丰富、形态完整的云南伊斯兰文化。如西双版纳傣族州的“傣回”（“帕西傣”），大理的“白回”、迪庆的“藏回”，宁蒗受彝族影响较大的回族，他们除使用汉语言外，还使用傣、白、藏、彝等民族的语言，服饰也与傣、白、藏、彝族等大致相同。其中最具有代表性的是生活在西双版纳勐海县曼峦寨和曼赛寨的“帕西傣”①。他们与当地傣族一样，讲傣话，用傣族姓名、穿傣族服饰、过春节，但却信仰伊斯兰教，遵守伊斯兰教教规、教义，保持着伊斯兰教的生活习俗。其既不同于傣族，又不同于回族的特点，反映了回族穆斯林和傣族人民在生产、生活方式、婚姻等方面长期交往融合的历史文化状况，以及由此形成的独具特色的“帕西傣”文化，是云南伊斯兰文化和回族文化的组成部分。

（五）道教及其文化

道教是产生于中国的本土宗教，由东汉中叶张道陵在四川所创的五斗米道发展而来，至今已经有 1 800 年以上的历史。道教传入云南的历史较为悠久，创立初期就传入云南汉族、彝族、白族和纳西族地区。明代中叶是道教空前繁荣的时期，清代中叶后期以后，道教在云南逐渐衰落下来。新中国成立后，道教继续衰落。“文化大革命”时期，道教宫观被拆毁，道士、道姑流落各地，道教活动被迫停止，直到十一届三中全会以后才得到逐渐恢复。

在云南，除汉族外，白族、彝族、纳西族、傣族等少数民族中亦有道教信仰，信徒主要分布在大理、昭通、保山、昆明、临沧、丽江等州市，其中，大理、昭通、保山三地的信徒占全省信徒的 80%。目前，道教处于恢复发展阶段，道教活动总体上处于正常范围，但教职人员缺乏，宗教活动不尽规范。

云南道教的派别众多而复杂，有些派别是外省传入的，有些派别是云南衍生的。云南道教的主要派别有正一派（俗称“火居道”）、全真派（俗称“清虚派”），全真派又有许多分支，如天上派、龙门派、长春派、灵宝派等。道教在云南的传播发展过程中，与佛教、儒教和云南多民族的土著原始信仰和原始宗教

---

① “帕西傣”是傣语，意为不吃猪肉的傣族，也称“傣回”。其形成原因主要是历史上回族传统马帮贸易以及清晚期（1872 年）滇西回民起义失败后部分回族穆斯林落籍傣族地区。2009 年西双版纳州共有回族 3 715 人，主要分布在景洪城区和勐海县的勐海镇、勐遮镇。

相结合，形成了儒、佛、道三教合一的地方民族特色，并表现出趋向民间发展，演变为民间宗教组织的趋势，具有较为鲜明的地方化、民间化特征。历史上，道教在云南各地有广泛的传播和发展，对云南汉族和众多少数民族的传统文化产生过重要影响。现在，云南的道教总体上已呈衰颓态势，仅在局部地区有少数道众活动。①

道教文化作为中国的传统文化，是在方仙道和黄老道的理论基础上吸收了神仙方术、民间武术、自然崇拜、阴阳五行等而形成的宗教文化，是中国传统文化的重要组成部分。

道教主张尊道贵德、道法自然，以清静无为为法则治国修身。以“道”为最高信仰，认为“道”是天地万物的本源和宇宙生生不息的总生机，又是宇宙深层本质和社会人生的最高真理，具有无限性、超越性和普世性，相信人通过修炼可以“成仙得道”。道教是重生的宗教，养生文化最为发达。道教信仰追求的最高目标是修道成仙，长生不老，其次是治病健身、驱邪除祟、祈福消灾。

云南道教文化涉及内容广泛，主要分为道教物质景观和道教礼仪两大部分，包括道教建筑、道教科仪、道教哲学、医学、音乐、文学、艺术等。道教传入云南以后与当地少数民族民间宗教相融合，尤其与彝族、白族、瑶族、傣族、壮族等民族关系密切，形成了独具地域特色的道教文化。云南在明、清两朝兴建了许多道教宫观，大多集中在汉族聚居区，或是受汉文化影响深远的地区。主要的道观有滇东北地区的昭通大龙洞道观、元宝山、威信观斗山、师宗飞来寺；滇中地区的昆明真庆观、龙泉观、太和宫、三清阁、铁峰庵、虚凝庵；滇南地区的蒙自缘狮洞、个旧宝华寺、景谷大石寺、临沧子孙庙；滇西地区有著名的巍宝山道教宫观群、腾冲云峰山等。这些宫、观、亭、台、楼、阁大多修建在风景清幽、山清水秀之地，与绮丽的自然景观交相辉映，相映成趣，形成了自然山水与道教建筑相融洽的独特风格，使自然风景名胜增添了道教文化色彩。

云南道教的经籍多从外地传来，后来也被昆明、昭通、巍山等地道士、信众抄录、翻印，甚至自撰道书。云南道教典籍中还有一部分最具特色、散落民间的少数民族道教经典。例如杨志成先生整理、翻译的《云南罗罗族的巫师及其经典》《罗罗台上清净消灾经对译》，是云南彝族民间宗教与道教融合形成的经典；

---

① 杨学政：《云南宗教形态及其文化特色》，载《2002～2003 云南宗教情势报告》，云南大学出版社 2003 年版。

云南瑶族民间也珍藏着大量古籍，多是瑶族道教的经典文献，如《瑶书》（瑶经）、《瑶传道藏》等。

道教音乐源于巫祝，继承了“巫以歌舞降神”的传统，同时不断吸取帝王庙堂仪典音乐和民俗祭神音乐成分，是道教进行斋醮仪式时为神仙祝诞、祈求上天赐福、降妖驱魔和超度亡灵等法事活动中使用的音乐，对信仰道教的云南少数民族的生产生活均有一定影响。云南道教音乐大致分为正一经韵与全真经韵两类。由于在民间传播广泛，道教音乐与当地地方音乐多有融合，在一定程度上具有民间传统音乐与地方性音乐的特色，与汉族地区的道教音乐不尽相同，既蕴含着本民族固有的文化特质，也不乏汉族传统文化风貌。云南的道教音乐以正一经韵为多，广泛分布于汉族及白族、瑶族、纳西族、壮族、阿昌族等民族地区；而昆明长春观、曲靖紫云洞、巍山朝阳洞以及新平县部分火居道士则使用全真经韵；此外，在昆明、巍山等地曾经流传过道教清微派的经韵音乐。但在云南传播最广影响最大的还是“洞经音乐”，至今，剑川、腾冲、巍宝山等地还有被称为“古乐队”的洞经乐手。

（六）原始宗教（自然宗教、传统宗教和民族民间宗教）及其文化

原始宗教（包含自然宗教、传统宗教和民族民间宗教）是在原始社会发展到一定阶段后产生的，以反映人和自然的矛盾为主要内容的初期宗教，是原始人类在生产力和思维能力十分低下的情况下，人与自然对立并把自然力作为一种异己力量而自发产生的自然宗教，是人类自身异化的产物。它以多神崇拜和巫术控制为主要特征，是氏族、部落和原始民族重要的社会意识形态之一。原始宗教随着人类认识自然和改造自然能力的提高，经历了一个由低级到高级的发展历程。因此，原始宗教在不同的历史发展阶段上出现了不同的宗教形态，其主要有万物有灵、自然崇拜、动植物崇拜、图腾崇拜、鬼魂崇拜、神灵崇拜、祖先崇拜和偶像崇拜等多种形态。在云南少数民族原始宗教文化圈中，各种原始宗教的崇拜形态都有保存。原始宗教形态和宗教意识在很长的历史时期影响甚至支配着云南许多民族的社会生活。

新中国成立前，云南各少数民族的社会发展极不平衡，不同的民族处于不同的社会历史阶段。如独龙族、基诺族、傈僳族、怒族、布朗族等居住在山区的少数民族基本上还处于原始社会末期向阶级社会过渡的历史阶段，小凉山地区的彝族还保留着奴隶制，傣族、藏族还保留着封建农奴制，其他民族如壮、苗、拉

祜、白、哈尼、阿昌、纳西等民族的社会已经发展到封建地主制阶段。而宁蒗县永宁地区的摩梭人（纳西族支系）在家庭婚姻制度方面还遗存着母系制残余。①云南多民族和各民族间社会发展不平衡的特点，即构成了云南少数民族原始宗教内容丰富、形态多样、特色鲜明的特征。处于不同发展阶段的云南各民族，都有自己传统的原始宗教或不同程度地保留着原始宗教的一些内容和残余，如纳西族的东巴教、白族的本主教（崇拜）、藏族的本教、彝族的毕摩巫教、普米族的汗归教、哈尼族的贝玛、傈僳族的尼帕、瑶族和壮族的师公等。

历史上，随着佛教、道教、伊斯兰教、天主教和基督教先后在云南的传播，受其影响的民族全部或部分先后信仰和皈依了不同的宗教。但即便如此，传统的原始宗教信仰和意识仍然遗存在这些民族中，而更多的则是与所信仰的宗教相融合，体现出信仰的多元性和地域性特征。如受南传上座部佛教（小乘佛教）的影响，云南西双版纳和德宏地区的傣族几乎全民信仰南传上座部佛教，而在滇东北地区的苗族和滇中、滇南地区的彝族，因受基督教的影响而部分信仰基督教，同时又保留有传统的原始宗教。在信仰基督教的一些彝族地区，人们既到教堂做祈祷、诵读《圣经》、唱赞美诗，又在日常的生产、生活中请毕摩占卜、算卦，表现出其信仰的二元或多元性。

随着时间的推移，生产力、科学技术、文化教育等社会各方面水平的发展，原始宗教文化中的许多内容都成为民族文化的重要组成部分，不同程度地渗透与融入到各民族生产、生活习俗的方方面面。

此外，由于宗教自身发展的规律，它与社会的政治、经济发展并不是完全同步的，所以即使是在科技、信息高度发达的现代社会，云南许多民族仍保留着原始宗教的各种遗存形态，并在一定程度和范围内，从思想观念、思维意识、道德规范、行为要求、社会生活和风俗习惯等方面对这些民族继续产生着影响，而且这种影响在短期内不会消亡，在特定的条件和环境下甚至会产生积极或消极的作用。

云南的宗教和宗教文化的形态内容丰富多样，并具有鲜明的民族特色和区域特色。而凡具有民族性的文化同时也是世界性的文化，云南宗教文化中不少属于世界人类珍贵的文化遗产，是人类文明罕见的优秀成果。但是，我们在正确认识、开发利用云南宗教文化资源的同时，也要严格区别宗教文化中的精华与糟

① 颜思久主编：《云南宗教概况·原始宗教》，云南大学出版社1991年版，第25页。

粕，明确宗教信仰与宗教文化的区别和不同，明确宗教文化与民族风俗习惯的区别和联系。

二、云南宗教及其文化特点

云南各宗教是云南民族传统文化的载体，云南各宗教中蕴藏着的丰富的宗教文化是云南民族文化的重要组成部分，是可供开发利用的重要文化资源。历史上，云南境内的各种宗教与云南各民族的传统文化和风俗习惯相融合，形成了具有云南多民族、分区域展现丰富文化特质的宗教文化。具体表现为各种宗教与云南多民族、多元文化相融合，形成了宗教形态多样而并存，宗教文化多元而共生；民族种类多，民族文化和宗教文化互相交织；跨境民族多，与境外宗教文化交流和宗教活动交往频繁等云南宗教文化丰富而多样的特点。

（一）宗教形态多样并存，宗教文化多元共生

云南宗教形态的多样和宗教文化的多元在全国是绝无仅有的。从宗教种类来说，云南境内现有佛教、道教、伊斯兰教、天主教、基督教（新教）以及原始宗教和民间宗教。从宗教类型来说，云南宗教文化系统分为佛教文化系统、道教文化系统、基督教文化系统、伊斯兰教文化系统和原始宗教文化系统，其中佛教、道教、原始宗教文化系统尤为丰富和突出。在佛教文化系统中，又分为南传上座部佛教文化、汉传佛教文化和藏传佛教文化。云南宗教和宗教文化具有东方宗教与西方宗教并存，东方宗教文化与西方宗教文化以及云南民族文化三者相互交融、互为消长的特点。其他省区虽然也有以上几种宗教，但其中只以一种宗教或两种宗教为主，其他宗教的信众较少，影响不大。但云南五大传统宗教及原始宗教的信众和影响是相对平衡的，即各宗教都有其较长的历史传统和固定的信仰民族，对信仰民众的精神生活和社会生活都有深刻的影响。其中，佛教、伊斯兰教、基督教和原始宗教的影响相对深刻和广泛。

云南宗教形态的多样性，不仅是指云南宗教种类多，更主要是指宗教的内部派系众多，而且具有鲜明的民族特色和区域特色。如云南佛教，除了有汉传佛教或藏传佛教外，还有南传上座部佛教和阿吒力密教，这也是云南独有的佛教派别。各宗教在不同的地区或民族中传播，并与不同的民族文化相融合，因此形成和表现出不同的区域特色和民族特色。如生活在云南西双版纳勐海县的曼峦寨和

曼赛寨的“帕西傣”，就是云南多种宗教形态并存、多元宗教文化共生以及宗教文化生态平衡保持得较好的典型。在那里，身着傣族衣服和服饰、讲着傣语，但却信仰伊斯兰教和严格遵守回族生活习俗的“帕西傣”与周围的傣族、汉族和其他民族友好相处、世代往来、亲如一家。与曼赛寨相邻的是一个傣族寨子，傣寨里的佛寺与曼赛的清真寺相隔不足百米，清真寺的“帮格”声（召唤穆斯林礼拜的声音）与佛寺的念经声此起彼伏，互相交织，信仰伊斯兰教的“帕西傣”与信仰南传上座部佛教的傣族就是听着这两种完全不同的声音从容而安然地进行着他们的生产和生活，两种截然不同的宗教文化在同一天空下如此完美地融合在一起，向世人展示了宗教多元文化的水乳交融以及宗教文化生态平衡的独特魅力。再如，西双版纳景洪嘎洒曼允寨是一个传统的傣族村寨，全村有 280 多人，但全部都信仰基督教，寨里有一个新建的基督教堂，经常来教堂活动的人占全村人口的四分之一，最多的时候来教堂的人有 1 500 多人（包括其他寨子和城区的信徒），其中有傣族、汉族、拉祜族、布朗族、瑶族。在一个南传上座部佛教盛行，几乎全民信仰佛教的傣族地区，竟然有两个全村人信仰伊斯兰和一个信仰基督教的村寨，并建有清真寺和基督教堂，且经常开展宗教活动，放下民族迁徙、融合，宗教传播、渗透等历史和现实因素不说，仅从宗教多样并存和宗教文化多样共生这样一个角度和层面就足以说明云南宗教文化的独特性。

云南除了五大宗教具有多样性，各民族传统的原始宗教形态也同样具有多样性、独特性和典型性，这在全国乃至当今世界各地各民族中都是绝无仅有的。云南各民族原始宗教信仰形态的多样性还体现在同一民族其信仰和崇拜对象不同以及不同民族其信仰和崇拜对象相同这一特征。

此外，云南原始宗教形态不仅丰富、多样、独特，且完整而典型，同时还具有其形态发展演变方面的层次性。一是虽然云南各民族原始宗教中保留着各自不同的形态活动和宗教崇拜，但从总体形态来看，其形态的多样性、典型性、完整性的特点是十分明显和突出的。二是云南各民族原始宗教的演变表现出鲜明的层次性，即既有一般意义的原始宗教，如各种形态的原始崇拜，又有跨入人为宗教，具有完型宗教特点的原始宗教，如纳西族的东巴教、白族的本主崇拜、彝族的毕摩教等。这种形态方面的层次性，不仅在全国，甚至在世界范围内也具有极为重要的学术意义。

（二）民族种类多，民族文化和宗教文化互为交织，密不可分

民族性是宗教客观存在的特性，宗教文化是各民族文化的重要组成部分。民

族与宗教虽然是两个范畴，但无论是外来的世界性宗教还是土生土长的原始宗教，都与一个民族的历史、经济、文化等有着密切的联系。在许多时候，宗教是形成民族文化和民族心理素质的重要因素，宗教往往与民族的历史传统和风俗习惯融为一体，有着保留和传播本民族文化的重要作用，即使是在现代社会，宗教仍然对一部分民族的思想观念、经济、文化、教育及生活理念有着不同程度的影响。甚至可以说，有的民族地区人们的心理特征、行为规范等，离开了宗教就很难得到正确的解释。在历史发展中，云南的各种宗教与各民族的传统文化和风俗习惯相结合，形成了具有云南多民族、分区域展示丰富文化特质的宗教文化。

在云南，信仰佛教、道教、伊斯兰教、基督教和天主教等世界性宗教的有19个民族，共450多万人，占全省人口总数的9%～10%，其中少数民族占90%以上。有7种少数民族基本只信仰一种宗教，如回族信仰伊斯兰教；傣族、布朗族、阿昌族、德昂族信仰南传上座部佛教；藏族、普米族信仰藏传佛教。除伊斯兰教为回族普遍信仰外，每一种宗教又都为若干个民族所信仰，如汉族、纳西族、白族、彝族和拉祜族的部分群众信仰汉传佛教；藏族、普米族、纳西族等信仰藏传佛教；傣族、布朗族、德昂族、阿昌族、佤族等信仰南传上座部佛教；汉族、纳西族、彝族、瑶族的部分群众信仰道教；近代以来，在傈僳族、景颇族、拉祜族、独龙族、佤族、汉族、苗族等民族中还有部分群众信仰基督教和天主教。此外，除回族以外的各民族，都不同程度地信仰历史上遗留下来的原始宗教。各民族、各宗教在政治、经济、文化交往和社会生活中，民族文化与宗教文化互为交织，密不可分，创造了云南丰富多彩、特色各异的民族文化和宗教文化。

（三）跨境民族多，境内外宗教文化互为交流、互为影响、互动融合

云南地处我国西南边疆，国境线长4 061公里，全省共有8个边境州市、25个边境县市分别与老挝、缅甸、越南接壤。由于特殊的地理环境，云南境内的25个世居少数民族中有16个民族跨国境线而居（他们分别是彝族、壮族、瑶族、苗族、哈尼族、拉祜族、佤族、傣族、阿昌族、景颇族、布依族、布朗族、傈僳族、德昂族、怒族、独龙族），是中国跨境民族最多的省份。在16个跨境民族中，与缅甸相连的有傣族、景颇族、德昂族、布朗族、拉祜族、佤族、傈僳族、怒族、独龙族，其中傣族主要分布于西双版纳傣族自治州和德宏景颇族傣族自治州，阿昌族、景颇族和德昂族主要分布于德宏景颇族傣族自治州，傈僳族、

怒族、独龙族分布于怒江傈僳族自治州，佤族、拉祜族主要分布于临沧市和思茅市（今普洱）。与越南相连的有壮族、彝族、哈尼族、苗族、瑶族、布依族，主要分布于文山壮族苗族自治州和红河哈尼族彝族自治州。

云南境内外跨境民族的来源和迁移大致有两种：其一，有的民族及其先民自古以来（最远可追溯到新石器时代）就居住在现今的分布地，迄今并无明显的改变，其迁移活动也基本上仅限于在分布地域内的局部移动或少量人口远徙，属于此类情况者有佤、布朗、德昂、壮、傣、布依、水等民族。其二，除了若干土著民族以外，还有一些民族的人口为秦汉以后不同时期从中国内地迁入云南境内外地区的，这类迁徙多数带有自发的性质，迁徙活动普遍具有渐进性、扩散式移动和迁入时间较早等特征，属这一类型的跨境民族有苗、瑶、彝、哈尼、拉祜、景颇、傈僳、怒、独龙等民族。①

云南特殊的地理位置，使之成为本土文化、中原文化、东南亚与南亚文化的交汇点，形成了不同"文化圈"与"文化丛"多元并存的格局。同时，历史沿革的特殊性也赋予云南跨境民族的文化以特殊的意义和价值，积累了大量与其他文化相互交流与和睦相处的经验。

云南跨境民族这种与东南亚国家相邻、山脉相连、江河同源的地缘关系，使得跨境民族的族源同宗、文化同元、宗教同流。各跨境民族虽然分属不同的国家，有不同的国家观念和国家认同，但由于他们都有着共同的祖先，有着共同的语言、共同的风俗习惯、共同的民族意识、共同的宗教信仰，自古就形成一种天然的关系，并保持着密切的交往。这种长期友好的联系与交往，通过境内外边民联姻、节庆活动、宗教活动、边民互市和其他经济交往而得以体现。同时，作为民族传统文化核心之一的宗教文化也一直处于相互渗透和融合之中，并对边民的生产生活产生着较大的影响。

云南跨境民族的宗教信仰亦呈现出多元化的形态，既有祖先崇拜、自然崇拜、神灵崇拜等原始宗教崇拜的民间信仰，也有对佛教、道教、伊斯兰教、基督教、天主教等世界性的宗教信仰。随着近年来边境地区的不断开放，尤其是当前"桥头堡"建设战略的实施，以及"一带一路"建设的不断推进，境内外边民的交往越来越密切，跨境民族内部交流日趋频繁，宗教文化的交流日渐增多，这些

① 方铁：《云南跨境民族的分布、来源及其特点》，载《广西民族大学学报》（哲学社会科学版）2007年第9期。

都将对境内外民族和宗教多元文化的繁荣发展产生广泛而深远的影响。在互动增多的同时，云南民族宗教问题的国际性和复杂性也日益凸显，境外各种势力利用宗教对我渗透日趋严重。

（本文的内容和资料主要来自笔者主持完成的国家社科基金项目“面向西南开放桥头堡战略实施中的宗教文化建设研究”，项目号：11XZJ026）

四、项目（课题）研究

·2011年度国家社科基金西部项目（项目号：11XZJ026）·

“面向西南开放桥头堡战略实施中的宗教文化建设研究”成果简介

一、项目研究的目的和意义

把云南建设成为中国面向西南开放的重要“桥头堡”战略是一个庞大的系统工程，是社会、经济、制度、文化等综合性、整体性和全方位的建设，是包括以物质建设为特征的经济建设和以精神建设为核心的文化建设等在内的有机统一体。其中，经济建设是文化建设的载体和基础，而文化建设是经济建设的灵魂和保障，“桥头堡”建设需要文化软实力的支撑和保障。因此，在云南“桥头堡”建设中，既要注重经济层面的基础性建设，也要注重文化层面的保障性建设；既要注重物质的硬件建设，也要注重文化的软件建设；要把经济建设和文化建设有机地结合起来，以经济建设带动文化建设，以文化建设促进经济建设，充分发挥文化在推动经济建设和社会发展中的软实力作用。

“桥头堡”建设战略目标确定以来，引起了社会各界的广泛关注，各级党委和政府以及学术界、教育界、工商界都对“桥头堡”战略展开了积极的讨论研究，并形成了许多相应的成果。但迄今为止，大多数研究成果都是从经济、商贸、科技、交通、通信和广义文化等方面来展开讨论研究，鲜有从宗教和宗教文化建设的角度，特别是结合云南地处边疆，多民族、多宗教，民族文化和宗教文化丰富多样的实际和特点，将宗教文化建设放入“桥头堡”战略实施这一特定的背景下和对外开放进程中来进行深入研究的，也未见相关的具体和针对性较强的研究报告或著述，只有少量有关加强宗教文化建设，引导宗教与社会主义社会相适应，促进社会经济发展等方面的文章。因此，在云南“桥头堡”建设中，结合云南的实际和特点，对宗教文化建设，特别是跨境民族地区宗教文化建设对桥头堡建设的影响，以及从宗教文化建设与国家安全和文化安全的角度来进行研究就显得非常重要和必要。同时，本课题也是积极贯彻十七大报告提出的“充分发挥宗教界人士和信教群众在促进经济社会发展中的积极作用”的具体实践和体现。所以，本课题具有理论学术价值和现实的实践意义。

二、主要内容和重要观点

在中国面向西南开放的“桥头堡”建设战略实施中，云南面向东南亚、南亚乃至世界开放是其重要内容，而且这种对外开放的力度、广度和深度是前所未有的，是全方位、立体型、宽领域、高层次、高效益的开放，是经济、贸易、科技、文化、教育、交通、信息等领域的全面合作与接轨，其中文化的对外开放和交流是必然的也是必需的，而且是极其重要的方面。而在文化系统中，宗教文化是子系统，千百年来，宗教和宗教文化作为我国社会文化和传统文化的重要组成部分，不仅在信教群众的精神生活中发挥着作用，而且对社会的精神文化生活也有着重大影响。宗教文化的内容十分广泛，涉及宗教信仰、宗教教义、宗教伦理、宗教礼仪、宗教活动、宗教团体、宗教管理、宗教典籍、宗教文学、宗教艺术、宗教音乐、宗教建筑等诸多方面。

云南是我国民族成分最多和宗教形态最完备的省区，每个民族都有自己的宗教信仰和宗教生活，五大传统宗教和民族民间宗教等多种宗教形态和宗教文化并存，宗教形态多样而各异，宗教文化多元而丰富。宗教和宗教文化与各民族的社会生活密不可分，对民族团结、社会稳定、国家安全，以及经济社会发展和人民生产生活有着密切的联系和深刻而重大的影响。加之云南地处祖国西南边陲，与缅甸、老挝、越南三国接壤，边境线长，自古就是中国连接东南亚各国的陆路通道；16 个民族与境外相同民族跨境而居，民族同根、文化同源，宗教文化交流十分密切，宗教文化在发展与邻国友好关系方面发挥着重要作用。

本项目研究所关涉的宗教文化主要是与“桥头堡”建设有重要关系和对“桥头堡”建设有重大影响的宗教文化，或者说是宗教文化的一部分，尤其是“桥头堡”建设背景下云南民族地区和边疆地区的宗教文化，也即在“桥头堡”建设中我们应该从哪几个方面和层面来进行宗教文化建设。因此，具体来说，本项目研究的宗教文化和宗教文化建设，主要是针对我国现行的宗教政策和相关的法律法规、宗教与社会主义和谐、宗教队伍和宗教团体、宗教场所（寺、观、庙宇）、宗教经典及教义教理、宗教文化旅游、宗教文化交流、宗教文化生态，以及防范和抵御境外势力利用宗教或宗教文化对我进行渗透等方面的内容。项目最终研究成果为研究报告，分为综合研究报告（14 万字）和专题调研报告（4.5 万字）两部分，综合研究报告是在个案调研和专题调研的基础上形成的，专题调研报告是综合研究报告的支撑和补充。综合研究报告包含 6 个部分 19 个方面的内容，6个部分的内容为：（1）“桥头堡”建设战略构想的提出及课题研究的目的意义、主要内容、基本思路、研究方法、重点难点和创新之处；（2）云南宗教和宗教文化的现状和特点；（3）宗教文化的历史价值与社会功能——宗教文化在云南社会历史进程和经济社会发展中的作用和影响；（4）宗教文化的当代价值与现代适应——宗教文化建设与云南“桥头堡”建设的关系及其在“桥头堡”建设中的作用和意义；（5）云南“桥头堡”战略实施中宗教文化建设的内容、途径和方法；（6）结语。专题调研报告由3个子课题组成：（1）云南与东南亚国家南传上座部佛教的历史渊源和现实关系；（2）基督教（文化）在云南少数民族地区的传播和影响；（3）云南伊斯兰教经堂教育的现状与问题及其对策。

三、对策及建议

在“桥头堡”建设战略实施中，民族文化建设是桥头堡建设的重要内容和必要保证，而宗教文化又是民族文化的重要组成部分，由此，宗教文化建设也就理应成为“桥头堡”建设不可或缺的重要内容和组成部分。因此，加强宗教文化建设既是“桥头堡”建设的重要内容和题中之意，也是实现“桥头堡”建设战略的重要保证和必要条件，同时还是促进云南对外开放和云南经济社会发展的重要内容和必要条件。所以，在“桥头堡”建设中就必然要重视和加强宗教文化各方面、各领域的建设，充分发挥宗教和宗教文化在云南“桥头堡”建设中的积极作用，助推“桥头堡”建设。具体来说，在“桥头堡”建设中要从以下几方面来加强宗教文化建设：

第一，要坚持和发展马克思主义宗教观和宗教理论，以中国特色的社会主义理论和“三个代表”重要思想，以及科学发展观为指导，进一步全面正确地认识和理解宗教以及宗教文化的本质属性及其社会功能。

第二，要全面贯彻、落实党和国家的宗教方针政策，依法管理宗教，进一步制定和完善有关法律、法规，加强制度建设，为宗教文化建设提供理论支撑、法律依据和制度保证，这是宗教文化建设的根本保证。

第三，要规避和防范宗教消极因素和负面功能对“桥头堡”建设的影响，引导宗教与社会主义社会相适应，充分发挥宗教界人士和广大信教群众以及宗教和宗教文化在“桥头堡”建设中的积极作用，促进云南经济社会全面发展，这是宗教文化建设的根本目的。

第四，要加强宗教职能部门、宗教团体、宗教人才队伍建设，创新宗教管理，依法进行宗教活动，这是宗教文化建设的重点。

第五，要加强宗教场所和宗教传统教育的管理与建设，这是宗教文化建设的关键。

第六，要完善和规范宗教教义、教理，对宗教经典和教义做出符合时代发展的解释，这是宗教文化建设的时代需要。

第七，要保护、开发和发展宗教文化旅游资源与宗教文化生态平衡，这是宗教文化建设的重要内容。

第八，要积极开展宗教文化对外交流，做大做强云南宗教文化，打造和构建包括宗教文化在内的中国特色的社会主义民族文化圈，筑牢边疆民族文化长城，有效防范和抵御境外渗透，特别是境外敌对势力利用宗教和宗教文化对边疆民族地区的渗透，这是宗教文化建设的重要途径和有效方法。

通过上述途径和方法的实施和落实，同时把“桥头堡”建设战略变为全省各民族、各宗教、各阶层和各种社会力量的共同意识和自觉行为，并通过他们的共同努力，加强包括宗教文化建设在内的民族文化建设，才能够顺利实现把云南建设成为中国面向西南开放重要“桥头堡”建设的战略目标。

四、成果的学术价值、应用价值、社会影响及效益

本项目研究成果的学术价值主要是从马克思列宁主义民族宗教观出发，以邓小平理论、“三个代表”重要思想和科学发展观为指导，结合中国特色的社会主义对马克思列宁主义的宗教理论做进一步的分析和认识；对宗教和宗教文化在云南社会历史进程和社会经济发展中的历史价值与社会功能，以及宗教文化建设与云南“桥头堡”建设的关系及其在“桥头堡”建设中的作用、价值和意义等宗教文化的当代价值与现代适应做了梳理回顾和充分的阐述，并在此基础上形成和提出了云南“桥头堡”战略实施中宗教文化建设的内容、途径和方法。

此外，本项目研究通过对文献资料的收集和田野调查，力求全面掌握和了解云南宗教及宗教文化在历史与现实社会中对当地经济社会发展、社会生活具有影响和作用的第一手资料，并在此基础上结合宗教学、民族学、社会学等学科多视角进行研究。

“桥头堡”建设是一个庞大的系统工程，需要各族人民、各阶层、各种社会力量的积极参与、支持和配合才能够顺利实施。本项目研究成果的社会影响和效

益主要是从理论和实践两个方面，让各级党委和政府，以及有关部门和宗教界，充分认识宗教和宗教文化在“桥头堡”建设战略中的价值、作用和意义，从而规避和防范宗教和宗教文化的消极因素，发挥宗教文化在“桥头堡”建设中的积极作用，助推“桥头堡”建设，为“桥头堡”建设服务。

附：“面向西南开放桥头堡战略实施中的宗教文化建设研究”目录

综合报告

经济社会发展中的作用和影响

1. 爱国爱教的宗教文化主流对中华民族的形成、国家的统一、民族的团结和边疆的巩固起了积极的促进作用

2. 宗教形态的多样和宗教文化的多元，丰富和发展了云南民族文化宝库

3. 各宗教教义及其伦理道德观念中的合理因素对维护社会传统伦理道德，保持社会稳定和谐，调节人们心理平衡具有一定的积极作用

（二）宗教文化的当代价值与现代适应——宗教文化建设与云南桥头堡建设的关系及其在桥头堡建设中的作用和意义

1. 宗教文化建设与桥头堡建设的关系

2. 宗教文化建设在桥头堡建设中的作用、价值和意义

3. 宗教文化的消极因素及存在的问题

四、云南桥头堡战略实施中宗教文化建设的内容、路径和方法

（一）坚持和发展马克思主义宗教观和宗教理论，以中国特色社会主义理论、“三个代表”重要思想和科学发展观为指导，进一步全面、正确地认识和理解宗教及其文化是宗教文化建设的首要前提

（二）全面贯彻落实党和国家的民族宗教方针政策，依法管理宗教，进一步制定和完善有关法律、法规，为宗教文化建设提供理论支撑、法律依据和制度保障是宗教文化建设的根本保证

（三）规避和防范宗教消极因素及负面影响，引导宗教与社会主义社会相适应，发挥广大信教群众以及宗教文化在桥头堡建设中的积极作用，促进云南经济社会全面发展是宗教文化建设的根本目的

（四）加强宗教职能部门、宗教团体和宗教人才队伍建设，创新宗教管理，依法进行宗教活动是宗教文化建设的重点

（五）加强宗教场所和宗教传统教育的管理与建设是宗教文化建设的关键

（六）继承和弘扬宗教文化的优良传统，与时俱进，对宗教经典及教义做出符合时代需要和社会发展的解释是宗教文化建设的时代需要

（七）开发和保护宗教文化旅游资源与维护宗教文化生态平衡是宗教文化建设的重要内容

（八）积极开展宗教文化对外交流，做强做大宗教文化，打造和构建中国特色的社会主义民族文化圈，筑牢边疆民族文化长城，主动防范和抵御境外渗透是宗教文化建设的重要途径和有效方法

五、结　语

专题调研报告（略）

项目名称：面向西南开放桥头堡战略实施中的宗教文化建设研究
项目批准号：11XZJ026
最终成果形式：研究报告
最终成果名称：面向西南开放桥头堡战略实施中的宗教文化建设研究
课题负责人：纳文汇
单位：云南省社会科学院宗教研究所
结项时间：2014 年 3 月

·2014 年度云南省哲学社会科学规划项目（项目号：YB2014076）·

“伊斯兰教义思想中和谐理念的当代价值与现实意义研究”成果简介

一、本项目国内外研究现状述评及选题的意义和价值

十八大以来，在不断深化改革，实现中国梦的进程中，进一步保持社会稳定，构建和谐社会，加强民族团结，促进宗教和顺以及宗教与社会和谐无疑是极其重要的内容和保证。而作为我国五大宗教之一的伊斯兰教和广大的回族穆斯林在其中都发挥着重要的作用。伊斯兰教教义思想和广大回族穆斯林的积极参与为我们构建和谐的社会关系提供了理论支撑和实践范例。目前有关伊斯兰教与社会和谐的课题研究及成果见诸报刊的为数不少，但它们主要是从宗教与社会的一般关系或宗教与社会发展的相互联系，以及宗教与社会和谐的积极因素来进行论述的，缺乏历史的梳理总结和现实的实证研究，对宗教教义、教规本身及其与社会和谐的关系研究不够，特别是从现实的要求和需要出发，对伊斯兰教在当代云南社会和谐建设中的可能性和必要性的研究也不够深入，更鲜有生动、鲜活、有力的个案佐证和研究。所以，目前对此课题的研究还处于一般性的研究状态，缺乏理论深度和实证力度，这就大大削弱了其研究的影响力和说服力，起不到该类课题研究应有的作用和意义。

因此，对伊斯兰教与云南和谐社会建设关系做深入的理论研究和实证研究就具有非常重要的现实意义。通过对伊斯兰教教义思想中和谐理念的文本分析及其实践，以进一步发挥伊斯兰教在云南和谐社会构建、经济社会发展以及“桥头堡”建设和“一带一路”建设战略中的积极作用。故本课题研究既有一定的理论学术价值，又有较强的现实意义。

二、本项目研究的主要内容、重点难点和主要观点

本项目研究在前人研究的基础上，充分吸收前人研究成果的精华，结合伊斯兰教教义思想，紧密联系云南的实际，从历史、现实和文化的视角，通过对云南和谐社会历史进程的梳理和回顾，以及当代云南社会特别是改革开放以来云南回

族穆斯林地区经济社会发展、民族团结、宗教和顺、社会稳定的现状调查研究，同时兼顾云南回族穆斯林对国家认同、民族认同、宗教认同和与国家互动、调适的历史考察及文化分析，来充分论述伊斯兰教与社会和谐的可能性与必要性，亦即从伊斯兰教义的文本思想在云南和谐社会进程中的实践，来证明和阐述伊斯兰教的和谐理念和广大回族穆斯林的积极参与为我们构建和谐的社会关系提供的理论支撑和实践范例；充分挖掘和阐述伊斯兰教教义思想中社会和谐的内容和因素，进一步引导伊斯兰教与社会和谐发展，发挥伊斯兰教在社会主义和谐社会建设中的积极作用。

本项目的重点和难点是如何厘清伊斯兰教教义思想中的积极因素与消极因素在不同历史阶段，特别是在现实社会的表现和作用，并得到伊斯兰教和回族穆斯林的认同。

本项目的主要观点是在充分肯定伊斯兰教在云南和谐社会建设中的积极作用和意义的前提下，客观地分析和提出宗教与和谐社会建设不相协调的一面，以及在回族地区和回族穆斯林现实社会中存在的问题，并在此基础上提出了解决这些问题的意见和建议。

三、本项目研究的创新之处、基本思路和研究方法

本项目研究的创新之处是紧紧结合伊斯兰教教义，从理论支撑到实践活动来研究和证明伊斯兰教与社会和谐的可能性与必要性，从而为伊斯兰教为现实服务找到一种实现路径。

本项目研究的基本思路和研究方法是坚持马克思列宁主义民族宗教观，以中国特色社会主义理论、“三个代表”重要思想和科学发展观为指导，在宗教社会学、民族学理论框架的基础上，理论联系实际，将伊斯兰教宗教理论与云南社会实践相联系，既有宗教理论阐述，又有具体的案例分析，同时还提供了具体的建议和对策。本项目拟从文本和实践的视角，也即伊斯兰教教义思想中的和谐理念及其云南回族穆斯林的社会实践，并应用宗教学、民族学和社会学的基础理论，结合云南社会历史发展来梳理、考察和研究伊斯兰教教义思想在云南和谐社会建设进程中的实践和意义。

附："伊斯兰教义思想中和谐理念的当代价值与现实意义研究"目录

项目名称：伊斯兰教义思想中和谐理念的当代价值与现实意义研究
项目批准号：YB2014076
最终成果形式：研究报告
最终成果名称：伊斯兰教义思想中和谐理念的当代价值与现实意义研究
课题负责人：纳文汇
单位：云南省社会科学院宗教研究所
结项时间：2015 年 5 月

·2010年度云南省社会科学院院级项目课题·

“伊斯兰教教义思想在云南和谐社会进程中的实践及意义”成果简介

一、本课题研究的意义和价值

党的十六届四中全会提出并在十七大确立建设社会主义和谐社会以来，有关社会主义和谐建设的研究就不断开展和深入。在构建和谐社会中，民族和谐、宗教和谐及宗教与社会和谐无疑是极其重要的内容，作为我国五大宗教之一的伊斯兰教和广大的回族穆斯林在其中必然起着重要的作用。目前有关伊斯兰教与社会和谐的课题研究及成果见诸报刊的为数不少，但它们主要是从宗教与社会的一般关系或宗教与社会发展的相互联系，以及宗教与社会和谐的积极因素来进行论述的，缺乏历史的梳理总结和现实的实证研究，对宗教教义、教规和教律本身及其与社会和谐的关系研究不够，特别是从现实的要求和需要出发，对伊斯兰教在当代云南社会和谐建设中的可能性和必要性的研究也不够深入，更鲜有生动、鲜活、有力的个案佐证和研究。因此，目前对此课题的研究还处于一般性的研究状态，缺乏理论深度和实证力度，这就大大削弱了其研究的影响力和说服力，起不到该类课题研究应有的作用和意义。因此，对伊斯兰教与云南和谐社会建设关系作深入的理论研究和实证研究就具有非常重要的现实意义。

二、主要内容

本课题研究在前人研究的基础上，充分吸收前人研究成果的精华，结合伊斯兰教教义思想，紧密联系云南的实际，从历史、现实和文化的视角，通过对云南和谐社会历史进程的梳理和回顾，以及当代云南社会特别是改革开放以来云南回族穆斯林地区经济社会发展、民族团结、宗教和顺、社会稳定的现状调查研究，同时兼顾云南回族穆斯林对国家认同、民族认同、宗教认同和与国家互动、调适的历史考察及文化分析，来充分论述伊斯兰教与社会和谐的可能性与必要性，亦即从伊斯兰教义的文本思想在云南和谐社会进程中的实践，来证明和阐述伊斯兰教的和谐理念和广大回族穆斯林积极参与为我们营造和谐社会、构建和谐的社会关系提供的理论支撑和实践范例；充分挖掘和阐述伊斯兰教教义思想中与社会和谐的内容和因素，进一步引导伊斯兰教与社会和谐发展，发挥伊斯兰教在社会主义和谐社会建设中的积极作用。同时，在肯定伊斯兰教在云南和谐社会建设中的积极作用和意义的前提下，客观地分析和提出了宗教与和谐社会建设不相协调的一面，以及在回族地区和回族穆斯林现实社会中存在的问题，并在此基础上提出了解决这些问题的意见和建议。

三、基本思路

本课题的理论框架和特色是以马克思列宁主义民族宗教观和中国特色社会主义理论为指导，坚持科学发展观，在宗教社会学、民族学的基础上，理论联系实际，将伊斯兰教宗教理论与云南社会实践相联系，既有宗教理论阐述，又有具体的案例分析；同时还为各级党委、政府和有关部门提供了具体的建议和对策。因此，本课题研究既有一定的理论学术价值，又有较强的社会实践意义和实际的运用价值。

四、主要观点

我们知道，任何一种完型或建制的宗教都有其完整的理论体系和规范要求，并有其系统的经典、教义、教法和教律等。其中，宗教教义是宗教的理论体系和维系基础，宗教教义思想是宗教教义的灵魂和精髓。宗教在适应人类社会长期发展过程中形成了宗教信仰、宗教感情和与此种信仰相适应的宗教理论、教义教规，并有了严格的宗教仪式、相对固定的宗教活动场所、严密的宗教组织和宗教制度等。宗教通过对哲学思想、伦理道德、文化教育、生活习俗、法律、文学、音乐、建筑、绘画、雕塑、旅游等方面的渗透和作用，对一个国家、一个民族和一个地区的经济社会发展、民族关系、社会和谐稳定以及人们的物质生活和社会的精神文化生活产生着深刻而重大的影响。不论是在云南和谐社会的历史进程中还是当前社会主义和谐社会建设中，作为我国五大宗教之一的伊斯兰教和广大的回族穆斯林在其中都发挥着重要的作用。伊斯兰教教义思想和广大回族穆斯林的积极参与为我们构建和谐的社会关系提供了理论支撑和实践范例。本课题研究主要从文本和实践的视角，也即伊斯兰教教义思想及云南回族穆斯林的社会实践，并结合云南社会历史发展来梳理、考察和研究伊斯兰教教义思想在云南和谐社会进程中的实践和意义，以便正确认识伊斯兰教在云南和谐社会构建中的作用。

附："伊斯兰教教义思想在云南和谐社会进程中的实践及意义"目录

从民族关系的维度来看——

（一）民族关系的历史传承和现代维系

（二）云南回族与国内外穆斯林的传统友谊和友好关系

五、广泛开展社会公益活动，为两个文明建设做贡献

六、正确认识宗教社会功能的正负作用和回族地区存在的问题

七、结　语

（一）云南回族穆斯林的国家认同和与国家的良性互动始终是主流

（二）国家危难时，云南回族穆斯林，积极保家护国，体现为对国家的认同与效忠

（三）和平建设年代，云南回族穆斯林积极响应，投身社会主义建设，体现为对国家的认同与共谋、支持与热爱

（四）伊斯兰教义思想及其和谐理念是构建和谐社会的重要资源和积极力量

八、对策和建议

（一）从政府层面来说——坚决贯彻执行党的民族宗教政策，积极引导宗教与社会主义相适应，充分发挥宗教、宗教界人士和广大信教群众在云南和谐社会建设和经济社会发展中的积极作用

（二）从宗教层面来说——继承和发扬伊斯兰教义思想中的和谐理念和爱国爱教的优良传统，正确处理宗教与国家的关系，强化国家意识，为云南和谐社会建设和经济社会发展做出新的贡献

项目名称：伊斯兰教教义思想在云南和谐社会进程中的实践及意义

最终成果形式：研究报告

最终成果名称：伊斯兰教教义思想在云南和谐社会进程中的实践及意义

课题负责人：纳文汇

单位：云南省社会科学院宗教研究所

结项时间：2012 年 5 月

·2011年度“云南智库”项目课题·

“民族文化强省建设中云南回族地区经堂教育的现状与问题及其对策研究”成果简介

一、本课题研究的价值和意义

“两强一堡”建设是云南经济社会发展的重大战略举措。其中，民族文化强省建设战略是省委、省政府根据云南民族众多、民族文化资源富集多样的实际而做出的重大决策，并以此作为推动云南经济社会发展的重要力量，凸显民族文化在云南经济社会发展的重要作用。

党的十七大六中全会审议通过的《中共中央关于深化文化体制改革、推动社会主义文化大发展大繁荣若干重大问题的决定》，明确提出到2020年要把我国建设成为文化强国，这就更进一步为云南民族文化强省建设提供了强大的思想动力、政策保证和理论支撑。

云南是在全国率先实施“文化立省”战略的省份之一，早在1996年，省委、省政府就提出了把云南建设成为民族文化大省的战略目标。十七大后，根据大会关于推动社会主义文化大发展大繁荣的精神，省委、省政府又适时做出了由民族文化大省向民族文化强省迈进的战略决策，并制定出台了《关于建立民族文化强省的实施意见》。经过十多年的实施和努力，云南民族文化强省建设发展迅速，全省民族文化建设各领域取得了显著成效。实践证明，以民族文化强省完全符合云南的实际。云南民族文化强省建设战略实施以来，引起了全省社会各界的广泛关注，各级党委和政府以及学术界、文化界、教育界等都对此展开了积极的讨论研究，并形成了许多相应的成果。但迄今为止，大多数研究成果都是从广义文化或大文化等宏观方面来对此展开研究，鲜有从宗教文化和宗教教育的角度，特别是结合一个地区、一个民族、一种宗教的文化教育的实际和特点，将宗教文化教育放在民族文化强省建设战略实施这一特定的背景下和文化对外开放进程中来进行深入研究的，也未见相关的针对性较强的研究报告或著述，只有少量有关加强宗教文化建设，促进社会经济发展，引导宗教与社会主义社会相适应等方面的研究文章。因此，在云南民族文化强省建设中，结合云南民族众多、宗教文化多元的实际和特点，对宗教教育与民族文化强省建设的关系，特别是云南回族地区伊斯兰教经堂教育在民族文化强省建设中的调适与互动，以及对回族地区经济社会发展、民族团结、社会和谐的影响和作用进行调查和研究，并从理论和实践层面进行阐述就显得非常重要和必要，所以，本课题具有一定的理论学术价值和较强的现实意义。

二、主要内容

民族文化强省建设是一个庞大的系统工程，在文化大系统中，宗教文化是子系统，是整个社会文化和民族文化的重要组成部分。因此，包括宗教教育在内的宗教文化建设既是民族文化强省建设的重要内容，也是其必不可少的组成部分。伊斯兰教经堂教育是伊斯兰文化的重要内容，对伊斯兰文化和回族文化的传承和发展，对回族地区经济社会发展、民族团结、宗教和顺、社会和谐稳定有着重要的影响和作用。所以，要加强包括伊斯兰经堂教育在内的宗教文化教育建设，依法加强对经堂教育的规范管理和创新管理，进一步办好经堂教育，传承和发扬经堂教育的优势及作用，使经堂教育在民族文化强省建设中发挥积极作用，促进云南回族地区经济社会全面发展。

三、研究方法

坚持马克思列宁主义民族宗教观，以邓小平理论和“三个代表”重要思想为指导，以科学发展观为统领，以党的民族宗教政策为原则，通过具体、深入、细致的个案调查和分析研究，全面了解和掌握云南伊斯兰经堂教育的现状，发现和找出存在的问题和困难，总结经验，提出意见和建议，为经堂教育的健康发展和有关部门指导决策提供客观、真实的依据。本课题研究资料的获取采用文献资料收集和实地调查的方法，重在实地调查。文献资料收集贯穿于课题研究的整个过程，主要从回族文化和伊斯兰教经堂教育两方面，多渠道全面收集相关资料。实地调查主要是针对云南回族地区经堂教育较有特色或问题较多的具有代表性的调查点。如在玉溪、红河、文山、大理等回族地区进行深入的田野调查和个案调查。通过田野调查、个案访谈、座谈等形式，全面掌握和了解云南伊斯兰经堂教育在现实社会中对当地经济社会发展和社会生活具有影响和作用的第一手资料，并在此基础上进行研究。具体来说，我们进行了以下工作：

第一，通过深入的田野调查，全面了解和掌握云南伊斯兰教经堂教育的现实状况，认真分析和研究经堂教育在云南回族地区经济社会发展、民族团结、宗教和顺、社会和谐稳定等方面的影响和作用，进而对伊斯兰教经堂教育在云南民族文化强省建设中的影响和作用进行充分的阐述。

第二，通过广泛深入的座谈、走访、调查和研讨等形式，结合民族文化强省建设的宏观背景和云南伊斯兰教经堂教育的实际，努力发掘伊斯兰经堂教育在民族文化强省建设和经济社会发展中的现代价值，积极寻求宗教文化教育建设助推民族文化强省建设的结合点。

第三，从大量丰富的调查材料中，通过科学、定性、定量的分析、比较，客观分析研究当前云南伊斯兰经堂教育对民族文化强省建设的影响和作用以及所存在的问题和困难，从理论和实践层面，以及政府、宗教、社会等视角，分析研究应对的办法和策略，并针对存在的问题，提出具体的意见和建议，最终形成相应的具有可行性和操作性的调查研究报告，供有关部门作决策参考。

根据该课题研究的需要，笔者和有关人员先后到昆明、曲靖、大理、文山、玉溪、峨山、建水、开远、蒙自以及个旧的沙甸、鸡街等回族地区进行调研，分别同云南省伊斯兰教协会和昆明伊斯兰教经学院和各地统战部、民宗局等职能部门的有关领导、干部，和清真寺的教长、伊玛目、管委会负责人做了访谈，并到相关的清真寺做了实地调查。我们一共跑了6个州（市）的16个县和20多个清真寺，通过调研，我们对云南伊斯兰教经堂教育的现状、特点和存在的问题有了进一步的了解和认识，并在此基础上提出我们的看法和建议，以供有关部门和领导参考。

附：“民族文化强省建设中云南回族地区经堂教育的现状与问题及其对策研究”目录

项目名称：民族文化强省建设中云南回族地区经堂教育的现状与问题及其对策研究

最终成果形式：研究报告

最终成果名称：民族文化强省建设中云南回族地区经堂教育的现状与问题及其对策研究

课题负责人：纳文汇

单位：云南省社会科学院宗教研究所

结项时间：2012 年 2 月

·2012 年度“云南智库”项目基地研究课题·

“西双版纳‘帕西傣’多元文化旅游资源的开发与构建研究”成果简介

一、选题意义及国内外研究现状

云南是在全国率先实施“文化立省”战略的省份之一，早在 1996 年，省委、省政府就提出了把云南建设成为民族文化大省的战略目标。十七大后，根据大会关于推动社会主义文化大发展大繁荣的精神，省委、省政府又适时做出了由民族文化大省向民族文化强省迈进的战略决策，并制定出台了《关于建立民族文化强省的实施意见》。经过多年的实践和全省各族人民的共同努力，我省文化事业各领域和文化产业各方面均取得了较大的发展和显著的成绩，文化产业正逐步成为云南的支柱产业之一。实践检验证明，民族文化强省建设完全符合云南民族众多、地处边疆、民族文化资源丰厚富集，但贫困面大且发展极不平衡的实际。

当前，党的十七大五中全会和全国“两会”审议通过的《十二五发展规划纲要（草案）》以及刚刚召开的十七大六中全会又进一步为云南民族文化强省建设和“桥头堡”战略实施以及云南经济社会发展指明了发展方向。这就意味着今后我国的发展不仅仅是以 GDP 为指标的单纯追求经济的快速增长，而是要进一步以科学发展观为指导，转经济发展方式，走政治、经济、文化和社会全面协调可持续发展的道路。特别是十七大六中全会审议通过的《中共中央关于深化文化体制改革、推动社会主义文化大发展大繁荣若干重大问题的决定》，明确提出到 2020 年要把我国建设成为文化强国，这就更进一步为云南民族文化强省建设提供了强大的思想动力、政策保证和理论支撑。对促进云南经济社会发展全面发展、全面建设小康社会、开创中国特色社会主义事业新局面、实现中华民族伟大复兴具有重大而深远的意义。

在云南民族文化强省建设中，我们又迎来了中国面向西南开放的“桥头堡”建设战略实施的有利时机。2009 年 7 月，胡锦涛总书记在云南考察时提出“使云南成为我国面向西南开放的重要桥头堡”的战略构想。同年 12 月，云南省委八届八次全会确定把云南“建设成中国面向西南开放重要桥头堡”的战略目标。

日前，国务院下发了《关于支持云南省加快建设面向西南开放重要桥头堡的意见》，云南省委、省政府正根据中央和国务院的要求编制实施方案和细则，这意味着云南“桥头堡”建设即将正式启动。

云南“桥头堡”建设是云南全省各族人民的一件大事，也是云南经济社会发展的重大历史机遇。“桥头堡”战略目标确定以来，引起了社会各界的广泛关注，各级党委和政府以及学术界、教育界、工商界都对“桥头堡”战略展开了积极的讨论研究，并形成了许多相应的成果。但迄今为止，大多数研究成果都是从经济、商贸、科技、交通、通信和广义文化等方面来对此展开讨论研究，鲜有从民族文化、宗教文化、地方文化和产业文化建设的角度，特别是结合云南地处边疆，多民族、多宗教，民族文化和宗教文化丰富多样的实际和特点，将民族文化建设放入“桥头堡”战略实施这一特定的背景下和对外开放进程中来进行深入研究的，也未见相关具体的和针对性较强的研究报告或著述。因此，在云南民族文化强省建设和“桥头堡”建设中，根据十七大六中全会精神，结合云南地处边疆，多民族、多宗教，民族文化和宗教文化丰富多样的实际和特点，特别是针对边疆民族地区民族团结融合、多民族文化交流共融对“桥头堡”建设的影响以及促进地方经济社会发展的角度来进行研究就显得非常重要和必要。

因此，在此背景下，我们拟以生活在西双版纳勐海县曼峦和曼赛的“帕西傣”为研究对象，与西双版纳社科院（云南省社科院西双版纳基地）合作，共同完成题为《“帕西傣”多元文化旅游圈的开发与构建研究》的基地研究课题。该课题旨在通过对“帕西傣”历史和现实状况的调查研究，特别是通过对其回族和傣族文化的交流共融对民族团结、边疆社会稳定和经济社会发展的促进示范作用的历史回顾和现实描述，进一步传承、发扬、打造和提升“帕西傣”文化，加强“帕西傣”文化建设，让“帕西傣”文化成为西双版纳文化旅游的又一重要内容，使“帕西傣”文化在民族文化强省建设和“桥头堡”建设中发挥其更大的作用，为西双版纳的文化产业发展，尤其是文化旅游产业发展服务。

“帕西傣”因其特殊的文化形态受到来自社会各界的关注。目前对“帕西傣”的研究主要集中于以下几个方面。一是“帕西傣”社会历史状况调研。这一类成果主要形成于早期全国民族社会历史调查时，最具代表性的是回族学者马维良，他对“帕西傣”做了专门调研，并在《云南回族社会历史调查》中撰写文章《西双版纳傣族自治州“帕西傣”调查》，开创了“帕西傣”研究之先河。马超群的《云南回族的他称——“潘塞”、“潘西”和“帕西”辨析》从历史称谓上考证了帕西傣这一族群的形成与来源。冯瑜的《从两份家谱看“帕西傣”的形成》，以两份家谱为线索讨论“帕西傣”这一特殊穆斯林族群的形成问题。二是从人类学、民族学角度对“帕西傣”族群的研究。学者马建雄对“帕西傣”的形成、风俗习惯等做了详细的调研，并撰写文章《勐海帕西傣调研》；又从民族社区身份认同的角度对生活在傣族文化包围之下的“帕西傣”族群进行了研究，形成研究文章《社区认同的塑造：以勐海“帕西傣”社区为例》。马创的《现代背景下帕西傣的族群认同研究》，以现代社会为背景，对“帕西傣”这一特殊的族群新时期的认同做出相关调研。冯瑜的《族群关系视野下“帕西傣”婚姻状况的调查分析》，通过对“帕西傣”婚姻状况的调查，分析“帕西傣”如何通过族际通婚，在多民族文化环境中获得生存空间。马创的《文化适应过程中的创造与保持——帕西傣春节习俗形成探析》，从节日来探讨“帕西傣”是如何保持其独特族群身份。最后是对“帕西傣”概述式的介绍，如马宣的《“帕西傣”——西双版纳密林中的回族后裔》，武世刚的《解读云南省勐海县的“帕西傣”族群》，马荣祖的《“帕西傣”：西双版纳的穆斯林》。

纵观对“帕西傣”的各种研究视角，大多集中在历史学、人类学、民族学等方面，却没有学者从宗教文化的角度讨论在佛教文化氛围下的伊斯兰文化，以及“帕西傣”族群所处的多元文化圈的旅游开发价值。因此本课题也将从这两方面入手，探讨“帕西傣”独特的伊斯兰文化以及其旅游文化圈的构建。

二、课题研究的基本思路和主要内容

课题按照以下思路展开调查研究“帕西傣”的多元文化呈现，试图以此找到与旅游开发构建的契合点：

其一，对勐海县“帕西傣”的社会历史状况进行查阅，梳理其独特风俗民情、宗教信仰形成的历史缘由。

其二，实地调研伊斯兰文化与傣族文化交融的实例，切实厘清建设民族文化强省在云南和谐社会进程中的积极作用和在“桥头堡”建设中的意义。

其三，结合当地多元文化的实际情况，对“帕西傣”多元文化旅游文化圈的构建提出相应的对策与建议。

三、课题研究方法

本课题以西双版纳勐海县曼峦和曼赛的“帕西傣”为主要研究对象，资料获取主要依赖以下途径：首先，通过图书馆、网络及相关管理部门、档案部门收集文献资料，其次，运用参与观察法和结构化访谈法获取相关研究的第一手资料。以文献资料为纲，结合调查、访谈资料，进行综合性的现实应用问题分析研究。

四、课题实际应用价值及研究难点

本课题是“帕西傣”多元文化旅游圈构建的现实问题研究，对于促进“帕西傣”民族文化繁荣、边疆民族团结稳定有着积极作用。并且，针对现状提出适当发展对策，对有效促进当地旅游文化圈的构建，进而发展旅游产业，具有一定的现实意义、理论意义和学术价值：

(1) 对“帕西傣”历史、文化以及发展现状的把握，为进一步研究“帕西傣”提供现实基础。

(2) 以“帕西傣”与周边族群的交流与融合为研究核心，以开发构建多元文化兼容并包的旅游圈为目的，用文化支撑旅游，用旅游促经济发展。

本课题研究的难点在于对“帕西傣”多元文化内涵的掌握，以及对“帕西傣”多元旅游文化圈进行怎样的开发才有较强的可操作性和实践意义。

附：“西双版纳‘帕西傣’多元文化旅游资源的开发与构建研究”目录

作用

（三）“帕西傣”文化具有重要的经济开发价值

四、“帕西傣”多元文化旅游资源开发与构建的对策建议

（一）加强“帕西傣”村寨的基础设施建设，是发展“帕西傣”文化旅游的必要前提

（二）正确处理保护与开发的关系，传承和弘扬“帕西傣”文化的优秀传统，加强“帕西傣”文化建设，是发展“帕西傣”文化旅游的重要条件

（三）打造和提升“帕西傣”文化的特色和品牌，开发和培植“帕西傣”文化旅游产业，为游客提供更多的服务和产品，是发展“帕西傣”文化旅游的重要内容

（四）创新“帕西傣”多元文化旅游的宣传方式，让更多的人认识和了解“帕西傣”文化的独特魅力，是发展“帕西傣”文化旅游的重要手段

（五）开发和构建“帕西傣”多元文化旅游圈，为“帕西傣”文化旅游提供可持续发展的硬件支撑和文化软实力，是发展“帕西傣”文化旅游的重要保证

项目名称：西双版纳“帕西傣”多元文化旅游资源的开发与构建研究

最终成果形式：研究报告

最终成果名称：西双版纳“帕西傣”多元文化旅游资源的开发与构建研究

课题负责人：纳文汇

单位：云南省社会科学院宗教研究所

结项时间：2013 年 3 月

后 记

以我的名字命名的个人文集付梓出版了，这是我多年来从事编辑出版工作和社科研究工作的一点成果，也是对我人生的一次盘点和小结，对我个人来说是值得纪念的。

我1974年参加工作，恢复高考后于1979年考入大学，1983年大学毕业。那时的大学生很少，有所谓的“天之骄子”之说，社会需求量大，毕业后工作包分配，我从成都回到昆明的第三天就分到了省民委。记得报到那天省民委办公室主任（那时民委还没有人事处，人事工作归办公室管）先向我们一行六人介绍了民委机关的部门及下属单位，然后问我们想到哪个部门工作。当时的我们对工作没有更多的想法，只想专业对口就行。我学的是中文，听说所属单位云南民族出版社办有一份《民族文化》杂志，就执意要去杂志编辑部工作（后来才知道《民族文化》是由省民委主管、民族出版社主办）。说来也奇怪，就在我大学毕业前曾做过一个梦，说自己分配到一个叫《海鸥》杂志的单位工作，高兴得都笑醒了。现在果真就分到《民族文化》编辑部从事编辑工作，也算是遂了自己的心愿。而且当时云南全省公开出版的杂志不多，民族类的综合性杂志就更少，《民族文化》在当时就已经有一定的影响。

在《民族文化》编辑部干了四年，1987年，因为经费等不为人知的原因，《民族文化》竟然没有去进行年检，最后不得不停刊。后来说起此事大家都觉得不可思议，也很惋惜和痛心。就是在今天，要办一个公开出版的杂志也是很难的。

1987年底，我开始转向图书编辑。同年，我获得了编辑职称（中级专业技术职称）。记得我编的第一本书是《赵祚传烈士》，看着刚刚印刷出来还散发着油墨味的书籍，心情非常激动，这也许就是所谓编辑的成就感和荣誉感吧。以后就每天看稿编书，一干就是五年。这一时期，我编辑出版了诸如《云南回族史》《清真指南译注》《天方典礼译注》《杜文秀起义》《云南文化史》《云南陆军讲武堂史》《民族文化与民族文学》等一批有价值和社会效益的好书。也因此在1993年被评聘为副编审（副高级专业技术职称）。

1992年，在王连芳、刘树生、赵廷光等省老领导的积极倡导和有关部门的努力下，国家新闻出版总署同意云南创办一份民族类的综合性报纸——《云南民族报》，省民委就把我抽调出来筹办，并任命我为常务副总编，全面主持报社的工作。于是紧接着就填表、注册、登记、办刊号，物色人，跑编办、跑财厅……半年后，在省民委领导和出版社的大力支持及大家的共同努力下，《云南民族报》正式创刊发行。说来也巧，这一天刚好是我的生日。

正当我在报社干得起劲火热的时候，1994年1月，民委党组又把我调回云南民族出版社任副社长，我又开始与书稿打交道，每天看稿审稿，以及应付各种杂事和开不完的各种会议。1997年8月，由于工作业绩突出，我破格评聘为编审（正高级专业技术职称）。

人的一生有很多意想不到的事情。2002年5月，在我已过不惑之年的时候，从云南民族出版社来到云南大学出版社。虽然都是出版社，干的也都是编辑出版，但社与社不同，不论工作环境、办公条件，还是人文环境、单位氛围，都有明显的区别。相比之下大学出版社的学术氛围更为浓厚，工作纪律和管理也更为严谨，工作任务压力也较大。面对陌生的工作环境和人事关系，一切都得从头来。好在有过去的工作经验和业务知识垫底，很快我就适应了新的环境，顺利地开展了工作。这一干又是八年。

虽然人生有许多未知的事情，但实在想不到在本应知天命的时候，2010年初，我又从云南大学调到了云南省社会科学院宗教研究所，改行专门从事宗教研究工作。在宗教研究所干了三年，在院领导的支持和全体同事的共同努力下，全所共申报并立项了各种课题近30项，其中国家社科项目立项6项，取得了宗教所历史最好水平。可没有想到的是，正当我全身心投入科研的时候，由于工作需要，2013年初我又被调到《云南社会科学》编辑部任主任兼执行主编，再次从事编辑工作。画了一个圈又回到起点，干起了老本行，真是涛声依旧，痴心不改啊！

从大学毕业到来社科院之前，我一直从事编辑出版工作，其中编过期刊、办[illegible]做过图书编辑，也做过行政管理，还兼任过印刷厂厂长。在从事编辑出[illegible]多年里，由我担任责任编辑出版的图书约有300多种，主编的图书[illegible]夫审稿的图书不计其数。其中有关回族和回族文化，以及伊斯兰教和宗教文化的图书约有50多种，改革开放以后有关云南回族和伊斯兰教的许多图书都是由我编辑出版的。我为回族和回族文化图书的出版做了大量的工作，为云南回族研究和回族文化发展做了积极的努力。同时，长期以来，我还坚持回族文化和伊斯兰文化的研究，虽然也出过自己的专著，发表过学术论文，但毕竟是“业余”，纯属爱好和兴趣。万万没想到，我最后会来到社科院，成为一名社科人。也许这就是人生，就是缘分。

《文汇集》是我在长期的学习、编辑出版和社科研究工作中，思考、创作和调查研究积累的成果。它包括了我多年来创作发表的部分散文、杂文、学术论文和专题调研报告，以及我所主持完成的包括院级、云南智库、省社科基金项目和国家社科基金项目等各级课题研究的成果简介。共40余万字，涉及新闻、编辑、出版、民族、宗教，以及回族文化和伊斯兰文化等方面的内容。因时间跨度大，有的文章又在不同的时期写于相似的会议，加之自己的水平有限，因此有的文章就显得幼稚、粗糙、内容重复和不合时宜，有的学理性不强、田野调查不够、研究不深，如此等等，问题不少。此次汇集出版，本想对此进行修改、完善或删除不用，但我又想，既然是自己亲手写就的东西，就让它保留原貌，以真实地反映我写作和学术研究的客观经历及水平，故未做任何修改收录于文集中，也算是一种真实的再现和记忆。我这个人毛病不少，但认真做事和直率做人却是我与生俱来的个性和特点（虽然并非优点），要做事先要做人，做人比做事更重要；要成功就必须努力，有耕耘就会有收获。这是我的经历，也是我的体会。

值此本书出版之时，我要特别感谢在我人生不同阶段，帮助、关心、支持和鼓励过我的云南大学原党委书记高发元教授、云南省社会科学院原院长纳麒教授、云南大学出版社原社长施惟达教授等领导，以及不一一道名的各位朋友和同事！感谢我的家人，是他们的关心、支持和理解让我有时间及精力写下这些文字！同时，我还要感谢云南大学出版社社长周永坤和责任编辑王磊对本书出版给予的大力支持和帮助！

谢谢！

纳文汇

2015年6月28日于寓所